認知療法実践ガイド：困難事例編
続ジュディス・ベックの認知療法テキスト

著
ジュディス・S・ベック

訳
伊藤　絵美　　佐藤　美奈子

星 和 書 店
Seiwa Shoten Publishers
2-5 Kamitakaido 1-Chome
Suginamiku Tokyo 168-0074, Japan

Cognitive Therapy for Challenging Problems

WHAT TO DO WHEN THE BASICS DON'T WORK

by
Judith S. Beck

Foreword by Aaron T. Beck

Translated from English
by
Emi Ito, Ph.D,
And
Minako Sato

English Edition Copyright © 2005 by Judith Beck
Published by arrangement with The Guilford Press.
Japanese Edition Copyright © 2007 by Seiwa Shoten Publishers, Tokyo

序文

　ジュディス・S・ベック博士による本書は，困難な問題を抱える患者に対する認知療法を発展させるにあたって，多大な貢献をもたらすものである。ベック博士は，患者に対する自らの取り組みと他のセラピストに対するスーパービジョンを通じて，認知療法における典型的な問題，すなわち，セラピーの進行を妨げ，セラピストや患者をくじけさせてしまうような問題を抽出することに成功した。多くのセラピストはつい最近まで，これらの問題を，「抵抗」「陰性転移反応」「受動－攻撃傾向」の現れとして考えていた。それゆえに，セラピストはこれらの問題への対処法をかえって見つけることができず，イライラしながら自分たちの負けをしぶしぶ認め続けてきたのである。

　しかし，ベック博士はそのような状況に屈することなく，これらの問題を，特定の領域と特性をもつ，同定可能でわかりやすい問題としてとらえなおそうとし続けた。つまりベック博士は，各問題を特定の領域に分類することにより，複雑な問題に対しても容易に適用できる手がかりを考え出したのである。彼女は自身の幅広い経験に基づき，それぞれの困難な問題に対する適切なアプローチを案出し，本書にまとめた。それらのアプローチとは，以下のとおりである。

① 生育歴，中核信念と思い込み，非機能的認知と非機能的行動といった視点から問題を概念化する。
② 各問題を解決するために，適切な戦略と技法を計画する。

　といっても，それぞれの問題は一筋縄では解決できないものであり，セラピストは本書でさまざまに論じられているとおり，各問題に対して自らの治療戦略を適切に調整する必要があるだろう。

　ひと昔前，認知療法のセラピストにかかる負担は，今ほどではなかった。初期の認知療法において，我々セラピストは，患者の「今・ここに

ある問題」に焦点を当て，適切な技法を選択することができた。たとえばうつ病の患者に対する認知療法は，活動スケジュール法による行動活性化，非機能的思考記録表の作成，現実的な問題解決法の実施，といった技法を組み合わせるだけで十分であった。うつ病（あるいは不安障害）の事例は，10回程度のセッションで終結することができ，その後，再発予防のための追加セッションをせいぜい1回実施するだけで事足りていたのである（Rush, Beck, Kovacs & Hollon, 1977）。しかし時が過ぎ，並存疾患を有する患者，あるいは複雑化ないし慢性化した問題（すなわち本書で紹介しているような問題）を有する患者に対して要する認知療法のセッション数は，15回，20回，25回，あるいはそれ以上かかる場合もある。

　認知療法を受けに来る患者の診断は，これまでの抑うつ，不安，パニック障害だけでなく，パーソナリティ障害も増えつつある。現在，我々のベック認知療法研究所（Beck Institute for Cognitive Therapy）に認知療法を求めて来訪する患者は，平均して少なくとも2種類の向精神薬を処方されており，これまで受けた薬物療法や心理療法において，はかばかしい回復がみられなかった人たちである。このように，これらの患者においてこれまでに受けた治療効果が限定されていることには，さまざまな治療的な課題が存在すると思われる。本書でベック博士は，それらの課題について，実にみごとに記述してくれている。

　以前の「容易に対応できた事例」は，いったいどこに消えてしまったのだろうか。この謎について，我々認知療法家は思案し続けている。そして現時点での我々の回答は，「容易な事例」レベルの患者は，プライマリケアに携わる医師や薬物療法中心の精神科医によって，かなりの治療効果を得ているのではないか，ということである。そして，そのような治療にあまり反応しなかった患者が認知療法を紹介されているのではないか，ということである。つまり認知療法は，第二もしくは第三の治療法として適用されるようになったということであろう。ベック博士が本書で概念化しているとおり，現在認知療法のために来談する患者が提示する問題は，セラピストにとっては「負担」というよりむしろ「挑戦」

と言うほうが適切かもしれない。我々セラピストが負担を軽減しつつ，そのような挑戦にどのように応えていったらよいか，ベック博士はその方法を本書でみごとに提示してくれている。

　私はこの序文を締めくくるにあたって，ジュディス・ベック博士と私自身との特別な関係についても述べるべきであろう。周知のとおり，私の娘であるベック博士は事実上，認知療法の申し子といってもよい存在である。というのも，彼女が思春期を迎える頃には，認知療法についての私の理論と実践はかなり具体的なものになっていたが，そのような理論や実践を伝えるべき相手が他にいなかったため，私は当時10代だった娘を実験台にしたのである。「お父さん，これってすごくよくわかるわ」という彼女の言葉に，私は胸をなでおろしたものである。ただし，父親である私の志を継いでくれるよう娘に求めたことは一度もない。大学を卒業した娘は，心理学とは別の領域における教育をさらに受けるべく，順調にキャリアを積み始めた。しかし，その後，彼女は臨床心理学へ転向し，認知療法の専門家となることに決めた。認知療法は依然として彼女の中で，「すごくよくわかる」ものだったのだろう。私は彼女の最初の著書，『認知療法実践ガイド・基礎から応用まで』をとくに誇りに思っている。これは主として認知療法の初心者向けに書かれたテキストである。一方，本書は経験を積んだ認知療法家向けのテキストであると言えよう。いずれにせよ両方のテキストとも，セラピストと患者の双方にとって大いに役立つことだろう。

アーロン・T・ベック

●参考

Rush, A. J., Beck, A. T., Kovacs, M., & Hollon, S. (1977). Comparative efficacy of cognitive therapy and imipramine in the treatment of depressed outpatients. *Cognitive Therapy and Research, 1,* 17–37.

謝辞

　アーロン・ベック（Aaron Beck）が自分の父，助言者，そして指導者であることは，私にとって大変幸福なことである。彼が認知療法を構築することがなければ，本書が書かれることは決してなかったであろう。父の著した書物を読むこと，認知療法に関する研究・理論・実践について父と語り合うこと，父のセッションに陪席すること，父が認知療法を教える場に参加すること，さまざまな事例を父と検討することなどを通じて，私は認知療法を学ぶことができ，認知療法の実践家および指導者として成長することができた。メンタルヘルスに関わる多くの専門家および多くのクライアントと同様に，私は父であるアーロン・ベックに対する感謝の念を禁じえない。

　本書を執筆するにあたって，他にも多くの人たちが大いに私を助けてくれた。まず，私の第一のコーチであり，応援者であり，そして常にフィードバックを与えてくれる存在である私の母，Phyllis Beckに感謝したい。次に，私の友人でもあり同僚でもある，そして私がもっとも頼りにしているNaomi Dankに感謝を捧げる。私の夫，Richard Busisはもちろん，私が本書を執筆している長年の間，立派に育ってくれた子どもたち，SarahとDebbie，そしてSamにもありがとうと言いたい。子どもたちは知らないだろうが，私は彼らから多くのことを学ばせてもらっている。

　Beck研究所における私の仕事仲間，Andrew Butler, Norman Cotterell, Leslie Sokol, Chris Reillyにも感謝を捧げたい。10年以上もの間，私は同僚たちと事例検討を続けている。それがどれほど私の思索を深め，視野を広げてくれただろうか。草稿段階で貴重な示唆を与えてくれた同僚Cory Newman，そしてきわめて辛抱強く，親切で頼りになる編集者（ギルフォード出版）であり，私の友人でもあるKitty Moore

にも深く感謝している。最後に，患者さんたち，スーパーバイジーの方々，学生さんたち，そしてワークショップに参加してくれた多くの人たちにも深く感謝の意を捧げたい。私はこの方々のおかげで，困難な問題を呈するさまざまな事例を，さらに多く知ることができたのである。

目 次

序　文　iii
謝　辞　vii

第1章　治療中に生じる諸問題を同定する……………………1

Ⅰ　問題を具体化する　4
Ⅱ　問題の範囲を同定する　7
Ⅲ　治療外の要因を検討する　10
　1　治療の頻度，ケアのレベル，治療の形式，補助的な治療　10
　2　生物学的介入　12
　3　環境への介入　14
Ⅳ　セラピストの過ち 対 患者の非機能的な信念　14
　1　その問題はセラピストの過ちによるものか　15
　2　その問題は患者の非機能的信念によるものか　16
　3　セラピストの過ちと患者の非機能的な認知を区別する　18
Ⅴ　治療上の問題を回避する　19
　1　診断と定式化　20
　2　認知的概念化　22
　3　各セッションを，そして治療全体の流れを計画する　22
　4　信頼に基づく治療関係をしっかりと築く　22
　5　具体的な行動目標を設定する　23
　6　基本的な治療戦略に基づき，治療を進めていく　23
　7　応用的な治療戦略や技法を用いて，治療を進めていく　24
　8　個々の介入の効果や治療全体の効果を評価する　24
Ⅵ　要　　約　25

第2章　困難事例を概念化する　27

- Ⅰ　シンプルな認知モデル　28
- Ⅱ　中核信念　32
  - 1　自分自身についての中核信念　33
    - （1）なぜ患者の信念をカテゴリー化することが重要なのか　36
    - （2）なぜ患者は自分の中核信念を強く信じるのか　38
  - 2　他者についての中核信念　40
  - 3　世界についての中核信念　40
- Ⅲ　行動戦略　41
- Ⅳ　思い込み，ルール，構え　43
  - 1　中心的な思い込み　対　部分的な思い込み　44
- Ⅴ　認知的概念図　46
- Ⅵ　認知モデルを精緻化する　50
  - 1　状況／引き金　50
    - （1）自動思考が引き金になる場合　51
    - （2）その他の反応が引き金になる場合　53
  - 2　一連の認知モデルを精緻化する　54
- Ⅶ　要　　約　60

第3章　パーソナリティ障害の患者との治療における困難　61

- Ⅰ　パーソナリティ障害はどのように形成されるのだろうか　62
- Ⅱ　過度に発達した戦略と未発達の戦略　64
- Ⅲ　各Ⅱ軸障害における認知的プロフィール　67
  - 1　演技性パーソナリティ障害　67
  - 2　強迫性パーソナリティ障害　69
  - 3　受動－攻撃性パーソナリティ障害　72
  - 4　境界性パーソナリティ障害　74
  - 5　依存性パーソナリティ障害　77
  - 6　回避性パーソナリティ障害　79

7　妄想性パーソナリティ障害　82
　　8　反社会性パーソナリティ障害　84
　　9　失調型パーソナリティ障害　86
　　10　シゾイドパーソナリティ障害　88
　　11　自己愛性パーソナリティ障害　90
Ⅳ　要　　約　93

第4章　治療同盟を形成し，活用する……………………95

Ⅰ　治療に対する患者の見通し　96
Ⅱ　治療同盟を形成するための戦略　97
　　1　積極的に患者と協同作業を行う　98
　　2　患者に対する共感，配慮，前向きな姿勢，正確な理解，およびセラピストの能力を具体的に示す　99
　　3　治療スタイルを個々の患者に合わせて調整する　101
　　4　患者の苦痛を軽減する　102
　　5　フィードバックを引き出す　103
Ⅲ　治療同盟に関わる問題を同定し，解決する　105
　　1　治療同盟に関わる問題を同定する　105
　　2　問題を概念化し，解決のための戦略を立てる　110
　（1）　問題の程度と緊急性を判断する　110
　（2）　問題の発生因を概念化する　113
Ⅳ　治療目標を達成するために治療同盟を活用する　119
　　1　患者がポジティブな対人関係を体験できるようにする　119
　（1）　正の強化を行う　120
　（2）　自己開示を行う　121
　（3）　治療関係のバランスを整える　122
　（4）　患者のネガティブな信念に異を唱える　123
　（5）　共感的理解と同時に，現実的で前向きな見方を伝える　124
　（6）　治療に限界があることを残念に思う気持ちを表明する　126
　（7）　患者との関係に対するセラピストの思いを，患者に理解してもらう　126

Ⅴ　治療同盟上の問題を乗り越え，その体験を他の人間関係へと
　　ノーマライズする　128
　　　1　患者がセラピストとの関係において苦痛を感じているとき　128
　　　2　どのようなときに患者の対人関係のあり方についてフィードバック
　　　　するとよいか　130
　Ⅵ　本章の内容が要約された事例　132
　Ⅶ　要　　約　141

第5章　治療同盟に関わる問題：事例紹介 ………………………143

　Ⅰ　事例1　患者はセラピストが自分を受け入れてくれないと感じている　143
　Ⅱ　事例2　患者はセラピストに拒絶されることを恐れている　147
　Ⅲ　事例3　患者はセラピストにコントロールされていると感じている　151
　Ⅳ　事例4　セラピストが自分を理解してくれないと患者が主張する　156
　Ⅴ　事例5　セラピストが自分を気にかけてくれないと患者は信じている　159
　Ⅵ　事例6　患者が治療に対して不信感を抱いている　167
　Ⅶ　事例7　患者は治療を強制されたと感じている　169
　Ⅷ　事例8　患者がネガティブなフィードバックを表明する　171
　Ⅸ　事例9　患者がセラピストに対して率直にフィードバックすることを
　　　　避けている　173
　Ⅹ　事例10　重要な情報を開示することを患者が避けている　174
　Ⅺ　要　　約　178

第6章　セラピストが患者に対して非機能的に
　　　　　反応してしまう場合 ………………………………………181

　Ⅰ　セラピストの反応における諸問題を同定する　182
　Ⅱ　セラピスト自身のネガティブな反応を概念化する　185
　Ⅲ　患者に対するセラピスト自身の反応を改善するための戦略　187
　　　1　セラピストとしての技能を向上させる　188

2　セラピスト自身の非機能的な認知に対応する　188
　　3　自分自身や患者に対して現実的な期待をもつようにする　189
　　4　共感のあり方を調整する　190
　　5　制限を設ける　192
　　6　患者に対してフィードバックする　193
　　7　セルフケアのレベルを高める　195
　　8　患者を別の臨床家に紹介する　196
Ⅳ　事　　例　196
　　1　セラピストが患者に対して悲観的になってしまう場合　197
　　2　セラピストが患者を重荷に感じてしまう場合　199
　　3　セラピストが，患者を不快な気分にさせてしまうのではないかと
　　　　心配している場合　200
　　4　患者に対し，セラピストが過剰な不安を感じている場合　200
　　5　患者に侮辱されたとセラピストが感じている場合　201
　　6　セラピストが防衛的になる場合　203
　　7　セラピストが患者に対し，フラストレーションや怒りを感じる場合　204
　　8　セラピストが患者に脅かされているように感じる場合　206
　　9　患者に対するセラピストの反応について，患者自身が言及する場合　207
Ⅴ　要　　約　208

第7章　目標設定における困難　209

Ⅰ　目標設定のために標準的な戦略を用いたり，応用したりする　210
　　1　質問を通じて目標を具体化する　210
　　2　イメージ技法を用いて目標を具体化する　212
　　3　他者に向けた目標を，自分自身に焦点を当てた目標へと変換する　216
Ⅱ　目標設定における患者の非機能的な信念　219
Ⅲ　非機能的な行動　220
Ⅳ　治療戦略　221
　　1　事例1　患者が絶望感のために目標をなかなか設定できない場合　222
　　2　事例2　患者が目標設定に対して抵抗を示す場合　225

3　事例3　患者が問題を抱えていることを否定する場合　228
　　4　事例4　患者が自分の問題はすべて身体的なものであると信じている場合　233
　　5　事例5　患者が非現実的な目標を設定する場合　235
　　6　事例6　患者が実存的な目標を設定する場合　241
　　7　事例7　患者が重要なことについての目標設定を避ける場合　245
　　8　事例8　患者が治療を受けたがらない場合　250
Ⅴ　要　　約　252

第8章　セッションの構造化における困難 … 253

Ⅰ　標準的な構造化セッション　253
Ⅱ　構造化セッションを実施するための標準的な方法とその応用　255
　　1　構造化について話し合う　256
　　2　セッションの時間配分を調整する　257
　　3　必要に応じて患者の話をさえぎる　257
Ⅲ　患者およびセラピストが構造化について非機能的な思い込みを
　　抱いている場合　258
Ⅳ　セッションを構造化する上での問題を解決する　261
　　1　気分をチェックする　261
　　2　アジェンダを設定する　265
　　（1）　患者が「わかりません」と答える場合　266
　　（2）　患者が治療そのものに気乗りがしておらず，アジェンダの設定にも
　　　　　乗り気でない場合　268
　　（3）　重要な問題をアジェンダとしてあげることを患者が回避する場合　270
　　（4）　患者が項目をあげる代わりに，問題の内容について説明し始める場合　271
　　（5）　患者があまりにも多くの問題をあげすぎてしまう場合　273
　　3　前回から今回にかけての橋渡しを行う　275
　　（1）　前回から今回のセッションにかけての振り返り　276
　　（2）　次のセッションまでの間に起こりうる重大な問題について話し合う　276
　　（3）　前回のセッションに対する患者のネガティブな反応について話し合う　278
　　（4）　服薬アドヒアランスを確認する　279
　　（5）　ホームワークの実施状況を確認する　279

（6）目標達成に向けて患者がどれぐらい主体的に取り組んでいるかを評価する　281
　　（7）中核信念に対する確信度を評価する　282
　4　アジェンダに優先順位をつける　283
　5　各アジェンダについて話し合い，ホームワークを設定する　284
　6　まとめの作業　284
　　（1）治療の記録　286
　7　フィードバックを引き出す　288
Ⅴ　セッションをあえて構造化しないほうがよい場合　289
Ⅵ　要　　約　290

第9章　問題解決とホームワークにおける困難 …………291

Ⅰ　標準的な戦略を用いたりそれを応用したりすることで，
　　問題解決を促進する　295
　1　患者が問題に視点を向けられるように手助けする　296
　2　心理教育を通じて患者の動機づけを高める　297
　3　個々の問題解決と目標達成を関連づける　298
　4　問題を小分けにして，扱いやすい大きさにする　299
　5　問題をどの程度コントロールできるか患者が評価できるよう手助
　　けする　299
　6　問題解決がうまくいっていないときに方向転換する　301
Ⅱ　標準的な戦略を用いたりそれを応用したりすることで，
　　ホームワークの課題遂行を促進する　302
　1　ホームワークの課題を慎重に設定する　302
　　（1）より簡単で取り組みやすい課題を提案する　303
　　（2）どのような頻度で課題を実施し，どれぐらいの時間を課題に費やす
　　　　必要があるか，具体的に説明する　303
　　（3）「ホームワーク」という用語をあえて使わず，別の呼び方をする　304
　　（4）ホームワークを「実験」として位置づける　304
　2　課題を患者が遂行できる可能性を見積もる　305
　3　課題遂行の妨げになりそうな患者の認知を引き出し，あらかじめ
　　それらに取り組んでおく　306

4　ホームワークが有用であることについて，患者が現実的な見通しを
　　　もてるように手助けする　307
　　5　ホームワークの課題を実施したあとに生じるネガティブな思考に焦点
　　　を当てる　308
　　6　次のセッションで課題について振り返る　310
　　7　患者がホームワークの課題を遂行できなかった場合，問題を概念化する　310
Ⅲ　問題解決およびホームワークの遂行を妨げる非機能的な信念　311
　1　鍵となる信念を同定する　311
　（1）条件付き思い込みを引き出す　311
　（2）問題解決やホームワークの遂行に伴う不利益を同定する　312
　（3）チェックリストを用いる　312
　2　典型的な信念　313
　（1）治療の進行に対する信念　313
　（2）無力さや失敗に関する信念　319
　（3）自分が回復したり状況が改善することについての信念　326
Ⅳ　事　　例　336
Ⅳ　患者に進歩がみられない場合　346
Ⅴ　問題解決をあえて強調しないほうがよい場合　347
Ⅵ　要　　約　348

第10章　認知を同定するにあたっての困難　……………349

Ⅰ　自動思考を同定する　350
　1　自動思考が生じる状況を厳密に同定する　350
　2　ネガティブな思考がほとんど生じていないことを確かめる　351
　3　行動的な回避を確かめる　351
　4　認知的な回避を確かめる　352
　5　患者の話の中に埋め込まれている自動思考を確かめる　352
　6　自動思考が感情としてラベルづけされていることを確かめる　353
Ⅱ　標準的な戦略もしくはその応用によって自動思考を引き出す　353
　1　さまざまな角度から質問する　354

2　感情と身体感覚に焦点を向ける　358
　　3　イメージを活用する　360
　　4　ロールプレイを行う　361
Ⅲ　自動思考を同定するにあたっての問題　363
　　1　患者が知的なレベルでの反応しか返してこない場合　363
　　2　患者があまりにも完璧を求める場合　365
　　3　患者が表層的な反応に終始する場合　366
　　4　患者が認知的および感情的な回避のパターンを示す場合　368
　　5　患者の思考に特別な意味が込められている場合　370
　　6　患者がセラピストの反応を恐れている場合　371
　　7　事　例　372
Ⅳ　自動思考の同定作業をあえて先延ばしにする　374
Ⅴ　イメージを同定する　375
　　1　予測的なイメージ　375
　　2　記憶としてのイメージ　377
　　3　比喩的なイメージ　377
Ⅵ　思い込みを同定する　378
Ⅶ　思い込みを同定するために，標準的な方法を活用したり，
　　それを応用したりする　378
　　1　思い込みの一部を提示する　379
　　2　文章の枠組みを提示する　379
　　3　構えとルールを思い込みに変換する　381
Ⅷ　中核信念を同定する　381
Ⅸ　中核信念を同定するために，標準的な方法を活用したり，
　　それを応用したりする　381
　　1　思考の意味を患者に尋ねる　382
　　2　思い込みを検討する　383
　　3　中核信念が自動思考として表現されたときにそれに気づく　385
　　4　漠然とした中核信念を明確化する　385
Ⅹ　中核信念を同定する際の困難　386

XI 要　　約　387

第11章　自動思考とそれに伴うイメージを修正するにあたっての困難 ……………………………389

Ⅰ　自動思考を修正するための標準的な戦略とその応用　390
　1　自動思考の検討を始める前の準備　390
　（1）鍵となる自動思考を選択する　391
　（2）自動思考の確信度を評定する　391
　（3）ネガティブな感情の強度を評定する　393
　2　標準的な質問を用いて自動思考を検討する　393
　3　さらなる質問やテクニックを用いる　394

Ⅱ　自動思考を修正するにあたっての困難　400
　1　患者が思考の歪曲を認めない場合　400
　2　自動思考を検討し別の反応を生み出してもなお，ネガティブな感情が軽減されない場合　401

Ⅲ　自動思考を修正することに対する非機能的な信念　403

Ⅳ　セッションとセッションの間，すなわち日常生活において自動思考を修正するにあたっての困難　408
　1　何らかの現実的な問題がある場合　408
　（1）患者のネガティブな感情が強すぎる場合　408
　（2）標準的なツールが適用できない場合　408
　（3）患者があまりにも高い期待を抱いている場合　409
　2　自動思考の修正を妨げる思考　410

Ⅴ　自動的に生じるイメージを修正するための標準的な戦略とその応用　413
　1　自動思考と同レベルのイメージ　413
　（1）イメージを変化させる　413
　（2）安全な結末に至るまでイメージし続ける　414
　（3）起きてしまったことに対処している場面をイメージする　415
　2　比喩的なイメージ　416
　3　記憶を拡張する　417

Ⅵ　要　　約　418

第12章　思い込みを修正するにあたっての困難 …………419

Ⅰ　自動思考レベルの思い込みと媒介信念レベルの思い込みとを
　　区別する　419
Ⅱ　思い込みを修正するために，標準的な戦略を用いたり，
　　それらを応用したりする　421
Ⅲ　詳細な事例提示　422
　1　思い込み　その1：「ネガティブな気分を少しでも感じたら，私はひどく取り乱してしまうだろう（不快な気分さえ感じないようにしておけば，私は何とかやり過ごせるだろう）」　424
　　（1）　思い込みに関する情報を集める　425
　　（2）　より現実的な信念を形成する　426
　　（3）　思い込みに関するデータを継続的に検討する　427
　　（4）　治療仮説を設定する　428
　　（5）　治療プランを提示する　429
　　（6）　セッション中に行動実験を行う　429
　　（7）　非機能的な思い込みの利益と不利益を検討する　429
　　（8）　心理教育を実施する　430
　　（9）　回避行動に対する別の見方を考え出す　432
　　（10）　イメージを活用する　433
　　（11）　認知的歪曲を同定し，修正する　433
　　（12）　ホームワークを工夫する　433
　　（13）　行動実験を行う　434
　　（14）　安全行動を減らしていく　437
　　（15）　生活歴に基づく介入　437
　2　思い込み2：「たとえ問題を解決しようとしても，私はどうせ失敗するだろう（問題を無視したり避けたりしていれば，とりあえずは大丈夫だ）」　439
　3　思い込み3：「もし私が回復してしまったら，私の人生や生活はむしろ悪化するだろう（これ以上回復しなければ，むしろ現状を維持することができる）」　442

（1）イメージを活用する　443
　　（2）破局視から脱する　444
　　（3）リソースを増やす　444
　　（4）少しずつ挑戦する（段階的曝露を行う）　444
Ⅳ　要　　約　446

第13章　中核信念を修正するにあたっての困難　……………447

Ⅰ　中核信念を修正するために，標準的な戦略を用いたり，
　　それらを応用したりする　449
　1　中核信念と対処戦略について心理教育を行う　450
　2　中核信念と対処戦略を関連づける　451
　3　治療仮説を提示する　452
　4　情報処理モデルを提示する　452
　5　類推を活用する　467
　6　より現実的な中核信念を形成する　467
　7　中核信念を修正するよう患者を動機づける　467
Ⅱ　事例および中核信念を修正するための技法　469
　1　中核信念が活性化されたことに気づく　469
　2　ネガティブな情報の処理の仕方を修正する　471
　3　ポジティブな情報の処理の仕方を修正する　473
　4　自分の過去の情報処理のあり方を振り返る　475
　5　ソクラテス式質問法　476
　6　カードを活用する　478
　7　比較のあり方を修正する　478
　8　認知的連続法　479
　9　「かのように」ふるまう　483
　10　ロールモデルとなる人物を探索する　484
　11　理性と感情のロールプレイ　484
　12　環境を整える　488
　13　家族面接　489
　14　グループ療法　490

15　夢と比喩の活用　490
         16　子ども時代の外傷体験を再構成する　494
         17　読書療法　498
Ⅲ　他者についての中核信念を修正する　498
Ⅳ　要　　約　500

付録Ａ：認知療法家のためのリソース　501
付録Ｂ：パーソナリティと信念に関する質問票　504
文　献　511

訳者あとがき　515

索　引　523

第1章
治療中に生じる諸問題を同定する

　私は『認知療法実践ガイド・基礎から応用まで（Cognitive Therapy: Basics and Beyond）』の執筆中から，「標準的な」認知療法のテキストでは，多くの患者が示す多種多様な問題を扱いきれないことに気づいていた。患者の中には，セラピストが標準的な治療を行っても，依然として回復できない人がいる。また，標準的な治療テクニックをどうしても理解できない患者や，そのようなテクニックを習得することのできない患者がいる。標準的な治療に取り組む意欲がないようにみえる患者もいる。自己，他者，そして世界に対する歪曲された信念を長年抱き続け，今もなおそれらに固執し続けようしているとしか思われない患者もいる。確かにこのような患者に対し，認知療法の適用の仕方は修正される必要があるのだろう。しかし，いつ，どのようにして標準的なやり方を修正していったらよいのだろうか。セラピストはそれをどのようにして認識することができるのだろうか。

　経験豊かな認知療法家であれば，困難な治療的課題に直面しても，自分がそれに対してどう対処すべきかということを直感的に理解することができるのであろう。しかしベテランの直感を単なる直感に留めず，それをきちんと理論化して，公にする必要がある。実際私は，困難事例に対する認知療法の書物を出版するよう，多くの人から繰り返し要請されるようになった。そこで私は，治療セッションにおける，その時々の自分自身の意思決定について，それまで以上に注意深く自己観察するようになった。そして，一見直感的にみえる一つ一つの判断が，実際には，患者に対する絶えざる概念化，診断，そしてセラピストの治療経験に基づいているのだということがしだいに明らかになっていった。幸運なこ

とに，私は自分のセッションを自己観察することに加え，同僚やスーパーバイザーのセッション，さらに私の父であるアーロン・ベック博士のセッションをも，つぶさに観察し，分析する機会にも恵まれた。

　本書は，前著『認知療法実践ガイド・基礎から応用まで』を出版して以来，私が認知療法について学んできたことをまとめたものである。前著で私が示したのは，比較的シンプルなうつや不安を訴える患者に対して実施しうる認知療法の適用法であり，それは本書に先立って皆さんに読んでいただきたい重要なテキストである。一方本書は，基礎だけでは太刀打ちできないような事例に遭遇した場合の対処法について書かれたものである。

　患者が治療において示すさまざまな困難には，多くの複雑な要因がからんでいる。なかには，セラピストがコントロールしようのない問題もある。たとえば，経済的な制約から十分な回数の治療を受けられない患者がいる。また，そもそも患者を取り巻く環境があまりにも過酷なために，セラピーの効果が限定されたものになってしまう場合もある。しかしほとんどの問題は，たとえその一部であれ，セラピストがコントロールを試みることができるはずである。それらの問題には，患者の歪曲された信念（例：「病気が回復すると，人生は今よりもっと悲惨になるだろう」）に根ざすものもあれば，セラピスト側の過ち（例：うつ病に対する標準的な治療を適用した患者の主診断が，実はうつ病ではなかった）が主な要因である場合もある。あるいはその両方の要因が組み合わさっている場合もあるだろう。

　この10年間に行ってきた数百回ものワークショップにおいて，私はメンタルヘルスの専門家であるワークショップの参加者に対し，これまでに経験した治療上の困難を教えてほしいと依頼し続けてきた。そして以下の二つの重要な結論に達した。第一に，多くのセラピストが，困難を明確に定義せずに，包括的に表現してしまう傾向があるということである（例：「患者の抵抗が強い」と主張する）。第二に，多くのセラピストが報告する困難は，あまりにも似たような問題の繰り返しであるということである（例：「ホームワークをやってこない患者がいる」「セラピ

ストにすぐに腹を立てる患者がいる」「次のセッションまでの間に，あまりにも自滅的な行動をとる患者がいる」など）。私はそのような経験を通じて，次のことが多くのセラピストにとって必要であると気づいた。すなわち，患者の呈する問題を行動的な視点から表現できるようになること，認知的な枠組みに基づいて問題を理解できるようになること，個々の患者に対する個々の概念化に基づき治療戦略を工夫できるようになること，である。そこで本書は，認知療法家に対して，以下の点について教示することにした。

- 問題を具体化する（そして，それらの問題を解決するために，セラピストがどの程度事態をコントロールできるのかを査定する）。
- Ⅱ軸（DSM）の診断を含め，個々の患者の抱える困難を概念化する。
- セラピストに対する患者の望ましくない反応，および患者に対するセラピストの望ましくない反応に対処する。
- 困難な問題を抱える患者に対して，目標設定を行う，セッションを構造化する，問題解決を試みる，ホームワークに対する自発的な取り組みをうながす（行動の変化をうながすことを含む）。
- 強固な非機能的認知（自動思考，イメージ，思い込み，中核信念）を同定し，修正する。

巻末の付録Ａ（p.501）では，認知療法の専門家として成長し続けていくための訓練について概説している。とはいえ最も望ましい訓練とは，上級者に直接指導してもらうことや，スーパービジョンを受けることにほかならないことを，ここで強調しておきたい。

Ⅰ 問題を具体化する

　どれほど経験を積んだ認知療法家であっても，治療を進めていくにあたって困難だと思う患者がいるものである。セラピストはそのようなとき，その困難をつい患者のせいにして，患者の態度や非機能的な行動を患者自身の性格上の欠点に帰属させたくなるときがある。しかし患者に対して，「抵抗が強い」「動機づけが足りない」「怠惰である」「挫折感を抱いている」「操作的である」「行き詰まっている」などといったラベルを貼り，問題を大ざっぱにとらえることが奏功することは，ほとんどない。「患者は治療を受ける気がないようだ」「患者はセラピストである私に対して，問題をすべて丸投げしようとしている」といったありがちな説明も，あまりに大ざっぱすぎて有用でない。そんなふうに考えるよりは，セラピスト自身が，治療の進展を妨げている患者の行動を同定し，問題解決的な構えをもつほうが，はるかに生産的である。セラピストは次のように自問することで，治療における困難な問題を，より正確に同定することができるだろう。

> ▶「セッションの最中に，あるいは前のセッションから今回のセッションまでの間に患者が示した言動（あるいは示さなかった言動）において，いったい何が問題だったのだろうか」

　セッションの最中に患者が示す行動における一般的な問題としては，次のようなことがあげられる。

- 「自分は変わることはできない」「治療は役に立たない」と強く主張する。
- 目標を設定したり，アジェンダに焦点を当てたりすることができない。
- 問題について不平ばかりを言う。問題を否認する。あるいは問題をすべて他人のせいにする。

> - あまりにも多くの問題を一気に並べ立てる。あるいはセッションに危機的な問題を次から次へともち込む。
> - セラピストからの質問に答えようとしない。次々と話題を変える。
> - 遅刻やキャンセルを繰り返す。
> - 自分の権利ばかりを要求する。
> - すぐに腹を立てたり，動揺したり，批判的になる。もしくは無反応である。
> - 認知の修正ができない。あるいは修正しようとする意志がない。
> - セッションに集中できない。話の腰を折る。
> - 嘘をつく。あるいは重要な情報を開示することを回避する。

患者の中は，前のセッションから次のセッションまでの間に，次のような非機能的な行動を示す人も多い。

> - ホームワークをやってこない。
> - 処方された薬剤を服用しない。
> - 薬剤や違法薬物，アルコールを乱用する。
> - 切羽詰まるとすぐにセラピストに電話をする。
> - 自傷行為をする。
> - 他者に危害を加える。

患者が自殺企図を起こした場合には，すみやかな危機介入，すなわち救急処置室での処置と評価が必要となる（ただしこの種の問題は，本書で扱う範囲を超えている）。

　　アンドレアは，双極性障害，外傷後ストレス障害，さらに境界性パーソナリティ障害の診断がつく患者である。彼女は自殺企図をきっかけに入院し，最近退院した。そして外来での治療を開始したばかりである。アンドレアは新たなセラピストをはなから信用せず，自分がセラピストに傷つけられるの

ではないかと警戒していた。そして治療目標を設定することに抵抗し，治療が自分の役に立たないと繰り返し主張した。彼女はセラピストに対してしばしば立腹し，自分のネガティブな動機や苦痛をすべてセラピストのせいにして，セラピストを責めるばかりである。そして，ホームワークを行うことも，精神科医から処方された薬剤を服用することも拒否している。

　多様な困難を示すアンドレアのような患者に対して，セラピストはどのように治療を進めていけばよいのだろうか。その際に重要なのは，治療上の困難が，以下にあげるような可能性と関連しているかどうかを評価することである。

- 患者側の病理的問題
- セラピスト側の治療上の過ち
- 治療に内在する要因（例：ケアのレベル，治療の形式，セッションの頻度）
- 治療に外在する要因（例：器質的な疾患の有無，患者を取り巻く外的環境における有害要因，他の補助的治療の必要性）

　本書で言及する問題の多くは，第一の要因，つまり患者側の病理的問題に関連している。治療において困難な問題を示す患者はしばしば，対人関係や職業生活，そして自身の生活を営んでいくうえで，長期にわたる困難を抱えている場合が多い。このような患者は通常，自分自身，他者，および自分を取り巻く世界に対して，非常にネガティブな信念を抱いている。このような信念は，幼少期もしくは青年期に形成されたものである。そしてこれらの信念は患者の物事の受け止め方に大いに影響し，その結果，患者は時間や状況を超えて，非機能的なやり方で物事を認識し，感じ，行動しがちになってしまう。そしてセッションでもそのような傾向を示すことになる。したがってセラピストに求められるのは，患者がそのような非機能的な信念を抱き，それらが活性化されていることに気づくことである。そして，そのような信念に対して，いつ，どのよ

うにして，焦点を当てていく必要があるか，ということを判断することである。治療上の困難の中には，患者のもつ障害自体にその原因があるものもある。たとえば，患者にとって非常に自我親和的な神経性無食欲症（拒食症）のような疾患や，双極性障害といった生物学的な要因が気分の揺れに大きく影響するような疾患が，それに該当する。このような疾患を有する患者には，認知療法だけでなく，その疾患に応じた別の治療が必要となる。

しかしながら治療上の困難は，治療上の過ち，すなわちセラピストが標準的な治療を適切に行わなかったために生じる場合もある。もちろんこれら二つの要因（患者側の病理的問題，セラピスト側の治療上の過ち）が組み合わさって問題が生じる場合も多くある。重要なのは，問題が主に患者の病理によるものなのか，あるいはセラピストの過ちによるものなのか，といった仮説を立てる前に，まずは問題を明確化し，その頻度と範囲を同定し，さらに他の関連要因があるかどうかを探求することである。

そこで，本章では以降，以下の点について検討してみたい。

- 問題の範囲を同定する。
- 治療外の要因を検討する。
- セラピストによる過ちを明確化する。
- 患者の非機能的な信念を同定する。
- セラピストの過ちと患者の非機能的な信念とを区別する。

本章の最終節では，セラピストが治療上の問題を回避するために，まず何ができるか，ということについて検討したい。

Ⅱ 問題の範囲を同定する

治療上の問題が生じた際，それに対して何をすべきかを判断する前に，

セラピストはまず，問題の深刻さと頻度を評価することを通じて問題を分析する必要がある。セラピストは，次のように自問してみるとよいだろう。

> ▶「その問題は１回のセッション内で，ごく一時的に生じるにすぎないものだろうか」
> ▶「その問題は１回のセッションの間，ずっと続くものだろうか」
> ▶「その問題は多くのセッションを通じて，たびたび生じるものだろうか」

　問題がそれほど深刻でなければ，少なくとも最初は，その問題に直接取り組む必要がないのかもしれない。たとえばジョージという高校生の患者は，最初の２回のセッションでは視線が定まらず，始終顔をしかめていた。セラピストはジョージの行動が理解できなかったが，それには直接言及しなかった。そして代わりに，適度に共感的にふるまい，周囲の大人たちのように彼を支配するつもりはないのだということを示そうとした。セラピストはまた，他者から押しつけられた目標ではなく，ジョージ自身が目指したいと思う目標を設定できるよう彼を手助けした。すると第２セッションの中頃には，ジョージはセラピストが自分にとって助けになることに気づき，彼のネガティブな反応は消失した。

　セッション中により顕著に現れ，より多くの対応を必要とする問題もある。たとえばトニーという患者がいた。セラピストは，トニー自身が自らの強固な信念を検討できるよう手助けを試みたが，トニーはどうしても状況に対する新たな見方を探し出すことができなかった。そこでセラピストはあえてシンプルにこう提案した。「今はこの種の話し合いが，あまり役に立たないようですね。この件はとりあえず保留にして，次のアジェンダに進むことにしませんか」。トニーは快諾した。ボブという患者は，セラピストが彼の話をさえぎるのが３度目に至ったとき，非常に苦しそうな表情を示した。セラピストは，話をさえぎったことと彼の苦痛が関係しているにちがいないと考え，まずそのことをボブに謝罪し

た。そのうえで,「これからの5分もしくは10分間,私はあなたの話をさえぎらずに,ひたすらあなたの話を聞くだけにしようと思うのですが,そのようなやり方はいかがでしょうか」と提案した。ボブはその提案を即座に受け入れた。これらの二つのケースでは,セラピストが対応の仕方を即座に変えたことが問題の解決につながったと考えられる。

　問題がセッション全体に関連していることもある。たとえばルーシーは,セッションの終わりの時間が近づくにつれ,セッションの開始時よりもかえって気分が悪化してしまった。セラピストは,セッション中に「自分には価値がない」という中核信念がルーシーの中で活性化してしまい,それが苦痛をもたらしたことに気づいた。そこで毎回セッションの最後の数分間は,ルーシーが興味をもっていること(例:映画)について何か一つ雑談をして,その回を終えることが合意された。そうすればセッションの最後にはルーシーの苦痛な気分がいくらかは緩和されるだろうと思われたからである。一方,マーガレットの場合,セッションの冒頭の時間帯にイライラしがちだった。マーガレットは,セラピストが彼女に対して共感的でないという不満を訴えた。そこでセラピストは,セッションの最初の時間帯は,マーガレットが自由に自分の気持ちを話し,それをセラピストが傾聴することに費やしたらどうか,ということを提案した。併せて,問題解決のための話し合いをセッションの後半に実施することも提案した。こうしてセラピストとマーガレットは,セッション中の問題に迅速に対処することができた。

　複数のセッションにまたがって生じる継続的な問題の場合は,通常,よりいっそう時間をかけて話し合いをする必要がある。そうしなければ,患者は治療を続け,前進していこうと思えなくなってしまうおそれがある。ディーンは,セラピストが自分をコントロールしたりやりこめたりしようとしていると信じていたため,たびたびセッション中にいらだちを示した。セラピストはそこで,よりいっそう時間をかけて彼に共感を示し,セラピストに対する非機能的な信念を彼自身が検討できるよう手助けした。そして,彼が治療外の日常的な問題に対して十分に取り組むことができるよう,まず治療内の人間関係(すなわちセラピストとディ

ーンとの治療関係）を調整することが重要であると考え，問題解決を図ったのである。

　治療上の困難のほとんどは，何らかの問題解決，患者の認知の修正，もしくはセラピスト自身の行動の変化を通じて，何とか対処することができるものである。それでもなお困難が続く場合は，以下に述べるように，治療に対するさまざまな妨害要因を同定し，評価することが必要となる。

Ⅲ　治療外の要因を検討する

　長引く治療上の困難は，治療そのものの進め方や内容に関連している場合もあれば，治療外の要因が関連している場合もある。以下に治療外の要因を紹介する（表1.1も参照のこと）。

1　セッションの頻度，ケアのレベル，治療の形式，補助的な治療

　患者の中には，受けている治療の"分量"，すなわちセッションの頻度が適切でないために，治療が思うように進展しない場合がある。たとえばクローディアという，かなり症状が悪化していた患者の場合，セラピストの提案によって隔週に1度のセッションを週に1度に増やしてみたところ，速やかな症状の改善がみられた。一方ジャニスという患者は，ある時点において，すでに不安障害がかなり改善していた。彼女の場合，セラピストに頼ってばかりいる状況からそろそろ抜け出し，治療で学んだスキルをジャニス自身が実生活上で実践するために，セッションの頻度を減らす必要があった。

　患者が受けているケアのレベルが適切でないことが，治療の妨害要因となっていることもある。急速交代型の双極性障害患者であるラリーは，失業中で，自殺念慮を訴えることが頻繁にあった。当初，外来で治療を受けていたラリーは，周期的に症状が悪化し，結局は部分的な入院もしくは全面的な入院プログラムが必要になることがときどき生じた。キャ

表1.1　治療外の要因として考慮すべきこと

- 患者が現在受けている治療においてセッションの頻度やケアのレベルは適切だろうか。
  - もっと頻繁にセッションを設定するほうがよいか。それとも頻度を落とすべきか。
  - 患者の受けるケアのレベルをもっと上げたほうがよいか。あるいは下げたほうがよいか（外来のセッションが適切か。それとも部分的入院がよいか。あるいは本格的な入院治療が必要か）。
- 患者が現在受けている薬物療法は適切だろうか
  - 患者は現在薬物を服用していないが，実は薬物療法が必要なのではないか。
  - 患者は現在薬物を服用中とのことだが，処方どおりにきちんと服薬しているだろうか
  - 患者は現在薬物を服用中だが，何か重大な副作用が生じてはいないだろうか。
- 何らかの器質的な問題が見逃されてはいないだろうか。
  - 患者はプライマリケア専門の医師や，他の専門医の検査を受ける必要があるのではないか。
- 患者の受けている治療の形式は適切だろうか。
  - 患者に必要なのは，個人療法だろうか。
  - 患者に必要なのは，グループ療法だろうか。
  - 患者に必要なのは，カップル・夫婦療法だろうか。
  - 患者に必要なのは，家族療法だろうか。
- 患者には何らかの他の補助的な治療が必要だろうか。
  - 患者を精神薬理学の専門家に紹介するべきだろうか。
  - パストラル・カウンセリング（牧師によるカウンセリング）の専門家に紹介するべきだろうか。
  - 栄養士に紹介するべきだろうか。
  - 職業カウンセラーに紹介するべきだろうか。
- 患者を取り巻く生活環境や職場環境があまりにもひどすぎるため，患者が回復できないという側面があるのではないだろうか。
  - 患者は少なくとも一定期間，住居を別に移すことを検討するべきだろうか。
  - 患者を取り巻く職場環境を変えたほうがよいのだろうか。別の仕事を探したほうがよいのだろうか。

ロルの場合，薬物依存に対する入院リハビリテーション治療を受けたあとにやっと，外来治療で十分な効果を得られるようになった。

　受けている治療の形式が適切でない患者もいるだろう。たとえばラッセルは，うつ病に加えて，重大なⅡ軸の障害が認められた。彼は当初，個人療法を受けていたが，途中でグループ療法に移行することになった。すると速やかに症状の改善がみられたのである。ラッセルは，グループの他の患者が自分と似たような経験を有していることに気づき，グループの仲間たちと信頼関係を築くことができるようになった。その結果，彼は進んで自分の思考を検証し，自らの行動を修正できるようになったのである。エレーナは，軽度の抑うつと不安症状が認められ，しかも境界性パーソナリティ障害の傾向がみられる患者であった。彼女も当初，個人療法を受けていたが，途中からカップル療法に変更し，彼女のボーイフレンドが治療に加わるようになったことから著しい症状の改善を示した。反抗的な態度ばかりを示していたリサという患者は，当時10代の少女であったが，個人療法だけでははかばかしい効果を得られなかった。彼女はとにかく問題を他人のせいにし，自分自身の責任を過小評価する傾向があった。そこでリサのセラピストは，個人療法に加えて家族療法を実施するようにしたところ，リサは改善を示し始めたのである。

　セラピストが，患者が必要とする補助的な治療のための知識をもち合せていない場合もある。患者によっては，たとえばパストラル・カウンセリング（牧師によるカウンセリング），職業的なカウンセリング，あるいは栄養士による指導といった補助的治療によって，大きな改善を示す場合もある。また，たとえば「アルコール依存症者のための匿名自助グループ（Alcoholics Anonymous：AA)」といった当事者によるグループをはじめとする各種グループに大いに助けられる患者は多い。

2　生物学的介入

　多くの患者にとって，特に薬物療法をある程度の期間，すでに受けている患者にとっては，薬剤そのものについて検討することが役に立つ場合がある。検討の結果，薬剤の量が増えたり，減ったり，別の薬剤に変

更したりすることもあるだろう。たとえばジョーは，重症のうつ病患者で，深刻な睡眠障害を抱えていたが，睡眠薬を追加したところよく眠れるようになり，認知療法においても大きな進展がみられるようになった。パニック障害のシャノンは，かなりの用量のベンゾジアゼピン系の抗不安薬を服用していたが，その用量を徐々に減らしていった結果，パニックの諸症状がさほど危険ではないことに，やっと気づくことができた。ナンシーは抗精神病薬の副作用で鎮静作用が生じており，セッション中（およびセッションとセッションの間，すなわち日常生活においてホームワークに取り組もうとしているとき）に課題に対して十分に集中することができなかったが，薬剤を変更することで集中力を取り戻すことができた。

　いまだ診断されていない何らかの医学的問題を患者が抱えており，それに対する治療を必要としている場合もある。患者が最近健康診断を受けていないという場合，セラピストは，一度受けてみるよう患者に提案するべきである。たとえばマークには，不安，イライラ，情緒不安定，体重の減少，集中力低下といった現象がみられた。彼は幸運にも，セラピストの熱心な勧めによってプライマリケア専門の医師を受診し，それらの症状がうつ病によるものではなく，甲状腺機能亢進症によるものであることが明らかにされた。アレキサンドラの症状も，一見，うつ病のように思われた。彼女はほとんどすべての活動に対して興味がもてなくなり，身体的にも精神的にもペースが落ちたように感じ，眠れなくなり，しかも体重が減少していた。プライマリケア専門の内科医は，彼女を甲状腺機能低下症と診断し，そのための薬剤を処方した。すると上記の諸症状はすみやかに改善された。

　ほかにも，一見したところ精神疾患によるものと思われる症状が，実は他の一般身体疾患（例：内分泌系の障害，脳腫瘍，外傷性脳障害，脳卒中による障害，中枢神経系の感染症，代謝の問題やビタミン欠乏による障害，進行性の認知症，脳血管性の疾患など）によるものであると判明する患者がいることに注意されたい（このような問題についての詳細は，文献3)を参照)。

3 環境への介入

患者を取り巻く環境そのものがあまりにも過酷な場合は，患者個人への治療的介入と同時に，環境への介入を試みる必要があるかもしれない。レベッカは重症のうつ病と摂食障害をわずらっている10代の少女で，シングルマザーである母親と3人のきょうだいと一緒に暮らしていた。家庭は常に混乱していた。母親はアルコール依存症で，レベッカに対して精神的虐待を加えていた。しかも母親のボーイフレンドは，レベッカに対して身体的虐待を加えていた。セラピストは，レベッカが実家を出て，おばと一緒に暮らせるよう援助した。そのような環境的変化があって初めて，レベッカに対する治療にも進展がみられるようになった。ケンは急速交代型の双極性障害の患者で，症状のコントロールがあまりうまくいっていなかった。彼の仕事は負荷が高く，特に症状が悪化すると，とても仕事をやり遂げられるような状態ではなくなってしまい，そのことがさらに彼を苦しめていた。そのようなとき，不安がますますつのり，抑うつ状態も悪化し，自殺念慮が高まるのである。セラピストはケンに対し，今よりも負荷の少ない仕事を選ぶように勧めた。転職後，やっとケンとの治療において進展がみられるようになった。

治療になかなか進展がみられない場合，あるいは患者がさらなる問題を呈することになった場合，前述したような外的要因が関連している可能性を検討することが非常に重要である。セラピストの過ちや患者の非機能的な信念に焦点を当てることと同様に，外的な問題に焦点を当てることが，患者の回復のためには不可欠な場合もあるのである。

Ⅳ セラピストの過ち 対 患者の非機能的な信念

セッション中，あるいはセッションとセッションの間に生じる問題は，セラピストの過ちか，患者の非機能的な認知か，あるいはその両方に関連している場合が多い。

1　その問題はセラピストの過ちによるものか

たとえ経験豊かなセラピストでも，過ちを犯すことはある。セラピストが犯しがちな過ちは本書全体を通じて解説するが，それには以下のものが含まれる。

- 診断が間違っている（例：パニック障害を恐怖症（単一恐怖）と誤って診断する）。
- 事例の定式化や概念化が不正確である（例：本当は抑うつが主症状であるのに，不安が主症状であると判断してしまう。同定した中核信念が，実は違っている）。
- 事例において焦点を当てるべき定式化や概念化が，実は間違っている（例：焦点を当てた問題や認知が，患者の回復において実はさほど重要なものではない）。
- 治療計画が適切でない（例：強迫性障害の患者に対し，全般性不安障害のための治療法を適用しようとする）。
- 治療関係の形成がうまくいっていない（例：セッションにおいて患者のイライラが昂じたことに，セラピストが気づくことができなかった）。
- 行動的な目標リストを適切に作成できていない（例：目標が大ざっぱすぎる）。
- 治療の構造やペースが適切でない（例：患者の話をセラピストが十分にマネジメントできないために，重要な問題に焦点を当てることができない）。
- 今，目の前にある問題の解決に，治療を焦点化することができない（例：抑うつ症状の回復のために，患者の日常生活上の機能の改善に焦点を当てるべきところを，患者の幼少期の外傷体験にもっぱら目を向けてしまう）。
- 技法の適用の仕方が適切でない（例：段階的曝露法における最初の課題が，患者にとって難しすぎる）。
- ホームワークの課題が適切でない（例：患者がその気になれな

> いような課題をセラピストがホームワークとして出してしまう）。
> ● セッションについての患者の記憶を最大化する工夫がなされていない（例：セラピストは，患者がセッションの要点をメモ書きしたり，録音したりするよう指示していない）。

　セラピストが，自分自身の過ちを同定することは，案外難しいものである。そのような問題を解決するためには，治療セッションを録音したものをセラピスト自身で聞きなおしたり，同僚のセラピストに聞いてもらうというやり方がある。その際，認知療法評価尺度（Cognitive Therapy Rating Scale）[64]を使うと，さらによいだろう。本評価尺度は，11の項目に基づいてセラピストの有能性を評価するものであり，マニュアルとともにインターネットのサイト（www.academyofct.org）を通じて参照することができる。ところで，セッションを録音することは有用であるが，多くの場合それだけでは不十分である。セラピストに必要なのは，同僚のセラピストやスーパーバイザーとともに，各ケースを徹底的に検討することである。

2　その問題は患者の非機能的信念によるものか

　治療上の問題に関わる患者の信念を同定するやり方については第2章および第3章で詳述するので，ここでは手短に説明するに留める。患者の信念を同定するにあたっては，患者の思い込みについて仮説を立て，セラピストと患者が協力してその仮説を検証することが役に立つ。セラピストはその際，患者の立場に立ったつもりで，次の二つの問いについて考えてみるとよいだろう。

> ▶もし自分がこのような非機能的な行動をとったら，どんな良いことが起きるだろうか。
> ▶もし自分がこのような非機能的な行動をとらなかったら，どんな悪いことが起きるだろうか。

本章ですでに紹介したアンドレアという患者は，自分の問題を他人のせいにして，他人を非難することが多かった。彼女の思い込みには，次のようなものがあった。

> 「自分の問題を他人のせいにすれば，私自身は変わらなくてもよいということになる。反対に，問題が自分のせいでもあると認めてしまったら，私はとてもいやな気持ちになるにちがいない。他人は無罪放免となり，私ひとりが変わらなくてはならないということになるのだから。いずれにせよ，私ひとりが変わるなんて不可能だ」

　またアンドレアはセッション中，きわめて慎重に発言していた。それは次のような思い込みがあったからである。

> 「セラピストの質問に対して直接答えない限り，あるいは本題から話をそらし続けていられる限りは，私は安全地帯にいられる。しかし逆に，自分のことをセラピストにさらけ出してしまったら，自分を無防備で弱い存在だと感じてしまうだろう。そしてそんなことをしたら，セラピストは私を厳しく批判したり拒絶したりするようになってしまうかもしれない」

　次に示すアンドレアの思い込みは，自分の行動を変えないことに対する彼女自身による正当化に関連している。セラピストが提案したホームワークの課題はきわめて妥当なものであったのにもかかわらず，彼女がそれをやり遂げることができなかったのは，次のような思い込みがあったためである。

> 「現状維持を続ければ，少なくともこれ以上ひどい目に遭うことはないだろう。でも，もし私が自分の人生をより良いものにしようとしたら，かえってひどいことが起きてしまいそうだ」

　患者の思い込みを理解することが，その患者の非機能的な行動の理由

を明らかにすることにつながることは多い。その場合，患者が自発的に変わろうとするようになるためには，まずこれらの思い込みを検証したり修正したりすることが必要なのである。

3　セラピストの過ちと患者の非機能的な認知を区別する

　治療上の問題の要因を，そう簡単には明確化できないこともある。以下に，よくみられる治療上の問題を示す。同時に，そのような問題の要因となりうるセラピスト側の過ちの例と，患者側の非機能的な思考や信念の例も，併せて紹介する。

> - 患者がアジェンダに取り組もうとしない。
>   セラピストの過ち：「ここで私（セラピスト）と一緒に取り組みたい問題は何か」ということを，セラピストが患者に尋ねない（あるいはそのようなことを考えてくることを，ホームワークの課題として出さない）。
>   患者の認知：「こんなことを話し合ってもむだだ。問題は解決できっこないのだから」
>
> - セラピストが患者の話をさえぎることに対し，患者が混乱する。
>   セラピストの過ち：セラピストがあまりにも頻繁に，あるいはあまりにも唐突に患者の話をさえぎるため，患者が不快感を抱いてしまう。
>   患者の認知：「セラピストが私の話をさえぎるのは，私をコントロールしたいからだ」
>
> - 患者が頑なに，セラピストの見解を否定する。
>   セラピストの過ち：セラピストが自分の見解を強硬に，もしくは時期尚早に主張してしまった。またはセラピストの見解そのものが見当違いだった。
>   患者の認知：「もし自分がセラピストの見解をそのまま受け入れたら，セラピストが勝者で，自分は敗者だということにな

ってしまう」

- 患者は不満を述べ立てるばかりで，セラピストとともに問題解決に取り組もうとしない。
  セラピストの過ち：セラピストは患者に対し，治療過程について適切にソーシャライズできていない。もしくは患者の話を適度にさえぎり，問題解決に向けて誘導することができていない。
  患者の認知：「私自身が変わる必要などないのだ」

- 患者がセッションに集中しない。
  セラピストの過ち：セラピストは，集中力が低下している患者に対し，あるいはあまりにも強いストレスを感じてセッションに集中できなくなっている患者に対し，セッションの進め方を調整することができていない。
  患者の認知：「セラピストの話をこれ以上まともに聞いてしまったら，私はますます混乱してしまうだろう」

V 治療上の問題を回避する

　セラピストは，以下に示すような認知療法の主要原則を遵守することで，治療上の問題の生起を最小限に止めることができるだろう（認知療法の主要原則については，文献14)を参照）。

1. 正確に診断する。そして事例を正しく定式化する。
2. 認知モデルに沿って患者を概念化する。
3. 上記1，2の定式化と概念化を，各セッションにおいて，そして治療全体の流れにおいて適切に活用する。
4. 患者との信頼関係をしっかりと築く。
5. 具体的な行動目標を設定する。

> 6. 基本的な治療戦略に基づき，治療を進めていく。
> 7. そのうえで，応用的な治療戦略や技法を用いて，治療を進めていく。
> 8. 個々の介入の効果や治療全体の効果を評価する。

　以上1〜8については，次に簡単に説明するとともに，本書全体を通じて解説していく。

1　診断と定式化

　ひと口に認知療法といっても，ある障害に対して実施される認知療法の焦点と，別の障害に対する認知療法の焦点とは，大いに異なる場合があるため，個々の患者に対し臨床的なアセスメントをきちんと実施し，正確な診断を得ることは，治療上欠かせないことである。たとえば，外傷後ストレス障害（PTSD）に対するアプローチと全般性不安障害（GAD）に対するアプローチは，同じ認知療法といえどもかなり異なるものである。

　正確な事例定式化を行うこともまた，非常に重要である。たとえばパニック障害においては，症状に対する患者の破局的な解釈が最も重要な治療ターゲットとなる認知である[22]。うつ病であれば，自己，世界，未来に対するネガティブな思考が，最も重要な治療ターゲットとなるだろう[4]。一方，強迫性障害においては，患者の強迫的な観念やイメージの内容を修正することはさほど重要ではなく，むしろ，そのような強迫的な認知に対する患者の評価を修正することのほうが，治療上はるかに重要である[20,29,38]。セラピストが標準的なアプローチに固執しすぎ，標準的なやり方を柔軟に応用することをしなければ，十分な改善を得られない事例も多く発生するだろう（治療マニュアルに関するさらなる情報は，インターネットのサイトwww.beckinstitute.orgを参照）。

　認知療法家は，患者や治療に対して大いに影響を及ぼす，さまざまな要因についても，知っておく必要がある。それはたとえば，患者の年齢，発達レベル，知的レベル，文化的環境，スピリチュアルなレベルにおけ

る信念（spiritual beliefs），ジェンダー，性的志向，身体的健康，生涯発達段階，といったことである。たとえばミアというアジア人の患者がいた。彼女は「私は両親にしたがうべきだ」という強い信念を抱いていたが，そのような信念は，彼女の属する文化では一般的な考え方でもあった。セラピストはそのことをよく検討せずに，ミアの信念に対して疑問を投げかけてしまったため，彼女は結局治療を中断してしまった。ジャネットは，一番下の子を自宅に残して外出するときはいつも，そのことに対する罪悪感に苦しめられていた。セラピストは，ジャネットの罪悪感を理解することができず，そのため，ジャネットに共感的そして支持的に関わるのではなしに，彼女の考え方を修正しようとしてしまった。その結果，子どもを自宅に残すことに対する罪悪感は母親としてごく正常な反応であるかもしれないのに，ジャネットは自分の反応がおかしいのだ強く思うようになってしまった。キースは高齢の患者で，そのため記憶することや身体を動かすことに困難を抱えていた。しかしキースのセラピストはそのことを考慮できず，彼にはとてもできそうにないホームワークの課題を与えてしまった。

　標準的な治療を変化させる必要性のあることが，初期の評価の段階で，もしくは初回セッションにおいて，早くも明らかになることがある。先述したアンドレアは，境界性パーソナリティ障害で，他人を疑う傾向が強くみられた。このような理解は，セラピストが，Ⅱ軸の問題のない初発のうつ病患者に対する治療法をどのように応用してアンドレアの治療に活かすか，ということを考える際の助けとなった。

　診断と定式化は，治療が続く間，継続して行うべきことである。というのも，たとえば治療開始時には，併存症の存在があまり明確でない場合があるからである。エレノアは治療開始当初，うつ病およびパニック障害と診断され，当初はそれなりの改善がみられたものの，その後治療が行き詰まってしまった。そこでセラピストが，重症の社会恐怖の事例であると診断しなおし，再定式化したところ，ようやく大幅な改善がみられた。似たようなことがロドニーの治療でも起きた。彼には薬物依存の症状があったが，治療開始当初，そのことが見逃されていたのである。

2　認知的概念化

　セラピストは，個々の患者に対して認知的概念化を実施し，さらに概念化された内容を精緻化しつづける必要がある。認知的概念化については第2章で解説するが，概念化は，なぜある患者がある状況や問題に対してある反応を示すのか，ということをセラピスト（と患者）が理解する際の助けになる。そして治療において標的とすべき，患者における主要な認知と行動を同定するのに役立つ。通常，患者は多くの問題を抱え，さまざまな問題行動を示し，何千もの自動思考や何十もの非機能的な信念を抱いているものである。セラピストはその中から，修正が必要でしかも速やかな変化が望める，特定の認知や行動を早いうちに同定しなければならない。

3　各セッションを，そして治療全体の流れを計画する

　個々の事例を正確に診断したり定式化することを通して，セラピストは標準的な治療アプローチを個々の患者に合わせて工夫することができるようになる。また，認知的概念化を継続して実施することを通じて，セラピストは各セッションにおいて，患者にとって最も重要な問題や非機能的認知や行動に焦点を当てることができる。治療計画については，本書全体を通じて解説する。

4　信頼に基づく治療関係をしっかりと築く

　ほとんどの患者にとって，治療をしっかりとやり抜くために必要なのは，セラピストが自分を理解してくれ，温かく有能な人物であると思えることである。しかしセラピストがこのような特性を示しているにもかかわらず，そうは受け取らず，たとえばセラピストの動機について疑うなど，セラピストに対してネガティブな反応を示す患者もいる。セラピストはしたがって，個々の事例に合わせて患者との関係性を調整する必要がある。それはたとえば，より共感的にふるまう，あるいはあえてあまり共感を示さない，構造化を図る，教育的なアプローチをとる，自己開示をする，ユーモラスにふるまう，といったことである。Leahy[35]に

よれば，自律志向の患者は，セラピストが少々ビジネスライクに，そして患者から若干距離をおいてふるまうことを好むようである。一方，他者志向的な患者は，セラピストが温かく親しみのある態度をとることを好むようである。セラピストが，治療関係上の問題を明確化し，概念化し，それを乗り越えていくことが，患者の回復を助けるうえで不可欠である。それはさらに，患者自身の治療外での対人関係の改善をも手助けすることにつながる（これについては第4章，第5章で解説する）。

5　具体的な行動目標を設定する

　セラピストは，具体的な治療目標を，患者自身が同定できるように手助けする必要がある。多くの患者は最初，「もっと幸せになりたい」とか「今よりつらさが減るといい」といったことを述べる。このような希望は，あまりにも長期的で大ざっぱすぎるため，これらを治療目標に据えることは現実的でない。このようなとき，セラピストは患者に対し，「今よりもっと幸せになった場合，今とは違うどんなことを，あなたはしているのでしょうか」と尋ねるとよい。そして回答として述べられた行動が，患者が目指すべき短期的目標として設定され，その後のセッションで参照されることになる。

6　基本的な治療戦略に基づき，治療を進めていく

　認知療法の治療原則にしたがうように患者を誘導することは重要である。それはたとえば，自動思考を同定しそれに対応する，ホームワークの課題を遂行する，活動スケジュールを立てる（この課題はうつ病患者にとって特に重要である），恐れている状況に曝露する（この課題は不安障害の患者にとって特に重要である）といったものである。しかし患者が治療原則にしたがうことに強く反発する場合，これらの原則の一部を断念することがあってもよいのかもしれない。ただしその場合でも断念する前に，セラピストと患者は，治療原則を遵守するための妥協点を話し合ったり，治療原則に対する患者の非機能的認知への対応を検討したりすることが必要である。

7 応用的な治療戦略や技法を用いて，治療を進めていく

　セラピストはたいてい，個々の患者に対して多様な技法を用いる必要がある。認知療法の技法の中には，認知的技法，行動的技法，問題解決技法，支持的技法，対人的技法などが含まれるが，他にも，感情そのものに焦点を当てた技法（例：過敏な患者に感情調節技法を適用する，回避的な患者に感情を喚起するやり方を教える）や，生物学的な事象に焦点を当てるやり方（例：症状の器質的要因を改善する，患者が薬物の副作用や慢性的な身体疾患に対処できるよう手助けする），環境に焦点を当てるやり方（例：虐待を受けている患者が新たな生活の場を得られるよう手助けする），体験に焦点を当てるやり方（例：イメージ技法を通じて，幼少期の外傷体験の意味を再構成する），精神力動的なアプローチと共通するやり方（例：セラピストに対する患者の歪曲された信念を修正するのを手助けする）といったものもある。

　患者にとって感情価の高い信念が活性化されてしまったり，あるいは逆に，感情価の高い事象に対する回避が起きてしまったりするときがある。そのような事態を速やかに解消するために，セラピストはあれこれと工夫をこらして技法を実施しなければならない[43,60]。その際，標準的でないやり方が採用される場合もあるだろう。それはたとえば，治療関係をさらに強力にするとか，感情的もしくは本能的と言ってもよいような深いレベルにおいて自分の信念を修正できるよう患者を手助けするとかいったことである。

8 個々の介入の効果や治療全体の効果を評価する

　毎回のセッションの開始時に患者の気分をチェックすることは，治療の進行度を評価したり，セッション中の，あるいは治療全体の流れの計画を立てたりするために不可欠である[14]。その際，ベック抑うつ尺度（Beck Depression Inventory）[12]，ベック青年期尺度（Beck Youth Inventories）[18]といった自記式尺度を活用することが望ましい。毎回のセッションの最中に，そのセッション自体の効果を評価することも重要である。そのためには，標準的な技法を用いるとよい。それはたとえば，

セッションの内容を要約するようこまめに患者にうながすとか，ある問題について話し合う前と話し合ったあとの2度にわたって，その問題に対するネガティブな気分を評価する（その問題に関わる非機能的な認知に対する確信度を評価してもよいだろう），といったことである。

　しかしながら，セッション中に起きた変化が不十分で，セッションのあと，もとのネガティブな思考や気分がたちどころに戻ってしまったり，次のセッションまでの間に患者が行動的な変化を起こせなかったりする場合がある。治療の進行度を評価する際に必要なのは，患者の回復にとっていったい何が重要であるかということを同定することである。本書で紹介する多くの事例は，つまずきながらもゆっくりと，着実に回復していった患者たちの事例である。

Ⅵ　要　　約

　認知療法を首尾よく実施するためのコツとしてあげられるのは，治療における困難を同定し，その程度を評価すること，そしてそのような困難の要因を明確にすることである。治療上の問題は，治療外の要因（例：患者を取り巻く劣悪な環境）によるものもあれば，治療内の要因（例：不適切なケアのレベル）によるものもあるだろう。あるいは，セラピストの過ち（例：不適切な技法の導入）によるのかもしれないし，患者の病理（例：強固な信念）によるのかもしれない。問題を的確に理解するために，外部の専門家によるコンサルテーションが必要な場合もある。よくみられる治療上の困難に対する創造的な解決策については，本書全体を通じて紹介する。次章では，認知的概念化について解説する。そして，患者自身の病理に起因する問題をどのように理解すればよいか，といったことについて説明する。

第2章

困難事例を概念化する

　認知的概念化は認知療法の要である。概念化をしっかりと行うことで，セラピストは効果的かつ効率的に治療を進めていくことができる。治療を開始したばかりの患者は，多くの問題を抱えていることが多い。そのような患者は日常生活の中で何百もの非機能的な認知を抱き，それらの認知が苦痛な気分や非機能的な行動を引き起こしている。認知療法家は，治療において何に焦点を当てるかということを，どのように判断すればよいのだろうか。まずよく行われるのは，患者をひどく悩ませている現在進行中の問題を扱うということである。もしくは，その問題と関連性の高い認知（思考，信念），明らかに歪曲されていたり非機能的であったりする認知，比較的変化しやすそうな認知，患者の思考において繰り返し現れるテーマを含む認知に焦点を当てることである[14]。

　困難な問題を抱える患者について正確に理解することは，比較的シンプルな問題を抱える患者に対する理解に比べて，それこそより困難な場合が多い。それは，前者のほうが，より多くの問題や非機能的な信念を呈するからである[10,15]。本章では，そのような患者が示すさまざまな情報を体系化するための方法について紹介する。それによってセラピストは，治療計画が立てやすくなるだろう。まずはじめに，最もシンプルな認知モデルを紹介する。次に，自己，他者，世界に対する最も基底的な認知である中核信念（core beliefs）について，それに関わる行動戦略や思い込みと併せて解説する。認知的概念化においてセラピストの助けとなる図式（diagram）についても紹介する。最後に，患者に生じる複雑な思考の連なりや，目の前の状況に対する患者の複雑な反応を，どのように認知モデルで理解するとよいか，といったことについて詳述する。

Ⅰ シンプルな認知モデル

　最もシンプルな認知モデルは，状況に対するとらえ方が，その人の反応の仕方に影響を与えることを示している。たとえば図2.1は，初回セッションでアンドレアがセラピストにいらだっているところをまとめたものである。

　アンドレアは下記のような思考や反応を常に経験している。そして，さまざまな状況で自分がひどい扱いを受けていると感じている。

> 「故障品のラジオをお店に返しに行ったところで，いったい何の役に立つというのだろう。どうせ店員は私の言うことなんか信じてくれるはずがない」
> 「セラピストはサポートグループに参加するよう私に勧めている。でもそんなところに行ったって，私は他のメンバーから見下されるだけだ」

- ●状況
- ・セラピストがアンドレアに対し，「何を治療目標としたいか」と尋ねた。

　↓

- ●自動思考
- ・「なぜ彼女（セラピスト）は私にそんなことを訊くのだろう。そんな話は表面的すぎる。目標なんか立てたって，何の役にも立たない。なぜなら私の問題はすごく奥が深いのだから。彼女はそのことを知るべきだ。そもそも彼女は私についての事前レポートを読んでいるのだろうか。きっと彼女は私を，他の患者と同じような存在だと考えているのだろう。でも私は決して，そんな扱いには乗らない！　彼女の好きなようにさせてたまるものか！」

　↓

- ●反応
- ・感情：怒り
- ・身体：顔がこわばる。腕や肩が緊張する。
- ・行動：肩をすくめる。視線を合わさない。口をきかない。

図2.1　認知モデルの例（1）

「フロント係は、わざと私を待たせているんだ」（ホテルのチェックアウトの際）

「セラピストは私に恩を着せようとしている」

このような思考を「自動思考」と呼ぶ。自動思考は自然発生的にポップアップする思考である。アンドレアは上記の自動思考を、意図して考え出したわけではない。ではなぜ彼女は、このようなネガティブな思考を抱いてしまうのだろうか。それは、「自分は弱い」「自分は悪い人間だ」「自分は無力だ」という基本的な中核信念をアンドレアが抱いているからである。そして彼女は、他者は自分より優れており、批判的で厳しい存在であると信じている。これらの信念はフィルターもしくはレンズのように作用し、彼女はフィルター（もしくはレンズ）越しにさまざまな状況を評価するのである。アンドレアとの治療においてセラピストが困難を感じるのは、彼女のこのような非機能的な思考が、日常生活だけでなく、治療セッションにおいても活性化されてしまうからである。その一例を、図2.2に示す。

アンドレアとの治療は当初、彼女自身にとってもセラピストにとっても、きわめて困難なものであった。というのもセッション中に、アンドレアのネガティブな信念が、頻繁に活性化されてしまったからである。たとえば、セラピストがアジェンダ設定のためにアンドレアの意向を尋ねると、彼女は「こんなことは無意味だ。どっちみち私は頭がおかしくて、救いようがないんだから」と即座に思った。そして自分を無力な存在だと感じ、椅子にがっくりと座り込み、「アジェンダなんて、そんなこと私にはわからないわ」と言うのである。別の例としては、セラピストがアンドレアに対し、「今後1週間は、これまでとは違うどんな過ごし方ができるでしょうか」と尋ねたことがあった。アンドレアはこのように問われて、「この人はいったい、なに、ばかなことを言っているんだろう。私には、今とは違うことなんて、何ひとつできるはずがないのに」と思い、少々敵意のにじんだ声で、「これ以上自分が何かをするなんてことは、私にはとうてい想像できないんです！」と言い返した。ま

```
● 中核信念
・「私は弱い」「私は悪い人間だ」「私は無力だ」
・「他人はみな，私より優れていて，批判的で厳しい」
        ↓
● 状況
・セラピストとアンドレアは，数々の請求書の支払い方法について話し合っている。
        ↓
● このような状況が，中核信念というレンズを通じてアンドレアに認識される
        ↓
● 自動思考
・「セラピストは私をばかだと思っているのだろう」
・「よくも私をそんなふうに判断してくれたものだ！」
        ↓
● 反応
・感情：怒り
・身体：こぶしを握る。
・行動：セラピストに対し，「あなたは私の役に立っていない」と言う。
```

図2.2　認知モデルの例（2）

た別のときにセラピストは，アンドレアが自動思考を検討するのを手助けするために，「『ちょっとした家事をこなせば，多少なりとも達成感を得られるかもしれない』という考えを支持する根拠には，どんなことがありますか」と尋ねたことがあったが，アンドレアは即座に「ありません」と答えた。そのときの声の調子には，「自分にこれ以上プレッシャーをかけるな」という警告が含まれているかのようであった。

　図2.3で示す認知的概念図[14]は，アンドレアについてのより詳細な概念化を示したものである。この図には，彼女の中核信念，思い込み，対処戦略（対処戦略については，のちに解説する）がいかに相互作用しているか，そして彼女の幼少期の経験がいかに現在の経験と関連しているか，ということが示されている。認知的概念図については，p.46〜50でさら

●関連する幼少期の体験

- 生まれつき，神経質で感情的な子どもであった。7人きょうだいの2番目の子である。貧しい家庭に育った。
- 父親はアルコール依存症で，患者に身体的虐待を加えていた。母親は抑うつ的で，患者に対して冷たく，厳しく，懲罰的であった。患者は幼少期，おじと近所の人から性行為を強要されたことがある。

●中核信念

- 「私は弱い」 ・「私は無力だ」 ・「私は悪い人間だ」

●条件つきの思い込み・構え・ルール

- 「傷つくことに対して十分警戒していれば，私は自分を守ることができる」
- 「少しでも警戒を怠ったら，私は誰かに傷つけられてしまうだろう」
- 「何かにチャレンジしたりしなければ，とりあえず大丈夫だ」
- 「何かにチャレンジしたとしても，どうせ私は失敗するだろう」
- 「何でも他人のせいにしておけば，とりあえず私は大丈夫だということになる」
- 「もし何かミスをおかしたら，それは私がだめな人間だということである」

●対処戦略

- 他者から傷つけられることに対して，常に警戒している。
- ネガティブな感情が生じることに対して，常に警戒している。
- 自分から他者に敵対的に話しかけることで，相手の敵意を未然に防ごうとする。
- 「難しい」と感じた課題に取り組むのを避ける。
- 「自分にはできない」と思うことを要求されそうな状況を避ける。
- 他人のせいにする。

●状況 その1	●状況 その2	●状況 その3
・ホテルのフロント係が彼女を待たせている。	・はじめから壊れているラジオを店に返品することを考える。	・留守番電話に吹き込まれた姉からのメッセージを聞く。
・自動思考：「この人はわざとそうしているんだ」	・自動思考：「それがいったい何の役に立つというのだ。どうせ店員は私の言うことなんか信じてくれるはずがない」	・自動思考：「私から，先週彼女に電話をしなくちゃいけなかったのに」
・自動思考の意味：「この人は私を傷つけようとしている」	・自動思考の意味：「自分は無力だ」	・自動思考の意味：「自分が悪い」
・感情：怒り	・感情：絶望感	・感情：罪悪感
・行動：敵対的な口調で，フロント係に話しかける。	・行動：そのまま家にいる。	・行動：自分が家にいない時間帯に電話をしてきたことで姉を責める。

図2.3 認知的概念図（文献14）を改作）

に詳しく説明する。

Ⅱ　中核信念

　子どもは育っていく過程において，自分自身，他者，世界について，自分なりに何とか理解しようとし，それらを体系的な概念としてまとめあげていく。人は誰しも，自分の体験に対する意味を積極的に求め，すでに自分の中にあるスキーマもしくは型（テンプレート）に，新たな体験を組み込もうとする。幼少期にネガティブな体験をした子どもは，その体験の原因を自分に帰属させてしまうことが多い。もしそのような子どもでも，その後，十分に意味のあるポジティブな体験を積み重ねることができれば，ときには自分自身をネガティブにとらえるようなときがあっても，基本的には，「自分は大丈夫」と信じられるようになる。「自分はそこそこできる」「自分はまあまあ人から好かれる」「自分にもほどほどの価値がある」と思えるようになる。しかし一方，そのようなポジティブな体験を得られなかった子どもは，自分自身，自分を取り巻く世界，自分の周囲にいる他者について，ネガティブな視点を形成していってしまう。

　このようなネガティブな概念が心の中に体系的に構造化されると，子どもはさまざまな情報を，歪曲的そして非機能的なやり方で処理するようになる。すなわち，情報のネガティブな側面に過度に焦点を当て，ポジティブな側面を割り引くか，もしくは処理できなくなってしまうのである。第3章では，このような傾向がどのように子どもの中に形成され，それがいかにしてⅡ軸の障害につながるか，といったことについて概説する[10]。

　たとえばアンドレアの子ども時代は，悲惨な体験の連続であった。しかもそのような体験は，ときとして毎日生じていた。アンドレアは貧困家庭に育ち，彼女には6人のきょうだいがいた。父親はアルコール依存症で，アンドレアとそのきょうだいたちを身体的に虐待していた。母親

は常に抑うつ的であり，彼女を罰してばかりいた。そして情緒的にも身体的にも子どもたちに対して冷たかった。さらにアンドレアは，12歳のときにおじから，13歳のときに近所の人から性行為を強要されたことがあった。このような体験を通じて，アンドレアが，自分自身，他者，自分を取り巻く世界に対して，たとえば「私は無力だ」といったネガティブな信念を形成していったことは，驚くべきことではないだろう。そして時が経つにつれて，このような信念が彼女の中で体系化されていった。

　アンドレアはしだいに，このようなネガティブな信念に合致するデータを選択的に取り入れるようになっていった。彼女のそのような傾向は，家庭内でのやりとりにおいてだけでなく，家庭外でのさまざまな状況や体験においてもみられるようになった。やがて彼女は，そのようなネガティブな信念に合致しないデータをも，歪曲してとらえるようになってしまった。たとえばあるとき，アンドレアがきょうだいの面倒をよくみることについて，いとこにほめられたことがあった。しかしアンドレアは，何かよからぬ動機があるから，いとこが自分をほめるのだ，と受け止めてしまった。このようにアンドレアは，自分について何かポジティブなデータがあっても，それを認識したり重視したりできずにいた。たとえばアンドレアは，同年代の人たちや年上の人たちとの対話において，適度に自己主張したり，ほどよくふるまったりすることができていたのに，そのような自分を認めることができなかった。アンドレアの「私は無力だ」といった信念は，こうしてますます強化されていった。そしてただでさえ弱かった彼女の自己効力感は，ますます弱まってしまったのである。

1　自分自身についての中核信念

　自分自身についてのネガティブな信念は，おおまかにいって次の3つのカテゴリーのいずれかに分類できる。それは，「私は無力だ」「私は愛されない」「私には価値がない」というものである。セラピストは効果的な治療計画を立てるために，初めて出会ったときから患者の中核信念に関するデータを集め始め，それが「無力だ」「愛されない」「価値がな

い」のどれに該当するか，あるいはその信念がどのカテゴリーの組み合わせによるものなのか，といったことについて，仮説を立てるとよいだろう。そして患者と一緒にその仮説を検討するのである。というのも，患者は一つあるいは複数の非機能的な中核信念を抱いており，それが三つのカテゴリーのどれか一つ，あるいは二つ以上に該当することが多いからである。

　一つ目のカテゴリー，「私は無力だ」という信念にはさまざまな意味合いが含まれるが，自分が何らかの意味で「無力である」「うまくいかない」と感じるというのがその共通点である。患者は実際には，さまざまな表現を用いてこの信念を示す。

●「私は無力だ」に関する中核信念
・「私はちゃんとしていない」「私は何をやってもうまくできない」「私には能力がない」「私は物事にうまく対処できない」
・「私は弱い」「私は物事をコントロールできない」「私は変わることができない」「私はどうしてよいかわからない」「私は行き詰まっている」「私は犠牲者だ」
・「私は脆弱だ」「私は弱々しい」「私は貧弱だ」「私は傷つきやすい」
・「私は劣っている」「私は失敗者だ」「私は負け犬だ」「私は不十分だ」「私は他の誰よりもだめな人間だ」

　二つ目のカテゴリーは，「私は愛されない」というものである。このような信念を抱く患者の中には，一つ目のカテゴリー（自分が無力か否かということ）についても過度に敏感な人もいれば，そうでない人もいる。「愛されない」という信念をもつ患者は，自分の能力についてよりも，自分が他者と親密な関係をもてるかどうかということに注目し，そのうえで，自分は他者と親密な関係を結んだり他者からの世話を得たりすることができないだろうと信じ，しかも実際にそのような事態に陥ることを恐れているのである。「愛されない」という信念は，次のような

形で表現されることが多い。

> ●「私は愛されない」に関する中核信念
> ・「私は誰からも好かれない」「私は人から嫌われる」「私は醜い」「私は退屈な人間だ」「私は誰かの役に立つことができない」
> ・「私は愛されない」「私は必要とされない」「私は無視される存在だ」
> ・「私は拒絶されるばかりだ」「私はいつも見捨てられる」「私はいつもひとりぼっちだ」
> ・「私は人並みでない」「私は欠陥人間だ」「私は人に愛されるほどの存在ではない」

三つ目の「私には価値がない」という信念は，次のように表明されることがある。

> ●「私には価値がない」に関する中核信念
> ・「私には価値がない」「私には何ひとつ満足できるところがない」「私は悪い人間だ」「私は頭がおかしい」「私は壊れている」「私には何もない」「私は単なる役立たずだ」
> ・「私は人を傷つけるばかりだ」「私は危険な人間だ」「私は有害だ」「私は邪悪だ」
> ・「私は生きる価値がない」

「価値がない」という信念には"善悪"の判断が含まれることが多く，ゆえに最初の二つのカテゴリー（「無力だ」「愛されない」）とは質的に異なるかもしれない。患者が「価値がない」に関する信念を表明している場合，それが単独の信念として患者を苦しめているのか，あるいは「価値がない」という信念の背後に「無力だ」「愛されない」という信念が存在するのかを確認することが重要である。たとえばウォルターという患者が「僕には何の価値もないのです」と言ったとき，セラピストは

その発言の真意を探るために，次のように尋ねた。「もし『自分には価値がない』というあなたの考えが本当だとすると，その最悪なこととは何でしょうか。能力がないとか生産的になれないといったことでしょうか。それとも大切な人から決して愛されないということでしょうか」。ウォルターの回答は「大切な人から愛されないということです」というものであった。一方それとは対照的に，「価値がない」という中核信念の真意を尋ねられたサーシャという患者は，それが「無力だ」「愛されない」ということを意味するのではなく，「価値がない」という信念それ自体が彼女を苦しめているのだと答えた。

（1）なぜ患者の信念をカテゴリー化することが重要なのか

　患者の信念がどのカテゴリーに属するのかをすばやく同定することは，治療を進めていくうえで大いに役に立つ。セラピストは，個々の患者にとって最も重要な意味をもつ非機能的な思考，信念，行動を同定し，修正することを目指す必要がある。たとえば，自分のことを「有能で役に立つ」と思えている患者が「自分は愛されない」という信念を抱いており，そのために苦しんでいる場合，セラピストはそのような患者に対し，他者とのつながりを強めるような行動実験を提案することができる。一方，自分は人に好かれる存在であると思えている患者が，「自分はできが悪い」とか「自分は無力である」と信じている場合は，達成感につながるような活動をするよう提案することが必要かもしれない。

　患者の中核信念を正確にカテゴリー化することは，治療を効果的に進めていくうえで不可欠である。たとえばあるセラピストは，エドワードという患者の中核信念を，当初，誤ったカテゴリーにあてはめて考えてしまった。エドワードには，妻を失うことについての自動思考が数多く生じていた。例：「僕はなんて悪い夫なんだろう。彼女（妻）は僕に対し，さぞかしうんざりしているだろう。彼女はいつまで僕に我慢できるのだろうか。彼女はいつかきっと，僕を捨てて出て行ってしまうだろう」。エドワードにはまた，自ら他者を遠ざけるような自動思考が生じていた。例：「チャック（エドワードの親友）は，僕の愚痴を聞くのに，さぞか

しうんざりしているだろう。そして僕のことを"負け犬"だと思っているだろう。彼は，僕なんかより，他の誰かと一緒に過ごすことを望んでいるに違いない」。さらにエドワードは，母親との関係についてもネガティブな自動思考を抱いていた。例：「僕はすぐにでも母に会いに行くべきなのに。母は，僕が母のことを気にかけていないと思っているだろう」。

　セラピストは，エドワードのこのような自動思考が，彼の「愛されない」という強力な信念によるものであると思い込んでしまった。そこでセラピストは，「僕は悪い夫である」「僕は悪い友人である」「僕は悪い息子である」といったエドワードの自動思考に焦点を当てていった。セラピストはまた，エドワードと彼の愛する人や同僚との結びつきを強めるようなホームワークの課題を提案した。しかしながら，これらの治療を通じてエドワードが示した回復は，わずかばかりのものでしかなかった。セラピストは再度，エドワードの思考の意味を探ることにし，今度はそれを直接エドワードに尋ねてみることにした。「もし奥さんがあなたのもとを去りたいと思っているのが本当だとしたら，それは最悪，どんなことを意味しているのでしょうか」「もし友だちがあなたと一緒に過ごしたくないと考えているのが本当だとしたら，それは最悪，どんなことを意味しているのでしょうか」「もしお母さんが，あなたがお母さんのことをちっとも気にかけていないと本当に思っているとしたら，それは最悪，どんなことを意味しているのでしょうか」。するとエドワードはこのように答えたのである。「もしそれが本当だったら，僕はまともに暮らしていけなくなってしまう。僕を助けてくれる人がいなくなってしまうのだから。僕は自分がどうしたらよいか，わからなくなってしまうだろう」。

　ここで明らかになったのは，エドワードがひどく心配しているのは，彼が他者からの世話や他者との親密さを得られない（すなわち「愛されない」）ことではなく，他者との距離が遠くなり，他者からのサポートや助けを得られなくなってしまうことにより，自分自身が物事に対処できなくなってしまう（すなわち「無力である」）ということであった。

そこでセラピストは,「僕は無能だ」「僕はちゃんとしていない」といった思考にむしろ焦点を当てることにし,それらの思考を評価したり,達成感を得られるような活動にエドワードが従事するよう,治療の方向性を変えてみた。するとエドワードの抑うつ症状は,すみやかに改善したのである。

(2) なぜ患者は自分の中核信念を強く信じるのか

　患者はなぜ,自分の信念を強固に保ち続けようとするのだろうか。たとえ信念と矛盾するさまざまなデータを目の前にしようとも,多くの患者は自分の信念を容易に手放そうとはしない。たとえばロビンという患者は「自分はだめな人間だ」と強く信じており,それとは正反対の証拠が多数存在するのにもかかわらず,常に「自分はだめだ」と思い続けていた。しかし実際には,ロビンは職場では有能な従業員であり,友人たちはロビンとの付き合いを大切に思い,たびたび彼女のことをほめてくれていた。ロビンはまた,高齢の母親の面倒をよくみており,妹ともまずまずの関係を保っていた。近所の人たちもロビンのことを快く思っているようである。それなのになぜ,ロビンは「自分はだめだ」と信じ続けているのであろうか。その大きな要因は,彼女の情報処理の仕方にあった。

●**彼女はいつも,自分のネガティブな見方を確証するようなデータを,選択的に取り入れていた。**　ロビンは,自分が何かミスをしたり,自分の期待(しかもその期待は非現実的なまでに高いものである)に応えられないと思ったりすると,常に「自分はだめだ」と決めつけた。また,他の人からの期待に応えられなかったり,他の人からのネガティブな(ときにはニュートラルな)反応に気づくと,やはり「自分はだめだ」と思ってしまった。たった1日の間でも,たとえば部屋をきちんと片づけずに外出したときや,バスが遅れたことが原因で仕事に10分遅刻したときでさえ,ロビンは「自分はだめ人間だ」と自分自身に対してレッテルを貼っていた。上司にタイプミスを指摘されたり,母親に折り返し

電話をすることを失念していることに気づいたときも，同様に「自分はだめだ」と決めつけていた。

● **彼女は自分の信念と矛盾するデータを割り引いてしまっていた。** ロビンは自分自身に関するポジティブなデータにたとえ気づいたとしても，それをそのまま受け入れようとはしなかった。たとえば彼女はあるとき，近所の人が家具を運ぶのを懸命に手伝った。しかし彼女は「これではがんばりが足りない。私はもっとがんばって，もっとたくさん手伝ってあげるべきだった」と考えてしまった。母親の世話をしているときにも，「私は愛情からではなく，ただの義務感からこうしているにすぎない」と考えていた。

● **彼女は自分の信念と矛盾するデータを認識していなかった。** ロビンはその月の勤務日である21日間のうち20日間は時間どおりに出勤し，遅刻したのはたった1日だけである。しかし彼女はその事実を正確に認識せず，「遅刻なんかする私は，まさにだめ人間だ」と思い込んでしまった。また，ロビンは日々，同僚たちに親切に接し，しかも同時に母親の世話をしていた。しかしこれらの事実もロビンの記憶には残っていなかった。ロビンは自分を「私は悪い人間だ」ととらえていたのである。

　ロビンのこのような偏った情報処理は意図的なものではない。むしろこのような処理は，ロビンの意志にかかわらず，自動的に行われてしまっていた。幸いにもセラピストは，ロビンが自分の情報処理の偏りを理解し，それに対処するよう手助けすることができた（第13章を参照）。ロビンはその結果，自分の非機能的な行動やネガティブな経験を，より穏やかな視点からとらえられるようになった。彼女はまた，ポジティブな行動や経験を割り引いてとらえてしまうという自分の反応パターンにも，より適応的に対処できるようになり，以前なら決して認めることがなかった自分自身についてのポジティブなデータを同定し，正当に評価できるようになっていった。

2　他者についての中核信念

　困難な問題を抱える患者は他者に対して，融通性に欠け，二分法的で過度に一般化した見方を示すことが多い。人間は概して，自分のもつ性格特性を，さまざまな状況に応じて強く示したり示さなかったりするものである。しかし困難な問題を抱える患者は，他者をそのような複雑な存在としてとらえることをせず，「白か黒か」といった極端な見方をしてしまいがちである。このような患者は，極端にネガティブな見方で他者をとらえてしまうことが多い。それはたとえば，「屈辱的である」「思いやりがない」「自分を傷つける」「悪意がある」「操作的である」といった見方である。場合によっては，極端にポジティブな見方で他者をとらえることもあるかもしれない。それはたとえば，「誰よりも優れている」「何でもできる」「誰からも好かれる」「絶対的に価値がある」といった見方である（しかし患者は自分自身をそのようにみなすことは絶対にしない）。

3　世界についての中核信念

　困難な問題を抱える患者は，自分を取り巻く世界についても非機能的な信念を抱いていることが多い。このような患者は，世界は障害物に満ちており，この世界で自分の望みがかなえられることはないと信じている。そのような信念は，「この世は不公平だ」「世間は冷たい」「この世は予測不可能なことばかりだ」「自分は何ひとつ状況をコントロールすることはできない」「世界は危険に満ちている」というふうに表現されることが多い。これらの信念は概して，きわめて包括的で，過度に一般化されている。

　以上に示したような，自分自身，他者，世界についての中核信念を数多く有し，しかもそれらが始終活性化されているような患者は，自分がまともに機能できる安全な場所がこの世に存在しないと強く信じている。たとえば前述したアンドレアは，世界は危険に満ちており，自分は無力で，だからこそ自分を助けてくれる人が絶対に必要なのだと思い込んでいた。しかし彼女は同時に，人間とは思いやりがなく，他人を傷つ

ける存在である，とも信じていた。このようにアンドレアの中核信念自体が葛藤に満ちていたので，必然的に，彼女はひとりぼっちで無力で脆弱なままでいるか，さもなければ他人の悪意に翻弄されるかしかなくなってしまうということになる。彼女は実際，自分がそのどちらかになるしかないと確信していた。アンドレアはこのようにして，自分を無効化するものとして他者をとらえ，その結果，彼女の非機能的な信念はさらに強化されてしまっていたのである。

Ⅲ　行動戦略

　自分自身，自分を取り巻く世界，そして他者に対して極端な信念を抱き続けるというのは，当人にとって非常にきついことである。そこで困難な問題を抱える患者はしばしば，自分自身を守るため，そのようなネガティブな信念に何とか対処するため，あるいはそのようなネガティブな信念を埋め合わせるために，ある種の行動パターンを形成することがある[10]。たとえばアンドレアは，自分は弱く，他人は自分を傷つける存在であると信じていた。そのため彼女は，他者の言動に過剰に気を配り，そこに悪意の徴候があるかどうかを過度に警戒するという戦略を自分の中に発達させた。また，実際に自分が不当に扱われたと認識したときは（あるいは誤って認識したときは），相手を言葉で攻撃するという戦略をとった。

　ジャニスも，自分は弱く，他人は自分を傷つける存在であると信じていた。しかしジャニスのとった行動戦略はアンドレアとは異なり，他者のネガティブな気分を察したら，必死で相手をなだめたり喜ばせたりしようとする，というものであった。ジャニスは，自分自身の願望は押さえ込み，他者とのあつれきを何としてでも避けようとしたのである。

　長期にわたって困難な問題を抱えてきた患者は，子ども時代もしくは思春期において，このような行動戦略を形成することが多い。これらの行動戦略は，患者の人生の早期においてはそれなりに有効に機能してい

た可能性がある（そうでない場合もある）。しかし患者が成長し，新たな生活環境に入るにつれて，それらの行動戦略の適応性は徐々に失われていくことになる。このような不適応的な戦略を多用し，中核信念の活性化を防ぐことを通じて，患者は一時的には自分を守ることができるのかもしれない。しかしそのようなことを続けても，中核信念自体が弱まることはないのである。アンドレアは，他者に攻撃的な言葉を浴びせることで，他者からひどい扱いを受けることを防ぐことができていたかもしれない。しかしそのようなことをしても，「自分は弱い人間だ」という彼女の中核信念は変化することがなかった。そしてアンドレアは，「もし自分から相手を言葉で攻撃しなければ，相手は私をひどい目に遭わせるだろう」と信じ続けたのである。一方，相手を喜ばせたりなだめたりし続けていたジャニスは，「もし私が相手を喜ばそうとしなければ，相手は私を傷つけるだろう」と信じていた。

　治療開始前に，患者が自分の行動パターンをどれほど自覚しているかは，さまざまであろう。しかし通常，このような行動戦略を同定することは，さほど難しいことではない。患者の中核信念と思い込みを理解することは，患者がある行動をとる理由を明らかにするうえで不可欠である。患者の信念をあわせて考慮することによって，個々の行動の意味が理解できるようになるのである。

　種々のパーソナリティ障害には，その障害に主要な一連の信念，思い

表2.1　中核信念と対処戦略

●中核信念	●対処戦略
・「私はちゃんとしていない」	・他者を頼りきる。あるいは過度にがんばる。
・「私には何もない」	・他者と親しくなるのを避け，引きこもる。あるいは大げさにふるまう。あるいは自分に特別な権限が与えられているかのようにふるまう。
・「私は弱い」	・強そうにふるまい，他者を威圧する。あるいは自分が傷つきそうな状況をいっさい避ける。

込み，戦略がある（これについては第3章で詳述する）。ここでは，同一の中核信念に対して，個々の患者がどれほど異なった対処をするかということの例を，表2.1に紹介するにとどめる。

Ⅳ 思い込み，ルール，構え

患者の行動戦略を理解する一つの方法として，最も表面的なレベルで生じる自動思考と，最も深いレベルに存在する中核信念との中間にある認知を同定し，検証することがあげられる。思い込み（assumption），ルール（rule），構え（attitude）が，そのような中間的な認知である[14]（本書第12章もあわせて参照）。「条件つきの思い込み（conditional assumption）」は，患者の行動戦略が，中核信念とどのように関連しているかを示すものである。患者は概して，自らの行動戦略を使い続ければなんとかやっていけるだろうと信じている。同時に，もしそのような行動戦略を使わなければ，自分の中にある中核信念があらわになってしまうだろう，もしくは中核信念が現実のものになってしまうだろうと信じている。

- 「危険を警戒し，他人に敵意を向け続けている限り，私は自分を守ることができる。さもないと，他人は私を傷つけようとするだろう」
- 「現状を維持し続ければ，とりあえずは大丈夫だろう。しかし，もし何か新たなことにチャレンジしようとしたら，たちまち私はだめになってしまうだろう」
- 「もし私が何かミスを犯したら，それは自分がだめな人間だということを意味する」

アンドレアのような患者との治療が困難である理由の一つは，このような患者がしばしば，セラピストや治療プロセスに対し，他者や他の状

況に対して抱いているのと同じような思い込みを抱き，その結果，治療においても不適応的な対処戦略を示すためである。たとえばアンドレアは治療開始当初，セラピストが自分をおとしめるのではないかと過度に警戒し，セラピストに対して批判的で敵意のある反応を示し続けた。彼女は，生活改善など自分にできるはずがないと思い込んでおり，目標を設定したり小さな変化を起こしたりすることをセラピストが提案すると，それに対して抵抗を示した。アンドレアはまた，自分について語ることを避けようとしていた。というのも，もしそのようなことをしたら，自分はセラピストに拒絶されてしまうだろうと信じていたからである。

　患者はまた，ルールや構えといった思考形式を通して，自分の思い込みを表明することがある。たとえば，「自分についてあまり多くを語るべきではない」というルールの背景には，「自分のことを明らかにしたら，相手に拒絶されたり傷つけられたりするだろう」という思い込みが存在しているかもしれない。「ミスを犯すとは，おそろしいことだ」という構えの背景には，「ミスを犯すとは，自分が無能であることを意味する」という思い込みが存在しているのかもしれない。ルールや構えといった認知を効果的に検証するためには，それらがどのような思い込みに基づいているのか，ということを明確にすることがしばしば役に立つ。

1　中心的な思い込み 対 部分的な思い込み

　患者は何千もの思い込みを抱いているものである。したがってセラピストが治療を効果的に進めていくうえで重要なのは，多数の中から，患者にとって中心的で，生活の広範囲にわたって影響を及ぼしている思い込みを同定することである。最も重要で中心的な思い込みは，患者の中核信念と強く結びついている。セラピストは，治療の中で新たに同定された思い込みに対して，それに焦点を当てるべきか否かを判断する必要があるが，その際重要なのは，その思い込みが，患者にとって中心的なものなのか，それともすでに同定されている中心的な思い込みの一部分にすぎないのか，といったことを判断することである。

　たとえばアリソンという患者は，次のような広範囲に及ぶ中心的な思

い込みを抱いていた。

「ネガティブな感情が生じたら，私はバラバラに崩れてしまうにちがいない」

この思い込みの部分的なものとしては，次のようなものがあげられる。

「セラピストの言っていることに注意を向けたら，ひどい気分になるにちがいない。私は，そんな気分には耐えられないだろう」

「ホームワークを実施するということは，自分の問題について考えざるをえなくなるということだ。そうしたらいやな気分になるだろうし，私はそんなことには耐えられないだろう」

「母親に対し（たとえ穏やかな態度をとるにせよ）異議を唱えることは，それを想像するだけですごく不安になり，そのまま気が狂ってしまうかもしれない」

その後のセッションで，セラピストとアリソンは週末の過ごし方を話し合っていたときに，次のような思い込みが同定された。

「姉が私に何を望んでいるか，私からわかってあげないと，彼女は不快に感じるだろう」

セラピストはこのとき，この思い込みに内在する彼女の中心的な信念の有無を知らなかった。そこでセラピストは，「このような思い込みを包括するような，より広範な思い込み（例：「もし誰かを失望させたら，それは私が悪い人間だということである」）があるのだろうか」という問いを立て，アリソンにいくつか質問してみた。すぐにわかったことは，アリソンが姉の要望について抱いた思い込みは，特定の状況に関連したものにすぎず，これに関連した，より広範で中心的な思い込みがあるわけではないということであった。セラピストはこの点を確認したあとは，より中心的な別の問題や認知に，速やかに話題を移した。

V 認知的概念図

認知的概念図は，患者に関する膨大なデータをセラピストが体系的に整理するのに役立つ。具体的には，次のような点で役に立つ。

> ● 患者の中核信念，思い込み，行動戦略を同定にする。
> ● なぜ患者が，自分自身，他者，自分を取り巻く世界について，そのような極端な信念を抱くようになったのかを理解する。
> ● 患者の行動戦略が，中核信念とどのように関連しているかを理解する。
> ● どの信念と行動戦略が最も重要で，取り組むに値するかを明確にする。
> ● なぜ患者は現在このような反応を示すのかを明らかにする。すなわち，患者の信念は現在の状況に対する患者の認知にどのような影響を与えているのか，そして，現在の状況に対する認知は，患者の感情的反応，行動的反応，身体的反応にどのような影響を与えているのかを理解する。

たとえば前出の図2.3（p.31）の認知的概念図は，これまでに紹介したアンドレアについてのデータに，彼女が成長過程において経験したことを加え，それらを体系化したものである。これらの情報は，アンドレアが自己，他者，自分を取り巻く世界について，なぜ極端な考えを抱くようになったのか，を説明するうえで大いに役立つ。

図の下部は認知モデルを示している。すなわち，ある特定の状況において，患者においてある思考が生じ，それが患者の反応に影響を与える有り様を示したものである。セラピストは患者と初めて接したときから，このような図を頭の中で描き始めるとよいだろう。しかし実際に鉛筆などで図にデータを書き入れていくのは，数回のセッションを経て，患者の重要なパターンを同定してからのほうが望ましい。重要なパターンとは，①患者に苦痛を与える状況，②そのような状況における患者の自動

思考，③そのような自動思考に対する患者の感情的反応，④以上の①から③の結果引き起こされる患者の行動的反応，のことである。どの欄に記載されたことも，まだ患者の確認をとっていなければ，それはセラピストの仮説にすぎない。そのような記載には，「？（クエスチョンマーク）」をあわせて記しておくことが重要である。なぜなら認知療法の神髄は，個々の患者が与えてくれる情報を患者とともに概念化することにあるからである。

　認知的概念図の下部には複数の状況や問題を記載するが，その際，患者にとって典型的な，しかし互いに異なるテーマを選んで記入するとよい。そうすれば，患者の自動思考に関わるさまざまなテーマを同定できるし，患者の機能や反応のさまざまな側面を明らかにすることができるだろう。逆に，似たような自動思考が生じる状況ばかりを選んでしまうと，患者にとって重要な信念を見逃してしまう場合があるかもしれない。また，患者にとって典型的でない状況を選んでしまうと，誤った概念化を行ってしまう恐れが生じる。

　実際のところ，概念図の下部はあまりにも単純化されすぎている。本章の最後に詳述するが，一つの状況に対して，患者は実際にはさまざまな自動思考を抱き，それらがさまざまな感情を引き起こしているものである。また患者は，自分の感情的，行動的，そして身体的な反応自体を非機能的なやり方で評価していることが多い。しかも患者がある行動をとるのは，たった一つの自動思考ではなく，複数の自動思考が一通り生じたあとであることが多い。

　特に困難な問題を抱える患者の場合，概念図に記載する状況が三つだけというのは，あまりにも少なすぎる。患者の非機能的な思考や行動戦略をしっかりと理解するためには，多種多様な状況について検討する必要があるだろう。また，治療の進行を妨げる患者の行動（第1章で紹介した）をセラピストが記録しておくことも，非常に役に立つ。たとえば患者があまりにも頻繁に「わかりません」という回答を繰り返したり，ホームワークをやってこなかったり，セラピストに対して敵意を示したりすることがあるかもしれない。セラピストが治療的な過ちを犯していな

いにもかかわらず，患者がこのような行動をとるのであれば，それらが患者のどのような思考に関連しているのかを概念化することが重要であろう。図2.4では，アンドレアがセッション中に非機能的な行動を示した三つの状況が記載されている。治療およびセラピストに対するアンドレアの条件付き思い込みは，図2.3に示した認知的概念図における，より広範で中心的な思い込みの一部であることに，読者には着目していただきたい。

　概念図の下部を完成させるために，セラピストはアンドレアに，各々の自動思考の意味について尋ねた。自動思考の意味は，概念図の上部に記載されている自己についての中核信念におけるテーマと関連している。中核信念は実際のところ，レンズのような働きをもち，患者の状況解釈に影響を与える。その意味で中核信念は，状況と自動思考の間に位置するものとみなせるかもしれない。しかし一般に治療において，セラピストは自動思考の意味を患者に尋ね，それを通じて患者の信念を明らかにすることが多い。自動思考の意味の欄が自動思考の欄の下に記載されているのは，そのためである。しかし正確を期するためには，自動思考の欄よりも上に自動思考の意味の欄をおき，この欄を「患者の状況解釈に影響を与えている信念」と名づけるほうがよいのかもしれない。

　アンドレアは幼少期から，「自分は悪い」「自分は無力だ」「自分は弱い」と信じていた。彼女はどのようにしてこのような信念を抱くことになったのだろうか。概念図の最上欄をみれば，そのことがおのずと理解されるだろう。アンドレアは，混乱と虐待に満ちた家庭に育った。セラピストは治療におけるどこかの時点で，アンドレアが子ども時代に体験したことをまとめ，彼女のような外傷体験を有する子どもは，自己や他者に対して極端な信念を抱くようになるのは普通のことであること，しかしそのような信念は真実ではないこと，少なくとも完全には真実ではないことを，アンドレア自身が理解できるよう手助けすることになるだろう。

　セラピストはまた，非常にネガティブで非機能的な信念を抱いている人が何とか生きていくために，ある種の対処戦略を生み出したとしても

●関連する幼少期の体験
・図2.3 (p.31) の認知的概念図を参照

●中核信念
・「私は弱い」　・「私は無力だ」　・「私は悪い人間だ」

●条件つきの思い込み・構え・ルール
・「あいまいな返事をしておけば，セラピストは深く追求してはこないだろう。逆に自分の問題をセッションで話してしまったら，私はその問題に直面することになる。もしそんなことになったら，私はひどくつらい気分を味わうことになるだろう」
・「ホームワークの課題をやらなければ，それに失敗するということもない。やってみようとしたところで，どうせ私にはできないのだから」
・「何ごともセラピストのせいにしておけば，『彼女が悪いんだから』と考えることができる。もし自分にも責任があることを認めてしまったら，私は自分が悪い人間であるということに直面せざるをえなくなってしまう」

●治療に関連する対処戦略
・あいまいな返事をする。　　　　　・唐突に話題を打ち切る。
・「わからない」と言う。　　　　　・ホームワークの課題に取り組まない。
・話題を変える。　　　　　　　　　・セラピストのせいにする。

●状況 その1
・セラピストに，母親との関係について尋ねられる。

・自動思考：「この件については話したくない」

・自動思考の意味：「この件について話すと，ひどくいやな気持ちになるだろう」

・感情：不安

・行動：ぶっきらぼうな調子で，あいまいな回答をする。

●状況 その2
・ホームワークの課題に取り組むことについて考えている。

・自動思考：「この課題は難しすぎる。こんなことが何の役に立つんだろう。私の気分が良くなることなんて，絶対にないのだ」

・自動思考の意味：「自分にはどうにもできない」

・感情：絶望感

・行動：ホームワークの課題に取り組まない。

●状況 その3
・待合室でセッションが始まるのを待っている。

・自動思考：「私はホームワークをするべきだったのに，やらなかった」

・自動思考の意味：「私はだめな人間だ」

・感情：罪悪感

・行動：この課題が難しすぎることをわかっていなかったセラピストを非難する。

図2.4　治療の進行を妨げる行動に関する認知的概念図（文献14）より改変）

何ら不思議はないことを，患者自身が理解できるよう手助けする。セラピストがアンドレアの条件付きの思い込みをあらためて検討することで，アンドレア自身，自分がなぜこのような非機能的な行動をとるようになったのかを理解できるようになるだろう。実際，アンドレアは意図せずに次のように思い込んでいた。「自分のこれまでの対処戦略を用いている限り，私は大丈夫だ。でも，もしこれらの戦略を使わなければ，自分自身や他人に対し，私の中核信念が明らかになってしまうだろう」。

Ⅵ 認知モデルを精緻化する

　本章の冒頭や認知的概念図において紹介したシンプルな認知モデルを，さらに精緻化する必要がある場合も少なくない。セラピストと患者は，多種多様な状況（それらが別個の出来事であるとは限らない）が自動思考を引き起こしうることを知っておく必要がある。そもそも通常，引き金となる出来事と結果として生じる行動との間には，一連の複雑な体験の流れが存在している。

1　状況／引き金

　多くの人は引き金となる状況を，たとえば「車で治療に出かける」「パートナーと口げんかをする」「手紙を読んだら，不快なことが書いてあった」といった個々の出来事として考える。しかし，認知モデルの各構成要素はそれ自体，新たな引き金として作用することがある。たとえばジョエルは母親と電話で話していて，途中までは何とも感じていなかったのだが，いざ電話を切るときになって，彼が母親に頻繁に電話をかけないことについて母親から非難されているように思ってしまった（状況1）。そして「どうして母さんはいつも，僕が母さんと十分に話をしないと文句ばかりを言うのだろう。僕にだって自分の生活があるってことを，母さんはわかっていないんじゃないか」という自動思考が浮かび，イライラした。そこでジョエルは自分に生じた自動思考についてじっく

りと考えてみた（状況2）。その結果,「母さんのことを悪く思っちゃいけない。母さんは年をとって,とっても寂しいんだから」という自動思考が生じた。そして今度は罪悪感を抱いてしまった。彼は自分に生じた罪悪感に気づき（状況3），その結果「僕は大人の男なんだ。なのになぜ,母さんの言葉にこれほど影響を受けてしまうんだろう。僕はどこかおかしいんだろうか」という自動思考が生じた。すると彼は悲しくなり,長い間ソファに座り込んでしまった。その後彼は,自分のそのような行動を振り返り（状況4），「こんなことをしている場合じゃない。いったい僕はどうしちゃったんだろう」と考え,自分に腹を立てたのである。

自動思考が生じる引き金となる状況には,以下のようなものがある。

- 個々の出来事
- 苦痛をもたらす思考
- 記憶
- イメージ
- 感情
- 行動
- 身体感覚
- 心理的経験

端的に言うと,人がそれを自分にとって意味のあるものとしてとらえるのであれば,内的な変化であろうと,外的な出来事や状況であろうと,認知モデルの状況欄に記入することができる（図2.5を参照）。

(1) 自動思考が引き金になる場合

自動思考に対する評価,すなわち,患者が自分に生じた自動思考に気づき,それに対するさらなる自動思考が生じたとき,それ自体が引き金となる状況となる。自動思考やそれに対する評価は,言語的な形式をとる場合が多い。たとえば,ベネットはホームレスが歩道で大の字に横たわり,卑猥な言葉を叫んでいるのを見た（状況1）。ベネットはそのよう

1. ある出来事：ホームワークをしてきたかどうかをセラピストに尋ねられる。
   ↓
   自動思考：「してこなかったと言ったら，セラピストに怒られるにちがいない」

2. 苦痛をもたらす思考：自分がばい菌に対する強迫観念にとりつかれていることに気づく。
   ↓
   自動思考：「あそこ（ばい菌があると心配している場所）に戻ったら，僕は気が狂ってしまうにちがいない」

3. 記憶：ある人から攻撃を受けたときの記憶が，自然と想起される。
   ↓
   自動思考：「このようなフラッシュバックに，これからも苦しめられ続けるにちがいない」

4. イメージ：父親が車の衝突事故を起こしている場面をイメージする。
   ↓
   自動思考：「なんてこと！　私はパパが大けがを負うことを，ひそかに願っているのかしら」

5. 感情：自分がひどく怒っていることに気づく。
   ↓
   自動思考：「私は絶対にどこかおかしいんだ。普通の人なら，こんな些細なことにひどく腹を立てたりはしないはずなのに」

6. 行動：自己誘発嘔吐をした。
   ↓
   自動思考：「私は絶対に摂食障害を克服できないだろう」

7. 身体感覚：胸が締めつけられるように感じる。
   ↓
   自動思考：「心臓発作が起きそうだ」

8. 心理的経験：思考の流れが急に速くなったのに気づく。
   ↓
   自動思考：「気が狂いそうだ」

図2.5　引き金となる状況の例

な状況に対し,「こんな奴にはムカムカする」と思い，次に自分のそのような自動思考に気づいた（状況2）。彼は自分の自動思考に対して,「こんなふうに考えるべきではない。僕はなんて冷たい人間なんだろう」と考えた。

　自動思考がイメージの形をとって生じる場合もある。たとえばデナはちょっとした物音を聞いたとき（状況1），自分の子どもが階段から落ちる場面が頭に浮かんだ。彼女は自分にそのようなイメージが浮かんだことに気づき（状況2），それをこのように評価した。「わが子がこんなふうになることを想像するなんて，私はそれを望んでいるにちがいないわ！」。

　セラピストは患者に自身の思考を検討してもらう際，患者のもともとの自動思考に焦点を当てるべきか，それとも最初に生じた自動思考に対する評価的な自動思考に焦点を当てるべきかについて，概念化する必要がある。後者を選ぶほうが重要な場合も多々あるからである。

(2) その他の反応が引き金になる場合

　患者の反応は次の三つのどれかに分類できる。それは，①感情的反応，②行動的反応，③身体的反応，である。重要なのは，その反応自体が患者を動揺させるものであるかどうかを判断することである。多くの患者は，自分に生じたネガティブな感情に対して，さらに落ち込むことがある。たとえばフィルは，薬局にいたときに（状況1），「この薬が効かなかったらどうしよう」と考え，不安になってしまった。そして自分が今，ひどく不安であることに気づいた（状況2）。次に彼は，「僕はずっと不安なままなんだ」と考え，絶望的になってしまった。

　自分のとった行動に対して落ち込んでしまう患者もいる。たとえばメアリーは，職場でクッキーの載った皿を見て（状況1），「一つだけなら，食べたって大丈夫だ」と思った。クッキーを1枚食べ終えたとき，メアリーは自分がクッキーを食べてしまったことに気づいた（状況2）。そして「ああ，やめておけばよかった。ダイエットが台無しになっちゃった。こうなったら，もっとたくさん食べたって同じだ。ダイエットは明日か

らにしよう」と考えた。

　自分に生じた身体的反応に対してひどく落ち込んでしまう患者もいる。たとえばウィリアムはあるとき車を運転していた（状況1）。その際，彼の頭に，自分の車が衝突事故を起こしてしまうという自動的な思考とイメージが浮かんだ。彼は不安になり，心拍が速くなり始めたのに気づいた。彼は自分の心拍の速さに注意を向け（状況2），「ああ，いったい自分はどうなってしまうんだろう」と思った。このように，患者が自分自身の反応をどのように評価するかということは非常に重要で，最初の状況よりこちらに焦点を当てるべき場合も多くある。

2　一連の認知モデルを精緻化する

　問題のある状況を同定する際に重要なのは，出来事，思考，その他の反応がどのように展開しているかをきちんと見極めることである。そしてそのような一連の流れのどこに焦点を当てるかを，セラピストと患者は協力して決めていく。ある状況の前，最中，あとに生じた自動思考のどれに焦点化するかを決めるために，セラピストは患者に対し，慎重に質問を重ねていく必要がある。そのようなやりとりを通じて，セラピストは以下のどれに焦点を当てるべきかを概念化する。

> - 問題のある状況それ自体
> - そのような状況に対した生じた自動思考（一つ，あるいは複数）
> - それによって活性化された非機能的な信念
> - 感情的反応
> - 行動
> - 自分の思考，感情，行動に対する患者自身の評価

　患者が思考－感情－行動－身体反応の悪循環にはまっているようなときは，一連の流れをより精緻化して把握することが重要である。このような悪循環の典型例としては，パニック障害や衝動的な行動（例：物質乱用，むちゃ食いと自己誘発嘔吐，他者への暴力，自傷行為）があげら

れる。

> 事例

マリアはいつも，パニック発作の前や最中に一連の出来事を予測していた（しかし実際に，マリアと彼女のセラピストは，発作の引き金となる具体的な出来事を同定できたためしはない）。彼女が体験する一連の流れは，たとえば次のとおりである（図2.6を参照）。マリアは夫が運転する車に乗って，高速道路を走っている。彼女は標識を見て，一番近い出口でもまだかなり距離があることに気づき，こう考える。「もし今，私の具合が悪くなって，助けが必要になったらどうしよう」。

この考えはマリアをひどく不安にさせ，心拍が急に速くなる。彼女は心臓がドキドキしていることに気づき，「私はどこか悪いのではないか」と思う。彼女は自分が心臓発作を起こしている姿をイメージする。するといっそう不安が高まり，身体的な反応も強くなる。心臓はいっそうドキドキし，呼吸はより速く深くなり，胸に痛みを感じ始める。彼女は自分の身体感覚にさらに注目し，心臓発作を起こすにちがいないと確信する。彼女はパニックに陥り，身体はますます反応を強め（すなわち，さまざまな感覚がいっそう激しさを増す），彼女はそのような身体感覚にさらに注目する。そして今にも心臓発作を起こすにちがいないと，ますます強く確信する。

このような悪循環はそれからさらに10分間，すなわち，マリアのアドレナリンが出つくし，感覚が徐々に軽減するまで続く。パニック発作が収束すると，彼女は，「本当に怖かった！　二度とこんなことが起きてほしくない。今度こんなことが起きたら，私は本当に死んでしまうかもしれない」と考える。彼女は不安になり，自分が脆弱であるという信念はますます強化されてしまう。

◇　　◇　　◇

パトリックは違法薬物を使用する前に毎回，思考や感覚，そして行動における一連の流れを経験していた（図2.7を参照）。たとえば彼は自宅にいるとき，所持金が乏しいことに気づき，悲しくなる。彼はその悲しみに気づき，「こ

状況1：自分が病院から遠く離れたところにいることを意識する。
↓
「私は脆弱である」という信念を伴うスキーマが活性化する。
↓
自動思考：「もし今，私の具合が悪くなって，助けが必要になったらどうしよう」
↓
感情：不安になる。
↓
身体反応：心拍が速まる。
↓
状況2：心拍がいつもより速いことに気づく。
↓
自動思考：「私はどこか悪いのではないか」と思い，自分が心臓発作を起こしている姿がイメージされる。
↓
感情：ますます不安になる。
↓
身体反応：心臓がいっそうドキドキする。過呼吸に陥る。胸に痛みを感じる。
↓
行動・状況3：感覚がさらに激しくなり，身体感覚にますます注目する。
↓
自動思考：「症状はひどくなる一方だ！」
↓
感情：さらにもっと不安が強まる。
↓
身体反応・状況4：症状がますますひどくなる。
↓
自動思考：「心臓発作を起こすにちがいない」
↓
感情：パニックに陥る。
↓
状況5：パニック発作が収束する。
↓
自動思考：「本当に怖かった！　今度こんなことが起きたら，私は本当に死んでしまうかもしれない」
↓
「私は脆弱である」という信念が強化される。

図2.6　パニックのシナリオ

んなふうに感じるのは大嫌いだ。コカインを一服できればいいのに」と考える。そして，初めてコカインを吸ったとき，いかにすばらしい気分だったかを思い出す。そのときのイメージがコカインに対する渇望を強め，パトリックはコカインを一服したくてたまらなくなる。彼は，「コカインを吸うのは初めてじゃない。もう一回ぐらい吸ったからといって，大したことはないだろう」と考え，その後，コカインを吸う計画で頭がいっぱいになり，それを思いとどまらせるような考えを避ける。そして実際にコカインを吸う。それから数時間後，彼は再びひどい気分に陥る。「自分はだめ人間だ」「自分は自分をコントロールできない」という信念や，彼のこのような悪循環のパターンはさらに強化される。

◇　　　◇　　　◇

　パメラは過食症の患者である。彼女の過食は典型的なパターンを示している（図2.8を参照）。パメラは勤めている工場での遅番の交替勤務を終えて，誰もいないアパートに帰宅し，時間をもてあましている。彼女は「たぶん洗濯するべきなんだろうけど，どうしてもそういう気になれない」と思い，家族や友人と一緒に過ごしたいと考える。しかし彼らはみな，訪ねるのに1時間以上かかるところに住んでいる。パメラはひどく寂しく感じ，「こんな気分には耐えられない。どうすればいいんだろう」と考える。雑誌を読んではみたものの，全く集中できず，とうとう「今日はもう十分に食べたけれど，でもつらくてつらくてたまらない。今の私を助けてくれるのは，食べ物しかないんだ」と思い始める。

　パメラは冷凍庫にアイスクリームがあることを思い出す。そして自分がそれを食べ，気分が良くなるのをイメージする。このイメージが引き金となって，アイスクリームへの渇望が喚起され，彼女はアイスクリームを食べたくてしょうがなくなる。彼女は「冷凍庫に行ってはだめ！　食べちゃいけない」と一瞬考えるが，ただちにその考えを押し込める。そしてアイスクリームを食べることにする。いったん食べると決めると，少しホッとする。パメラは冷凍庫から1クォート（訳注：約0.94リットル）入りのアイスクリームの容器を取り出し，「ほんの少しでやめるのよ」と自分に言い聞かせて，アイスク

状況1：家でじっとしている。
↓
自動思考：「僕は全くの一文無しだ。このろくでもない家から抜け出すことは絶対にできないんだ」
↓
感情：悲しみと絶望感を抱く。
↓
状況2：自分が悲しんでいることに気づく。
↓
自動思考：「こんなふうに感じるのは大嫌いだ。コカインを一服できればいいのに」
↓
感情：不安になる。
↓
自動思考：初めてコカインを吸ったときのすばらしかった気分を思い出す。
↓
感情：興奮してくる。
↓
身体反応：コカインを渇望する。
↓
状況3：自分がコカインを渇望していることを自覚する。
↓
自動思考：「コカインを吸うのは初めてじゃない。もう一回ぐらい吸ったからといって，大したことはないだろう」
↓
感情：ホッとする。
↓
行動：自分にコカインをやめさせるような考えを避ける。コカインを吸う。
↓
状況4：数時間後，自分が何をしたか気づく。
↓
自動思考：「またやってしまっただなんて，自分でも信じられない。僕はなんて意志が弱いんだろう。僕には薬物中毒を克服するなんて，絶対にできないんだ！」
↓
「自分はだめ人間だ」「自分は自分をコントロールできない」という信念が強化される。

図2.7 物質乱用のシナリオ

状況1：夕方，自宅で過ごす。
↓
自動思考：「洗濯しなければならないんだけど，どうしてもそういう気になれないわ。家族や友だちと一緒に過ごせたらよかったのに」
↓
感情：寂しく感じる。
↓
状況2：自分がひどく寂しく感じていることを自覚する。
↓
自動思考：「こんな気分には耐えられない。どうすればいいんだろう」
↓
感情：不安になる。
↓
自動思考：「今の私を助けてくれるのは食べ物しかない」
↓
アイスクリームを食べるところをイメージする。
↓
身体反応：アイスクリームを渇望する。
↓
自動思考：「食べちゃいけない。でもこのままでは食べるしかないだろう」
↓
感情：ホッとする。
↓
行動：アイスクリームを手にとる。スプーンですくって2，3杯食べる。
↓
自動思考：「こんなことはやめなくちゃ。でも，まだこんなに動揺してるんだから」
↓
行動：思考をおしのける。大量のアイスクリームを平らげてしまう。他にも高炭水化物，高脂肪の食べ物をむさぼり続ける。
↓
状況3：気持ちが悪くなる。
↓
自動思考：「私はなんてばかなんだろう。こんなこと，絶対にするべきじゃなかったのに」。ひどくむくんで太っている自分がイメージされる。
↓
感情：悲しみ，絶望感，自分への怒りを感じる。
↓
自動思考：「こんなことには耐えられない。もう吐くしかない」
↓
感情：どこかでホッとする。
↓
行動：自発的に嘔吐する。
↓
「自分はだめな人間だ」「私は自分をコントロールできない」という信念が強化される。

図2.8　過食のシナリオ

リームを食べ始める。2,3口食べたところで,「こんなことはもうやめなくちゃ。でも,まだこんなに動揺しているんだから」と考え,さらに食べ続ける。「自分をコントロールしなくちゃ」と思うのだが,その思いをおしのけ,実際には頭を空っぽな状態にしてしまう。そのような解離といってもよい状態で,彼女は猛然と食べ続け,とうとう大量のアイスクリームを平らげてしまう。そして他にもっと食べるものはないか,とあたりを見回し,さらに食べ続ける。むちゃ食いが終わると,気持ちが悪くてたまらない。そして自分がひどくむくんで,太ってしまったイメージが思い浮かぶ。自分の意志が弱く,自己コントロールができないことについて,自分を責め始める。結果的に気分はさらにひどくなり,しかたがないので彼女は吐くことにする。

Ⅶ 要 約

　患者は自分の信念と対処戦略に沿って,一貫したやり方で物事を考えたり行動したりする。そこで重要になるのは,認知的概念化を絶えず行い,精緻化し続けることである。セラピストは概念化や精緻化を通じて,ある状況に対して自分がどうしてそのように反応するのかということを患者自身が理解できるように手助けしたり,治療で焦点を当てるべき最も重要な問題や認知や行動を選択したりする。認知療法を実施するうえでのポイントの一つは,概念化を的確に行うことである。患者の抱える問題が非常に複雑な場合は,とくにそれが重要である。また,そのような概念化を活用して治療を進めていくことも重要なポイントである。次章では,パーソナリティ障害に対する定式化について解説するが,それは,Ⅱ軸障害の患者が抱える過去や現在における諸問題を,臨床家がよりよく理解するうえで役に立つだろう。

第3章

パーソナリティ障害の患者との治療における困難

　治療が困難になりがちな患者は，すべてとは言えないまでもその多くが，パーソナリティ障害を抱えている。したがって，各Ⅱ軸障害についての認知的定式化を理解しておくことが臨床家にとって役に立つ。DSM-Ⅳ-TR（American Psychiatric Association, 2000）は，パーソナリティ障害を含む，さまざまな精神疾患にみられる感情面や行動面の症状については，ほぼ網羅していると言ってよいが，一方，これらの疾患における認知的側面についてはさほど詳しく触れられていない。しかし実際には各Ⅱ軸障害における認知的側面も，アセスメントや治療においては非常に重要である。最近の実証研究によれば，各パーソナリティ障害が，それぞれの障害に特異的な一連の信念を有しているということである[16]。したがって各Ⅱ軸障害における認知的特徴を理解しておくことは，セラピストが個々の患者の問題を迅速に概念化し，効果的な介入の仕方を検討するうえで大いに役に立つだろう。

　各Ⅱ軸障害についての理解は，セラピストが治療関係上の問題を即座に評価し，治療の構造やスタイル，そして介入のあり方を工夫する際にも役立つ。とはいうものの，複数のⅡ軸障害にまたがった特徴を示す患者も多い。そのような患者は，実に複雑な信念や戦略を示すことがある。本章ではそのような複雑な事例までを詳細に示す余裕はないが，それでも本章で紹介するさまざまな事例は，臨床家を惑わすような，パーソナリティ障害の患者における認知，行動，感情的反応を理解するうえで有効な手引きとなるだろう。

　本章ではまず，パーソナリティ障害の形成過程について概説する。そして各Ⅱ軸障害の患者における，自己や他者に関する信念，条件付き思

い込み，過剰なあるいは未発達の戦略について解説し，さまざまな事例を紹介する。なお第10章では，患者の信念を同定するやり方について解説し，さらに付録B（p.504）では，「パーソナリティと信念に関する質問票」という質問紙[6]について紹介する。この質問紙を使うと，Ⅱ軸障害の診断基準に即して，患者の信念を同定したり分類したりすることができる。パーソナリティ障害の分類，理論，評価，および治療について包括的に知りたい読者は，文献41）を参照するとよいだろう。パーソナリティ障害への認知療法の適用についての詳細は、文献10）を参照してほしい。

Ⅰ　パーソナリティ障害はどのように形成されるのだろうか

　認知療法家はⅡ軸障害を，遺伝的に規定されたパーソナリティ特性と幼少期の経験との相互作用によって形成されるものとみなす。たとえば演技性パーソナリティ障害の患者は，劇的に感じたりふるまったりする素因をもって生まれたのかもしれないし，シゾイドパーソナリティ障害の患者は，社会的関係から孤立することを好む素因をもって生まれたのかもしれない。自己愛性パーソナリティ障害の患者は，他者と競う特性を強く有しているのかもしれない。そして幼少期に経験したこと，特に外傷体験（1回の強烈な外傷体験であれ，より軽微ではあるが慢性的なネガティブ体験であれ）が，そのような遺伝的な特性の表出を強化するのである。

　事例
　　ケイトはもともと非常に恥かしがりやで，不器用で，繊細な子どもだった。小さい頃，彼女はしょっちゅう友だちからからかわれ，両親から叱られた。その結果，ケイトは「自分はどこかおかしいのではないか」と思い始め，さらに「自分はみんなに好かれないし，受け入れてももらえない」と信じるようになった。しかしこのような考えは彼女自身にも苦痛をもたらす。そこで

彼女はこれらの考えが活性化されるのを避けようとした。ケイトは両親やその他の権威的な人物には従順にふるまい，「どうせ彼らはネガティブな目で私を見るだけだから」との考えから，親や権威者の関心を引かないよう細心の注意を払うようになった。そして「近づいたら意地悪されるんじゃないか」との考えから，クラスメイトや近所の子どもたちとの接触も極力避け続けた。

しかし，ケイトの従順なふるまいに対して，かえって両親は批判的に反応するようになった。そしてそれが，「自分はどこかがおかしいんだ」というケイトの信念をかえって強めることになってしまった。子ども同士のつきあいにケイトが顔を出さなくなると，周囲は彼女を完全に無視するようになった。そしてそれが，「私はみんなに好かれない」という彼女の信念をさらに強めてしまった（ケイトは周囲とのつきあいを絶ったことにより，本来であれば仲間とのつきあいの中で徐々に身につけることのできる社会的スキルを習得するチャンスを逸してしまった，という面もある）。ケイトはこのようにして，回避行動が信念を強化し，それがさらなる回避行動につながり，それがまたさらに信念を強化するといった悪循環に陥っていったのである。

ケイトは生来，ネガティブな感情をより強く感じがちな傾向があったようである。彼女は，「自分は弱いから，ネガティブな感情には耐えられない」といった信念をもち，「もしネガティブな感情が強まったりしたら，私はバラバラに壊れてしまう」と思い込んでいた。そこで彼女は，自分がネガティブな感情を強く抱かずにすむように，いくつかの対処戦略を見つけ，実行するようになっていった。しかしそれらは，社会的なつきあいを避ける，苦痛をもたらすような思考を回避する，とりあえず気を紛らわせる，といった非機能的なものであった。

もしケイトがこのまま，主な対処戦略として回避行動を続けていけば，そしてもし，より機能的なやり方で自分のネガティブな感情に対処できるようにならなければ，そしてさらに，もし「自分はみんなに好かれない」「自分はみんなに受け入れてもらえない」といった中核信念がこれ以上強化されてしまったら，彼女が回避性パーソナリティ障害にかかるリスクは相当に高まってしまうだろう。

一方，患者の戦略が正の強化を受けることもある。また，患者が他者をモデルにして，自分の戦略をより強めてしまうこともある。たとえばジェイの父親は，強迫的な傾向を強く有していた。ジェイは幼少期から，父親が完璧主義で，自分の行動を過度にコントロールしようとするのを日常的に目にしていた。父親は，ジェイが自室をきちんと整理整頓したり，学校の成績でオールＡをとったりすると，ジェイをうんとほめてくれた（しかも父親はその一方で，ジェイに比べるとずぼらで反抗的なジェイのきょうだいたちをよく叱りつけていた）。このような経験を通じて，ジェイは，規則正しくすること，自分をコントロールすること，なんでもよくできること，完璧主義でいることが絶対に必要なことである，と強く信じるようになった。そしてこれらの信念が，彼の生得的な行動特性をさらに強めてしまったのである。

II　過度に発達した戦略と未発達の戦略

　パーソナリティ障害を有する患者には，さまざまな状況や機会に適用できる行動戦略のレパートリーが非常に乏しいという特徴がある。しかもそのような乏しい戦略が，非機能的なものばかりであることも珍しくない[10]。患者は，自らのネガティブな中核信念に対処するための手段として，これらの非機能的な戦略を発達させてきた。したがって治療を始める前のII軸患者は，使える対処行動の選択の幅がとても狭いことが多い。それは患者がさまざまな戦略を学ぶ機会を逸し，それゆえに状況に応じて選択できるほどの行動のレパートリーを習得できなかったためである[15]。

　治療的には，患者の戦略を「良い」とも「悪い」とも決めつけないことが肝要である。良し悪しではなく，むしろ，そのときどきの状況や目的と照らし合わせて，その戦略が適応的かどうか，という視点から検討するとよいだろう。健康的なパーソナリティの持ち主であれば，多様な戦略をそのときどきで効果的に使い分けることができる。たとえば，街

の危険地域を歩いているときは警戒を怠らないようにしたり，具合が悪いときは家族や友人に頼ったり，キャリアを高めたいときはライバルと競ったり，税金の計算をするときは細かい点にも注意して完璧を目指したり，といったことは，誰にとっても役に立つことである。しかし一方，信用できる友人に対して常に疑いを抱いたり，気分を改善するためにパートナーに過度に依存したり，こともあろうか自分の子どもと張り合ったり，救急外来で不必要に劇的にふるまったり，といったことは，適応的でないといえるだろう。

　後述するとおり，各パーソナリティ障害において，その障害に特有の「過度に発達した戦略」というべき戦略がいくつか存在する[10,52]。各障害におけるそれらの戦略は，当初は比較的適応的に機能していたのかもしれないし，当初からそうでなかったのかもしれない。しかしいずれにせよ，患者がそれらの戦略だけを強迫的に使い続け，他の適応的なアプローチを状況に合わせて使うことができないままでいたら，患者はのちに大きな困難を抱えることになる。これらの戦略は，治療外の生活の場だけでなく，セッションにおいても用いられる。たとえば，他者から危害を加えられることを過度に恐れている患者は，セラピストに対しても疑い深く接するだろう。

　パーソナリティ障害を有する患者のこのような対処戦略は，治療の進行にも悪影響を及ぼしかねない。患者がセッション中に非機能的なふるまいを示したとき，その要因は，患者のそれまでの人生における困難（外傷体験を伴うことが多い）と，極端でネガティブな中核信念にあることに，セラピストは早期に気づく必要がある。そのような視点をもつことで，セラピストは患者をポジティブで共感的にとらえることができ，セラピスト自身，セッションにおいてより適応的にふるまうことができる。

　事例の全体像を概念化するにあたり，患者の対処戦略の幅や柔軟性を評価することは非常に重要である。そのような評価に基づき，治療者は現実的な予測を立て，そのような予測のもとで治療を進めていくことができる。たとえば自己愛性パーソナリティ障害の患者に対し，治療の初

期段階において，自分が優秀であることを誇示したり特権を求めたりすることをやめさせようとすることは，妥当ではないだろう。また，受動－攻撃的な特徴をもつ患者に対し，治療の初期段階から標準的なホームワークを遂行するよう期待することも，同じく妥当ではない。

セラピストが患者の「過度に発達した戦略」を理解しそこねると，まだそのような準備段階に入っていないのにもかかわらず，患者に対し無理に変化をうながすようなことが起きてしまう。次に示すとおり，このような治療上の過ちは，重大な結果をもたらすことがある。

> 事例
>
> マギーは中程度の抑うつ症状を呈し，依存性パーソナリティ障害と回避性パーソナリティ障害を併発する19歳の女性である。彼女は両親と同居していたが，セラピストは，両親によるマギーに対する頻繁な批判が彼女の抑うつを悪化させていることに気づいた。そして，姉のジェンのほうがよりポジティブかつ支持的にマギーを受け入れてくれることを知ったセラピストは，両親とではなくジェンと同居することをマギーに勧めた。
>
> 予想どおり，姉のジェンはマギーを温かく迎え入れてくれた。ところが義兄であるジェンの夫が，マギーに対して口うるさく干渉してくるようになってしまった。彼はマギーに対し，「君はもっと新たなことにチャレンジすべきだよ。たとえばもっと友だちと出かけてみるとか，今より良い仕事を探して経済的に自立するとか…」と繰り返し主張したのである。しかしマギーにはそのようなことにチャレンジするための準備ができていなかった。当時のマギーには，意思決定や問題解決をしたり，他者との会話に入っていったり（新たな人間関係においては特に），経済的に自立したり，ネガティブな感情に耐えたりする能力は，まだ身についていなかったのである。
>
> 義兄の要求に応えることのできなかったマギーは，不安をつのらせた。「私は無能だ」「私には価値がない」といった彼女の信念は過剰に活性化され，抑うつ症状はますます悪化してしまった。その結果，マギーは自分が普通の生活を送ることさえ無理なのではないかと絶望するようになり，自殺を考えるようになってしまったのである。

Ⅲ 各Ⅱ軸障害における認知的プロフィール

以下に，コミュニティ・サンプルにおける有病率の高い順から，各パーソナリティ障害について解説する[58]。具体的には，各障害における自己と他者に関する信念，思い込み，過度に発達した戦略と未発達の戦略，治療の妨げとなる信念と行動についてそれぞれ解説し，あわせて事例も紹介する。

1 演技性パーソナリティ障害

- ●自己についての信念
- ・「私はつまらない人間だ」（他者から注目されなかったり，承認してもらえなかったりすると，このような信念が活性化される）
- ・「私は特別な人間だ」（他者が自分に対してポジティブな反応を示すと，このような信念が活性化される）

- ●他者についての信念
- ・「みんなから世話をしてもらうためには，彼らの注意を引く必要がある」

- ●条件付き思い込み
- ・「みんなを楽しませてあげられれば，みんなは私のことを好きになってくれるだろう（もしそれができなければ，私はみんなに無視されてしまう）」
- ・「大げさにふるまえば，私の願いはかなうだろう（もしそうしなければ，みんなにしてほしいことがしてもらえなくなってしまう）」

- ●過度に発達した対処戦略
- ・大げさにふるまう。
- ・派手な格好をする。派手な言動を示す。

- 他者を楽しませようとする。
- 賞賛を求める。

●**未発達の対処戦略**
- 物静かに，従順にふるまう。
- 他者とうまくやっていく。
- 他者がごく普通に自分に接することを許容する。
- ごく常識的にふるまうことについての価値を認める。

●**治療の妨げとなる信念**
- 「もしセラピストを楽しませることができなければ，セラピストは私のことを好きになってはくれないだろう」
- 「自分の問題を劇的に示すことができれば，セラピストは私を助けようとしてくれるだろう」
- 「私が普通にふるまえば，セラピストは，私のことを"単なる普通の退屈な患者"とみなしてしまうだろう」

●**治療の妨げとなる行動**
- 奇抜な服装をする。
- おもしろおかしく自分の話をする。
- 大げさにふるまう。
- 賞賛を求めるようなそぶりをみせる。
- 「自分は普通である」と感じてしまいそうなホームワークの課題を避ける。

> 事例

　ティファニーは，愛嬌のある社交的な子どもで，両親と祖父母の関心の的だった。彼女は周囲を楽しませるのが大好きで，みんなから注目され，認められ，いわば"特別扱い"を受けていた。しかしそのような扱いは，ティファニーが8歳のとき，生まれつき重病を抱える弟が誕生した瞬間に消え失せた。両親は赤ん坊の世話につきっきりになり，ティファニーが両親の関心を

引こうとすると，それを非難するようになった。ティファニーの自己についての信念は，「私は世界中で最もかわいい特別な女の子だ」というものから，「私はなんてことのない，つまらない存在だ」というものに急変してしまったのである。

ティファニーにとって，情緒的に剥奪されてしまった感覚や他者に関心をもってもらえないという感覚は，非常につらいものであった。そこで彼女は，「自分は特別である」という感覚を取り戻すための戦略を発達させていった。たとえば，周囲に向けて大げさな言い回しをしたり，感情的な反応を示したりした。そして，学芸会で歌ったり演じたりするなど芸術面での活動に力を入れ，数年後にはさらに魅力的な装いや話し方をするようになり，美人コンテストにも出場するようになった。つまりティファニーはそのようにして，他者からの関心をできる限り集めようとし続けたのである。彼女は，「みんなから注目され，特別扱いされなければ，私は幸せにはなれない」と信じていた。ティファニーにはまた，普通以上に激しい感情が生じやすい傾向があったようである。たとえば彼女は，誰かにほめられたり好かれたりすると，気分が高揚しすぎることがあった。一方，そうされないと，普通の人に比べてひどく落ち込んでしまうのであった。

治療を始めたとき，ティファニーはこれまでの戦略をセッションにおいても活用しようとした。すなわち，彼女はセラピストを楽しませ，自分の抱える本当の問題にはあまり触れずに他の話題でセラピストとの会話を盛り上げようとしたり，セラピストに贈り物をしたりしようとした。

2　強迫性パーソナリティ障害

● 自己についての信念
・「私は悪い出来事が起こることに耐えられない」
・「私は責任をもって，悪い出来事から被害を受けないようにしなければならない」

● 他者についての信念

・「人々は愚かで，無責任で，不注意な存在だ」

● 条件付き思い込み
・「すべて自分で責任をもてば，私は大丈夫だ（誰かに頼ったら，いつかは裏切られてしまう）」
・「秩序を作り，それを守り続け，すべての物事を完璧にし続ける間は，私は安泰だ（もしそうできなければ，すべてがバラバラに崩壊してしまう）」

● 過度に発達した対処戦略
・自分自身や他者をきっちりとコントロールする。
・不合理なまでに完璧な計画を立てる。
・過剰な責任を負う。
・常に完璧であろうとする。

● 未発達の対処戦略
・他者に任せる。
・柔軟な計画を立てる。
・必要なときだけコントロールしようとする。
・不確かな状況に耐える。
・自由に，自分が思うままにふるまう。
・楽しく愉快な活動を行う。

● 治療の妨げとなる信念
・「セラピストの間違いをきっちりと訂正せず，セラピストが知る必要のあることを私からちゃんと説明しなければ，セラピストは私を手助けすることはできない」
・「すべての課題を完璧にこなさなければ，治療は成功しないだろう」
・「自分や他者に対する期待のハードルを下げてしまうと，ろくなことにならない」

● 治療の妨げとなる行動
・自分（患者）がセッションをコントロールしようとする。
・完璧に正しい情報をセラピストに伝えようとする。
・セラピストの理解が完璧でないことを過剰に心配する。
・あまりにも多大な時間や努力をホームワークの課題に費やす。
・自発的に実施すべき課題や他者に責任を委ねるような課題を行うことに抵抗する。

事例

　デニスは5人きょうだいの第1子として生まれた。両親はともにアルコール依存症である。彼は傷つきやすい子どもだった。そして周囲の人を，予測不可能で無責任な存在であるととらえていた。しかも自分を取り巻く世界は混沌としたものであると感じていた。デニスはほどなくして，自分自身が大人のポジションをとれば，自分を取り巻く世界を多少は安全に感じられることを知った。そこでデニスは，自分の感情に絶えず目を光らせ，家庭を秩序あるものにするためのルールやシステムを形成し，きょうだいのために過剰な責任を負うようになった。このような戦略は，当時はきわめて適応的であったと言えるだろう。

　これらの戦略はまた，彼が大人になり，フリーのコンピュータ・プログラマーとして働くようになってからも有効に機能した。しかしデニスは残念なことに，女性との間に良好な関係を育むことが一度もできなかった。デニスの中に深く浸透したこれらの戦略は，彼の子ども時代と，大人になってからの職業生活においてのみ有効だったのである。そしてこれらの戦略と対をなすようなさまざまな戦略を，彼はついぞ身につけることができなかった。それはたとえば，他者に責任を委ねたり，自他に対する期待やルールを柔軟に適用したり，気持ちを楽にして思いのままにふるまったり，物事を楽しんだりする，といった戦略である。デニスと関わった女性たちはみな，彼があまりにも生真面目で，責任感が強く，過剰に完璧主義であると考えた。

　セラピストはほどなくして，デニスの強迫的な傾向が治療にも影響を及ぼすことに気づいた。デニスは自分がセッションをコントロールしようとし，

セラピストがやんわりとデニスの話をさえぎろうとすると，それに強く抵抗した。彼は自分の抱える問題について，くどくどと説明し続け，セラピストが彼のことを完璧に理解するよう求めた。そしてホームワークの課題を，常に完璧に実施しようとした。

3　受動—攻撃性パーソナリティ障害 (注：本障害の概念はDSM-Ⅲ[1])による)

- ●自己についての信念
- ・「私は他者からのコントロールを受けやすい」
- ・「私は他者から誤解されやすく，真価を認めてもらえない」

- ●他者についての信念
- ・「人はみな，強く，押しつけがましく，要求ばかりしてくる」
- ・「人はみな，私に無理な期待ばかり押しつける」
- ・「周囲は私を放っておくべきだ」

- ●条件付き思い込み
- ・「もし私が誰かにコントロールされてしまったら，それは私が弱い人間だということである」
- ・「もし私が相手を間接的にコントロールできれば（例：表面的には相手に同意しながら，実際には相手の要求には応じない），私はその人からコントロールされずにすむだろう（逆に私が直接的に自己主張しても，それはきっとうまくはいかないだろう）」

- ●過度に発達した対処戦略
- ・協力的なそぶりをみせる。
- ・自己主張，対決，直接的な拒否をしない。
- ・他者からコントロールされることに対し，受動的に抵抗する。
- ・他者の期待に応えない，といったやり方を通じて抵抗する。

- ●未発達の対処戦略
- ・真に協力する。

・自他に対して妥当な責任を負う。
・対人関係上の問題を率直なやり方で解決する。

● **治療の妨げとなる信念**
・「もしセラピストの求めに応じたら，それは私がセラピストにコントロールされるような弱い人間だということになってしまう」
・「もし私がセラピストに対し，直接的に自分の意見を主張したら，セラピストはもっと強硬に私をコントロールしようとするだろう」
・「もし私が治療を通じて回復したら，周囲は私に対し，過大な期待を押しつけてくるようになるだろう」

● **治療の妨げとなる行動**
・一見，協力的にホームワークの課題を設定するが，実際にはその課題をやり遂げることはしない。
・問題解決において，受け身的な態度を示し続ける。
・内心は違うのに，表向きはセラピストの発言に同意する。

事例

　クレアは小学生のときから，他者からコントロールされることに対して敏感だった。彼女は，権威的な立場の人（例：両親，学校の先生，その他の大人たち）からの指示に混乱しがちで，それらの指示が彼女にとって難しかったり望ましくなかったりすると，ひどく動揺してしまうことがあった。皮肉にもクレアが結婚したのは，相手を過度にコントロールしようとする男性であった（幸か不幸か，彼女はそのような男性の子どもを妊娠してしまったのである）。夫はクレアに対し，彼女がするべき仕事（例：小切手帳の清算，食料品店でのクーポン券の使用，衣装棚の整理整頓）を事細かにリスト化して彼女に指示した。クレアはそれに対し，「必ずやっておくわ」と答えるものの，ほとんどそれらを実行することはなかった。夫が子どもに対して何らかのしつけをしようとすると，クレアは子どもに対する夫の権威をひそかに

損なうような言動を示した。また，クレアはパートタイムの仕事を見つけ，働き始めるのだが，数週間から数カ月すると，解雇されてしまうのが常だった。というのも，上司の指示どおりに業務をこなすことができなかったためである。

「自分は弱く，他者からコントロールされやすい」というクレアの信念は，治療においても始終活性化され，たとえばセッション中に同意したにもかかわらずホームワークの課題をやり遂げないなど，受動－攻撃的な行動を示し続けた。彼女はまた，内心では同意していないにもかかわらず，セラピストが提示する仮説に対し，常に同意するそぶりを示し続けた。

4　境界性パーソナリティ障害

● 自己についての信念
・「私は，何の価値もないだめ人間だ」
・「私は愛されることのない欠陥人間だ」
・「私は無力で，自分をコントロールすることができない」
・「私には何の能力もない」
・「私は弱く，傷つきやすい」
・「私は犠牲者だ」

● 他者についての信念
・「他者はみんな，強い」
・「他者は私を傷つけようとする」
・「みんな，私よりも優れている」
・「人はみんな，私を拒否し，いつか私を見捨てるだろう」

● 条件付き思い込み
・「何かに挑戦しないでいれば，とりあえず私は大丈夫だろう（どうせ私が何かに挑戦しても，失敗するにちがいない）」
・「誰かに頼っていれば，とりあえず私は大丈夫だろう（人に頼らなければ，私は生き延びることができない）」

- 「他者に何かを求められ，私がそれに応えられている間は，相手は私と一緒にいてくれるだろう（でも私がその人の気分を害してしまったら，たちまち私は見捨てられてしまう）」
- 「相手から傷つけられることに対して常に警戒していれば，私は自分の身を守ることができる（そうしなければ，私は相手から傷つけられてしまう）」
- 「自分の気持ちが混乱したときは他者を攻撃してしまうほうがよい。そうすれば私は自分を強い存在だと感じることができるし，場合によっては相手の行動をコントロールできるかもしれない（そうしなければ私は自分を弱い存在だと感じてしまうし，相手に傷つけられてしまう）」
- 「ネガティブな感情を切り捨ててしまえば，私は何とか大丈夫だ（もしそうしなければ，私はバラバラに壊れてしまうだろう）」

● **過度に発達した対処戦略**
- 他者を信じない。
- 他者を非難する。
- 新たなことに挑戦することを避ける。
- 他者に頼る。
- 自分を抑えて他者に服従するか，さもなければ他者を支配しようとする。
- ネガティブな感情を回避する。
- 感情が昂ぶったときに自傷行為をする。

● **未発達の対処戦略**
- 自分の欲求と他者の欲求とのバランスをとる。
- 他者の言動が悪意のないものであるととらえる。
- 他者を信用する。
- 気持ちを落ち着ける。
- 対人関係上の問題を解決する。
- 困難な課題に粘り強く取り組む。

● 治療の妨げとなる信念
・「セラピストに頼りきることができれば，私は回復し，生き延びることができるだろう」
・「たとえ私がセラピストを信用しても，どうせセラピストは私を拒絶し，見捨ててしまうだろう。だったら，私のほうから先に，セラピストを拒絶してしまえばよい」
・「問題解決を試みたって，どうせうまくはいかないのだ。そんなことをしたら，ますます自分の気分が悪くなるだけだ」

● 治療の妨げとなる行動
・セラピストをこきおろす。
・気分を改善するために，セラピストに過度に頼ろうとする。
・セッション外に，緊急電話を頻繁にかける。
・セラピストに対し，過剰な要求をする。

> 事例

　ジューンの母親は，彼女が6歳のときに亡くなり，当然のことながら，ジューンは母親の死によってかなりの衝撃を受けた。母親の死後，ジューンには頼れる人がいなくなり，彼女はこの喪失から十分に立ち直ることができなかった。ジューンの父親は彼女に対して無関心であるときもあれば，精神的な虐待を加えるときもあった。父親は彼女に対し，「お前はだめな奴だ」「お前には価値がない」と言い続け，彼女はしだいに自分でもそのとおりだと信じるようになってしまった。ジューンは，「父親が自分を傷つけるのではないか，さもなければ見捨てるのではないか」と考え，いつもピクピクしていた。そして父親だけでなく他の人に対しても，同じように考えるようになった。ジューンはどちらかといえば人づきあいが得意ではなく，家でも学校でもひとりで過ごすことが多かった。学校の先生や近所の人の中には彼女を助けてくれようとする人もいたが，彼女はそれを拒絶した。思春期に入りジューンにもやっと友だちができたが，あいにく彼らは薬物を乱用し，話し方や服装や態度などすべてにおいて反抗的で不安定なティーンエイジャーばかり

であった。ジューンはその結果，父親に対して激しい怒りを感じるようになり，友だちと一緒に家出を繰り返すようになった。

　薬物乱用とうつ病のために治療を受けるようになったとき，ジューンは，セラピストに傷つけられるにちがいないと確信していた。事実，彼女は以前受けた治療において，彼女の弱みにつけ込んだセラピストに性的な誘惑をされたことがあり，ひどく傷ついたという体験をしていた。ジューンは，新たなセラピストも彼女に嘘をつき，彼女を操作するだろうと恐れていた。しかし，その一方で，セラピストに過度に頼り，セラピストが命綱であるかのように思い込むようにもなった。そのため，セラピストがセッションの内外に境界線を設定し，セッションを時間どおりに終えようとすると，ジューンはひどく腹を立てた。そして，自分に対して十分な気遣いを示さないことについてセラピストを非難し，セッションに遅刻してくるようになった。

5　依存性パーソナリティ障害

●自己についての信念
・「私は無能だ」
・「私は弱い」
・「生き延びるためには，誰か他の人に助けてもらう必要がある」

●他者についての信念
・「他者はみんな，強く有能な存在だ」

●条件付き思い込み
・「誰かに頼っていれば，とりあえず私は大丈夫だ（もし独力で意思決定や問題解決をしようとしても，それは失敗に終わるだろう）」
・「相手の言うとおりにさえしていれば，その人は私の面倒をみてくれるだろう（もしそうしなければ，私は面倒をみてもらえなくなってしまう）」

- **過度に発達した対処戦略**
- ・他者に頼る。
- ・意思決定を回避する。
- ・問題解決を回避する。
- ・相手の機嫌をとろうとする。
- ・相手の言いなりになる。
- ・相手に対して従順にふるまう。

- **未発達の対処戦略**
- ・問題解決する。
- ・意思決定する。
- ・他者に対して自己主張する。

- **治療の妨げとなる信念**
- ・「自分のスキルを独力で使おうとしても、どうせ失敗してしまうだろう」
- ・「もし私が自己主張したら、みんなは私から離れていくだろう」
- ・「治療を終結にしたら、私はまともに暮らせなくなってしまう」

- **治療の妨げとなる行動**
- ・問題解決や意思決定を、セラピストが自分の代わりに行ってくれることを期待する。
- ・セラピストを懸命に喜ばせようとする。
- ・自己主張を含むホームワークの課題を行わない。

事例

　シーラは臆病で依存的な子どもだった。彼女は、自分の力で十分に対処できる課題を与えられたときでさえ、それに圧倒されたり混乱したりすることが多かった。そして必要以上に他者に助けてもらおうとした。その結果、シーラは自分がひどく無能な人間であると思うようになった。シーラの母親は、娘の発達が遅れ気味であると見なしており、そのためシーラが母親にべった

りと頼ることを許し，シーラの自立をうながすようなことをしなかった。シーラはそのような経過を通じて，他者に助けを求めたり，何かを他者に決めてもらったり，対人関係上の葛藤を回避したりする技能だけをもっぱら伸ばしていった。相手の意向にしたがいさえすれば，相手は彼女が依存するのを許してくれることを，シーラは学んだのである。

　シーラは父親を早くに亡くし，母親と一緒に暮らしていた。母親と二人で暮らしている間，他者に頼るというシーラの戦略は効果的に機能していた。しかしシーラが21歳のときに母親が再婚し，その再婚相手（シーラの継父）は，実家を出て独り立ちするようシーラに強く勧めた。そうは勧められても，シーラには，自分がどのように自活したらよいか，どのように物事を判断したらよいか，どのように自己主張したらよいか，といったことの見当がつかなかった。経済的に自立するためには仕事を見つけなくてはならなかったが，シーラは自分がどうすればよいかわからず，不安がつのるばかりであった。そしてついには，全般性不安障害を発症したのである。

　治療の初期段階では，まさに彼女の依存的なパーソナリティのおかげで，シーラの治療に対するコンプライアンスはきわめて良好であった（彼女はセラピストの機嫌をとろうとしていたのである）。しかし不安障害が寛解したあと彼女はなかなか問題を自力で解決しようとせず，治療を終結することに対して強い不安を示した。

6　回避性パーソナリティ障害

● 自己についての信念
・「私は他者から愛されないし，受け入れられない」
・「私は欠陥のある，だめ人間である」
・「私はネガティブな感情を抱くことが非常に苦手である」

● 他者についての信念
・「他者はみな，私より優れている」
・「他者は私を批判したり拒絶したりするかもしれない存在である」

● 条件付き思い込み
・「自分は大丈夫だと見せかけておけば，他者は私のことを受け入れてくれるだろう（もし本当の自分を知られてしまったら，私はみんなに拒絶されるだろう）」
・「いつでも相手の機嫌をとっておけば，私は大丈夫だろう（相手の機嫌を損ねてしまったら，私は相手に傷つけられてしまう）」
・「認知的にも行動的にも回避さえしておけば，私は大丈夫だろう（自分のネガティブな感情に気づいてしまったら，きっと私は壊れてしまう）」

● 過度に発達した対処戦略
・社会的な場面を回避する。
・他者の注意を引くようなことは回避する。
・他者に対して自己開示しない。
・他者を信用しない。
・ネガティブな感情を抱くことを避ける。

● 未発達の対処戦略
・他者に近づく。
・他者のポジティブな動機を信じる。
・他者のいる状況において自然にふるまう。
・他者との親密な関係を求める。
・自分を動揺させる状況や問題について考える。

● 治療の妨げとなる信念
・「セラピストの表面的な気づかいや思いやりをうっかり信用したら，結果的に自分が傷つく羽目になる」
・「自分の問題を治療で扱うことにしたら，私はそれに圧倒されてしまうだろう」
・「自分の経歴のネガティブな側面を治療で打ち明けたら，セラ

ピストは私を否定的に評価するだろう」
- 「対人関係上の問題に取り組もうとしても，どうせ相手に拒否されてしまうだろう」
- 「たとえ妥当なやり方で自己主張したとしても，結局は相手に嫌われてしまうだろう」

● 治療の妨げとなる行動
- セラピストに対して表面上は協力的な態度を示す。
- 自己開示を回避する。
- ある話題を検討している最中に苦痛を感じたら，別の話題に変える。
- 苦痛を感じそうなホームワークの課題は行わない。

事例

　エリンが育った家庭環境はひどいものであった。父親は，エリンがまだほんのよちよち歩きの頃に家族を見捨てて出て行った。彼女はずっと，父親が出て行ったのはお前のせいだと母親に責められ続けていた。母親はエリンに対して冷たく，要求がましかった。そのような環境の中で，エリンは自分を弱く，価値がない存在だと思うようになった。彼女は，「私は愛される価値のない人間である。自分らしくふるまったら，人は私を批判し拒絶するだろう」と思い込んでいた。本当の自分を知られたら自分が望むような愛や親密さを手に入れることはできないと，エリンは信じていたのである。

　エリンは，回避的な戦略を徐々に発達させた。彼女はできるだけ社会的場面に入ることを避けた。それはたとえば，学校で人と話すことを避け，クラスで自分の意見を発言することを避け，他者の注意を引くようなふるまいをすることを避け，級友に打ち明け話をすることを避ける，といった具合である。エリンはまた，他者からネガティブに評価されることを過剰に警戒していた。そしてたとえ相手の反応が中立的なものであっても，それを過度にネガティブに解釈することが頻繁にあった。

　エリンはさらに，不快な感情を抱くことに対して脆弱であった。ネガティ

ブな感情をまともに感じとってしまったら，たちまち自分は壊れてしまうにちがいないと，エリンは恐れていた。そのため彼女はあらゆるネガティブな感情を回避しようとしていた。彼女はしかも，自分が動揺しそうな状況を避けるだけでなく，そのような状況について考えること自体も避けていた。その一方でエリンは，孤独感や抑うつ感による苦痛を和らげるにはアルコールが役に立つことに気づいた。結局彼女は，20歳になる頃にアルコール依存症のために治療を受けることになったのだが，認知的，感情的，対人的な回避という彼女の戦略は，治療を進めるにあたっても大きな妨げとなった。

7 妄想性パーソナリティ障害

- 自己についての信念
- ・「私は弱く，傷つきやすい人間だ（だから，他者からの攻撃を常に警戒し，場合によっては先制攻撃する必要がある）」

- 他者についての信念
- ・「他者は私のことを傷つけようとしている」

- 条件付き思い込み
- ・「警戒を怠らなければ，対人関係上の危険を察知することができるだろう（もし怠れば，危険に気づけないだろう）」
- ・「他者は信用できないと思っておけば，私は自分自身を守ることができる（もし誰かを信用してしまったら，いつか相手に傷つけられることになる）」

- 過度に発達した対処戦略
- ・危害を受けることについて過剰に警戒する。
- ・誰ひとりとして信用しない。
- ・他者がひそかに抱いている動機を推し測る。
- ・他者から操作されたり利用されたり傷つけられたりすることを予期する。

第3章　パーソナリティ障害の患者との治療における困難　83

●未発達の対処戦略
・他者を信用する。
・リラックスする。
・他者と協力する。
・他者が抱いているポジティブな動機を推測する。

●治療の妨げとなる信念
・「私がセラピストを信用しても，いつかセラピストは私を傷つけるだろう」
・「たとえ治療といえども警戒を怠ったら，私は何らかの危害を受けるだろう」

●治療の妨げとなる行動
・セラピストが自分に対する気づかいを示しても，それを否認する。
・他者の行動を別の視点から解釈することを拒む。
・他者との親密さを増すようなホームワークの課題を実行しない。

事例

　ジョンには，他者から危害を受けることに対して過度に警戒するという戦略が幼少期に形成された。彼は3歳のときから，複数の里親をたらい回しにされた。里親の中には，彼に身体的そして精神的な虐待をする人たちがいた。そのような経験を通じて，ジョンは自分が人から危害を受けやすいと思うようになった。実際のところある種の状況において，他者の動機に疑念を抱き，相手の言動を信用しないという戦略は，当時のジョンにとってはきわめて適応的に機能した場合もあった。残念ながらジョンは，すべての人々に対して「この人は自分を傷つけるかもしれない」とみなすようになってしまった。自分を傷つける可能性のある人とそうではない人を見極めることがほとんどできないまま育ってしまったのである。

　ジョンは20代前半に双極性障害を発症し，40代になってようやく認知療法を受けるようなったのだが，治療開始当初，彼はセラピストを信頼しよう

としなかった。薬物療法に対するコンプライアンスは悪く，セラピストに対して自己開示をしようともしなかった。ごく基本的な質問にも答えなかったり，回答をごまかしたりしたのである。また，自分の思考，気分，行動をモニターすることにも抵抗を示した。ジョンは，セラピストを信用しても，いつか傷つけられるにちがいないと思い込んでいた。

8　反社会性パーソナリティ障害

- **自己についての信念**
  - 「私はいつでも犠牲者になりうる（だから先に相手を犠牲にするしかない）」
  - 「私は世の中の常識やルールに縛られる必要はない」

- **他者についての信念**
  - 「他者は私をコントロールしたり操作したり利用したりしようとする存在である」
  - 「他者はみな，私を食い物にしようとしている」

- **条件付き思い込み**
  - 「自分から先に操作したり攻撃したりすれば，相手を支配できる（もしそうしなければ，私が奴らにやられてしまう）」
  - 「敵対的に強い態度でふるまえば，私は自分のしたいようにできる（もしそうしなければ，私は相手にコントロールされてしまう）」

- **過度に発達した対処戦略**
  - 嘘をつく。
  - 他者を操作し利用する。
  - 他者を脅し攻撃する。
  - 衝動的に行動する。

- **未発達の対処戦略**

- 他者に協力する。
- 社会のルールにしたがう。
- 自分の行動の結果について考える。

● 治療の妨げとなる信念
- 「私がセラピストを支配すれば，セラピストは私をコントロールできなくなるだろう」
- 「セラピストの指示にしたがったら，それは，セラピストが強く私は弱い，ということを意味する」
- 「もしセッションで本当のことを話したら，セラピストはそれを否定的に結論づけ，その結論を私に押しつけてくるだろう」
- 「治療を始めてしまったら，私は自分のやりたいことができなくなってしまう」

● 治療の妨げとなる行動
- セラピストを脅す。
- セラピストに嘘をつく。
- セラピストを操作しようとする。
- 表面的にしか治療に参加しようとしない。

事例

　ミッキーは非機能的な家庭に育った。母親は薬物依存症者で，子どもたちに対してネグレクト（養育放棄）と身体的虐待を交互に繰り返していた。子どもの頃，ミッキーは常に不安を感じており，自分をとても弱い存在であると思っていた。8歳のとき彼は，弟をなぐると自分が強くなったように感じられることに気づいた。そこで彼は，弟だけでなく，近所の子どもたちをいじめるようになった。12歳のとき，ミッキーは薬物を常用し始めた。またその頃，彼は仲間と一緒に窃盗やスリを繰り返すようになった。14歳で麻薬の売人の手下となり，その後彼自身が売人になってしまった。

　ミッキーは治療を受けることを断固として拒否していた。しかし麻薬を売ったかどで有罪判決を受けた彼は，刑務所に入るか治療を受けることを条件

に仮釈放されるかの選択を迫られた。そこでミッキーはやむなく治療を選んだのだが，治療開始当初，彼は，セラピストに嘘をつき（特に麻薬と窃盗について），セッションに遅刻して現れ，表面的にしか治療に参加していなかった。

9　失調型パーソナリティ障害

> ● 自己についての信念
> ・「私は人と違っている」
> ・「私には特別な力が備わっている」
> ・「私は傷つきやすい人間だ」
>
> ● 他者についての信念
> ・「人は私を理解しようとしない」
> ・「他者はみな，私を拒絶するだろう」
> ・「他者はみな，私を傷つけようとするだろう」
>
> ● 条件付き思い込み
> ・「オカルト現象など"普通でない"ことを追求すれば，私は良い意味で"特別な"存在になれるだろう（さもないと，私は単に欠陥のある人間として，普通と違う存在になってしまう」
> ・「他者から傷つけられることに対して，常に警戒していれば，私は自分を守ることができる（さもないと，実際に相手に傷つけられてしまう）」
> ・「他者から離れていれば，私はなんとかやっていけるだろう（他者に近づきすぎると，相手から危害を加えられることになる）」
>
> ● 過度に発達した対処戦略
> ・エキセントリックな事象を追求する。
> ・他者を疑う。

・他者に対して距離をおく。

● 未発達の対処戦略
・他者を信頼する。
・他者との交流を求める。
・異常な体験をしたときに，それを合理的に解釈しようとする。

● 治療の妨げとなる信念
・「セラピストを信頼しても，どうせ自分が傷つけられるだけだ」
・「私の第六感（sixth sense）が何かを真実だと告げたら，それは間違いなく真実である」

● 治療の妨げとなる行動
・出来事に対して別の見方をすることに抵抗する。
・セラピストに対する自己開示を回避する。
・セラピストから危害を加えられそうであるという徴候を探す。

事例

　ハンクは常に他者と違っているようにみえた。幼少期からハンクはどこか風変わりだった。彼は，学校や近所の子どもたちから，よくからかわれたり侮辱されたりし，その結果，彼自身が自分を変わり者だと思い込むようになり，他者を遠ざけるようになった。思春期に入り，ハンクはオカルトに興味を抱いた。彼は自分が"第六感"の持ち主であると信じ，マントを身につけるようになった。彼は未来を占ったり，日々の出来事に特別な意味を見出すことに夢中になった。現実生活においては，彼には友だちがいなかった。彼の社会的関係は，電子メールとインターネット上のチャットを通じて，見知らぬ人とオカルトについてやりとりすることに限られていた。ハンクのエキセントリックな様子を見て，周囲の人たちは常に彼を避けるようになった。周囲からの拒絶と，彼自身の孤立化によって，ハンスは周囲と普通にやりとりするという体験をもてなかった。彼は適切な社会的スキルを身につける機会を失ってしまったのである。

ハンクとの治療は困難なものであった。彼は不安や不快感を慢性的に抱いていたのにもかかわらず，それらを克服するための活動を治療目標として設定することに恐怖心を示した。他者との交流を増やすといった目標に対してはなおさらそうであった。彼は自分がきわめて傷つきやすい人間であると感じており，また，「セラピストは自分を傷つけるだろう」と思い込んでいた。治療開始当初，ハンクはセラピストのことを疑ってばかりいた。

10　シゾイドパーソナリティ障害

- ● 自己についての信念
- ・「私は人と違っていて，どこかに欠陥があり，みんなにとけ込むことができない」

- ● 他者についての信念
- ・「みんなは私のことを好きでない」
- ・「他者はみな，押しつけがましい」

- ● 条件付き思い込み
- ・「人づきあいさえしなければ，他者に困惑させられるようなこともないだろう（もし人と関われば，私が欠陥人間であることがばれてしまう）」
- ・「人間関係を避ければ，私は何とかやっていけるだろう（もし誰かと関われば，相手は私に入り込んでくるだろう）」

- ● 過度に発達した対処戦略
- ・他者との接触を避ける。
- ・他者と親密になることを避ける。
- ・ひとりでできる活動ばかりをする。

- ● 未発達の対処戦略
- ・ごく普通の社会的スキルを身につける。
- ・他者を信頼する。

● 治療の妨げとなる信念
・「セラピストから気づかいや共感を示されたら，私は非常に居心地悪く感じてしまうだろう」
・「治療目標など設定してしまったら，私はこれまでのひとりきりの生活を変えざるを得なくなってしまう。そしてますます気分が悪化するだろう。」

● 治療の妨げとなる行動
・ほとんど話をせず，自己開示を避ける。
・生活改善のための目標を設定することを避ける。
・対人関係を増やすことに関わるホームワークの課題に抵抗する。

事例

　リーは常にひとりで過ごすことを好んでいた。彼は，家族や教師や同級生から「場違いである」と評され，彼自身もほとんど人づきあいをしようとしなかった。大人でも子どもでもほとんどの人は，対人接触を「精神的な報酬」としてとらえるが，リーはそのようには感じなかった。彼は人と接するときにいつも不安を感じたが，回避行動をとることで，そのような不安を感じないようにしていた。彼が唯一心地よくいられたのは，ひとりきりで何かをしていたときである。それはたとえば，プラモデルを作ったり，コンピュータでゲームをしたり，テレビを観ているときであった。リーは幼少期，とりわけ不幸だったわけではない。しかし彼は，自分がどこか他人と違っており，そして自分には何かが欠けていると，常に感じていた。

　10代の後半に入り，リーは実家を出て，夜間警備員など他人との接触の少ない仕事ばかりをするようになった。他人が望むような豊かな人間関係を自分がさほど求めていないことを，彼は自覚するようになり，事実，当時の彼にはほとんど人間関係がなかった。リーは人生を空虚に感じ，達成感や喜びを感じることはほとんどなかった。彼はひとりきりで仕事をし，ひとりきりで活動するという生活を続けていた。

　その後，リーは抑うつ状態に陥り，治療を受けることになったが，治療目

標を設定するところで行き詰まってしまった。彼は生きづらさを抱えていたのにもかかわらず,「母親に口出しをさせない」ということしか,治療目標を思いつくことができなかったのである。というのも,母親が彼に対し,もっと良い仕事に就き,友だちの輪を広げるよう,口うるさく彼に言い続けていたからである。治療が始まると,リーは治療に対しても不安を感じるようになった。それは,セラピストが彼に気遣いや共感を示したり,自分の思考や感情について尋ねられることを彼が侵入的に感じたりしたときに,特に顕著であった。

11　自己愛性パーソナリティ障害

- ●自己についての信念
- ・「私は人よりも劣っており,取るに足らないクズのような存在だ」(この信念は,自分が他者から軽視されたり批判されたりしたと感じると活性化される)

　(一方,自分が他者から特別扱いを受けたり賞賛されたりしたと感じると,「私は人よりも優れた存在だ」という信念が活性化される)

- ●他者についての信念
- ・「他者は自分よりも優れており,私を傷つけたり侮辱したりする存在だ」

　(一方,他者が自分より成功していないと感じると,「他者は自分よりも劣っている」という信念が活性化される)

- ●条件付き思い込み
- ・「自分が優秀であるかのようにふるまえば,私は気分よくいられるだろう(さもないと,私は自分をひどく劣っているかのように感じてしまう)」
- ・「他者が私を特別扱いすれば,それは私が他者よりも優れているということを意味する(私を特別扱いしないような人は,罰

せられるべきだ)」
・「私のほうから他者をコントロールしたりやりこめたりすることができれば，私は自分を優れた存在だと感じることができる（さもないと，相手が先に私をやりこめ，私は劣等感を抱く羽目に陥るだろう)」

● **過度に発達した対処戦略**
・特別扱いを要求する。
・他者から軽く扱われること（もしくはごく普通に扱われること）に対して過剰に警戒する。
・自分を軽視したりおとしめたりした相手，あるいは自分に不快感を与えた相手を罰する。
・他者を批判したり見下したりする。あるいは他者と争ったり，他者をコントロールしようとしたりする。
・自分の有する富や業績，そして社会的地位の高い人と自分が親密な関係にあることを誇示する。

● **未発達の対処戦略**
・共通の目標に向かって他者と協力する。
・自分自身の目標を達成するために，コツコツと地道に努力する。
・自分にとって都合の悪い状況や，自分の望みが叶えられない状況，そして他者からなかなか承認されない状況に耐える。
・私利私欲抜きに，他者の期待に応えようとする。

● **治療の妨げとなる信念**
・「警戒を怠ったら、セラピストは私をやり込めようとするだろう」
・「私のほうが優れているという印象をセラピストに与えなければ，私は劣った存在としてセラピストに扱われてしまうだろう」
・「私を軽視したことについてセラピストを罰しなければ，セラピストは今後も私を軽視し続けるだろう」

> ・「強引に主張しなければ，セラピストは私を特別扱いしようとしないだろう」
>
> ● 治療の妨げとなる行動
> ・セラピストに対し，自分が特別であるという印象を与えようとする。
> ・特権を要求する。
> ・セラピストを「劣った存在」として扱う。
> ・自分がセラピストに軽視されていると感じたら，批判や皮肉を通じてセラピストを罰する。
> ・セラピストが提案するホームワークの課題に同意しようとしない。

事例

　ブラッドは幼少期から，父親に手ひどく扱われていた。彼の父親は非常に自己愛的な人で，自分の業績を絶えず誇示し，自分にまめまめしく仕えるよう周囲に要求した。そしてブラッドが自分と同じように優秀でないことを非難した。本来ブラッドは十分に利発な子どもだった。にもかかわらず，父親の高い要求に応えられなかったため，彼は「自分は価値のない存在だ」と思い込むようになった。しかしやがて，ブラッドは父親の言動をまねるようになり，自分が周囲より優れていることを誇示することに快感を覚え始めた。彼は絶えず自慢をし，特権を要求し，他者の弱点ばかりに注目するようになった。そして他者から特別扱いされないことにひどく敏感になり，そのようなことがあると過剰に反応するようになった。

　大人になったブラッドは，自己愛的な戦略を職場で発揮し始めた。彼は小さな配管工事会社を経営していたのだが，その会社の従業員たちは，ブラッドの自己愛的な言動に耐え続けるか，あるいは耐えられずに転職するしかなかった（実際に辞めた従業員は多かった）。ブラッドの妻や子どもたちも，彼のひっきりなしの自慢，べらぼうな要求に耐え，しょっちゅうブラッドからこきおろされていた。彼は65歳で自分の会社を売って引退した。そして

ほとんどの時間を自宅で過ごすようになった。ブラッドの不愉快な言動にますますつきあわされることになった妻はとうとう耐えきれなくなり，ついに家を出て行ってしまった。すでに成人した息子たちも父親を疎んじ，ブラッドに寄りつかなくなっていった。ブラッドはこのような事態になって初めて，自分が意味のある仕事や人間関係を失いかけていることに気づいた。かつての「友人たち」は，実はブラッドの友人ではなく，彼らの妻たちがブラッドの妻と親しくしていた関係で，ブラッド夫妻とつきあっていたにすぎなかった。したがってブラッドが妻と別居したことで，「友人たち」はもはや，ブラッドの無作法で自己中心的な，そして他人を批判ばかりするような言動に耐える必要がなくなり，彼から離れていった。このような事態によって，ブラッドは少々抑うつ的になったものの，そのために治療を受けようとは考えなかった。彼が治療を受けに訪れた理由は，そうしなければ離婚すると妻に言い渡されたから，というものであった。

IV 要　　約

　セラピストは，それぞれのパーソナリティ障害に特異的な信念と戦略を認識しておくことが重要である。それらの理解に基づき，セラピストは，個々のパーソナリティ障害患者が示すさまざまなデータを収集し分類することが可能になる。そのような作業が，治療全体の計画を立てたり，セッション中の個々の判断を瞬時に行ったりする際の手助けとなる。パーソナリティ障害患者の信念や行動戦略について認識することは，そのような患者との間に強力な治療同盟を築き，それを維持するためにも不可欠である。治療同盟については，次の第4章，および第5章で詳述する。

第4章
治療同盟を形成し，活用する

　認知療法を効果的に実践するには，良好な治療同盟を形成することが不可欠である。セラピストの「臨床家としての態度（bedside manner）」をさほど気にせずに，自分の苦痛を克服するための手段さえ知ることができればよいという患者も，少数ながら存在する。しかし多くの患者は，支持的で共感的な治療関係があって初めて，自己の認知や行動や感情を変容するスキルを習得し，活用できるようになる。また，治療関係はそれ自体が，患者が自分自身や他者に対するポジティブな見方を形成する際の重要な手段となる。患者はセラピストとの関係を通じて，対人関係上の問題を解決するための手立てを習得することができる。

　本章では治療同盟に関するさまざまな側面に焦点を当てる。Ⅰでは，治療に対する患者側の見通しについて説明する。良好な治療同盟を形成しやすい患者もいれば，そうでない患者もいる。それがなぜかということを，Ⅰを通して論じたい。Ⅱでは，治療同盟を形成するにあたり，すべての患者に適用可能な基本的戦略を紹介する。Ⅲでは，特に患者が不満を直接打ち明けてくれない場合，そこにどのような問題があるのかを同定するやり方について示す。そして問題を同定したあとの概念化や計画立てについて解説する。本章の最終節では，患者の信念と行動戦略に変化をもたらすために，どのように治療同盟を活用できるか，といったことについて説明する。本章の最後に事例を紹介するが，その事例において，本章全体を通じて概説される原則の多くが具体的に示されるだろう。また次の第5章では，治療同盟を形成するにあたってよくみられる問題について，いくつかの事例を通じて解説を加える。

I 治療に対する患者の見通し

　治療において自分が何を経験するかということについて，ある程度ポジティブな見通しをもって治療を開始する患者との間に良好な治療同盟を形成することは，さほど困難ではない。ポジティブな構えに基づいて他者と接することのできる患者は，セラピストや治療に対しても，楽観的な見方をすることが多い。

> - 「セラピストは私を気づかい，理解してくれるだろう。そしておそらく有能だろう」
> - 「セラピストが私に要求することに対し，たぶん私は応えることができるだろう」
> - 「セラピストはポジティブな視点から，私をみてくれるだろう」
> - 「治療を受ければ，私の気分は改善されるかもしれない」

　一方，困難な問題を呈する患者の中には，他者に対してネガティブな信念を有し，それゆえに上の例とは別の見通しをもって治療を開始する人がいる。

> - 「セラピストは私を傷つけるだろう」
> - 「セラピストは私を批判するだろう」
> - 「治療はうまくいかないだろう」
> - 「治療を受けたら，私の気分はますますひどくなるだろう」

　患者と信頼関係を築くために，セラピストは後者の患者に対して，より多くの時間を費やす必要がある。たとえセラピストが妥当な対応を示したとしても，後者のタイプの患者には，セラピストのせいで自分が傷つけられたといった思い込みを抱きやすい人がいる。具体的には，セラピストによって否定された，コントロールされた，自分の感情を認めてもらえなかった，過大な要求をされた，というように患者が受け止めて

しまうのである。患者のこのような解釈には，正しいものもあれば誤っているものもあるだろう。いずれにせよ，問題はその後の患者のさまざまな反応において生じる。たとえば，不安を感じ，自己開示を回避する患者がいるかもしれない（最悪の場合，治療そのものを回避し，治療が中断されてしまうこともあるだろう）。その他にも，セラピストに対して怒りを示す，批判的になる，こきおろす，責めるといった態度をとる患者もいるだろう。

治療における他の多くの問題と同様に，治療同盟を築く際に生じる問題には，実際的な要因に起因するものもあれば（例：セラピストが患者の話をあまりにも頻繁にさえぎった，あるいはさえぎり方が適切でなかった），患者の心理的な問題に起因するものもある（例：患者が「セラピストが全力で私に尽くしてくれなければ，それはセラピストが全く私を気遣ってくれていないということだ」といった信念を抱いている）。あるいはその両方に起因する場合もあるだろう。

Ⅱ 治療同盟を形成するための戦略

認知療法の原則を以下にあげるが，それらはセラピストが患者と良好な治療同盟を築いたり維持したりするうえで役に立つだろう。

> - 積極的に患者と協同作業を行う。
> - 患者に対する共感，配慮，理解を具体的に示す。
> - 治療スタイルを，個々の患者に合わせて調整する。
> - 患者の苦痛を軽減する。
> - セッションの最後に患者からのフィードバックを引き出す。

次に述べるように，セラピストは，自分がこれらの原則をどれぐらい達成できているかを評価する必要がある。そして困難な事例を扱う場合には，これらの標準的な治療原則を個々の患者に合わせて柔軟に変化さ

せなければならない。

1 積極的に患者と協同作業を行う

　治療にあたり，セラピストは患者とチームを組む。チームにおいて，セラピストは専門家として，患者をリードする役割を担う。治療に関わるさまざまなことに関する意思決定は，セラピストと患者が協力して行う。それはたとえば，セッションでどのテーマに焦点を当てるかとか，（特に制約が課せられていない場合）どれぐらいの頻度でセッションを行うか，といったことについてである。セラピストは自分が行う介入について，その理論的根拠を示す。またセラピストと患者は，協同的実証主義の視点に基づき，患者の思考の妥当性を協力して検討していく。

　セラピスト側の過ちによって，協同作業上の問題が生じる場合がある。たとえば，セラピストがあまりにも指示的で高圧的であったり，対決的に患者と接するときなどである。この種の問題は，セラピストが自分のセッションを録音したものを同僚のセラピストに聞いてもらい，チェックしてもらうことで同定できる。しかし協同作業上の問題は，患者自身の認識に関連していることが多い。困難な問題を抱える患者の中には，セラピストとの協同関係を容易に築けない人がいる。たとえばメレディスは，セラピストが問題解決をうながす方向に話をもっていこうとすると，決まってイライラした。メレディスは，セラピストが自分を過度にコントロールしようとしているととらえたのである。そこでセラピストはある程度妥協することにし，毎回のセッションの冒頭の時間帯は，彼女が自由に話をすることを許した。自由に話せる時間をあえて設けることにより，その後メレディスが特定の問題に焦点を当てて考えられるように誘導したのである。一方ジョシュアは非常に依存的な患者であり，セッションにおいても，常に受け身的であった。ジョシュアは，セラピストが自分の代わりにすべての意思決定をしてくれるものと思い込んでいた。というのも，彼は，複数のアジェンダに優先順位をつけたり，非機能的な思考に適切に対応したりすることは自分には無理だと信じていたからである。したがってセラピストは，治療に対してもっと積極的に

参加するよう，ジョシュアを励まさなくてはならなかった。

2 患者に対する共感，配慮，前向きな姿勢，正確な理解，およびセラピストの能力を具体的に示す

　認知療法を効果的に進めていくために，セラピストは，一般的なカウンセリングの技能（患者に対する共感，配慮，前向きな姿勢，正確な理解，およびセラピストの能力を具体的に示す）を習得し，セッションで実践する必要がある。セッションを録音したものを検討すれば，セラピストにこれらの技能が実際に備わっているかどうかを判断できるだろう。ただし，これらの技能をどの程度直接的に示すかどうかは，個々のケースに合わせて微調整する必要があることを，セラピストは留意しておかなければならない。セッション中に患者に生じる感情は刻一刻と変化する。重要なのは，セラピストがそのような患者の反応をモニターすることである。

　ほとんどの患者にとって，セラピストが直接的に共感を示すことは，きわめて望ましいことである。共感されることによって，患者は自分がセラピストに支持され，理解されていると感じ，治療同盟はさらに強化される。しかしながら，セラピストの共感によって気分が悪化してしまう患者もいる（常に悪化する患者もいれば，ときに悪化するという患者もいる）。たとえば，演技性パーソナリティ障害の傾向をもつうつ病患者のジェニーは，セッション中，対人関係上の問題を次から次へと語りながら泣き出してしまうことがあった。そのようなときにセラピストが直接的に共感を示すと，ジェニーの泣き方はますます激しくなった。というのも，ジェニーは，セラピストの共感的な発言によって，状況が絶望的であることが確証されたと受け止めてしまったからである。

　同様に，ほとんどの患者にとって，セラピストが心からの配慮を示すことは非常に助けになるはずである。しかし一方で，特に治療の初期段階においては，セラピストの配慮に対してネガティブな反応を示す患者もいる。たとえば，シゾイドパーソナリティ障害を有するロイドという患者は，自律的であることを好んでいた。彼は，治療を開始したばかり

の時期に，セラピストが彼に対して配慮を示したことに対して強い不快感を覚えた。ダニエルという妄想性パーソナリティ障害患者は，セラピストがダニエルについてポジティブな発言をしたことがきっかけで，セラピストをひどく疑うようになってしまった。回避性パーソナリティ障害を有するサンディは，初回セッションでセラピストに共感や配慮を示されたことによって，ひどく落ち込んでしまった。というのも，サンディは，「自分は，他者から配慮されるほどの価値もない，だめ人間である」と信じており，「セラピストが本当の私を知ったら，私に腹を立てるだろう」と恐れたからである。

　また，ほとんどの患者にとって，セラピストが治療の有用性について楽観的な態度を一貫して示すことは，望ましいことである。しかしこのようなセラピストの態度に対し，ネガティブな反応を示す患者もいる。患者の中には，セラピストの楽観的な態度を，「自分の苦しみをセラピストが認めていない証拠だ」「セラピストは私の抱える問題を理解していない」と受け止めてしまう人もいる。

　ほとんどの患者にとって，思考や行動に変化を起こすことができるようセラピストに励まされることは，ポジティブな体験となる。しかしこれに対してもまた，ネガティブな反応を示す患者がいる。たとえばジュリアンは，ベッドから起き出して自室を整理したことをセラピストにほめられたが，セラピストの態度を，わざとらしく人を見下すようなものであると受け止めた。また前記のサンディは，セラピストからポジティブなフィードバックをされたことに対し，ひどく不安になってしまった。というのも，自分にはとうてい応えられないほどの大きな期待をセラピストが自分に対して抱くようになるのではないか，と恐れたからである。

　患者の体験を正確に理解し，その理解を患者と共有する能力は，セラピストにとって不可欠である。ただし，セラピストの理解を，いつ，そしてどの程度詳細に患者に伝えるかということの判断も，同様に不可欠である。セラピストの概念化が正しくないことをひどく苦痛に感じる患者もいれば，たとえ概念化が正確であっても，それをあまりにも早い時期に示されることに対して苦痛を感じる患者もいる。患者が十分にセラ

ピストを信頼していなければ，患者の苦痛はなおさらである。たとえばクレイグのセラピスト（カップル療法専門のセラピストであった）は，治療が始まったばかりの時期に自分の仮説をクレイグに示し，彼に脅威を与えてしまった。セラピストの仮説とは，妻のささいな約束違反に対してクレイグがこれほどまでにひどく腹を立てるのは，「私が弱い人間だから，妻は私にしたがおうとしないのだ」と彼が信じているからである，というものであった。のちに判明したのだが，セラピストの仮説（概念化）は間違ってはいなかった。しかしセラピストは治療の初期段階で，自分に自信をもてないクレイグのような患者に対し，このような仮説をいきなり提示するべきではなかった。仮説を提示されたクレイグは不快感を強め，それを言語的にも非言語的にもセラピストに対して示した。しかしセラピストは，そのようなクレイグの反応を見落としてしまった。

　セラピストが落ち着いた態度を通じて自らの能力と自信を示すことに対して，ほとんどの患者はポジティブな反応を示す。しかし場合によっては，このようなセラピストの態度が，患者を不安定にさせてしまうこともある。たとえばウィリアムという患者は，自分がセラピストを信用していないということをセラピストに明言したが，セラピストは穏やかな態度を崩さなかった。ウィリアムは，セラピストがそのような態度をとるのは，ウィリアムに対してセラピストが「優位」に立っていることを示し，自分に引け目を感じさせるためであると受け止めてしまった。

3　治療スタイルを個々の患者に合わせて調整する

　セラピストはそれぞれ自分の治療スタイルを有するが，対応する患者によっては，そのスタイルを調整しなければならない場合もある。セッションを録音したものを検討し，継続的なスーパービジョンを受けることによって，このような治療上の問題を同定することができる。たいていの患者は，セラピストの自然なやり方を受け入れてくれるものであるが，そうではない患者もいる。特に治療において困難な問題を呈する患者に対しては，セラピストは自分のスタイルを変更しなければならない

ことが少なからずある。たとえば自己愛性パーソナリティ障害患者に対しては，セラピストは控えめにふるまうほうが得策かもしれない。ジェリーという自己愛性パーソナリティ障害を有する患者は，治療開始当初，自分が高価なデザイナーブランドのスーツを着ていることをセラピストにひけらかした。セラピストは，自分がそのブランドについての知識を全く有していないことを白状し，ジェリーに教えを請うた。それは，ジェリーが優越感を抱けるよう，セラピストが意図的にとった戦略である。一方，回避性パーソナリティ障害患者は，細かな事柄について自己開示するようセラピストが強く求めないほうが，セラピストをより信頼するようになるだろう。また，依存性パーソナリティ障害患者は，セッションを主導し，指示的にふるまうセラピストを好ましく感じるものである。強迫性パーソナリティ患者はその逆であろう。たいていの患者は，セラピストが患者に対する配慮を直接的に示すと気分が良くなるが，妄想性パーソナリティ障害患者は，そのようなことをされると逆に，セラピストを疑ったり警戒したりするようになる。

　セラピストの自己開示を好ましく感じる患者もいれば，セラピストの自己開示に対して，「なぜこの人はこんな話をして私の時間をむだにするのだろう」といぶかしく思う患者もいる。治療に対してあまり乗り気でない患者は，セラピストがアカデミックな態度で治療を進めるほうが快適に感じる場合がある。すぐに問題解決にとりかかるようなやり方を好ましく思う患者もいれば，むしろ共感や支持を受けながら徐々に問題を解決していきたいと思う患者もいる。セラピストは，患者がセラピストのスタイルに対して不快感を抱いた場合，早めにそれに気づくことが必要である（これについては本章で後述する）。そして患者の不快感に気づいたときに，適宜自分の行動を修正できなければならない。このような対応ができるということも，認知療法の重要な技術なのである。

4　患者の苦痛を軽減する

　治療同盟を強化するベストな方法とは，患者が自分自身で問題を解決し，気分を自ら改善できるよう手助けすることである。実際に

DeRubeisとFeeley[24]は，症状が改善されるに伴って，患者はセラピストを「共感的である」と見なすようになることを見出した。つまり，セッション中に気分が改善されたり，日常生活において自分の機能が回復していると患者自身が認識できれば，治療同盟は徐々に強化されていくのである。セッションの開始時と終了時に患者の気分を査定すること，そして前回のセッションから今回にかけて患者の機能がどの程度変化したかを検討することによって，患者の苦痛を軽減するという目的の達成度を評価することができる。ただしこの原則についても例外がある。治療によって問題が改善したら，生きることがかえってつらくなるのではないかと恐れている患者の場合である（例：望みもしない責任を負う羽目になることを心配している。あるいは，不満だらけの結婚生活が改善しそうにないということを認めざるをえないことを患者が恐れている）。

5　フィードバックを引き出す

セラピストに対して非機能的に反応してしまうがゆえに，治療効果を十分に得られない患者がいる。セラピストは，セッション中に患者の感情がネガティブな方向に変化したことに気づいたら，患者の思考をそのつど引き出すよう努めなければならない。そして治療関係上の問題を明確化し，その解決を図る必要がある。この種の問題については次節で詳述する。

しかしたいていの場合，セッションの最後に患者からフィードバックしてもらうだけで十分である。それまでに認知療法を受けたことのない患者は，認知療法のセラピストが患者からの批判や訂正を快く受け入れ，治療を修正しようとすることに対して驚き，そしてうれしく感じることが多い。患者の反応を引き出すことは，治療同盟を改善するうえで大いに役に立つ。またそれは，より効果的に治療を進めていくための貴重な情報を提供してくれる。

患者からフィードバックを引き出すために，セラピストはたとえば次のような質問を真剣に患者に問う必要がある。

> ▶「今日のセッションはいかがでしたか。感想を教えてください」
> ▶「今日のセッションで，何か私が間違ったり勘違いしたりしていたことはありませんでしたか」
> ▶「次回のセッションで，何か私に改善してほしいことはありますか」

　セッションの終了直後に，所定のフィードバック用紙に記入してもらうのが役立つ場合もある（フィードバック用紙については，たとえば，文献17)を参照）。患者はフィードバック用紙に，その日のセッションの中身やプロセスにおけるポイントを，そしてその日のセッションにおけるセラピストの配慮や能力についての評価を記入する。セラピストは，そこからさまざまな情報を得ることができる。その日のセッションが良いものであったというポジティブなフィードバックであれ，何らかの改善を求めるようなネガティブなフィードバックであれ，患者からの率直なフィードバックがいかに役立つかを，セラピストがあらかじめ患者に強調しておくことができた場合，フィードバック用紙は特に有用なものとなるだろう。患者の中には，口頭ではなかなか率直にフィードバックできなくても，用紙であれば容易に記入できる，という人もいる。

　セラピストは，患者が前回のセッションに対して何かネガティブな反応をしているのではないかと気になるときがある。あるいはあとになって患者のネガティブな反応に気づくときもある。そのような場合セラピストは，次のセッションの冒頭で，前回のセッションに対する患者のフィードバックを引き出してみるとよい。たとえばケンという患者は，前回のセッションでイライラした様子をみせた。セラピストはイライラしているのではないかとセッション中にケンに尋ねたが，彼はそれを否定した。そこで次のセッションの開始時にセラピストは次のようにケンに問いかけた。「前回のセッションについて私なりによく考えて，思い当たったことがあります。私は前回あなたに対し，別の仕事を新たに探すべきだと強く言いすぎてしまったようです。押しつけがましかったのではないかと反省しています。もしかしたらあなたも，私が押しつけがま

しいと感じたのではないですか」。

　それでもなお，患者がフィードバックをなかなか返してくれない場合もある。その場合，次節で述べるとおり，フィードバックすること自体についての患者の非機能的な信念を明らかにする必要がある。

Ⅲ　治療同盟に関わる問題を同定し，解決する

　治療同盟に関わる問題を解決するために必要なのは，問題そのものを同定すること，問題の発生要因を概念化すること，そしてこれらの理解と患者についての全般的な概念化に基づき，問題解決のための戦略を立てることの3点である。以下に具体的に説明する。

1　治療同盟に関わる問題を同定する

　治療関係上の問題が明白である場合もある。たとえば患者の中には，セラピスト自身の動機や専門的能力に対して疑念をもち，それをストレートに言明する人がいる。またセラピストに対し，明らかにそれとわかる嘘をつく人もいる（患者の嘘については，文献48）に詳述されている）。他にも，「自分に対する気づかいが足りない」とセラピストを非難する患者もいる。しかしたいていの場合，治療関係上の問題を示唆する徴候は，もっと微妙なものである。そのためセラピストは，そのような問題の存在にすら気づけないことがある。さらに，もし何らかの問題が存在していたとしても，それが果たして治療同盟に関わるものであるかどうか，はっきりしない場合もある。たとえばセラピストから視線をそらしたり，なかなか話を切り出そうとしない患者がいる。患者が話の途中に，急に苦しそうな表情を浮かべる場合もある。あるいは，あたかも自分の身を守ろうとしているかのようなボディランゲージを示す患者もいるだろう。

　したがってセラピストにとって不可欠なのは，セッション中の患者の感情とその変化に常に気を配るということである。ボディランゲージ，顔の表情，声の調子，言葉の選び方などにおけるネガティブな変化は，

治療の妨げとなるような自動思考が患者に浮かんだことの表れかもしれない。セラピストはこれらの変化に気づいたら，次のような標準的な質問をして，患者の感情や自動思考を引き出すとよい。

> ▶「今，どんなふうに感じていますか」
> ▶「今，頭に浮かんだのはどんなことですか」

以下に示すような自動思考が患者に浮かんでいる場合，セッションがうまくいかなくなる可能性がある。

- 「セラピストは私のことを理解していない」
- 「セラピストは私を気づかってくれていない」
- 「セラピストは私の話をちゃんと聞こうとしていない」
- 「セラピストは私をコントロールしようとしている」
- 「セラピストは私を判断しようとしている」
- 「セラピストこそ，私を"治す"べきである」

たとえばロビンという患者は，セッションの最中に神経質な様子をみせ始めた。足を貧乏ゆすりし，顔がひきつってきたのである。セラピストの質問によって，ロビンの考えが明らかになった。「もしここで私の性的な遍歴について話したら，セラピストは私を批判するだろうし，私のことを嫌いになるだろう。そして『二度と会いたくない』と思われてしまうだろう」。

セラピストが覚えておくとよいのは，患者の感情の変化の多くは，治療同盟の問題とは直接関係がないということである。患者が示す自動思考は，自分自身についてだったり（「私はどうしようもない」），治療についてだったり（「この治療は私にとってきつすぎる」），自分の抱える問題についてだったり（「これらの問題に対処できなかったらどうしよう」）することが多いのである。

同様に，治療の妨げとなるような行動を患者が示す場合もある。これ

についても，患者の示す行動が，治療同盟に関わる場合とそうでない場合の両方があるということを，セラピストは留意しなければならない。たとえば，患者がホームワークをやってこなかった場合を例にあげてみる。ある患者は，「このホームワークは自分には難しすぎる。どうせやっていっても，セラピストに非難されるだけだろう」と考え，ホームワークをやってこなかった。しかし別の患者は，治療同盟には何ら問題はなく，セラピストのことを信頼していた。この患者がホームワークをやってこなかったのは，自宅があまりにも散らかっていて，ホームワークの課題に取り組むことができなかったためである。ここでもやはり重要なのは，非機能的な行動を起こす直前，あるいは機能的な行動を起こさないことにした直前に，どのような自動思考が生じていたのかを患者に尋ねることである。

セラピストは「治療同盟に関わる問題が何かあるのではないか」と考えているが，患者がそのように認識していない場合，セラピストはこの問題を次のようにノーマライズし，患者に尋ねてみるとよい。

> ▶「患者さんの中には，ホームワークを行うというアイディアを好まない人もいます。自分が何をすべきかということを，セラピストに指示されているように感じてしまうからだそうです。あなたにも，そのようなお気持ちがありますか」

次にあげるいくつかの例は，患者の行動が治療同盟上の問題を示唆しているかどうかを，セラピストがどのように判断したかを示すものである。

事例1　患者が「わかりません」との応答を繰り返す

トムは15歳の少年で，うつ病にかかっていた。彼は初回セッション中，しきりに「わかりません」と応答した。第2セッションを開始してまもなく，「学校で何か変化がありましたか」とセラピストに尋ねられたトムは，またしても「わかりません」と答えた。

セラピスト：今の質問は，あなたを不快にさせてしまったのでしょうか。
トム：（肩をすくめる）
セラピスト：あなたは私の質問に対して，本当に「わからない」と思ったのか，それとも，何か理由があって「わからない」と答えたのか，どちらなのでしょうか。……たとえば「わからない」と答え続ければ，私が面倒な質問をすることをやめるだろうと考えたとか？
トム：（ほほえむ）
セラピスト：今，少し笑いましたね。私の推測は当たっていますか。「これ以上俺を困らせるな」と私に対して思っているのですか。そもそもあなたは，ここに来ること自体がいやなのでしょうか。
トム：うん，たぶんそうだと思う。

　この対話によって，トムがセラピストとの関わりをポジティブに感じていないばかりか，そもそも治療に来たいと思っていないのだということが確認された。一方，同じ質問に対して全く異なる回答をした患者もいる。「いいえ，私は先生の質問を面倒などとは思っていません。ただ，私は今，とても混乱しているのです」。この場合，治療同盟に関わる問題を示唆するデータが他にもいっさい見当たらなかったため，セラピストは，この件については現実的な解決策を探すほうが賢明であると判断した。そこでこの後，より具体的な質問を重ね，患者の抱える現実的問題の解決を図った。

事例2　患者が質問に対して率直に答えてくれない

　ジョディという患者がいた。セラピストは，彼女は自分が不快になると質問されてもそれに直接答えないようになることに気づいた。ジョディがそのような態度を3回示したとき，セラピストはこのことを直接扱ってみることにした。

セラピスト：（これまでの話をまとめる）あなたはご主人に対して，ご自分が思いのほか何らかの影響を及ぼすことができると考えているようで

すが，それには何か理由があるのでしょうか。
ジョディ：あのね，彼はいつもこうなんです。つきあっていたとき，私はもっと注意深く彼のことをみておけばよかったんだわ。彼のすることは，あの頃から全く変わっていないんです。
セラピスト：（話を引き戻す）あなたは今，彼に対して何らかの影響を及ぼすことができるとお考えのようですが，それについてはどう思いますか。
ジョディ：彼は，私に対してだけでなく，自分の母親に対しても同じことをするんです。
セラピスト：ジョディ，ちょっといいですか。私がたった今，あなたがご主人に何らかの影響を及ぼすことについてお話したとき，どんなふうに感じたのですか。……たとえば不安に感じたとか？
ジョディ：（しばらく考えて，ため息をつく）わかりません。
セラピスト：さっきの私の質問は，あなたにとってどういう意味をもつのですか。
ジョディ：わかりません。
セラピスト：少なくとも，あなたにとって気分の良い質問ではなかったようですね？
ジョディ：いいえ，そんなことはないわ。（しばらく考える）たぶん私は，自分がそもそも彼と一緒にいるべきなのか，それとも別れたほうがよいのか，そのことさえわかっていないんだと思うんです。

　セラピストはこのやりとりを通じて，ジョディが質問に直接答えないのは，彼女が自分の結婚生活について迷っているからであり，治療同盟に大きな問題があるわけではないと判断した。しかしながら，結婚生活を改善できる可能性について，今セラピストにあれこれと聞かれたくないとジョディが思っていることは，明らかなように思われた。

事例3　患者が次々と話題を変える

　さらに別の例を紹介する。次のやりとりを通じてセラピストが明らかにし

たのは，患者が質問に直接答えないのは治療同盟に問題があるからではなく，患者自身の話し方の癖によるものであるということであった。

セラピスト：私は今日のセッションで，あなたの話を何回もさえぎってしまいました。不快に感じませんでしたか。
患者：そんなことありません。大丈夫です。
セラピスト：お姉さんとの問題について話し合うのが，今日のセッションのアジェンダでした。あなたが何度か話題を変えたとき，この問題について話を続けたほうがよいのか，別の話題に変えたほうがよいのか確認したくて，私はあなたの話をさえぎったのです。
患者：私もこの件については，ここで話をしたいと思っていたんですよ。なのに，私が話を脱線させてしまったんでしょう。それが私の癖なんです。妻にもよく指摘されます。

2　問題を概念化し，解決のための戦略を立てる

　治療同盟に関わる問題が生じた場合，セラピストは最適な判断を下す必要がある。その際，以下の問いを判断基準とするとよい。「この問題はどの程度深刻か」「今この問題にはあえて触れないほうがよいのか」「ただちにこの問題にとりかかったほうがよいか，それともあとで取り上げるほうがよいか」である。問題解決のための戦略を立てる際，なぜそのような問題が生じたのかを検討することも必要である。先述のとおり，セラピストの過ちによって生じる問題もあれば，患者の信念によって生じる問題もある。またその両方の組み合わせによって生じる問題もある。

(1) 問題の程度と緊急性を判断する

　治療同盟に関わる問題を同定したら，次にセラピストは，どの程度の時間と労力をその問題に費やすかを判断しなければならない。その際の大まかな指針としてあげられるのは，治療目標の達成に向けてセラピストと協同しようと患者が思えるのであれば，治療同盟の強度としては十

分であるということである。すなわち，治療同盟の強化のために必要以上に時間をさくことは，患者の実生活の問題解決のために使える時間を減らしてしまうということを意味する（一方，本章の最後に述べるように，良好な治療同盟は，自己や他者に対する患者の非機能的な信念を修正するための強力なツールとなりうる。したがって，良好な治療同盟に注目することは，治療上，非常に理にかなったことであると言える）。

　ときには，治療同盟上の問題が緊急性を帯びており，ただちにそれに対応しなければならないことが明白である場合がある（例：患者がセラピストに対して怒りをあらわにしている。患者があまりにも強い不安を感じているため，まともに話すことすらできない。患者が一方的にしゃべりすぎるため，セラピストが一言も発言することができない）。この種の問題が生じたら，セラピストは，それなりの労力を費やし問題の解決を図らなくてはならない。たとえばハロルドという患者は，セラピストがあまりにも早急に問題解決を迫ってきたことに対して腹を立てた。そのためハロルドのセラピストは，治療関係の修復に向けて，いくつかの対策をとらなくてはならなくなった。セラピストはハロルドに対し，以前よりもはっきりと共感を示すよう心がけた。そしてセッションの構造について彼と再度話し合い，ハロルドが自由に話せる時間をセッション内に設けることにした。セラピストはさらに，「セラピストは私のことをひとりの人間として尊重してくれていない。彼女は単に業務の一環として，私を治そうとしているだけだ」という彼の信念を修正しなければならなかった。

　しかし一方，他の多くの治療同盟上の問題は，さほど頻繁に生じることもなければ，さほど致命的なものでもない。これらの問題はたいていの場合，セッションの流れの中で扱うことができる。たとえばマーティンという患者は，前回のセッションでの重要な話題についてセラピストが思い出せなかったことに対し，ムッとした態度を示した（この反応自体は妥当なものだと言える）。「申し訳ありませんでした。私はそのことをちゃんと覚えておくべきでしたね」とセラピストが謝罪したことにより，マーティンの気持ちはおさまり，この問題は解決された。ホリーと

いう患者は，第2セッションの最後にセラピストがいくつかのホームワークの課題を提示した際，ひどく苦痛そうな様子を示した。ホリーは，「私にはそれらの課題は無理だ。私はセラピストをがっかりさせてしまうだろう」と考えたのである。ホリーの反応に気づいたセラピストはただちに，そのうちの二つの課題を「できればやってみる」という扱いに変えて，この問題を乗り切った。この時点でセラピストは，ホリーの反応をそれ以上追及しなかったが，その判断は賢明だったと思われる。セラピストは，もしホリーのこのような反応が彼女の問題を象徴していることがのちに判明したら，そのときに改めて焦点を当てればよいと判断した。

その他にも，セラピストがその時点で，あえて問題を扱わない場合がある。たとえばジョージという思春期の患者は，学校の宿題について教師に相談するようセラピストに提案されたとき，急に落ち着きを失い，目をギョロギョロさせ始めた。セラピストは彼のそのような反応にあえて言及せず，「それならば，クラスメイトに宿題のことを尋ねてみたらどうでしょうか」と，提案しなおした。この提案は，わりと快くジョージに受け入れられたようであった。

治療同盟において生じた問題が，患者の非機能的なパターンを象徴していることにセラピストが気づき，もっとそれに焦点化する必要があると判断される場合もある。たとえば，マイケルという患者がいた（本章の最後に，セラピストとマイケルとの対話を具体的に示す）。セラピストがマイケルをほめたり，うつ病について説明したりすると，マイケルはイライラするようであった。2度目までは，セラピストは彼をイライラさせたことをわび，話を先に進めることでその場をおさめていたが，同じことがとうとう3度目に起こったとき，セラピストは，マイケルのそのような反応に焦点を当て，彼の非機能的な信念を引き出し，少なくとも治療関係に対する彼のそのような信念を修正したのであった（ちなみにマイケルは，治療関係外においても，似たようなパターンを示していた）。

(2) 問題の発生因を概念化する

治療同盟上の問題に焦点を当てる必要があると判断したら，セラピストは次に，その問題の発生因がセラピストの過ちにあるのか，患者の非機能的な信念にあるのか，あるいはその両方にあるのかを見極める必要がある。

a　問題の要因がセラピストの過ちにある場合

治療同盟上の問題がセラピスト側の言動に起因する場合があるということを，セラピスト自身が自覚しておくことは，非常に重要である。自分に問題があることを知るために，セラピストが患者に対し率直なフィードバックを求めることは不可欠であるが，同様に重要なのは，セッションを録音したものを同僚に聞いてもらい，自分（セラピスト）にどのような問題があるのかをアドバイスしてもらうことである。

セラピストが自分の過ちに気づいたら，率直に患者に伝えるのがよい。防衛的にならずに謝罪することは，困難な問題を抱える患者のモデルにもなる重要なスキルである。たとえばボブという患者は，セラピストに何度も話をさえぎられたことに対し，ひどく苦痛を感じた。そこで彼は，自分の関心事について自由に話ができない苦痛をセラピストに訴えた。セラピストはあっさりと自分の非を認め，謝罪した。実際，ボブの訴えは正当なものであったと思われる。セラピストは，自ら話したいというボブの欲求を見逃していたのである。結果的にセラピストが即座に謝罪したことにより，彼らの治療同盟はさらに強化された。

キースという患者は，ホームワークの課題を実行できなかったことで，ひどく不安になっていた。それを知ったセラピストは，自分の過ちに気づいた。セラピストは，今の彼にとって難しすぎる課題を，ホームワークとして出してしまったのである。セラピストがそのことを率直に認め，謝ったところ，キースの不安はただちに和らぎ，セラピストに対する彼の信頼感は強化された。

b　患者の非機能的な信念が，治療同盟を阻害している場合

治療同盟上の問題は，患者の自己，他者，対人関係についての全般的な信念や，そのような信念に対処するために患者がとっている戦略と関連していることが多い。たとえば，「セラピストが自分を批判しようとしている」と信じている患者がいるとする。もしこのような信念がセラピストだけに向けられており，他の人たちには適用されないのであれば，信念の修正はさほど困難ではないだろう。しかし一方，そのような信念が，世間一般の人に対する幅広い信念の一部であるような場合は（例：「他者はみな，自分を批判しようとしている」），標準的な認知療法だけでは太刀打ちできないかもしれない。

セラピストが最初にすべきなのは，概念化をしっかりと行ったうえで，患者の非機能的な信念を同定し，戦略を立てることである。その際，信念を直接引き出し検証することが役立つ場合もあれば，より穏やかなやり方で信念を扱うほうが（例：信念をあえて活性化させずに治療を進める）よい場合もある。いずれにせよセラピストは，多様な介入を行う必要がある。以下にその例を示す。

> 事例1
>
> 　ブレントは35歳のうつ病患者で，自己愛性パーソナリティ障害を併発していた。彼は，「自分は劣った存在だ」「他人はみな，自分より優れている」という信念を抱いていたが，「自分は優秀であり，ゆえに特権を与えられるべき存在である」かのようにふるまうことで，自分の劣等感が活性化されないようにしていた。普通の人にとってはありふれたささいな出来事に対しても，ブレントは「相手にばかにされた」と確信し，憤ることが多くあった（例：店員が支払いの際に礼を言わなかった。劇場の案内係が，座席を指し示すだけで，座席まで彼を案内しなかった。エレベータに先に乗っていた人が，彼が乗り込むまで扉を開けておいてくれなかった。閉店時間になって，店のマネージャーが退出してほしいと彼に頼んだ）。
>
> 　他者に対する際にブレントの中で活性化されるのと同じような信念が，セラピストに対しても活性化された。助けを求めて治療に訪れているがゆえに，

彼は自分をセラピストよりも劣った存在であると自動的に感じてしまっていた。そして、「セラピストは自分が僕より優位に立っていると考え、僕を軽く扱うにちがいない」と思い込んでいた。彼は、自分を見下すような言動をセラピストがとるのではないかと過剰に警戒し、実際に、セラピストの言動を誤解することがたびたびあった。ブレントは、セラピストのオフィスの家具がみすぼらしいことをからかったり、難解な心理学用語の意味をセラピストが知っているかどうかを尋ねたり、彼の好きなクラシック音楽の演奏家をセラピストが知らなかったことについてことさらに驚いてみせたり、彼がこれまでにかかったセラピストたちのほうが今のセラピストよりも熟練者だったと言い立てたりした。彼はそうやってセラピストを見下そうとしたのである。ブレントはまた、時間外に予約をとりたいといった自分の要求がセラピストに受け入れられないとひどく不機嫌な態度を示したりもした。彼はあの手この手を使って、自分がセラピストよりも優位な立場にいることを、セラピストに印象づけようとした（例：難解な言葉づかいをする。高級な衣服を着て来談し、それをひけらかす。仕事上のちょっとした業績を自慢する）。

　セラピストは、もしこの時点（治療早期）で、自分自身のとっている言動にブレントを直面させたら、彼の劣等感を過剰に活性化させてしまうだろうと考えた。そこでそのような直面化をせずに、しかも防衛的ではないやり方で彼に接することを心がけた。たとえば、「これまでのセラピストに比べて、先生のセラピーの腕前は劣っているようですね」とブレントに言われたとき、セラピストは、「これまでのセラピストたちは、私のしていないどんなことをあなたにしてくれたのですか。それを教えていただければ、私ももっとあなたを手助けできるかもしれません」と彼に尋ねた。またブレントが、セラピストに馴染みのない心理学的概念について尋ねたとき、セラピストはこう答えた。「わたしはそれを知らないのです。でもたぶん、知っておくべきなんでしょうね。それはどのような概念なのでしょうか」。ブレントが、セラピストのオフィスのインテリアをからかったときには、セラピストも一緒になって笑い、むしろセラピストが率先して冗談を言った。「私もMBA（経営学修士）をとっておくべきでしたね。そうしたら、もっとすばらしい家具をこのオフィスにおけたでしょうに！」。

このようにして、セラピストは治療におけるいくつもの課題を達成した。まずセラピストは、防衛的でない行動の手本をブレントの目の前で提示し、批判や皮肉を言われても自尊心を保つことが可能であるということを自らの言動を通じて示した。セラピストがブレントを批判もせず、おとしめたりもしなかったことで、彼の劣等感は和らぎ、逆にセラピストに対する信頼感は増し、結果的に治療同盟が強化された。その後、さまざまな介入を経て、ブレントは自分の信念を徐々に修正し始めた。彼はセラピストに対して、非機能的な対処戦略を用いる必要性を感じなくなった。そして、「ひょっとすると、すべての人が自分をおとしめようとしているわけではないのかもしれない」と思い始めた。ブレントは、治療外の現実場面での行動実験にも挑戦し始めた。それはたとえば、「相手が自分を傷つけようとしている」と彼が認識しない限り、自分から相手をおとしめるようなことはせずにいる、という実験であった。

セラピストは治療開始当初、ブレントの信念にさっそく焦点を当てていくつもりであった。しかし少しでも信念を同定しようとすると、彼の複数の信念が過剰に活性化されてしまうことにセラピストは気づき、信念への焦点化を後回しにした。治療がかなり進んだ時点で、セラピストは再びブレントの信念に焦点を当てることにしたが、そのときには標準的な信念修正戦略（第13章を参照）を用いるだけで、彼の信念を直接引き出し、修正することが可能になっていた。

事例2

クレアは42歳のうつ病患者であったが、子どものときから気分変調性障害の傾向を有し、さらに受動－攻撃型パーソナリティ障害の傾向も有していた。彼女は自分自身を、弱くて能力のない怠惰な人間であると見なしていた。一方、他者を、強くて押しつけがましく、しかも要求がましい存在であるととらえていた。クレアは、やりたくないことを他者から頼まれると、イライラした態度を示すことで相手をコントロールしようとした。あるいは同様にやりたくないことを相手から頼まれると、表面上はそれに応じるようにみせかけながら、実際には全く応じないか、あるいは部分的にしか応じない、ま

たは相手の望むようには対応しない，といった反応を示して，相手をコントロールしようとした。たとえば夫からちょっとした家事や使い走り（例：小切手帳の清算）を頼まれたとき，彼女がそれをやりたくないと思ったら，結局は夫が自らそれらをする羽目に陥った。また，夫がしつけのために子どもたちに対して何らかの行動制限を設けたところ（しかもそれらの制限はいたって常識的なものであった），彼女は子どもたちに対する夫の権威をひそかに損なうような言動を示した。それほどまでに彼女はコントロールされることに対して過敏だったのである。

　クレアはパートタイムの仕事に難なく就くのだが，働き始めて数カ月経つと解雇されてしまうのが常であった。というのも，彼女は上司の指示どおりに業務をこなすことができなかったのである。彼女は，原家族ともうまくいっていなかった。クレアは他のきょうだいとは異なり，家族の行事に全く顔を出さないか，たとえ出したとしても大幅に遅刻してばかりであった。しかも高齢の両親の世話をすることについて，きょうだいで協力し合うことを拒んだ。

　コントロールに関するクレアの非機能的な信念は，治療セッションにおいても活性化された。彼女は自分を弱い存在であると感じ，セラピストが自分をコントロールしようとしていると受け止めた。セッション中，クレアは長々と，夫，上司など他人に対する不満を述べた。そして問題解決的なアプローチをとることに抵抗した。クレアはセラピストと一緒に決めたホームワークの課題をやってこなかった。その際，「治療ノートをどこかになくしちゃったんです」「今週はすごく忙しくて，ホームワークどころじゃなかったんです」「よくよく考えたら，今回のホームワークは自分には必要ないことに気づいたんです」といった言い訳を述べた。

　セラピストはこのような対話を通じて，苦痛を伴う信念の活性化を回避するために，クレアがこのような対処戦略を用いていることに気づいた。そして自らの仮説を，直接クレアに確かめてみることにした。「クレア，ちょっといいですか。今日みたいに私から『こんなことをしたらいかがですか』と提案すると，患者さんの中には，私がその患者さんをコントロールしようとしているかのように感じる人がいらっしゃいます。……ひょっとしたら，あ

なたもそのように感じることがあるのでしょうか」。確かに自分もそのように感じることがあるとクレアが認めると，セラピストは共感を示しながら，次のように言った。「それはさぞかしつらかったと思います。私たちは別のやり方を見つけたほうがよさそうですね。何か良いアイディアはありませんか」。クレアが首を横に振ったので，セラピストは次のように言った。「ではもう一度，治療目標を見直してみましょう。あなたにとってそれらを達成することが，本当に良いことなのでしょうか。それを確認してみましょう。そしてそれらの目標を達成することがやはり必要だということであれば，どうやったら『コントロールされた』と思わずに目標を達成できるのか，そのやり方を一緒に探っていきませんか。……この提案について，あなた自身はどう思いますか」。

　結局セラピストとクレアは，目標リストを再検討することにした。どのような目標がより重要なのかをセラピストがクレアに尋ねたところ，クレアは，自分自身が楽しいと思える活動をすることであると回答した。それはたとえば，友だちに会う，本を読む，興味のある話題をインターネットで検索する，といったことであった。抑うつ症状の悪化に伴い，彼女はこれらのことができなくなってしまっていたのである。次にセラピストは，クレアに選択肢を提供した。それは，次の週に行うべき楽しい活動をセッション中に話し合って決めておくか，あるいは彼女自身が次のセッションまでに楽しい活動を見つけてそれらを実施するか，というものであった。結局クレアは後者を選択し，実際次のセッションで，自分がどのような楽しい活動をしたのかをセラピストに報告した。

　そのようにして，クレアの気分は改善し始めた。ところが，気分が改善し始めたとたん，治療の進行が滞りがちになってしまった。セラピストは，治療の進行を妨げるようなクレアの信念を同定し（例：「気分が改善されると，セラピストや夫は私にさまざまなことを期待するようになるのではないか」），クレア自身がそのような信念に対処できるよう手助けした。信念の検討，問題解決法，そしてロールプレイを通して，クレアは「もし自分が恐れる状況が起きても，私はちゃんと自分自身の考えを主張できるから大丈夫だ」と思えるようになり，さらに治療が進展した。

困難な問題を抱える患者が学ぶべき重要な教訓は，対人関係上の問題を改善したり解決したりするには，以下の二つのやり方があるということである。①他者の言動を，より正確に，そしてより機能的にとらえるようにする。②他者に対する自分の言動を修正する，もしくは言動を修正するよう他者に依頼するなど，直接的な問題解決を図る。

Ⅳ 治療目標を達成するために治療同盟を活用する

治療同盟を強化しつつ，同時に他の治療目標を達成するために，セラピストが活用できる戦略はいろいろある。本節では，次の三つの重要な戦略について紹介する。①患者がポジティブな対人関係を体験できるようにする。②治療同盟に関わる問題に取り組む。③治療同盟に関わる問題に取り組んだ体験を，実生活における重要な他者との対人関係にも活用できるようにする。

1 患者がポジティブな対人関係を体験できるようにする

困難な問題を抱える患者は，自己や他者について非機能的な信念を抱いており，ゆえに実生活での対人関係もうまくいっていないことが多い。治療セッションには，患者のネガティブな信念を修正するためのチャンスが多くある。セラピストはさまざまな方法を通じて，患者が自己や他者についてよりポジティブな（正確にいえばより現実的な）見方ができるよう手助けできるとよい。その方法を以下にあげる。

- 正の強化を行う。
- 自己開示を行う。
- 治療関係のバランスを整える。
- 自己に対する患者のネガティブな信念に異を唱える。
- 共感と配慮を直接的に示す。
- 治療に限界があることを残念に思う気持ちを表明する。

> ● 患者との関係に対するセラピストの思いを，患者に理解してもらう。

　以上のやり方を通じて，セラピストは，自分が患者を傷つけようとする存在ではないことを示すことができる。そして対人関係上の問題をどのように解決すればよいか，という規範を示すことができる。その結果，他者に対する患者の見方そのものが変化していく[53]。

(1) 正の強化を行う

　セラピストは，共感と支持を直接的に表現するだけでなく，患者が自分の思考や気分，そして行動を適応的に変化させたとき，あるいは自分の長所を生かすような態度や行動を示したときには，正の強化を行うことも重要である。認知療法の標準的なやり方に則り，セラピストは毎回のセッション開始時に，前回のセッションから今回にかけて，（患者が遭遇した困難に加えて）患者が実行したポジティブな行動や，患者に起こったポジティブな出来事について話をするよう依頼する。また，どんなホームワークの課題を実行できたかについても話してくれるよう求める。このような振り返りは，セラピストが患者を強化する機会を与えてくれる。以下に正の強化の例をあげる。

> ▶「あなたがそのパーティに行って楽しい時間を過ごせたことを，私もうれしく思います」
> ▶「試験をうまく乗り切れたことを，私だけでなく，あなた自身も自分を誇りに思ってくれるといいな，と思います」
> ▶「近所の人が手助けを必要としていたときに，あなたがそれをできたということは，本当にすばらしいことですね」
> ▶「彼にそんなことを言われたのにもかかわらず，あなたは自分の思考をうまく扱い，気分を改善させることができたのですね。すばらしいことだと思います」
> ▶「そんなふうに誰かを慰めることができるなんて，あなたにはす

ばらしい資質が備わっているのですね」
- ▶「それほどの批判に対し，あなたのようにうまく対処することは，誰にでもできることではないと思います」
- ▶「ほとんどの日に，ベッドから起き上がることができたのですね。あなたにとって，それはすばらしいことなのではないでしょうか」
- ▶「自傷行為の代わりに，そんなふうに上手に対処できたのですね。これでもう，あなた自身が，自分をもっと信頼できるようになれるのではないでしょうか」
- ▶「お子さんが本当に必要としていることを，あなたはちゃんとわかってあげられたのですね。誰もがあなたのようにできればいいのに，と思います」

(2) 自己開示を行う

　セラピストによる適切な自己開示は，治療同盟を強化し，患者に新たな学習の機会を提供する。クローディアという患者は，夫が昇進し，今よりもずっと責任のある仕事を任されるようになることが決まったとき，ひどく動揺した。というのも，そうなると，夫の帰宅時間が今よりもずっと遅くなり，夫が彼女や子どもたちと夕食をともにすることがほとんどできなくなってしまうからである。セラピストは，数年前に自分も同じような体験をしたこと，そしてこの問題に自分がどのように対処したのかを話した。具体的には，「夫の仕事は"シフト制（交替勤務）"なのだ，と考えることにしよう」「夫が今の仕事を続けたければ，今回の決定について，彼には選択の余地はなかったのだ」といった当時の認知的工夫を，セラピストはクローディアに伝えたのである。クローディアは，セラピストがこのような個人的な話を快く打ち明けてくれたことに感謝し，セラピストをより強く信頼するようになった。

　このようなセラピストの自己開示は，クローディアに対する間接的な手助けにもなった。クローディアは，このような状況に直面するのは自分だけではないのだと思えるようになった。そして，夫の昇進の件でい

つまでも悩み続けるか，それとも自分の考え方を変えて気分を改善するか，ということについては，自分自身で選択できるのだ，ということに気づいたのである。彼女はセラピストが話してくれたのと同じ視点を，夫の勤務時間に対してとってみることにした。すると実際に，彼女の悩みは解消された。クローディアはその後，たとえば夕刻の時間帯にいかに子どもたちを上手に扱うか，といった現実問題に対して，セラピストと一緒に生産的な解決法を探していった。

　別の事例を紹介する。アイリーンという患者は，自律性を好む，重症のうつ病患者であった。彼女は最近洪水による被害を受けており，「損傷した家具類を取り替えることを思うと，圧倒されそうに感じる」と訴えた。セラピストは，自分や友人がかつて同じような境遇に陥ったことがあることを伝え，アイリーンの問題をノーマライズした。そしてそのときに自分がとった対処法をアイリーンに伝えた。具体的には，友人に助けを求めたことと，「新たに家具を買えば元の状態に完璧に戻るというわけではない」ということに気づいたこと，というものであった。セラピストは，それらの対処法を通じて自分が何とか問題解決できたことをアイリーンに伝えたのである。セラピストの自己開示により，アイリーンは，自分が今抱えている困難が一般的によくあることだということに気づき，元気づけられた。そして，セラピストが他者に助けを求めても大丈夫であったのなら，自分が同じことをしてもおそらく大丈夫だろう，と思い始めた。

(3) 治療関係のバランスを整える

　自分がセラピストよりも「下」の立場にいることを強く意識している患者との治療では，患者が感じているバランスの不均衡を改善することが重要である。たとえばギルという患者は，すべての他者に対し，自分が劣っていると確信していた。セラピストは，顧客サービスの外交員という仕事についてギルに詳しく話してもらった。そして彼が気難しい上司や怒りっぽい顧客に対していかに上手に対応しているかという話を聞くにつれ，セラピストは彼の忍耐強さに感銘を覚え，それを彼に伝えた。

その結果，ギルは前よりは自分の能力を認めるようになり，劣等感が軽減された。キースのセラピストは，キースがオペラやクラシック音楽にとても造詣が深いことに感銘を受けたと彼に伝えた。慢性うつ病をわずらうローラという患者は，日々暮らしていくだけでも大変で，最低限の家事さえできなくなるときがあった。ローラは犬を飼っていた。セラピストが犬について彼女に尋ねると彼女の気分が改善されることがわかってきたので，セラピストはたびたび意図的に犬のことを話題にするようにした。実際，ローラのセラピストは最近犬を飼い始めたばかりで，世話や訓練の仕方についてあまりよく知らなかった。一方，ローラは犬のしつけについてはとても詳しかった。そこでセラピストは，ローラに犬についてのアドバイスを求め，さらに後日，彼女のアドバイスが役に立ったことを伝えた。このようなことが繰り返されるにつれ，ローラは自分を有能な存在であると，前よりは思えるようになった。

(4) 患者のネガティブな信念に異を唱える

　患者のこれまでの体験を考慮すると，患者が自分自身についてネガティブな信念を抱くようになったのは無理もないことである，ということをセラピストが認めることは重要である。しかし同時に重要なのは，セラピストは，客観的な立場にいる者として，患者のそのような信念に必ずしも同意する必要はないということである。たとえばジューンという患者は，「私の気分が改善される見込みは全くない」と言って絶望感をあらわにしたとき，セラピストはそれには同意せず，次のように言って彼女を安心させた。

> 「あなたがなぜ，『私の気分が改善される見込みは全くない』と思って，それほど絶望的になるのか，私にもよくわかるような気がします。もし私があなたと同じような体験をし，あなたと同じような信念を抱くことになれば，当然私もあなたと同じように絶望的になることでしょう。……あなたは，お父さんからあんなひどいことをされたせいで，自分を悪い人間だと思い込むようになってしまったのかもしれません。でも，私自身は，あなたのことを

『悪い人間』だとはとうてい思えないのです。私はほんの一瞬たりとも，あなたを『悪い人間』だと思ったことはありません。そのことをあなたに信じてもらいたいのです。問題を抱えていたのはあなたのお父さんであって，あなたではなかったのです。（しばらく沈黙する）今の私の話に対して，あなた自身はどう思いますか」

(5) 共感的理解と同時に，現実的で前向きな見方を伝える

　幼少期に感情的な剥奪体験を余儀なくされた患者は，セラピストの心からの配慮，共感，支持を必要とすることが多い。しかし配慮や共感だけを示された患者は，セラピストが自分を，悲惨な体験によってとりかえしのつかない影響を受けてしまった人だと見なしているであろう，と受け止めてしまうことがある。その解釈が合っていようがいまいが，そのように思えば患者の気分がますます悪化してしまう場合があるということを，セラピストは認識しておく必要がある。したがってこのようなことによる患者の気分の悪化を防ぐために，セラピストは共感的理解を伝える際には，それと同時に，将来に対する前向きな見方を，注意深く示していく必要がある。

▶「そんなことがあなたに起きてしまったとは，非常に残念だとしか言いようがありません。誰だって，そんな目に遭っていいはずはないのです。もちろんあなたがそのような目に遭う必要など全くありません。……（優しく語りかける）でも，あなたがここに来てくれてよかったと思っています。何らかの形で，私はあなたのお役に立てるのですから」
▶「それはさぞかし大変なことだったでしょうね。……そのせいで今もあなたはとても苦しんでいるのですね。……（一呼吸おく）今もあなたは絶望的な気持ちでいっぱいなのかもしれません。私が今，あなたに知っておいていただきたいのは，私たちが協力すればあなたのその苦しみを和らげることができるかもしれない，ということです。少なくとも私自身は，そのように信じ

> ています」
> ▶「あなたにとってこの問題がどれほど大変か，それは間違いなくそのとおりだと思います。……だからこそ思うのですが，私たちはあなたの抱える問題を，もっと小さく分解する必要がありそうですね。ゆっくり進めていきましょう。そしてできることから手をつけていきましょう。……あなたはどう思いますか」

　セラピストのこのような発言に対し，患者がどのように反応するのかを注意深く観察することは，非常に重要である。患者の中には，セラピストの真意を疑ったり，発言を割り引いて受け止める人もいるだろう。また，自分の訴えたことが割り引いてとらえられてしまったと感じる患者もいるかもしれない。一般に患者がこうしたとらえ方をした場合，何らかの感情の変化を示すものである。患者を注意深く見守っているセラピストであれば，患者のそのような変化に気づき，関連する思考や意味を引き出し，患者とともにそれらに対応することができるだろう。

事例

　メレディスは，慢性うつ病に外傷後ストレス障害を合併した患者であった。彼女は幼少期に，父親から身体的かつ性的な虐待を受けていた。母親は父親の虐待を止めるどころか，むしろそれを助長していた。メレディスはそのような体験を通じて，「自分は悪い人間だ」「自分は愛される価値のない人間だ」といった信念を強く抱くようになった。セラピストは，治療関係に関わる介入を含むさまざまな介入を行い，彼女がこれらの信念を修正できるよう手助けしていった。たとえばメレディスは，教会でボランティア活動をし，自分の子どもたちと良好な関係を築き，難民救助に深い関心を寄せていた。セラピストはこれらのことについて，繰り返し彼女から話を聞き出しながら，メレディスに対するセラピスト自身の関心と敬意を示し，彼女の特性である"思いやり"についてポジティブに評価した。このときに聞き出した話は，重要なデータとして，のちの治療に非常に役立った。治療が進み，メレディスが，「自分はこのままでいいのだ」「自分は十分に有能な人間である」とい

う新たな中核信念を取り入れようとした際，このときの話がそれを裏づける有力な証拠として大いに役立ったのである。

(6) 治療に限界があることを残念に思う気持ちを表明する

　治療が患者に提供できることには限界があることを残念に思う気持ちをセラピストが表明することが役に立つ場合がある（例：「あなたの苦しみを吹き飛ばすような力が，私にあればどんなによいかと思います」「残念ながら，私はあなたのセラピストであると同時に，あなたの友人であるということはできないのです」）。重要なのは，このような表明のあとに，よりポジティブな言葉を続けることである（例：「あなたの苦しみを少しでも和らげるために，私たちには何ができるでしょうか。それを探していきましょう」「でももし，あなたのセラピストになるか友人になるか，どちらかを選ぶとしたら，私はやはり，喜んであなたのセラピストになりたいと思います。そうすれば，あなたを手助けするために，これからもがんばることができるのですから」

(7) 患者との関係に対するセラピストの思いを，患者に理解してもらう

　患者との関係をセラピスト自身がどのように考えているのかということを，直接的であれ間接的であれ，患者に示すことが必要な場合がある。たとえばセラピストは，前のセッションから次のセッションまでの間に，自分が患者のことをすっかり忘れてしまっているわけではないということを，患者に伝えることができる。

> ▶「今日までの1週間，あなたのことを考えていたときに，ふと思ったことがあります。もし今日のこのセッションで＿＿＿＿＿をしたら，あなたの役に立つのではないか，と」

　このような発言により，セラピストは常に患者のことを気にかけており，セッションが終われば患者のことを忘れてしまうわけではないということを，患者に伝えることができる。たいていのセラピストはいつで

も患者のことを考え，患者が考えている以上に患者の役に立ちたいと願っているものである。上の発言は，そのようなことを患者に伝える一種のメッセージである。

　うつ状態にある患者は，他者とのつながりを希薄に感じてしまいがちである。セラピストに対しても同様であろう。セラピストはこのことをしっかりと認識しておく必要がある。治療開始後に抑うつ状態が悪化した患者については，特に注意するべきである。そのような患者は，自分とセラピストのつながりは徐々に弱まっていると感じ，セラピストも同様に感じているだろうと思い込む場合がある。この種の問題は，セラピストが直接的に尋ねることで明らかにすることができる。

> **セラピスト**：今日はいつもとちょっと様子が違いますね。あなたはもしかして，治療や私とのつながりが，前よりも弱まっていると感じているのではないですか。
>
> **患者**：ええ，そのように感じています。
>
> **セラピスト**：そして，私もあなたと同じように感じているのではないかと思ってはいませんか。
>
> **患者**：（しばらく考える）ええ。
>
> **セラピスト**：率直に答えてくださってありがとうございます。でも本当のことをお話しさせてください。このようにあなたとお話しできたことで，私はむしろ前よりもあなたとのつながりが強まったように感じます。あなたの抑うつ症状が悪化してしまったことは，私にとってもつらいことです。……だからこそ私はあなたの力になりたいのです。（一呼吸おく）私の気持ちはわかっていただけましたか。
>
> **患者**：ええ，わかりました。

V 治療同盟上の問題を乗り越え，その体験を他の人間関係へとノーマライズする

　患者の非機能的な信念に関連する治療同盟上の問題が生じた場合，それはセラピストにとって，患者がセラピストや他者に対していかに歪曲された見方をするか，といったことを理解する良い機会となる。セラピストに対する患者の信念を引き出し，その妥当性を評価することを通じて，セラピストは治療同盟を強化することができる。しかもこのときセラピストは，対人関係上の問題を解決するための手本を示すことができるのである。患者の中には，そもそもそのような解決スキルを学んだことのない人も多い。そのような患者は，妥当なやり方で対人関係上の問題を解決したという経験をしたことがない。対人関係上の困難を抱え続けている患者にとって重要なのは，自分にその意志があれば対人関係上の問題を解決することは可能であるということを，実体験を通して学ぶことである。そして患者は次に，治療の場で学んだことを，治療外の場面においても幅広く応用できることに気づき，これまでよりも機能的な対人関係を形成することができるようになるだろう。

　本節の前半では，セラピストとの関係において患者が苦痛を感じたときの一般的な対処法について紹介する。後半では，患者の対人関係のあり方について建設的なフィードバックを与えるために，治療同盟そのものをどのように活用できるか，といったことについて解説する。

1　患者がセラピストとの関係において苦痛を感じているとき

　治療関係において大きな問題が生じたときは，次にあげる対処法を実践してみるとよいだろう。各対処法のあとに，ある患者との対話例を併せて記載した。この患者は，よほどの緊急事態でない限り，セッション外に電話をかけてこないようセラピストに言われたことに対して腹を立てていた。

- 患者の歪曲された自動思考を引き出し，共有し，認知モデルに

位置づける。例:「私が電話のことを話題にしたとき,あなたは,『このセラピストは私のことを気にかけてくれていない』と考えて,傷つけられたように感じ,怒りが沸いてきたのですね。そう考えてよろしいですか。あなたはそのとき自分の考えをどれぐらい確信していましたか。そして今はどうでしょうか。今のあなたは『セラピストは私のことを気にかけてくれていない』という考えを,どれぐらい確信しているのでしょうか」。

- ソクラテス式質問法を使って,患者が自らの自動思考の妥当性を検討し,それに代わる新たな視点を生み出せるよう,手助けする。例:「『セラピストは私のことを気にかけてくれていない』というあなたの考えを裏づける根拠には,どのようなものがありますか。また逆に,その考えが正しくないとしたら,それにはどのような根拠があるでしょうか。今回のことについて,何か別の説明をすることができますか」。
- セラピストに直接質問してみるよう,患者を励ます。例:「大切なのは,私(セラピスト)があなたのことを気にかけていないというあなたの考えが本当であるかどうか,あなた自身が検討してみることです。あなたの考えを検討するためには,どんなことができるでしょうか。たとえば私に直接質問してみる,というのはいかがですか」。
- 率直でポジティブなフィードバックを行う。例:「私は心からあなたのことを気にかけています。セッション外の電話を制限するのには,理由があるのです。それは,私がセラピストとしてバランスの良い生活を維持する必要がある,ということです。私がバランスのとれた生活を送ることができれば,それだけ私はあなたや他の患者さんたちに,より良い援助ができると思うのです」。
- 問題解決を行う。例:「あなたがひどくつらくなってしまったとき,私に電話をする以外に,どんな対処ができるでしょうか。それを一緒に探してみませんか。あなたがつらい思いをしたま

ま，次のセッションをひたすら待ち続けるということを，私だって望んではいないのです」。
- 非機能的な思い込みを同定し，修正する。例：「これまでの話をまとめてみましょう。あなたは，『もしセラピストが本当に私のことを気にかけてくれているのであれば，私が動揺して電話をしたとき，そのときセラピストが何をしていようとも，いつでも私を助けるべきだ』と考え，ひどく取り乱しているようにみえます。これとは違う別の考え方を探してみませんか」。
- 対人関係全般における患者の思い込みを検討する。例：「あなたは他の人たちに対してもこのように考えることがありますか。すなわち，相手が本当にあなたを気にかけてくれているのであれば，あなたが動揺して助けを求めたとき，相手が何をしていようとも，いつでもあなたを助けるべきだ，という考えです。このように考えたために，相手に腹を立てたことがありますか。あなたがこのように考える相手には，どんな人がいますか。これとは別の見方もできるでしょうか」。
- この体験を通じて新たに学んだことを，患者自身にまとめてもらい，さらにあとで復習できるようにメモ書きしてもらう。

2　どのようなときに患者の対人関係のあり方についてフィードバックするとよいか

　セラピストは，患者の言動に対する自分自身の反応を手がかりにして，セッション外での対人関係における患者の言動の特徴を探ることができる。セラピストはそのような作業を通じて，患者の抱える困難や，周囲の人の患者に対する反応について，さまざまな気づきを得ることができる。もし限られた時間しか患者と過ごさないセラピストが患者に対して強い反応を覚えるようであれば，現実生活においてより多くの時間を患者とともに過ごす人は，それよりもずっと強い反応を示していることだろう[47]。

治療関係の有効な活用法としては，たとえばひどくイライラしているときにどのように他者とコミュニケーションをとればよいか，といった対人関係における大切なスキルを，治療関係を素材にしながらセラピストが患者に教えるというやり方があげられる[33]。たとえばキャリーという境界性パーソナリティ障害患者は，治療を開始して数カ月たった頃には，セラピストとの間にそれなりの治療同盟が形成されていた。ところがあるセッションでセラピストがキャリーに対し，ヘンリーという同僚との間に生じた対人関係上の問題を解決することについて，彼女の考えを問うたところ，キャリーは突然動揺を示した。それに気づいたセラピストは，ただちにいくつかの提案をした。結果的にキャリーは落ち着きを取り戻し，ヘンリーとの問題を解決するための話し合いをセラピストと続けることができた。のちにセラピストは，この件についてキャリーにフィードバックした。というのも，精神的に不安定になると，彼女がいかに他者を非難し，その結果，周囲の人たちがいかに彼女から遠ざかっていくか，ということを，セラピストはこの件を通じてよく理解できたからである。

事例

セラピスト：私たちはこれまで，ヘンリーへの対処法について一緒に計画を立ててみました。それについては納得できますか。

キャリー：ええ，できます。

セラピスト：では話を少し元に戻してもよろしいでしょうか。あなたがヘンリーとの問題について話してくれたあと，その問題を解決するために，私があなたの考えをお聞きしたときのことを覚えていますか。

キャリー：ええ，覚えています。

セラピスト：そのとき何があなたの頭に浮かびましたか。

キャリー：「私がどうすべきか，それは私自身が見つけなくてはならない」と先生から求められているように感じました。でも私にはそれができなかったんです！　だからこそ私は，ヘンリーとの問題をここで話題にしたんです！

セラピスト：なるほど，そうだったんですね。それであなたはひどく動揺したのですね。ところでその動揺は，あなたがピーター（キャリーの夫）に対してときどき感じる気持ちと似ていますか。あるいはお母さんに対して動揺するときの気持ちと似ていたりもするのでしょうか。

キャリー：もしかしたら似ているかもしれません。

セラピスト：ピーターやお母さんに上手に手助けしてもらうためには，あなたに何ができるでしょうか。私にもいくつかアイディアがあるので，それを話してみてもいいですか。

キャリー：ええ，どうぞ。

セラピスト：自分がひどく動揺してしまったときでも，それをどのように相手に伝えるかは，あなた自身が選ぶことができます。たとえば，今日あなたが私に言ったように，「あなたは私をちゃんと助けてくれていない！ あなたは私を理解していないのよ！」と言うこともできれば，「私は今，すごく圧倒されているように感じるの。私にはあなたの助けが本当に必要なのよ」と言うこともできるでしょう。（一呼吸おく）この二つの例の違いはわかりますか。最初の言い方だと，相手を身構えさせてしまうおそれがあると私は思います。でも2番目の言い方であれば，相手があなたを手助けしたいと思うようになる可能性が高くなるのではないでしょうか。（一呼吸おく）これまでの話について，どう思われますか。

キャリー：（ゆったりと落ち着いて） ええ，おそらくそのとおりなんだと思います。

セラピスト：今日はこの件について，もう少し時間をかけて話し合ってみましょうか。

キャリー：ええ，そうしたいです。

VI 本章の内容が要約された事例

　これから紹介する事例は，本章で紹介した多くの原則の実践の仕方を

具体的に示すものである（例：患者に謝る。患者の非機能的な信念を，いきなりでなく少しずつ活性化していく。セラピストに対する患者の反応パターンを同定する。セラピストに対する非機能的な信念を修正する。患者が治療から学んだことを治療外の世界に般化できるよう手助けする）。

　マイケルといううつ病患者は，セラピストにほめられたあと，ムッとした様子をみせることが何度かあった。そこでセラピストは，そのことを治療関係上の問題として取り上げることにした。マイケルが初めて不機嫌な態度を示したのは，第3セッションの最中であった。それは彼がホームワークとして行った行動実験についてセラピストに報告したときのことである。このときのホームワークの課題は，おしゃべりばかりしている彼の同僚に対して，マイケルが自分の不満をはっきりと主張するというものであった。

　　マイケル：僕が主張したら，彼女は驚いたようでした。その後2, 3日，彼
　　　　　　女は僕に対してちょっとよそよそしかったのですが，そのぶん彼女の
　　　　　　おしゃべりが減ったような気がします。
　　セラピスト：あなたは「もし彼女に不満を主張したら，気まずくなって自分
　　　　　　はその場にいられなくなるだろう」と考えていたわけですが，それに
　　　　　　ついてはどうですか。
　　マイケル：確かに最初は気まずかったけれども，今はもう大丈夫です。
　　セラピスト：今回あなたが行ったことは，大変重要なことだと思います。あ
　　　　　　なたは自分のネガティブな思い込みに対して，行動実験をしました。
　　　　　　そして自分の考えが必ずしも真実ではないことを確かめたのです。そ
　　　　　　して職場の居心地を，より良いものにすることができました。……本
　　　　　　当にすばらしいことだと思います。
　　マイケル：（不機嫌そうな態度を示す）
　　セラピスト：今の私の発言に対して，あなたの頭に浮かんだのはどのような
　　　　　　ことですか。
　　マイケル：（ため息をつく）「先生は僕に対して，偉そうな態度をとるんだな

あ」ということです。
セラピスト：（謝罪する）そうですか。もしそのようにあなたが受け止めたのであれば，ごめんなさい，謝ります。でも偉そうにするつもりはなかったのです。（一呼吸おく）職場のことについて，話し合っておいたほうがよいことはありますか。
マイケル：いいえ，特にありません。（ため息をつく）彼女が静かにしてくれていれば，僕はそれでいいんです。
セラピスト：（共感的に）そうですね，彼女がうるさくおしゃべりしなければ，いろいろな問題が解決しそうですからね。（一呼吸おく）では，あなたが抱えている別の問題，たとえば自宅を片づけるということについての話し合いに移りましょうか。
マイケル：ええ，いいですよ。

セラピストは上の対話において，セラピストに対するマイケルの態度をそれ以上あえて追究しないことにした。セラピストは端的に謝り，そのまま話を先に進めた。このときはセラピストとマイケルは再び協力して，別の話題について話し合うことができた。その次のセッションでセラピストは，前回のセッションでマイケルとともに計画したある練習プログラム（ただしマイケルはそれをうまく実行することができなかった）について話し合った。ここでもマイケルは，セラピストの態度を「偉そうだ」と受け止めた。しかしこのときもセラピストはマイケルの反応を間接的に扱うにとどめて，彼の注意を別の問題に向けなおしている。

マイケル：（ため息をつく）いったい僕の何がいけないんですか！　ホームワークの課題を練習しなければならないことはわかっています。僕は前よりも柔軟になってきているし，気持ちだって落ち着いてはきているんです。課題を練習すればもっと気分が良くなることだってわかっています。でもどうしても練習する気になれなかったんです。僕が知りたいのは，どうしたら自分がやる気になるか，ということなんです。
セラピスト：（マイケルの経験をノーマライズし，心理教育を行う）他の多

くの人たちもあなたと同じように考えます。つまり最初にやる気が必要で，やる気になりさえすれば物事に取り組むことができる，と思うのです。でも実際にはその逆のこともあるんですよ。私たちはそれをすることが必要だからするんです。先にやってしまえば，やる気はあとからついてくるものです。

マイケル：（イライラした様子を示す）　わかってますよ。先生の言っていることは，僕にとってもわかりきったことなんです。

セラピスト：（患者のネガティブな反応を受け入れる）　この話し合いは，あなたの助けになっていないようですね。

マイケル：ええ，なっていません。

セラピスト：（マイケルに受け入れられそうな別のやり方で問題を焦点化しなおし，マイケルとの協同作業を再開したいと考えた）　わかりました。あなたが課題を練習しようとしたとき，どんな考えがあなたに浮かんだのでしょうか。今日は，そのことについて話し合ったほうがよいかもしれませんね。　あなたが今週ジムに行こうとしたのは，具体的にはいつのことだったのですか。

　この対話のあと，セラピストは，マイケルが自分の非機能的な考えを同定し，より機能的な考えを生み出せるよう手助けした。マイケルはそれらの考えをカードに書き留め，毎日それを読むことにした。しかしその後，別のアジェンダに移ってから，マイケルは再び不機嫌な態度を示した。

マイケル：今思い出したんですけど，僕がジュリア（前のガールフレンド）とうまくいかなくなったのは，何も僕だけのせいじゃなかったんじゃないかと。

セラピスト：そう思ったら，どんな気分になりましたか。

マイケル：少し良くなりました。僕が言いたいのは，ジュリアは何も「ミス・パーフェクト」ってわけじゃなかった，ということです。

セラピスト：すばらしいですね。あなたは今，自分の気分を自ら変えること

ができたのです。

マイケル：（不機嫌そうな態度を示す）

セラピスト：おや？　今どんなことがあなたの頭に浮かんだのでしょうか。

マイケル：そんなふうに言われると，やっぱり僕は，先生のことを偉そうだと感じてしまいます。まるで……。

セラピスト：まるで？

マイケル：まるで先生は僕の頭を「よしよし」となでているみたいな（ばかにするような感じで「よしよし」と言う）。

セラピスト：なるほど。そのように言ってもらえると助かります。……私の言い方には誠実さが欠けていたんでしょうか。教えていただけますか。

マイケル：そういうことではないんです。何というか，こんなささいなことでほめられると，僕は何だか侮辱されているように感じてしまうんです。（一呼吸おく）　でも僕は，先生が僕を本当に侮辱しようとしていたとは思っていません。

セラピスト：もちろん私だって，あなたを侮辱しようと思ってはいませんでした。でももし，仮に本当にそうだったとしたら，どうなんでしょう。私がささいなことであなたをほめたとしたら，それのどこがあなたにとって悪いことになるのでしょうか。

マイケル：（うつむく）わかりません。

セラピスト：（仮説を述べる）あなたはああいう言い方をされると，引け目のようなものを感じてしまうのでしょうか。まるでセラピストは偉い専門家で，自分より下の人には親切にしてあげているといったような？

マイケル：（しばらく考える）ええ，そんな感じかもしれません。

セラピスト：あなたの頭に浮かんだのはそれだけですか。私の仮説に賛成してくれるのですか。

マイケル：まあ，確かにそのとおりだと思います。先生は教師か何かで，僕は単なる生徒のような，そんな感じです。

セラピスト：そんな感じをあなたが抱いたのであれば，不快になってもおかしくないでしょうね。それにある意味，あなたの受け止め方は正しい

かもしれません。私にはあなたに教えなくてはならないことがありますから。……でも一方で私は、私たちのこの関係を一つのチームであるとも考えています。

マイケル：チーム？

セラピスト：そうです。私たちには、チームとして一緒に解決するべき課題があります。あなたが不快になるのであれば、私はあえてあなたをほめたりしないようにすることもできます。……でも、もし私がほめるのをやめてしまったら、あなたが望ましい方向に進んでいることをどのようにして知ることができるのでしょうか。それについて考える必要があります。あるいは私があなたをほめたとき、あなたはそれに対して、これまでとは違う見方をすることもできるのではないでしょうか。

マイケル：たとえば、どんなふうに？

セラピスト：そうですね……，「我々はチームとしてよくがんばっている」とか？

マイケル：（しばらく考える）うーん……，そんなふうには考えられないなあ。

セラピスト：今の質問はすぐに答えられるものではなかったようですね。この件については、今週、ホームワークで考えてみることにしませんか。私にほめられたとき、どうすればそれを不快に感じずにいられるか考えてみるのです。

マイケル：いいですよ。

　上の対話においてマイケルとの間に生じた治療関係上の問題に、今すぐに焦点を当てることは得策ではないとセラピストは考えた。そこでセラピストは、ホームワークでそのことについて考えてくるようマイケルに依頼した。その次のセッションでのやりとりを以下に紹介するが、セラピストは、治療同盟上の問題の背景にある患者の信念をこの時点で焦点化することが、どの程度役に立つかということをここで査定している。

　セラピスト：（協同的な態度を示す）あなたは前回、私が偉そうにふるまっ

ているように感じると言ってくれましたね。それについて私なりに考えてみました。もしあなたさえよければ，この件についてもう少しあなたと話し合いたいのですが，いかがでしょうか。

マイケル：いいですよ。

セラピスト：ちなみに「私にほめられたとき，どうすればそれを不快に感じずにいられるか考えてみる」ということについて，新たな見方を思いつきましたか。

マイケル：いいえ，特には思いつけませんでした。

セラピスト：ちょっと教えてもらいたいのですが，相手を偉そうに感じるということが，私だけでなく他の人たちに対してもときどきあるのでしょうか。それともそう感じるのは，私に対してだけですか。

マイケル：（しばらく考える）いいえ，先生に対してだけではありません。……うーん……，そういえば，上司に対しても似たようなことを結構感じているかもしれません。上司はいつも僕に対し，ああしろこうしろってうるさいんです。とにかく説明がくどいんですよ。きっと僕のことをばかだとでも思っているんでしょう。（黙り込む）

セラピスト：他には誰かいますか。

マイケル：もちろん，両親に対しても，です。前にも言いましたが，両親は僕よりも僕のことをわかっていると思い込んでいて，僕が何をすべきか，いちいち指図してくるんです。

セラピスト：シャロン（ガールフレンド）に対してはどうですか。彼女を偉そうだと感じることもありますか。

マイケル：（考える）うーん，それほどは……あ，ちょっと待って……，ときどきあるかもしれません。

セラピスト：たとえばどんなときですか。

マイケル：彼女が何か自分の意見を主張しようとするときです。たとえば何の映画を観にいくか二人で相談しているときに，新聞の娯楽欄で読んだからって，彼女がある映画を観たいと主張したときがありました。でも僕は僕で，違う映画を観たかったんです。いい映画だって人に勧められていたからです。そうしたら彼女は言いました。「その映画はあ

まり良くないわよ。私は映画評を読んだから知っているの」って。でも映画評って，たった一人の評論家の意見でしょう？ なのに彼女はそれを鵜呑みにして，僕が観たい映画を観たがらなかったんです。
セラピスト：なるほど。イライラしてもおかしくない話ですね。それでは，肩身の狭い感じ，相手から偉そうにされたといった感じは，ときどき生じるものなのですね？
マイケル：ええ，そうだと思います。
セラピスト：（彼の反応を予測し，話をそのまま前に進める）上司，両親，シャロンのうち，あなた自身で相手の反応を変えることができそうなのは，誰でしょうか。
マイケル：シャロンに対してだったら，少しは何とかなるかもしれない。
セラピスト：それから私に対しても，何かできそうですか。
マイケル：たぶん。
セラピスト：ということは，上司や両親は，これからもあなたに対して偉そうにふるまい続けるということになりますか。
マイケル：そうでしょうね。あと，姉も同じです。
セラピスト：それでは，それらの人たちと接したときのあなたのストレスを，どうすれば今よりも減らせるか，そのやり方を見つけていくということをここでの目標にするというのはいかがですか。どうすればその人たちが「偉そうだ」とあなたに感じさせずにすむか，それを探してみるのです。
マイケル：ええ，それは良いアイディアだと思います。

　以上のやりとりにおいて，セラピストは，自分に対するマイケルの反応がより大きなパターンの一部であることを確かめた。セラピストはマイケルの対人関係上の問題を，治療関係の中で直接的に扱っていくことが有益であると判断した。そうすることが，マイケルとの治療同盟を強化し，彼が治療の場で学んだことを他の重要な対人関係に般化するチャンスであると考えたからである。セラピストがマイケルに対し，いかにして彼の問題を新たな目標設定につなげたか，ということに着目してい

ただきたい。セラピストはセッション中の彼の不機嫌な態度に共感を示したうえで，そのような気分を改善するためのやり方を提示したのである。以下に紹介する対話では，セラピストは別の見方をマイケルに提案している。

セラピスト：ではまずは，私たちのことについて検討してみましょう。あなたは私に対してどのように反応するか，実は選ぶことができるのではないでしょうか。私があなたに対し，ほめ言葉を言いすぎたり，あまりにもくどくどと説明したり，あるいはあなたの言うことに賛成しなかったりしたとします。たとえ私には偉そうにふるまう気持ちは全くなかったとしても，そのときあなたは「セラピストの態度はあまりにも偉そうだ」と考え，イライラすることを選択できます。……でもこんなふうに考えることもできるかもしれません。「セラピストは僕に対し，偉そうにふるまおうとしているわけではない」とか，「これがこのセラピストのやり方なんだ」とか。……あるいはこう考えることもできそうですね。「セラピストは，僕がものを知らない人間だと思っているんだろう。あるいは僕が行ったこんなささいなことを，セラピストは心からすごいことだと思っているのかもしれない。でもそんなことで僕自身がいやな気持ちになる必要はない。僕はこのような体験から，何かを学べるかもしれない。僕はもっと自分に自信をもってもいいのではないだろうか」。（一呼吸おく）……どう思いますか。

マイケル：よくわかりません。

セラピスト：では，こう考えてみることは可能ですか。仮にあなたが，「セラピストの言うとおりかもしれない。確かに僕は，もっと自信をもってもいいのかもしれない」と考えたとしたら，あなたのイライラは多少はマシになりますか。

マイケル：ええ，そうかもしれません。

セラピスト：このことについては，もうちょっと一緒に考えてみることにしましょう。次回のセッションで，また話題にしてもいいですか。

マイケル：いいですよ。

このときのマイケルには，より機能的な（そしてより正確な）見方を取り入れる準備がまだできていないことに，セラピストは気づいていた。そこでセラピストはまず種蒔きをしておくにとどめ，次回以降のセッションで，マイケルがこの問題にどの程度取り組むことができそうかを評価することにした。もしマイケルがセラピストに対する見方（すなわち「セラピストは僕に対して偉そうにふるまう」）を修正できれば，セラピストはそれを他の対人関係にも般化するよう手助けすることができるだろう。そして，非機能的な信念への対処法を彼に教えるのと同時に，自己主張訓練（それによって彼は他者に対して適切に主張できるようになる）を彼とともに練習できるようになるだろう。

Ⅶ 要　約

　困難な問題を抱える患者の多くは，標準的な原則に沿った認知療法において，あるいはそのような原則を少々修正した認知療法において，良好な治療同盟をセラピストとの間に築くことができる。しかしなかには，それでもなお困難を示す患者もいる。そのような困難はセラピストに対し，その患者の非機能的な信念をよりよく概念化し，患者の言動の他者に与える影響について洞察を得る機会を提供してくれる。セラピストはその際，治療同盟そのものを強力な媒介として活用できるだろう。すなわち治療同盟を通じて，セラピストは，自分自身やセラピストに対する患者のネガティブな見方を修正し，それを治療外の対人関係にも応用できるよう，患者を手助けすることができるのである。

第5章
治療同盟に関わる問題：事例紹介

　本章で紹介するのはすべて，治療関係において共通してみられる問題を呈した事例である。最初に紹介する数例は，さまざまな理由によって患者がセラピストに腹を立てた事例である。そのような患者は，たとえば「セラピストがありのままの自分を受け入れてくれない」「セラピストが自分を拒絶しようとしている」「セラピストが自分をコントロールしようとしている」「セラピストが自分を理解してくれない」「セラピストは自分のことを気にかけてくれていない」と信じていることがある。次に紹介するのは，治療に対して懐疑的であるにもかかわらず治療をなかば強制された患者の事例，そして治療の構造化に対して抵抗しようとする患者の事例である。さらにその次に紹介するのは，セッションが終わる頃になってネガティブなフィードバックを示したり，そもそもネガティブなフィードバックをセラピストに返すことのできない患者の事例である。そして本章の最後に紹介するのは，重要な情報をセラピストに打ち明けるのを避けている患者についての事例である。

Ⅰ 事例1 患者はセラピストが自分を受け入れてくれないと感じている

　ロザリンドはあるセッションで，兄がいかに自分の存在を認めてくれなかったかということを訴えた。兄の言動に対する彼女の受け止め方についてセラピストが問いかけたとき，ロザリンドは，自分がセラピストに受容されていないと感じ，イライラし始めた。そこでセラピストは問

題を概念化し，戦略を変更した。

> セラピスト：（それまでの話をまとめる）デビッド（ロザリンドの兄）が計画を変更したくないと言い張ったとき，あなたは「またた。彼は一度として，私や家族の都合に合わせてくれようとしたことはない。いつだって自分がやりたいようにやるんだ」と思ったのですね。そしてとても傷つき，怒りを感じた。（一呼吸おく）これで合っていますか。
>
> ロザリンド：ええ，そのとおりです。彼は一度だって私の気持ちを考えてくれたことがないんです。そしてどんなに私を傷つけているか，全く考えようともしないんです！
>
> セラピスト：それはどういう意味ですか。デビッドがそうだとしたら，最悪，それはどういうことになるんでしょうか。
>
> ロザリンド：「私は大事な存在じゃない」ということです。
>
> セラピスト：デビッドが計画を変更したくないと言い張ったことに対して，彼があなたを大事にしていない，彼があなたを気にかけていない，ということ以外の，他の説明を考えることはできますか。
>
> ロザリンド：先生はわかっていないわ！　彼はいつだってそうなんです！いつだって自分が一番なんだから！
>
> セラピスト：なるほど。デビッドはとにかく自分を最優先にするのですね。
>
> ロザリンド：そうよ，そのとおりよ！
>
> セラピスト：そしてそのことがあなたを傷つけるのですね。
>
> ロザリンド：そうなんです。
>
> セラピスト：あなたがデビッドについて，今ほど苦しまなくてすむよう，一緒に考えていきたいのですが，いかがでしょうか。
>
> ロザリンド：（怒りを示す）私が苦しむのはいけないことなんですか。それじゃ，みんなが私に言うのと同じだわ！　先生も結局みんなと同じなのね。私のことをちっともわかってくれやしない。
>
> セラピスト：（穏やかに話す）おっしゃるとおり，もしかしたら私はまだ，あなたのことをよくわかっていないのかもしれません。でも私は，あなたが苦しむのはいけないことなんだと言いたかったのではないので

す。あなたのように考えれば，誰だって苦しむのは当然だと言いたかったのです。
ロザリンド：ということは，先生は，私の考え方が間違っている，と言いたいんですか。
セラピスト：実を言うと，まだ私にはわからないんです。100パーセントあなたが正しいのかもしれないし，そうじゃないのかもしれない。現時点で私にはっきりわかっているのは，あなたがデビッドに対してひどく怒っている，ということだけです。私はあなたの怒りが和らぐよう，あなたと一緒に取り組んでいきたいと考えています。（一呼吸おく）怒りを和らげるというのは，あなたにとってあまり良い考えではないのでしょうか。
ロザリンド：先生に，私が間違っていると言われているように感じてしまうんです。それだったら他のみんなと全く同じです。（からかうような口調で言う）「ロザリンド，あなたが神経質すぎるのよ！」って。

　上のやりとりを通じて，セラピストはやり方を変える必要があることに気づいた。彼女の兄の言動について，別の説明ができないかどうか検討しようとしたことが，「私は理解されていない」「みんなは，私が間違っている，私がおかしいんだと思っている」といったロザリンドの考えを活性化してしまった。実際のところこの時点でセラピストは，兄に対するロザリンドの考えがどの程度妥当であるか，まだよくわかっていなかった。だからこそ，彼女と一緒に，彼女の考えを支持する証拠を検討したり，別の見方を探してみようとしたのである。しかし今その作業を続けたら，かえってロザリンドとの治療同盟が破綻しかねないとセラピストは判断した。そこでセラピストは，彼女に共感を示したうえで，兄に対するロザリンドの反応から彼女の背景にある信念を同定することに，やりとりの方向を変更することにした。

　　セラピスト：みんなにそう言われてしまうなんて，どんなにつらいことでしょう。（一呼吸おく）ここでは，デビッドがあなたを大事にしていない，

というあなたの考えが100パーセント正しいと見なすことにしましょう。だとしたら、このことはあなたにとってどんなことを意味するのでしょうか。最悪、それはどういうことになるんでしょうか。
ロザリンド：（落ち着きを取り戻す）だってそうでしょう。私はこれまでずっと、家族からのけ者にされてきたんです。両親はいつでも兄ばかりをかわいがっていました。兄は両親のお気に入りなんです。彼だけがわが家の希望の星なんです。彼は両親の関心を独り占めしているんです。両親はいつだって、デビッドだけを大事に扱うんです。
セラピスト：それは確かに傷つくことでしょうね。デビッドと両親がそんな感じだと、それはあなたにとってどういうことを意味するのでしょうか。
ロザリンド：「私は大した存在じゃない」（中核信念）と感じてしまいます。
セラピスト：（うなずく）「大した存在じゃない」、（一呼吸おく）あなたはよくこんなふうに思うのですか。以前も確か、この考えについて話し合ったように記憶していますが。
ロザリンド：そのとおりです。

　次にセラピストとロザリンドは、家族から大事にされていなかったという理由で、本当に彼女は大した存在でないと言えるのか、それともたとえ家族にそのように扱われたとしても、彼女は彼女で大事な存在であると考えてもよいのではないか、といったことについて検討していった。セラピストは、広範囲にわたる思い込みを同定できるようロザリンドを手助けした。その思い込みとはたとえば、「みんなが私の意見に同意してくれなければ、それは彼らが私を大したことのない人間だと考えているということを意味する」「みんなが私を大事に扱わなければ、きっとそれは正しいことで、実際に私は大したことのない人間なのだろう」というものであった。セラピストは彼女に対し、「もし今後、私に大事にされていないと感じたら、いつでもすぐに教えてください。そうしたらその場で何らかの対処ができるかもしれませんから」と伝えた。さらにその後のセッションで、セラピストは、他者からひどい扱いを受けることに対してロザリンドが過剰に警戒していること、しかも、ときには彼

女が他者からの扱いについて誤解をする場合があることを，ロザリンド自身が気づけるように手助けした。最終的にロザリンドは，そのように受け止めてしまうのは自分自身が「私は大したことのない人間だ」と思っているからである，ということに気づいた。

Ⅱ 事例2 患者はセラピストに拒絶されることを恐れている

　アンドレアの中核信念は，「自分はだめ人間だ」というものであった。アンドレアは，セラピストが自分をきわめてネガティブに評価しているものと思い込んでいた。初回セッションの終わりの時間が近づいたとき，アンドレアは怒ったように「どうせ先生も私を見捨てるんでしょうね」と言った。セラピストは，直接的かつ共感的に，そして彼女を安心させるように応答した。

　　アンドレア：どうして先生は，私を患者として受け入れることにしたのですか。どうせ先生はいつか私にうんざりするでしょう。そして他のセラピストと同じように，私をここから放り出すに決まっているんです。
　　セラピスト：（共感的に対応する）あなたは過去にそのような体験をなさっているのですね。（一呼吸おく）それはあなたにとって，さぞかしつらかったことでしょうね。
　　アンドレア：でも先生だって，きっと同じことをするでしょう。
　　セラピスト：私はそうは思っていません。というのも，これまで実際に，私から患者さんを放り出すようなことをしたことは，一度もないからです。……確かに何人かの患者さんとは，話し合いの結果，別のセラピストを試すほうがよいという結論に至ったことがあります。でもそれはあくまでも，話し合って決めたことです。なので，どうして今，私があなたを放り出すという話になるのか，私にはよくわからないのです。
　　アンドレア：でも，そうなるに決まっているんです。
　　セラピスト：何があなたにそう思わせるんでしょうか。私について，どこか

で何かを聞いたのですか。
アンドレア：先生がセラピストだからです。セラピストはみな，どうせ同じなのよ！

　この後のやりとりで，セラピストは，アンドレアの言い分が正しい可能性もあることに理解を示したうえで，認知療法が，患者がそれまでに受けた治療とは異なることを示し，彼女が自分の思考（「セラピストはみな，どうせ同じだ」）を検討できるよう手助けした。

セラピスト：確かに私が，あなたのこれまでのセラピストと同じである可能性はあると思います。でもその一方で，他の治療法でうまくいかなかった患者さんたちに，認知療法を成功させた実績が，私にはあるんですよ。
アンドレア：（話題を変える）でも，どっちみち，認知療法だって私には役に立たないわ。
セラピスト：いったい何が，あなたにそう思わせるんでしょう（「その考えを支持する根拠は何ですか」という質問を変形したもの）。
アンドレア：私がこれまで受けた治療は，何ひとつ役に立っていないからです。うつ病はちっとも治らないし，私の暮らしも相変わらず最低なままですし。
セラピスト：（認知療法について改めて言及する）あなたが治療に対して信頼感をもてないということはわかります。（一呼吸おく）でも認知療法は，あなたがこれまでに受けた治療とは違う面もあるのではないですか。たとえば，これまでのセラピストは，セッションのアジェンダを設定したりしましたか。治療メモをあなたに渡し，それを家で読むことを求めたりしましたか。毎回のセッションの終わりに，あなたに感想を話してほしいと依頼したことはありましたか。
アンドレア：（ゆっくりと考える）いいえ，そういうことはありませんでした。
セラピスト：そうですか。でも実際にはそういうことが役に立つのです。もし仮に，私がこれまでのセラピストと全く同じような治療をしようと

しているのであれば，私があなたの助けになる可能性はうんと低いと言えるかもしれません。（一呼吸おく）確かに私は，絶対にあなたの役に立てると断言することはできません。かといって，あなたの役に立てないという理由もどこにも見当たりません。（一呼吸おく）どうでしょうか，とりあえず4，5回，セッションを続けてみることにしませんか。続けてみてどうなるか，一緒に確かめてみませんか。

アンドレア：それすら約束できるかどうか，自信がありません。

セラピスト：ではさしあたり，とりあえず1回1回，セッションを実施してみるということでいかがでしょうか。（一呼吸おく）いずれにせよ大事なのは，私があなたを治療から放り出すだろうという考えを，私に話してくださったことだと思います。今後もそのようなことを考えたら，そのつど私に教えていただけますか。

アンドレア：それだったら，できると思います。（話題を変える）先生はきっと私のことを，「なんてやっかいな患者だろう！」と思っているんでしょうね。実際私は，やっかいなことばかり先生に言っているんだもの。

セラピスト：（できる限りポジティブかつ誠実に答えようとする）いいえ，私はあなたをやっかいだなんて思っていませんよ。あなたのつらい気持ちを理解しようとしているだけです。

アンドレア：でも他の患者さんたちは……私よりもっと扱いやすいでしょう？

セラピスト：まあ，そうかもしれません。なかにはもっと対応しやすい患者さんもいらっしゃいます。でもだからといって，私はあなたを治療したくないと思うわけではないのです（アンドレアが特別な存在であるということを暗に示す）。確かにあなたは，私がよくお目にかかるタイプの患者さんではないかもしれません。でもあなたのような患者さんのおかげで，私も改めて気を引き締めることができるのです。

次にセラピストは，前記の発言をアンドレアがどれぐらい信じているか，彼女に直接尋ねて確かめた。

セラピスト：「あなたとの治療を続けていきたい」と私に言われて，あなたはそれをどれぐらい信じられそうですか。

アンドレア：（視線をそらす）わかりません。

セラピスト：（あえて低く見積もってみる）10パーセント？　それとも25パーセントぐらい？

アンドレア：うーん，たぶん25パーセント。

セラピスト：わかりました。なかなか良いスタートです。あとは時が私たちに教えてくれるでしょう。最後にもう一度言わせてください。私は，あなたに治療をやめてほしくありません。私をクビにしてほしくないのです。なぜなら私自身は，あなたの治療を続けていきたいのですから。

　上のやりとりにおいて，セラピストは，アンドレアの「自分はだめな人間だ」という中核信念と，「他者は自分を拒絶するだろう」という思い込みが活性化されたことを概念化した。そこでセラピストは，認知療法および認知療法家である自分が，彼女がこれまで受けてきた治療とは異なることを示そうとした。そして彼女との治療を続けていきたいという意思を表明した。その際セラピストは，治療を継続することについてアンドレアに同意を求めてはいるが，それを強要するようなことはしなかった。そしてアンドレアが自分の不安や恐怖を表明したことに対して，ポジティブに評価した。セラピストはそのようなやりとりを通じて，セラピストが治療のすべてを支配するわけではないこと，そしてアンドレアが望むのであれば治療を中断することもできることを，それとなく彼女に伝えた。このような対話を繰り返すことによって，アンドレアはしだいに落ち着きを取り戻し，セラピストとアンドレアは認知療法の本線に戻ることができた。

Ⅲ 事例3 患者はセラピストにコントロールされていると感じている

　ジェイソンという59歳の男性患者との間に治療同盟上の問題が生じたのは，第2セッションの最中であった。このときセラピストとジェイソンは，行動を変えることがいかに気分を改善するか，ということについて話し合っていたが，その際，セラピストがある提案をしたところ，ジェイソンはイライラし始めたのである。そこでセラピストは即座に，自分はジェイソンとまず良い関係を築きたいのだという意思を態度で示した（すなわち彼のイライラをそのまま受け入れた）。というのも，セラピストはジェイソンがイライラしやすいことに初回セッションで気づいており，この時点で，治療同盟に関わる問題を直接扱ったら，ジェイソンがますますイライラするだろうと予測したからである。

　　セラピスト：少しだけでも毎日外出するというのは，いかがでしょうか。
　　ジェイソン：（きっぱりと否定する）いいえ，そんなことできません！
　　セラピスト：わかりました。この案は却下しましょう。では何か別の案がありますか。過去にあなたが経験した，少しでもマシな気分になるのに役立ったことには，どんなものがあるでしょうか。ちょっとしたことでいいのです。

　この数分後，上記と同様のやりとりが生じた。そこでセラピストは，これらの二つのやりとりが彼の非機能的なパターンを象徴していると仮定し，この問題に焦点を当てることにした。次のやりとりでジェイソンは，なかなか良くならない痛みの問題について語っている。

　　セラピスト：偏頭痛について，主治医にもう一度相談してみるというのはいかがでしょうか。
　　ジェイソン：いいえ！　そんなことはしたくありません！
　　セラピスト：あなたはこれを良いアイディアだとは思わないのですね？

ジェイソン：そうです！

セラピスト：（穏やかに）ジェイソン，私にこのことを提案されたとき，どんなことがあなたの頭に浮かびましたか。

ジェイソン：「先生は，偏頭痛に対処するよう私に求めているんだ」ということです。でも私はこれ以上，薬を飲みたくはないんです！　何を飲んだって効きやしないのだから。……この痛みに対して私にできることは，もう何もないのです。

セラピスト：（驚いた様子を示す）ジェイソン，私は混乱しています。……私はあなたに何と申し上げたのでしたか。

ジェイソン：先生は，偏頭痛に対処するよう私に求めました。それはつまり私に薬を飲めってことでしょう？　薬なんか，もう，いやというほど飲み続けているのに！

セラピスト：ジェイソン，これはとても重要な話です。偏頭痛に取り組むことが，今のあなたにとって大きなストレスになるのなら，私はあなたにそれを望んだりはしませんよ。（一呼吸おく）先ほど私が実際に何と言ったか，あなたは覚えていらっしゃいますか。

ジェイソン：薬を飲むとか，そんなことについてです。でも私はこれ以上薬なんかいらないんです！

セラピスト：あなたがしたくないことは，しないほうがいいですよね。今日の私とのやりとりで，あなたがいやな思いをされたのであれば，申し訳ありませんでした。でも私は，あなたにもっと薬が必要だとは必ずしも考えていないのです。そのことは理解してください。心の準備が整ってから，偏頭痛についてどのような選択肢があるのか，あなた自身が主治医に対して尋ねればよいことなのだと思います。私は，あなたが今すぐに偏頭痛に対処すべきだと考えているわけではないのです。

ジェイソン：（突然話題を変える）何を話してもむだな気がします。これでは大きなバケツに，ほんの一滴，水を垂らしているようなものです。

セラピスト：ある意味では，そうなのかもしれません。（類推を示す）でもあなたにとって重要なのは，小さなステップを少しずつ踏んでいくことなのではないでしょうか。そうすれば圧倒される感じが軽くなると

思いますが。……小さなステップでも毎日続ければ，それは大きな一歩につながります。たった一滴でも水を垂らし続ければ，いつかはバケツもいっぱいになるのではありませんか。

ジェイソン：（ため息をつく）

セラピスト：ここまでの話し合いは，どうやらあなたの役になっていないようですね。今日のセッションがもっとあなたに役立つために，どうすればよいと思いますか。

ジェイソン：（首を横に振る）

セラピスト：ここにフェンスがあるとしたら，なんだか私たちは，フェンスをはさんでそれぞれ反対側にいるみたいな感じです。どうしたら，同じ側に立って，協力し合えると思いますか。

ジェイソン：（肩をすくめる）

セラピスト：（仮説を示す）もし，私があなたのことをちゃんと理解できていないのだとしたら，あなたはそれに対してどのように感じるのでしょうか。あなたにとってそれは何を意味しますか。たとえば私に批判されたとか，責められた，といったことを感じるのですか。

ジェイソン：（つぶやくように）ええ，まあそんな感じです。

セラピスト：なるほど。今日のセッションでは，問題解決のための話し合いをするのはやめておいたほうがよさそうですね。私に必要なのは，もっとあなたの話を聞き，もっとあなたを理解しようとすることなのかもしれません。

ジェイソン：（しばらく黙ったあと）さあ，よくわかりません。

セラピスト：今日のセッションでは，生活改善についての話し合いをもうこれ以上しないことにしたら，あなたはどう思いますか。（一呼吸おく）代わりに，あなたに何が起きているか，それを私が理解するのをあなたに手助けしていただきたいのですが。

ジェイソン：（肩をすくめる）

セラピスト：私はあなたの力になりたいと思っています。それはわかっていただけますか。

ジェイソン：ええ，それはそう思います。

セラピスト：私は本当にそう願っているのです。

ジェイソン：でも，先生に何かを期待されたり求められたりしても，私は困るんです。

セラピスト：そのことを教えてくださって，ありがとうございます。ではこうしませんか。私は今日のセッションで，あなたに何かを求めたりするようなことはしません。でも万が一，たとえば薬を飲むようにとか，何かを私に求められたとあなたが感じたら，すぐに私に教えていただけませんか。そうしたら，そのとき私も率直に自分の考えをあなたに伝えます。本心ではあなたに何かを求めるという過ちを犯してしまっていたら，そのことも正直にお伝えします。どうでしょうか。

ジェイソン：（ゆったりとした感じで）いいでしょう。

セラピスト：では，あなたについて私が何を理解できていないか，教えていただきたいと思います。

ジェイソンはこのセッションで，自分の弱さや傷つきやすさを感じていた。彼は自分がコントロールされたり傷つけられたりすることを過剰に警戒し，実際にセラピストにそうされたのだという結論に飛躍し，セラピストをそれとなく攻撃し始めた。セラピストは穏やかに対応し，ジェイソンの誤解を正した。そして彼が治療に対して絶望したり，治療を否定するようなことを言った際には，彼が治療に希望がもてるよう努めた。治療同盟そのものが危機に瀕していることに気づいたセラピストは，ジェイソンの苦悩について仮説を立て，その仮説を彼に示し，さらにその日のセッションの予定を変更することを提案した。そして，セラピストとして彼の助けになりたいのだという意思を率直に伝えた。もしセラピストが過ちを犯した場合はそれを教えてくれるようジェイソンに依頼し，それはあたかも彼がセラピストより優位に立っているような感覚をジェイソンに与えた。セラピストは思いやりをもって傾聴し，共感的で正しい理解を示そうと努めた。そこでやっと，「傷つけられるのではないか」というジェイソンの恐れは軽減された。彼はまた，相手から攻撃される前に自分から相手を攻撃するという対処戦略を使いがちであった

が，そのような傾向も同時に軽減された。セッションが終盤にさしかかる頃には，ジェイソンもかなり落ち着いた。そこでセラピストは，治療関係について直接言及してみることにした。

セラピスト：今日のセッションの後半部分は，前半よりは良かったですか。
ジェイソン：ええ。
セラピスト：私があなたに何かを求めないようにすると申し上げていることに対して，あなたはどれぐらい信用してくれていますか。
ジェイソン：「先生はそのように努力してくれるだろう」とは思うことができそうです。でも，本当にそうなのか，ということについては確信がもてません。
セラピスト：おっしゃるとおりかもしれません。どんな安全策があるといいでしょうか。
ジェイソン：さあ，わかりません。
セラピスト：先ほど合意したとおり，あなたは私をチェックして，もし私が過ちを犯したら教えていただけるのですよね？　そうしたら私も自分の過ちを正すことができます。
ジェイソン：ええ，そうですね。
セラピスト：ところで，万が一私があなたに何かを求めたとしたら，どんな最悪なことが起こりうるのでしょうか。教えていただけますか。
ジェイソン：私は，求められたことを自分がしなければならないと感じてしまうでしょう。
セラピスト：なるほど，他には？
ジェイソン：先生は「もうこれ以上，治療はできません」と言うかもしれません。（つぶやくように）実際に，前のセラピストにそう言われたんです。
セラピスト：もう一つ，あなたと合意しておいたほうがよさそうですね。あなたさえよければ，ここで話し合ったことをあなたが実行できてもできなくても，私があなたを手助けできる間はずっと，あなたとの治療を続けたいと私は考えています。
ジェイソン：ええ……。

セラピスト：（治療関係のバランスを整える）そして私は，治療を続ける意
　　　　　　思をあなた自身にももっていてもらいたいと願っています。だからも
　　　　　　し，私があなたの助けになっていないと感じたら，それを私に伝えて
　　　　　　いただきたいのです。
    ジェイソン：（一呼吸おく）わかりました。

 セラピストはジェイソンがいかに傷つきやすいかということを理解した。たとえセラピストが妥当な言動を示しても，彼の苦痛に満ちた中核信念は，セッション中にたびたび活性化されてしまうのである。セラピストは，治療同盟を強化し，ジェイソンを安心させることが必要であると認識した。さもないと，ジェイソンは自ら治療を中断してしまうだろうと考えたのである。上の対話のあと，セラピストは，自分からホームワークの課題を提案するのではなく，「次のセッションまで少しでも快適に過ごすために，どうすればよいと思いますか」とジェイソンに尋ねた。

Ⅳ 事例4　セラピストが自分を理解してくれないと患者が主張する

 ジューンという37歳で未婚の女性患者は，今の低賃金の仕事に不満を抱いていた。彼女は他人が自分より良い暮らしをしていると思うと，決まって激しい嫉妬と劣等感を抱いた。第2セッションの冒頭で，セラピストは，目標リストに何か追加するものがあるかどうかを彼女に尋ねた。

    ジューン：（イライラした声で）先生は私のことをよくわかっていないよう
　　　　　　ですね。
    セラピスト：わかっていないというのは，どういうことですか。
    ジューン：これが私にとってどういうことか，ということをです！　……先
　　　　　　生は専門家で，たくさん稼いでいて，結婚していて，子どもだってい

て……結局すべてを手に入れているのよ！　私にないものをすべて……。

セラピスト：（共感的に）あなたはそれをとても不公平に感じるのですね。

ジューン：だってそのとおりじゃない！　不公平そのものよ！

セラピスト：あなたのおっしゃるとおりかもしれません。（一呼吸おく）　私があなたの何をわかっていないのか，よければもう少し教えていただけませんか。あなたの助けになりたいと，私は心からそう思っているんです。

ジューン：（少し落ち着いた調子で）私は闘い続けているんです。お金の問題は山積みだし，私を助けてくれる人は誰もいないし……。私は本当にひとりぼっちなんです。家族はろくでなしばかりで，重荷になるばかりだし，ろくでもない仕事しか見つからないし。

セラピスト：（共感的に）とても大変な状況におかれているんですね。（一呼吸おく）残念ながら，私が代わりにそのすべてを変えてあげることはできませんが，あなたさえよければ，あなたの力になれるよう努力したいと思っています。（一呼吸おく）とりあえず今日は，どの問題に取り組んでみることにしましょうか。どの問題を扱うにしても，あなたにもっと詳しくお話をおうかがいする必要があるように思います。そうすれば私は今よりもっとあなたのことが理解できるんじゃないかと思うのですが。（一呼吸おく）いかがでしょうか。

ジューン：（しぶしぶながら）いいんじゃないですか。

セラピスト：わかりました。では何から手をつけましょうか。

　セラピストと一緒に目標リストを見直したことをきっかけに，ジューンは自分が抱えている問題に直面することになり，さらにそれをきっかけに，彼女は自分とセラピストとを比較してしまった。セラピストは実際，ジューンよりも気楽で満ち足りた生活を送っていた。このように比較することで，「自分は劣っている」というジューンの中核信念が活性化され，彼女は他者を非難するというお決まりの対処戦略を用いる羽目に陥った。そのようなジューンに対し，セラピストはあくまでも共感的

に対応し，自分はジューンを助けたいと思っていることを伝え，問題解決志向的にセッションを進めてよいかどうかをジューンに問い，彼女を理解したいと願っていることを明確に伝えた。ジューンは，とりあえず問題を一つ選び，セッションでそれを検討していくことに，しぶしぶながら同意した。その後の話し合いで，セラピストとジューンはある問題についての話し合いを進めることができ，その結果，ジューンの気分も多少は改善された。このセッションの終わり頃，セラピストは再び治療関係上の問題を取り上げることにした。

セラピスト：今日のセッションの始めに話し合ったことに，もう一度戻ってみましょう。これは私の印象ですが，毎週ここに来て私と話し合いをするというのは，あなたにとってつらすぎることなのではないでしょうか。あなたはここに来ると，ご自分と私とを比べてしまうことになるのでしょう？

ジューン：たぶんそうだと思います。

セラピスト：ここに来ることでそんなに苦痛を感じるのであれば，私としても何だかとても申し訳なく感じてしまいます。どうすればこの問題を解決できると思いますか。

ジューン：さあ，よくわかりません。そもそもこれは解決できることなのでしょうか。

セラピスト：（一呼吸おく）そうですね，私にもすぐに良い考えは浮かばないのですが，私自身は解決するための努力を続けたいと思っています。というより，あなたと一緒に努力し続けられたら，と思います。私にも何らかの形であなたを手助けできるかもしれない，と信じています。……そうですね，たとえば今日私たちが話し合ったようなことについてです。つまりお父さんにこれ以上振り回されないようにするためにどのような防御策がとれるか，といったことであれば，私もあなたの力になれるかもしれません。

ジューン：（下を向き，つぶやく）私にはわからないわ。

セラピスト：ではこうしませんか。私たちが治療を続けるかどうかについて，

次回までにお互いに考えてくることにしましょう。そしてこの件について，次回，もう一度詳しく話し合うのです。どうでしょうか。
ジューン：私もそれがいいと思います。
セラピスト：ではそうすることにしましょう。（一呼吸おく）こういう結論になってうれしいです。この問題を解決する前に，私はあなたに治療を中断してほしくないのです。

このやりとりにおいて，セラピストは，自分がジューンとの治療関係上の問題を優先的に解決させたいと思っていることを明確に示した。そして次のセッションまでに，セラピスト自身がこの件について考えてみることを約束した。しかも同時にセラピストは，他者と比較することがジューンの全般的な問題であるかどうか確かめる必要があることを，心に留めた。

Ⅴ 事例5 セラピストが自分を気にかけてくれないと患者は信じている

アレキサンダーという68歳の男性患者は，セラピストが時間どおりに第4セッションを終えようとしたとき腹を立てた。セラピストは，セラピストに対する彼の信念と，他者に対する全般的な彼の信念を引き出した。そして治療同盟という文脈に関連づけて，彼の信念の修正を試みた。さらに治療同盟から学んだことを，友人や家族など他の対人関係へと彼自身が般化できるよう手助けした。

セラピスト：今日のセッションも，残り2，3分になりました。このセッションに対する感想を教えてください。
アレキサンダー：（うろたえた声で）ええ，でも，私はまだ妹との問題について話せていません（アレキサンダーは，妹との問題を今日のアジェンダにあげていなかった。またこのセッションにおいて，妹との問題

をいっさい語っていなかった）。妹は以前の彼女に戻ってしまったんです。つまり以前，私が初めて入院したときとは違うんです。あのときは，私を助けようとしてくれていたのに。でも今は……別人のようです。

セラピスト：（話をさえぎる）ごめんなさい，今日はこの件についてお話しする時間がないのです。この件については，次回，最初のアジェンダにすることにしませんか。

アレキサンダー：先生はわかっていないんです。私はいったい，どうしたらいいんですか！

セラピスト：本当にごめんなさい。でも今日はもう時間がないのです。時間がないからこそ，あなたは混乱しているのですね。次回の予約の日程を早めてあなたにいらしていただくこともできますが，どうしますか。予約を早めていただければ，私たちはすぐにこの件について話し合うことができます。

アレキサンダー：それじゃ，だめなんです。私は今すぐに，妹の件について先生と話し合いたいのです！

セラピスト：そうですか。あなたは今，私に対して，さぞかし失望しているのでしょうね。でも約束させてください。私たちは必ず，次回のセッションで，この件について真っ先に話し合うことにしましょう。そして私があなたを失望させてしまったことについても，次回一緒に話し合いたいと思いますが，あなたはどう思いますか。

アレキサンダー：（立腹しながらつぶやく）結局，私には選択の余地がないんだ！

セラピスト：あなたを動揺させてしまったことについては，申し訳ないと思っています。たとえば，こういう案はどうでしょうか。あなたはこの件について，何か私宛てのメッセージを書き，受付のスタッフに預けてからお帰りになるのです。それだったら，次のセッションの前に，私はあなたからのメッセージを読んでおくことができますし，次のセッションの計画を立てることもできます。

アレキサンダー：（イライラした声で）いいえ，もういいんです。私はメッ

第5章 治療同盟に関わる問題：事例紹介

　　　セージなんか残したくありません。言いたいことは，次のセッション
　　　で直接先生に言います！
セラピスト：わかりました。ではそうしてください。
アレキサンダー：（つぶやくように）ええ。

その次のセッションの開始直後，セラピストは予告どおり，この問題に焦点を当てた。

セラピスト：アレキサンダー，今日はまず，前回のセッションの最後に起きたことについて話をさせてください。あのとき，なぜあなたはあんなに動揺してしまったのでしょうか。
アレキサンダー：あのとき私は大変な問題を抱えていました。それなのに先生は，私の話を聞いてくれようとはしませんでした。
セラピスト：仮に，私が本当にあなたの話を聞こうとしないのだとしたら，それはあなたにとって，どんなことを意味するのですか。
アレキサンダー：先生が自分のスケジュールだけを優先する，ということです。
セラピスト：もし，私が自分のスケジュールだけを優先するというのが本当だったら，それはどんなことを意味するのですか。
アレキサンダー：先生は私のことなんか気にかけていないということです。先生が大事なのは，私ではなく，ご自分のスケジュールだけなんです。
セラピスト：なるほど。このように話してくれたことを大変ありがたく思います。なぜなら，私があなたのことを気にかけているのかいないのか，ということを明らかにすることは，私たちにとってとても大事なことだと思うからです。
アレキサンダー：でも，すでに明らかになっているじゃないですか。先生は私のことなど気にかけていないのですから。
セラピスト：いいでしょう。確かにそれも，私が時間どおりにセッションを終えたことに対する説明としてはありえますよね。すなわち，私があなたについて，そしてあなたが抱える問題について，全く気にかけていない，という仮説です。（この仮説を書き出す）ところで，私が時間

どおりにあなたとのセッションを終えたことについて，何か他の理由を思いつくことはできますか。

アレキサンダー：わかりません。

セラピスト：私が思うに，あなたにとって大事なのは，結論をさっさと出してしまう前に，すべての事実を把握してそれらを見渡すことなのではないでしょうか。特にそれがあなたを悩ませている問題であれば，なおさらそうする必要があるのではないでしょうか。（一呼吸おく）私が時間どおりにあなたとのセッションを終えるのは，セッションのポイントや次回のセッションの予定などを書き留めておく必要があるからです。さらに次の患者さんのファイルを取り出して，予習する必要もあります。あなたとのセッションの数分前にも，私はあなたのファイルを見て，セッションの予習をしていたのです。予習をすることによって，セッションをより効果的なものにすることができるのです。

アレキサンダー：でもやっぱり思うんですけど，先生が本気で私のことを気にかけてくれているのであれば，もう少し私に時間を割いてくれたのではないでしょうか。

セラピスト：時間を割くこと以外に，私があなたを気にかけているということを示す手立ては何かありませんか。

アレキサンダー：（うつむく）たぶん何かあるとは思います。

セラピスト：具体的にそれは何でしょうか。（根拠を示す）たとえば，あなたの動揺に共感するときの，私の声のトーンはどうでしょうか。（一呼吸おく）あるいはあなたが問題を解決するのを手助けしたい，と私が話すときの声のトーンはいかがでしょうか。そういうことを通じて，私があなたを気にかけていることを，あなたにわかってもらえるといいのですが。

アレキサンダー：ええ，まあ，わかるような気もします。

セラピスト：逆にもし，私がただここに座って，あなたを手助けするための努力を全くせずに，あなたの話を黙って聞くだけだったらどうでしょう。それだったら，「気にかけてもらえない」とあなたが考えても不思議ではない気がしますが。

アレキサンダー：ええ，まあ，そうですね。（しばらく黙ったあと）でもやっぱり，こう思ってしまうんです。「先生が本当に私のことを気にかけてくれているのであれば，セッション外の時間を私のために割いてくれるはずだ」って。

セラピスト：私があなたのことを本当に気にかけているのであれば，私は何をするのでしょうか。

アレキサンダー：セッション外に私が電話をするのを許可してくれると思います。たとえ自殺したいという緊急電話じゃなくても。

セラピスト：他にはどうでしょうか。

アレキサンダー：（しばらく考える）私に対して，もっと優しく接するよう，私の妹に言ってくれるんじゃないでしょうか。

セラピスト：（これらを紙に書き出す）他にはどうですか。

アレキサンダー：わかりません。

セラピスト：確かに，今あなたがおっしゃったようなことを，私はしていません。とすると，私はあなたのことを心から気にかけていない，ということになるのでしょうか。

アレキサンダー：ええ。もし誰かのことを本当に気にかけているのであれば，その人は100パーセント，相手に尽くすはずです。

セラピスト：ああ，なるほど，そういうことだったんですね。やっとわかった気がします。本当に気にかけているのであれば，100パーセント尽くすべきだ，もしそうでなければ，それは……つまり？

アレキサンダー：相手のことを気にかけていない，ということです。

セラピスト：そういうことであれば，私があなたのことを気にかけていないとあなたが思うのも，不思議ではありませんね。

　次にセラピストとアレキサンダーは，アレキサンダーの二分法的な考え方について話し合った。すなわち，「人は，相手のことを100パーセント気にかけて100パーセント尽くすか，さもなければ相手のことを全く気にかけないか，のどちらかだ」という考え方である。

セラピスト ：もし私が実際に 100 パーセントあなたに尽くすことにしたら，どうなるでしょうか。私は他の患者さんの予約を受けることができるでしょうか。なにしろ 100 パーセント尽くすのですから，あなたは昼でも夜でも私と話したくなって，私はそれに対応することになります。自宅にいるときも，私は家のことができるのでしょうか。こういうふうに考えると，私があなたに 100 パーセント尽くすということは，そもそも可能なのでしょうか。

アレキサンダー：（ゆっくりと答える）無理だと思います。

セラピスト ：たとえ私が 100 パーセントあなたに尽くせなくても，それでもなお，私があなたのことを気にかけるということは可能でしょうか。

アレキサンダー：よくわかりません。（しばらく黙る）

セラピスト ：今，あなたに 100 パーセント尽くしてくれる人が誰かいらっしゃいますか。

アレキサンダー：（考える）いいえ，いません。

セラピスト ：あなたは一番誰に対して，自分のことを気にかけてほしいと思っていますか。

アレキサンダー：たぶん，友人のナディーンです。

セラピスト ：彼女はあなたに，100 パーセント尽くしてはくれないのですか。

アレキサンダー：ええ。

セラピスト ：あなたはこれまでに，彼女があなたのことを気にかけてくれていないと思ったことがありますか。

アレキサンダー：ええ，ときどき。

セラピスト ：最近ではいつですか。

アレキサンダー：2 日前です。一緒に夕食に出かける約束をしていたんです。でもぎりぎりになって彼女は，仕事があるから行けないと言い出したんです。

セラピスト ：そしてあなたは，「ナディーンは自分のことを気にかけてくれていない」と思ったのですね？

アレキサンダー：そうです。彼女が本当に気にかけてくれているのなら，仕事を抜け出してくることだってできるじゃないですか。実際，彼女は

以前そうしてくれたことだってあったんです。
セラピスト：今，この件について，別の視点から考えてみることはできそうですか。
アレキサンダー：さあ，よくわかりません。
セラピスト：ナディーンが100パーセントあなたに尽くし，しかも彼女が自分のことも同じように大切にするということは可能でしょうか。
アレキサンダー：おそらく無理だと思います。
セラピスト：あなたはどうですか。あなたはナディーンのことを心から気にかけていますか。
アレキサンダー：もちろんです。だからこそ，彼女にああいうことをされると傷ついてしまうのです。
セラピスト：ところで，あなたはナディーンに100パーセント，尽くしていますか。
アレキサンダー：（しばらく黙り込む）たぶん，そうではないと思います。
セラピスト：そういうことがありうるのでしょうか。心からナディーンを気にかけているのであれば，あなたは自分の生活を100パーセント，ナディーンのために調整し，彼女に尽くす必要があるのではないですか。
アレキサンダー：（考える）そのとおりです。でもそんなことはできそうにありません。
セラピスト：ということは，これまでのあなたの考え方は，全く正しいというわけではないかもしれませんね。こんなふうに考えてみることはできるでしょうか。「誰かのことを心から気にかけることはできるが，それは100パーセント相手に尽くすこととは違う」，そして，「相手は自分を心から気にかけてくれているが，だからといって100パーセント自分に尽くしてくれるわけではない」。
アレキサンダー：ええ，たぶんできると思います。
セラピスト：そうしたら，たとえ私がセッション外の時間に対応しなくても，私があなたのことを気にかけている，というふうに考えてみることはできますか。
アレキサンダー：（ゆっくりと）ええ，できそうです。

セラピスト　：逆にもし，私があなたのことを気にかけていないと信じたら，あなたはどうなってしまうのでしょうか。
アレキサンダー：腹が立ちます。
セラピスト　：そうでしょうね。あなたが動揺する姿を見るのは，私にとってもつらいことなんです。
アレキサンダー：（ため息をつく）でもどうしても私は，先生がもっと私に尽くしてくれたらなあ，と思ってしまうんです。
セラピスト　：そう思うのは当然かもしれませんね。だからこそ，私があなたに100パーセント尽くさないことに対して，あなたはつらく感じてしまうのでしょう。確かに私はあなたにこれ以上尽くすことはできません。でもそのことと，あなたのことを気にかけるかかけないかということを，分けて考えることはできませんか。私があなたのことを心から気にかけていると考えてみることは可能でしょうか。
アレキサンダー：ええ，まあ。
セラピスト　：このことを次回のセッションまで覚えておくために，何をしておけばよいでしょうか。

アレキサンダーとセラピストは，適応的な思考についてさらに話し合い，次のようなカードを作成した。

> セラピストは私に100パーセント尽くすことはできない。でもそれは，セラピストが私のことを気にかけてくれていない，ということではない。実際のところセラピストは，私のことを心から気にかけていると言っているし，たいていはそのように対応してくれている。セラピストが私のことを気にかけてくれていないと思うと，私はひどく動揺してしまうが，実際にはそんなことはないのである。

セラピスト　：すばらしいカードが書けましたね。ところでこのカードに書いたことは，ナディーンにもあてはめることができますか。
アレキサンダー：（ため息をつく）そう思います。
セラピスト　：でしたら，カードに彼女の名前を付け加えてもらってもいいで

すか。
アレキサンダー：いいですよ。（ナディーンの名を付け加える）
セラピスト　：最後にもう一つ……，今日私たちが話し合ったことは，ナディーンと私以外の人たちにもあてはめることができそうですか。
アレキサンダー：うーん，たぶん。確信はもてません。でも妹に対してなら，あてはめられるかもしれません。
セラピスト　：では，ご自宅でカードを読むときに，妹さんに対してもあてはめることができそうか，確認してもらってもいいですか。
アレキサンダー：わかりました。

　治療ではその後，アレキサンダーの思い込みの背景にある信念について話し合っていったところ，彼が「自分は愛されない人間である」と確信していることが明らかになった。だからこそ彼は，他者が自分を気にかけてくれないことを過剰に警戒していたのである。というのも，彼を気にかけていないような他者の言動は，彼が愛されない存在であることを証明してしまうからである。セラピストとアレキサンダーはまた，彼がよく用いる戦略についても話し合った。それはすなわち，相手に拒絶される前に自分から怒りを示し，相手を拒絶するというものであった。

Ⅵ　事例6　患者が治療に対して不信感を抱いている

　デイビッドは，認知療法を始める前に，他の多くのメンタルヘルスの専門家に助けを求め，成果をほとんど上げないまま中断するということを繰り返していた。そのような経緯があるため，彼は認知療法に対して疑心暗鬼なまま，初回セッションにやって来た。それに加えて，初回セッションでセラピストが自動思考に対応することの重要性について説明したとき，デイビッドの「自分は無能だ」という中核信念が活性化されてしまった。このままいくと，彼は「回避」というお決まりの対処戦略をとることになりそうであった。つまりこのまま認知療法をやめてしま

う可能性が出てきたのである。

セラピスト：ここまでの話し合いを，まとめてみてください。
デイビッド：ええと，先生がおっしゃるには，僕は，落ち込んだときに自分の考えをつかまえて，もっと現実的に考えられるようにならなければならない，ということのようです。でも，僕はこの治療が本当に自分のためになるのかわかりません。まあ治療によってこれ以上悪化することもないとは思いますけど。（しばらく黙る）でもとにかく，自分の考えをつかまえたり，それについて話したりするだけで，良くなるとは思えないのです。
セラピスト：確かにあなたのおっしゃるとおりかもしれません。ただ単に，考えをつかまえたりそれについて話したりするだけでは，良くならないかもしれませんし，たとえ効果があっても十分ではないでしょう。考えを検討するだけでなく，日常生活を少しずつ改善していくことも，あなたにとっては必要かもしれませんね。
デイビッド：（しばらく黙る）……そうかもしれません。
セラピスト：ともかく，あなたがこの治療に対して不信感を抱くことは，悪いことではないと思いますよ。あなたは私の話を鵜呑みにする必要はないのです。セッションで話し合ったことをあなた自身で試してみて，どんな変化が起きるか，そして自分の気分が良くなるかどうかを確かめてみればよいのではありませんか。（一呼吸おく）認知療法や私に関して，何か腑に落ちないことがあれば教えてください。
デイビッド：さっき先生がおっしゃった「自動思考」についてです。これが僕の役に立つかどうか，どうもよくわかりません。
セラピスト：できればあと2回のセッションを使って，この件について一緒に検討してみませんか。（一呼吸おく）ところで自動思考について腑に落ちないというのは，あなたに自動思考が生じていないのではないか，ということでしょうか。それとも，確かに自動思考は生じているけれども，それに対応して気分を改善するということは難しいのではないか，ということでしょうか。

デイビッド：おそらく後者のほうです。
セラピスト：なるほど。今はまだいいんですよ。というのも，自動思考に対応して気分を改善する手助けをするのは，私の仕事ですから。あなたはまだそのやり方を学んでいないのです。なにしろあなたは初めて認知療法を受けるのですからね。一緒に少しずつ進めていきましょう。……そして，もし実際にこの治療があなたに役立っていないようであれば，私にそれを伝えてください。よろしいでしょうか。
デイビッド：ええ，わかりました。

　上の対話で，セラピストは，治療に対するデイビッドの不信感を理解しようと努めた。そして少なくともあと2回セッションを実施してみることを提案し，さらにデイビッドの回復の責任はセラピストにあることを示すことで，彼の不安を緩和した。このやりとりによってデイビッドは落ち着き，その後，セラピストと協力して治療に取り組むことができるようになった。

Ⅶ 事例7　患者は治療を強制されたと感じている

　ロジャーは16歳の少年で，学校と両親から指示されて治療に訪れた。他人から治療を強制されて来る多くの患者と同様に，ロジャーは診察室でふてくされた様子を示していた。セラピストは彼の自動思考を推測し，彼の反応に共感を示してノーマライズした。そのうえで，治療が彼にとってどのような利益をもたらすか，ということについて示そうとした。

セラピスト：今日私たちは，どのような問題について話し合えばよいでしょうか。
ロジャー：（そっぽを向く）
セラピスト：最近，あなたはどんなことで悩んでいますか。家族？　学校？　それとも友だち？

ロジャー：（イライラした様子のまま答えない）

セラピスト：そうですよね。仮に私があなたのような立場にいたら、こんなところには絶対に来たくないと思うかもしれませんね。あなたは自分の意思でここに来たのではないのでしょう？

ロジャー：そうです。

セラピスト：私があなたの立場だったら、こう考えるかもしれません。「どうしてこの人に話をしなくちゃならないんだろう。この人は僕のことなんか、何にも知らないというのに。この人は僕を助けられると思っているらしいけど、そんなことは無理に決まっている」。（一呼吸おく）どうですか。

ロジャー：うん、まあ。

セラピスト：それに、こうも考えるかもしれません。「ここから抜け出すためには、どうしたらいいんだろう。僕はこんなところは大嫌いだ！」。（一呼吸おく）あたっていますか。

ロジャー：（ため息をつく）さあね。

セラピスト：私の率直な考えを言わせてください。私自身、あなたの役に立てるかどうか、今はまだわかりません。それに、あなたがここに来たくないと思ったからといって、それを責めるつもりもありません。……でも、あなたがここにいらっしゃる限り、私は自分があなたの役に立てるかどうか検討し続けるつもりです。……ただ、判断するのはあなたです。ここに来て私と話すことが自分の役に立つのか、それとも全く役に立たないか、それはあなたが判断することです。

ロジャー：（驚いた様子を示す）

セラピスト：ですから、ここにいらっしゃる間は、何があなたを困らせているのか、私に教えていただけませんか。（一呼吸おく）たとえば、ご両親があなたにあれこれ指図するとか、そんなことはありませんか。

ロジャー：あります。

セラピスト：他にも、あなたにあれこれ指図する人がいますか。たとえば学校の先生とか友だちとか？

ロジャー：（うんざりした声で）先生たちです。僕は放っておいてほしいのに。

セラピスト：なるほど，家族と先生，二つ問題があるのですね（それらを紙に書き出す）。……これらについて話し合う前に，一つお願いがあります。あなたがご両親や先生に指図されていやな思いをしているのであれば，もしかしたら，私に対しても同じように感じるかもしれません。つまりあなたは，私にも指図されているかのように思ってしまうかもしれないのです。もしそのように感じたら，すぐに私に教えてください。これはとても重要なことです。（一呼吸おく）なぜなら，そうしていただけないと，ここでの治療はうまくいかないからです。（一呼吸おく）もし私の話し方が，ご両親や先生と同じであるかのように感じたら，それを私に伝えることができそうですか。

ロジャー：たぶん。

セラピスト：よろしくお願いします。……ではどの問題から話し合っていきましょうか。家族のこと？　それとも学校のこと？

　ロジャーは，周囲の大人たちが彼をコントロールしようとしていることを敏感に感じとっていた。だからこそ上のやりとりにおいて，セラピストは，自分が他の大人たちとは異なることを示す必要があった。そして，自分が彼をコントロールするつもりがないことを率直に伝えた。セラピストのこのような態度に，ロジャーは驚きを示した。その後，彼はセラピストが他の大人たちとはどこか異なることを認め，少しずつ協力的な態度をセラピストに対して示すようになった。

Ⅷ　事例⑧　患者がネガティブなフィードバックを表明する

　メレディスという患者は，セッション中，あることをきっかけにセラピストに対して不満を抱いたが，セラピストはそれに気づくことができなかった。そのためセッションの最後に，彼女の不満に対応する時間を十分にとることができなくなってしまった。そこでセラピストは，彼女が不満を表明したこと自体を強化し，次のセッションで再度そのことに

ついて話し合うことを提案した。

> **セラピスト**：今日のセッションに対して，何か不満に思うことがありましたか。あるいは，何か私が間違ったり，誤解したりしていたことがあれば，教えてください。
>
> **メレディス**：ええ，実はありました。先生は今日のセッションで，私が何かについてどれぐらい確信しているかとか，私の感情がどれぐらいの強さだったかとか，私に何度も尋ねました。でも私は，こんなことが役に立つとは思えないのです。私はこういうふうに数字で物事を評価すること自体がいやなんです。
>
> **セラピスト**：あなたにいやな思いをさせてしまったのですね。申し訳ありませんでした。そのことを率直に伝えてくださって，ありがとうございます。ところでこの件については，次回のセッションの冒頭で検討するということにしてもよろしいでしょうか（治療ノートに書き留める）。本当は今日，これについて話し合う時間があればよかったんですが……。でも次回までに，私自身，この件について考えてみようと思います。それに，今あわてて答えようとして，うっかりしたことを言うのもよくないと思いますし。なので，あなたさえよければ，次のセッションの最初に，もう一度この件について話し合いたいのですが，いかがでしょうか。
>
> **メレディス**：わかりました。私もそうするのがよいと思います。
>
> **セラピスト**：他に今日のセッションで，不満に思ったことはありましたか。
>
> **メレディス**：いいえ，他には特にありません。

◇　　◇　　◇

次のセッションで，セラピストは，確信度や感情の強度を評価することについての理論的根拠を再度説明した。そしてセラピストとメレディスは話し合って，数字ではなく，もっと大ざっぱな表現を使って信念や感情を評価すればよい，という合意に達した（例：「その考えをあなたはどれぐらい信じていますか。少しですか。それともほどほどに信じて

いますか。あるいは強く信じていますか」「前より気分は良くなりましたか。変わりませんか。あるいはむしろ気分が悪くなってしまいましたか」）。たとえこのような大ざっぱな評価であっても，全く評価しないことに比べれば，セラピストはメレディスの思考や感情をより良く理解し，彼女の援助につなげられるだろうと考えたのである。

　治療のさまざまな局面において，メレディスはイライラを示した。セラピストは彼女のイライラを活用して，対人関係上の問題解決の手本を彼女に示し，そのことによってむしろ治療同盟は強化された。セラピストは，セッション中でもセッション外でもメレディスがイライラするときは，「自分は無能だ」という彼女の中核信念が活性化されていることに気づいた。最初，セラピストは，セッション中にこの信念が活性化することをあえて避け，セッション外のさまざまな状況において，「自分は無能だ」という中核信念に関わる思考に彼女自身が上手に対応し，問題を解決できるよう手助けした（例：請求書の支払いをする。修理屋を自宅に呼ぶ。中古のコンピュータを購入する）。その後セラピストは，セッション外での問題解決から学んだことを，セッション中に「自分は無能だ」という中核信念が活性化したときにも適用するよう，メレディスを手助けした。

IX 事例9 患者がセラピストに対して率直にフィードバックすることを避けている

　シーラという患者がいた。セラピストは，シーラが治療セッションにネガティブな反応を抱いたにもかかわらず，それを表明していないのではないかと考えた。そこでセラピストはセッションの終わりに，率直なフィードバックをしてくれるようシーラに依頼した。

　　セラピスト：今日のセッションは，いつもとちょっと違っていたように思います。私はあまりにも多くのことをあなたに求めすぎたかもしれませ

　　　　　ん。どう思いますか。
シーラ：いいえ，そうは思いません。先生が私を手助けしようとがんばって
　　　　　くださっていることはわかっています。
セラピスト：今日は広場恐怖について階層表を作りましたが，その進行が速
　　　　　すぎるようには思いませんでしたか。
シーラ：（ゆっくりと答える）いいえ，速すぎるとは思いませんでした。ど
　　　　　っちみち私は階層表に取り組まなければならないんですよね。そうし
　　　　　なければ回復できないこともわかっています。
セラピスト：そうですか。でも，もし実際に，私があまりにも急ぎすぎたり
　　　　　多くを求めすぎたりしていると感じたら，あなたは私にそのことを教
　　　　　えてくださいますか。
シーラ：ええ，わかりました。
セラピスト：それはよかったです。というのも，私はあなたを手助けするた
　　　　　めに治療を進めていきたいからです。あとでもし，このセッションに
　　　　　対して今とは違う感想が生じたら，次のセッションが始まったときに，
　　　　　ぜひ私にお知らせください。

　セラピストはシーラに対し，セラピストに対してネガティブな反応を率直に表明してほしいということ，そしてセラピストがそれに対して対応する意思をもっていることを伝えた。このような慎重なやりとりをセラピストが怠ると患者が突然治療を中断してしまうことが，場合によってはあるからである。

X 事例10　重要な情報を開示することを患者が避けている

　マンディは，セッションの最中にきわめて神経質な様子を示した。彼女は，セラピストの質問に答えていくうちに，幼少期に母親から身体的虐待を受け続けていたことを話す羽目になるのではないかと心配していたのである。マンディは両手をぎゅっと握りしめ，顔は不安で引きつっ

ていた。あるときセラピストがマンディに彼女の考えを問うと，彼女はうつむき，「話せません」とささやくような声で答えた。セラピストは，マンディとの治療同盟はある程度しっかりと形成されており，もう少し踏み込んだ話をしても大丈夫であろうと判断した。

 セラピスト：そうですか，わかりました。あなたは今，不安を感じているのですか。
 マンディ：ええ。
 セラピスト：今，あなたの頭に浮かんでいることを私に話す必要はありません。でも一つだけ教えていただきたいことがあります。あなたは，ご自分の考えを私に話すことで，いったい何が起きそうだと恐れているのですか。
 マンディ：（うつむきながら，ささやくように話す）先生は私をだめな人間だと思うでしょう。そして私との治療を続けたくないとも思うかもしれません。
 セラピスト：（認知モデルに沿って整理する）ちょっと整理してみましょう。まず状況としては，私があなたに，何が頭に浮かんでいるのかということを尋ねました。そうしたらあなたの頭には，「もしこのことをセラピストに話したら，だめな人間だと思われてしまうだろう。治療を続けたくないと思われてしまうかもしれない」といった自動思考が浮かびました。そしてそのような自動思考があなたを不安にさせました。これで合っていますか。
 マンディ：ええ。
 セラピスト：あなたの頭に何が浮かんでいたのか，そのことについては話さなくていいですよ。でも，「もしこのことをセラピストに話したら，だめな人間だと思われてしまうだろう。治療を続けたくないと思われてしまうかもしれない」という自動思考を，今，ちょっと検討してみてもいいでしょうか。
 マンディ：（うなずく）
 セラピスト：この自動思考がそのとおりであるとしたら，その根拠は何です

か。
マンディ：（椅子の中で身体を小さく丸める）だって，本当にひどいことがあったんですもの。そんな目に遭う私は，やっぱりだめな人間なんです。
セラピスト：（別の見方がありうることを示す）そのことを，私がひどいことだとは考えない可能性もあるのではないでしょうか。（一呼吸おく）あるいは，たとえそのこと自体はひどいと思っても，そんな目に遭ったあなたのことを，私はだめな人間だとは思わないかもしれません。その可能性についてはどう思いますか。
マンディ：（少し黙ったあと，ささやくように答える）その可能性はあるかもしれません。
セラピスト：では，さっきの自動思考の反証はどうでしょう。つまり私はあなたのことをだめな人間だと思わないかもしれません。今後もあなたとの治療を続けていきたいと思うかもしれません。もしそうだとしたら，それにはどんな根拠があると思いますか。
マンディ：わかりません。
セラピスト：あなたはこれまでも，自分に起きたひどいことについて，私に話してくれたことがありましたね。
マンディ：わかりません。
セラピスト：お姉さんからひどい扱いを受けた話を，以前あなたは私にしてくれましたよね。確かあなたはあのときも，私があなたをだめな人間だと思うのではないかと，心配していたのではなかったですか。
マンディ：（うなずく）
セラピスト：そしてあのとき，私はどのように対応しましたか。あなたを拒絶するような態度を示しましたか。
マンディ：（声が落ち着いてくる。しかしまだ目を合わせようとしない）いいえ。
セラピスト：本当に？
マンディ：ええ。
セラピスト：ではあのとき，私はどのように対応しましたか。

マンディ：実際には私に味方してくれました。先生は「お姉さんのやり方は理不尽だ」と言ってくださったんです。
セラピスト：そうでしたね。（このエピソードについて，もっとしっかりと話し合うことにする）ところで，もし私があなたのことをだめな人間だと思ったとしたら，起こりうる最悪のことは何ですか。
マンディ：私にここに来てほしくないと，先生が思うことです。
セラピスト：わかりました，それが最悪の結果ですね。（一呼吸おく）では，起こりうる最良のことは何ですか。
マンディ：わかりません。私に引き続きここに来てほしいと，先生が思うことでしょうか。
セラピスト：では，最も現実的なシナリオは何でしょうか。
マンディ：（しばらく考える）先生は私のことをだめな人間だと思うでしょう。だけど，それでも引き続き，私がここに来ることを快く受け入れてくれるということでしょうか。
セラピスト：私があなたのことをだめな人間ではなく，ごく普通の人間だと考えるかもしれない，とは思えませんか。
マンディ：わかりません。（黙る）
セラピスト：さきほどあなたの頭に浮かんだことについて，少しだけ，私に話してみませんか。そして私がどのように反応するか，確かめてみてほしいのです。そのうえで，私にそのことをもっと話すかどうかを決めてみてはどうでしょうか。
マンディ：ええ，そうしたいと思います。

　マンディは最初，あまりにも不安を感じたため，頭に浮かんだ考えをセラピストに明かすことができなかった。そこでセラピストは，最初に浮かんだ考えを引き出す代わりに，その考えを明かすことに対する彼女の不安を引き出そうとした。セラピストは，マンディが自分の予測を現実的な視点から評価できるよう手助けし，別の見方がありうることを示した。その結果マンディは，自分の予測が現実のものとはならないかもしれないということに気づくことができた。セラピストは次に，頭に浮

かんだことのほんの一部をセラピストに打ち明けるという選択肢を提案した。マンディはそれに応じ，母親から身体的虐待を受けていたという幼少期の体験を，セラピストに打ち明けた。セラピストはマンディの話を，共感的配慮を示しながら受け止めた。そのようなやりとりを通じて，「セラピストは自分をネガティブに評価し拒絶するだろう」というマンディの確信は緩和され，その後，彼女は自分の思いをセラピストに進んで打ち明けるようになった。

XI 要　約

　本章では，治療同盟を形成する際に困難を呈する事例を紹介した。実際にこのような困難が生じる事例はさほど多くはない。しかし本章で紹介したような，治療同盟が試されたり危機にさらされたりする場合においてどのような対応ができるかといった選択肢を，セラピストはできるだけ多く確保しておく必要がある。まず重要なのは，セラピストがあくまでも落ち着きを保ち，防衛的でない態度を示し続けるということである。そして治療同盟に関わる問題が生じたとき，セラピストはその問題を概念化しなければならない。すなわち，患者はセラピストとの関係において，傷ついているのか，何かを強要されたと感じているのか，コントロールされていると感じているのか，自分の価値を認められていないと受け止めたのか，自分が否定されたと感じたのか，といったことをセラピストは同定する必要がある。そして患者のそのような反応に対し，共感的な理解を示さなければならない。同時にセラピストは，できる限り客観的かつ建設的に治療関係を評価するよう，慎重に患者を動機づける必要もある。治療同盟上の問題にこのように取り組むとき，セラピストは，自分の有する対人関係スキルを最大限に活用するとよいだろう。セラピストは治療関係をより良いものとするため，患者に対して率直に，そして柔軟かつ楽観的にふるまう。そのようなセラピストの言動が患者の模範となり，それをきっかけに治療同盟は改善されるだろう。ただし

このような工夫だけでは難しい場合は，セラピスト側が自分自身の構えや行動をさらに調整する必要が生じる。それについては次章で詳しく解説したい。

= 第6章 =

セラピストが患者に対して
非機能的に反応してしまう場合

　セラピストといえども普通の人間である。したがって患者（特に困難な問題を抱える患者）に対して非機能的な構えを抱いてしまう場合が，ときにはある。そのような構えが生じたことに自分で気づくことができ，そのことで過度に自責の念を抱かないセラピストであれば，問題解決アプローチを通じて自分に生じた非機能的な構えに対処することができる。しかし，セラピストが，自分に対して非現実的で完璧主義的な期待をし（例：「私は決して，患者に対してネガティブな感情を抱いてはならない」），患者に対してネガティブな反応をしてしまった自分を責める傾向にある場合（例：「こんなふうに反応してしまう自分は，セラピストとして不適格だ」），セラピスト自身が治療を進めるにあたって，大きな困難にぶつかってしまうことになるだろう[35]。

　自分の非機能的な反応に気づいたら，セラピストはまず問題解決を試みる必要がある。他の多くの治療上の問題と同様，この問題には，現実的なものもあれば（例：セラピストが適切な制限を設定しなかったがゆえに，患者の話に圧倒されてしまう），心理的なものもある（例：セラピストは「患者は私に感謝するべきだ」という非機能的な信念を抱いている）。もちろんその両方にまたがる場合もある。セラピストはまた，より良い状態で患者に対応できるようセルフケアを心がけ，自分の状態を常にモニターする必要がある。本章ではまず，患者に対するセラピスト側の反応におけるさまざまな問題をあげ，対処法について論じる。次に典型的な問題について，事例を通じて具体的に解説する。

Ⅰ　セラピストの反応における諸問題を同定する

　セラピストは通常，自分自身の思考，感情，行動，生理機能における変化をモニターすることで（その変化が慢性的であろうと一時的であろうと），自分が患者に対してネガティブに反応したことに気づくことができる。しかしそれよりもっと微小な反応（例：声のトーンの変化，ボディランゲージや顔の表情の変化）は，セラピスト自身，気づきにくいものである。患者に対するネガティブな反応をセラピストが自分で確認するための簡易な方法は，その日の予約リストを開き，予約の入っている患者の名前を見ながら，それに対する自分の思考と気分をモニターすることである。ある患者の名前を見てネガティブな気分が生じたら，それがセラピストにとっての危険信号である。セラピストは，その患者に対する構えをポジティブなものにするために，自分自身のネガティブな反応をよく検討し，非機能的な思考に対処する必要がある。その際，次のような質問が役に立つ。

> ▶「自分が『キャンセルしてくれればいいのに』と思うのは，今日のどのセッションだろうか」

　この問いに該当する患者が同定されたら，セラピストはその患者に対し，これまでとは違う対応をする準備をする必要がある。そしておそらく治療戦略を見直さなければならないだろう。
　セラピストは一人ひとりの患者に対し，自分がどれぐらい共感できているか，その程度を常に評価する必要がある。そのためには，セッション前，セッション中，セッション後の自分の反応（感情的反応，行動的反応，生理的反応）の変化をモニターするとよいだろう。その際，次のように自問することが役に立つ。

> ▶「自分はその患者に対し，たとえば，イライラ，怒り，不安，悲しみ，失望，圧倒されるような感じ，罪悪感，困惑，おとしめ

第6章　セラピストが患者に対して非機能的に反応してしまう場合　183

> られるような感じ……といった感情を抱いているのではないだろうか」
> ▶「自分はその患者に対し，たとえば，非難する，支配する，コントロールする……といった非機能的な行動をとっているのではないだろうか。もしくはあまりにも受動的にふるまってはいないだろうか」
> ▶「その患者に接するときの，私の声の大きさやトーン，表情，ボディランゲージは，適切なものだろうか」
> ▶「その患者に接するとき，私は身体的な緊張感を感じてはいないだろうか。心拍が速まったり，顔が紅潮したりすることはないだろうか」

　患者はしばしば，セラピストのこのような変化に気づいており，それが治療同盟の亀裂につながってしまう場合もある。患者の気づきは正確な場合もあれば（例：ヘンリーはセラピストが自分に失望したことを正確に読みとった），誤解に基づく場合もある（セラピストは患者に対して自分がきちんと対応できるか不安を抱いていたが，患者のパムは，それを自分に向けられたイライラであると受け止めた）。いずれにせよ，セラピストの反応の変化は，セラピスト自身の非機能的な自動思考を反映していることが多い。それらの非機能的な自動思考は，患者に対するものもあれば，自分自身に対するものもあるだろう。セラピストは自分に生じたそのような自動思考を，評価したり検討したりしなければならない。たとえば，セラピストはセッション前に，次のような予測をしていることがある。

> ▶「患者はセッション中，ますます気分が悪くなるにちがいない」
> ▶「患者が進歩する見込みはないだろう」
> ▶「患者に対応すると，私自身が疲れ果ててしまいそうだ」
> ▶「私は，患者に圧倒されてしまうだろう」
> ▶「患者は，私を責め立てたり，私に議論をしかけたりして，私を

不快にさせるだろう」
- ▶「患者は，私の誠意を全く理解してくれないだろう」
- ▶「患者は，特別扱いをすることを私に要求するだろう」
- ▶「患者は，自分の問題をセラピストである私がすべて解決することを求めるだろう」
- ▶「患者は，セラピストである私が当然するべきことをさせてくれないだろう」

セラピストは，患者と同様の認知的な過ちを自分自身が犯してしまっていることに気づくかもしれない[34]。その中には、患者に対する認知もあれば，自分自身に対する認知もあるだろう。

- ▶過度の一般化／レッテル貼り
- ●「患者はホームワークをやってこなかった。それは患者が怠惰だからである」
- ●「私は愚かなセラピストだ。なぜなら，患者がこれほどまでに苦痛を感じていることに気づくことができなかったからだ」
- ●「この種の患者にとって，ホームワークは役に立たないだろう」

- ▶破局視
- ●「患者は，回復できないのではないか」
- ●「どんなに説明しても，患者は私の話を理解してくれないだろう」
- ●「患者は目を皿のようにして私の過ちを探している。なぜなら患者は，私を告訴しようとしているからだ」

- ▶ポジティブな側面の割り引き
- ●「確かに患者はホームワークを実施してくるが，この程度ではまだ不十分だ」
- ●「患者自身は自分の進歩に満足しているようだが，これではまだまだだ。私はセラピストとして，もっと患者を回復させなければならない」
- ●「前回は患者が進歩したと思ったが，それは単なる勘違いだった」

Ⅱ セラピスト自身のネガティブな反応を概念化する

　セラピストに求められるのは，自分自身の感情的な反応や非機能的な行動をシグナルとして，治療上の問題を同定するよう努めることである。セラピストは，自分が不快に感じていること，あるいは自分が不適応的な行動をとっていることに気づいたら（例：重要な話題を避けている。患者を過度にコントロールしようとしている，もしくは，あまりにもコントロールできていない。口調がとげとげしくなっている。共感的でない対応をしてしまっている），自身の非機能的な思考や信念を同定し，自分がどのようなことに対して脆弱であるのか，それを概念化しなければならない。たとえばセラピストの中には，患者の抱える問題に対して，自分（セラピスト）が責任を負わなければならないと過剰に受け止めてしまう人がいる。あるいは，患者が感情的になったり強い態度に出たりすることに対して，無力感を感じやすいセラピストもいる。他にも，非機能的にふるまい続ける患者や，セラピストの道徳観に反するふるまいをする患者に対し，怒りを感じるセラピストもいるだろう。

　セラピストは，自分自身の非機能的な感情や行動を概念化するために，次のように自問してみるとよいだろう。

> ▶「患者のこのような行動は，私にとってどのような意味をもつのだろうか」
> ▶「この治療がうまくいくことは，私にとってどのような意味があるのだろうか」
> ▶「つまるところこの件は，私がどういう人間であるということを意味するのだろうか」

　セラピストは，ネガティブな事象の原因を患者に帰属してしまうことがある（例：「このような行動をとるということは，この患者が弱く，価値のない，だめな人間だということだ」）。ネガティブな事象の原因を自分自身に帰属しがちなセラピストもいる（例：「この患者がなかなか

回復しないのは，私がセラピストとして不適格で，能力が足りないからだ」)。

> 事例

　　ハリーは，その前の週に息子とどのようなやりとりをしたかをセラピストに報告した。セラピストはその話を聞いて，ハリーの言動が彼の息子をひどく傷つけたにちがいないと考え，ハリーが子どもを虐待するひどい親であるとレッテル貼りをした。セラピストは，ハリーの息子を自分が何とか救えないだろうか，と考え始めた。そして無力感や道徳心に駆られ，非機能的なまでに強烈な責任感を抱いた。その結果，セラピストはハリーに対して怒りや憤りを感じ，彼を非難したり威圧したりするような言動をとってしまったのである。セラピストは本来，ハリーが息子に対する怒りをコントロールし，適切な対処法を習得するための援助をする必要があったが，このようなセラピストの言動は，結局はそのような援助の妨げとなってしまった。

◇　　◇　　◇

　　メアリーは，幼少期に近所の子どもたちにひどくいじめられた経験を語ると，感情が昂ぶり，涙が止まらなくなってしまった。セラピストはメアリーのそのような様子を見て，破局的に考えてしまった。「どうしよう！　彼女はひどく混乱している。もしこのまま彼女が泣き続けたら，セッションはどうなってしまうのだろう。何とか彼女が泣きやむようにもっていかなくては！」。セラピストは圧倒されたように感じ，メアリーの動揺に対処できない自分に対して無力感を抱いた。そこでセラピストは唐突に，しかも一方的に，話題を変えてしまった。その結果，メアリーはセラピストが自分に共感してくれないと感じ，治療が自分の助けにならないと見なすようになってしまった。

◇　　◇　　◇

　　セラピストは夫婦療法を行っていた。夫のクレイグは主導権をもち，相手（妻）を完全にコントロールしようとしていた。一方，妻のエイミーはとて

もおとなしく，クレイグに対してひどく従順であった。セラピストは何度か，クレイグの話をさえぎって，エイミーの言い分を聞き出そうとした。クレイグはそのようなやり方に憤り，セラピストに対して敵対的な態度をとるようになった。それに対してセラピストは無力感を抱き，「クレイグをこれ以上怒らせてしまったらどうしよう」と不安を感じ始めた。結局セラピストは，クレイグをこれ以上怒らせないようにすることを優先し，ひどく受身的な態度をとるようになってしまった。

◇　　　◇　　　◇

イザベルには他人をけなして優越感を得ようとする傾向があり，セラピストが何か提案をしても，それをばかにするような態度を示した。セラピストは最初それに対して傷ついたが，しだいに怒りを覚えるようになった。イザベルの言動によって，「自分は弱く，能力がない」というセラピスト自身の信念が活性化されてしまったのである。その結果，セラピストは無意識のうちにイザベルより優位に立とうとして，彼女をやりこめるような言動をとるようになってしまった。

Ⅲ　患者に対するセラピスト自身の反応を改善するための戦略

　セラピストは，患者に対する自分の反応に問題があることに気づいたら，まずそれを概念化する必要がある。そうすれば，さまざまな戦略をとることができるだろう。たとえば以下のような戦略が考えられる。

- セラピストとしての自分の技能を向上させる。
- セラピスト自身の非機能的な認知に対応する。
- 自分自身や患者に対して，現実的な期待をもつようにする。
- 共感のあり方を調整する。
- 制限を設ける。
- 患者に対してフィードバックをする。

- セルフケアのレベルを高める。
- 患者を別の臨床家に紹介する。

1 セラピストとしての技能を向上させる

患者に対するネガティブな反応が，セラピストにおいて生じる理由の一つは，セラピストの単なる技能不足によるものである。ここでいう技能とは，たとえば，診断，事例定式化と概念化，治療同盟の形成，治療計画の立案，全体的な戦略の構築，セッションの構造化，諸技法の実行，といったことである。このような場合は，文献を読む，映像教材を観る，トレーニングをさらに受ける，コンサルテーションやスーパービジョンを受ける，といった手段を通じて，技能不足を補う必要がある。本書の付録A（p.501）には，セラピスト自身の能力を向上させるためのさまざまなリソースが紹介されている。

2 セラピスト自身の非機能的な認知に対応する

セラピストが，自分に生じた患者に対するネガティブな反応を改善するために不可欠なのは，そのようなネガティブな認知に自分自身で対応することである。その際，「非機能的思考記録表（Dysfunctional Thought Record；DTR）」[17]が役に立つだろう。DTRを活用して代わりとなる反応を書き出しておき，それらを日常的に読み返すとよいかもしれない。以下に例をあげる。

> ▶確かに彼（患者）に対応するのは，私にとってもつらいことだ。しかしそれは，彼自身が今，非常に苦しい思いをしているからであり，しかもその苦しみに対処できないでいるからなのだ。彼は本当にたくさんの苦しみを抱えている。そしてそれらの苦しみを解消するには，長期にわたる治療が必要なのだ。彼がすぐに，しかも簡単に回復するということを，私自身が期待してはいけないのだ。
> ▶どうやら彼女（患者）は，彼女自身が変わるのではなく，私

> （セラピスト）が彼女の問題のすべてを解決するべきであると望んでいるらしい。それは彼女が，あまりにも自分が無力で，自分で自分を救うことができないと，心底信じているからだ。
> ▶彼女（患者）は，私が彼女を手助けすることを阻止しようとしているが，それは，「回復したら今よりもっと生きるのが大変になるだろう」と彼女が信じているからだ。もしこの問題に私（セラピスト）がひとりで対処できないようであれば，私は，文献を調べるなり，誰かにコンサルテーションを依頼するなりして，別の対処法を試みればよいだろう。

　困難な問題を抱える患者を治療するセラピストには，ネガティブな自動思考が浮かぶことが多く，それ自体何ら問題があるわけではないが，場合によっては過剰にポジティブな自動思考が生じる場合もある。

> ▶「この患者は特別だ。だから特別な扱いが必要だろう」
> ▶「私はこの患者に対しては，通常の治療関係以上の関わりをもちたい」

　セラピストが実際に，患者に対して過剰にポジティブな態度をとると，患者との関係が友情関係に近いものとなってしまい，その結果，患者の抱える問題に十分に焦点を当てられなくなってしまうことがある。セラピストが患者に対して性的感情を抱くこともあるだろう。このような場合，セラピストは自分のそのような感情を認識したうえで，専門家としての責任と倫理にのっとったやり方で自分の性的感情に対処し，治療が患者の援助につながるよう努めなければならない[51]。また，このような状況では他の専門家にコンサルテーションを受けることが役に立つし，場合によってはそれが不可欠であるかもしれない。

3　自分自身や患者に対して現実的な期待をもつようにする

　セラピストは自分がどのような期待を抱いているか，それを十分に認

識している場合もあればそうでない場合もある。いずれにせよ，期待があまりにも高すぎたり，もしくは低すぎたりすると，患者に対するセラピストの反応が不適切なものになりがちである。たとえばソニアという患者は，フルタイムの仕事を探すことを拒み続けていた。セラピストはソニアのそのような反応にフラストレーションを感じてしまった。セラピストは，ソニアのうつ病エピソードや躁病エピソードが実はどれほどひどいもので，その間ソニアがどれほど機能できなくなってしまうのかを，このときはまだ認識できていなかったのである。一方，ロバートという患者へのセラピストの期待は，あまりにも低すぎるものだった。セラピストは，ロバートの状況の不遇さにあまりにも共感しすぎ，彼自身が変化することを積極的にうながすことができなくなってしまったのである。サンディのセラピストは，自分自身に対して非現実的な期待を抱いていた。セラピストは，サンディの問題をセラピストである自分がすべて解消してあげるべきだと思い込んでいた。そのような思い込みのため，セラピストは治療の成果やサンディの回復が思わしくないことに対してひどく不安になってしまった。

4　共感のあり方を調整する

　多くの場合，セラピストにとって必要なのは，患者に対する共感の度合を高めることである。セラピストは，目の前の患者がなぜそのようにふるまうのかを，概念化する必要がある。その際，患者の幼少期の体験や遺伝的な素因が，自分自身，自分を取り巻く世界，そして他者（セラピストを含む）に対する患者のネガティブな信念の形成にどのような影響を与えているのかを理解しようとするとよい。そうすれば，なぜその患者が，乏しい対処戦略（セッション中にも示される非機能的な数々の行動）しか用いることができないのかも理解できるようになるだろう。また，セッション中に患者が示す言動がどのような発達レベルに基づくものなのか，それを概念化することも役に立つ。患者の中には，セッションにおける思考や感情，そして行動が，ひどく子どもじみたものになってしまう人がいる。目の前にいるのは大人の患者であるが，あえてそ

の患者を，ひどく傷ついた子どももしくは青年であると認識することが，セラピストの共感性を高めることに役立つことがある。

> 事例

　ゲイリーという25歳の男性患者は，治療を始めてからの3カ月間，セラピストに対してひどく批判的になったり，セラピストを侮辱するような言動を示したりすることが時折あった。セラピストは，ゲイリーが面接室に入ってくるとき，彼がまるで子どもに戻ってしまったかのような様子をみせることに気づいた。そして幼少期に父親や他の大人たちからひどい扱いを受けていたゲイリーが，セラピストもそのような大人たちと同じように彼をおとしめるのではないかと脅えていることを，概念化することができた。面接にやって来るとき，彼が成熟した大人として機能できていないことは明らかで，まるで彼は8歳の子どものように大人たちから傷つけられることに脅えていた。だからこそ彼は，傷つけられる前に自分からセラピストを侮辱することで，自分の身を守ろうとしていたのである。

　上の記述や事例とは対照的に，セラピストが患者に対して共感しすぎてしまう場合がある。そのようなときセラピストは，患者のネガティブな認識は完全に正しく，患者の抱える問題は確かに解決不能であると思い込んでしまっている。また，あまりにも直接的な共感の表明は，患者の感情をむしろ悪化させてしまう場合もある。

> 事例

　慢性的な抑うつ症状に長年苦しんできたコニーは，夫との関係にも困難を抱えており，そのことに対して絶望し，行き詰まりを感じていた。セラピストはコニーの苦悩にあまりにも共感しすぎた。その結果セラピストは，コニーが夫に反論したり，反抗期の息子に対処する術を身につけたり，家庭の外で自分の楽しみを追求したりすることができるかどうかを，検討しないままでいた。コニーにはそのような能力がないと思い込んでしまったのである。その後セラピストは同僚のコンサルテーションを受け，自分の思い込みに気

づき，その思い込みを検証してみることにした。そしてコニーに対し，行動実験をしてみることを提案した。するとコニーは実際には，夫に対しても息子に対しても，そして外に出かけていくことについても，わずかではあるが変化を起こすことができたのである。この変化は，人生の行き詰まりを打開するための希望とやる気をコニーに与えたのであった。

◇　　◇　　◇

　あるセラピストはエイミーという患者に対し，共感を示しすぎてしまうことがあった。セッション中にエイミーがひどく動揺すると，セラピストは決まって，「エイミー，あなたはなんて大変な問題を抱えていることでしょう。それでこんなにひどく動揺してしまうのですね。本当につらいことだと思います」といったことを，共感をこめて言うのであった。しかしセラピストが共感を示せば示すほど，エイミーの気分は悪化していった。結局，セラピストがそのことに気づき，エイミーが問題解決を志向できるよう援助するようになって初めて，彼女の気分は改善されたのである。

5　制限を設ける

　セラピストは，あまりにも多くの時間やエネルギーを特定の患者に費やさざるをえなくなると，その患者に対して憤りを感じるようになる場合がある。そのような場合，セラピストは，自分がその患者に対して適切な制限を設定しているかどうかを査定する必要がある。たとえば，セラピストは，自分でも気づかないまま，その患者とのセッションを少し延長したことがあるのかもしれない。その患者からの電話での相談に，それが緊急事態ではなかったのにもかかわらず，応じたことがあるのかもしれない。あるいは何らかの特別扱いを約束したことがあったのかもしれない。このような場合，セラピストはこの問題をセッションのアジェンダとして提案し，患者とともに創造的に問題を解決する必要がある。たとえば，ある患者があまりにも頻繁に電話をかけてくる場合，その患者とのセッション回数を増やすという工夫ができるかもしれない（例：フルタイムのセッションを週に1度実施するかわりに，ハーフタイムの

セッションを週に2度実施する）。ただし，セラピストのこのような提案に対し，ネガティブな反応を示す患者もいるだろう。セラピストはこの種のアジェンダを患者に提示する前に，「セラピストは私のことなんかどうでもいいのだ」といった患者の思い込みを予測し，それを修正できるよう，準備を整えておく必要がある。

6　患者に対してフィードバックする

　セラピストは通常，患者に対する自分のネガティブな反応をフィードバックしないものである。したがって，もし患者に対してあえてそのようなフィードバックをするのであれば，不合理にふるまっているのは患者の側であり，セラピストはそれに対してネガティブに反応してはいるが，その反応は妥当なものであるということを，事前に何度も自問自答して，そのような自分の考えが正しいかどうかを検討するべきである。そして，自分のネガティブな反応を説明するための理論的根拠を示せるようにしておく必要がある（例：「私があなたに対してこのようなフィードバックをする意図は，私たちの治療同盟を改善するためです。でもそれだけではありません。このような経験を通じて，治療以外での対人関係における問題に対しても，あなたに対処できるようになっていただきたいのです」）。セラピストは自分の言葉づかいに対して十分に配慮し，「自分はセラピストに批判された」と患者が受け止めるのを防がなくてはならない。また適切なタイミングをとらえて，このようなフィードバックをすることも必要である。少なくとも，このようなアジェンダに耐えられるぐらいの治療同盟が形成されていると判断されてから，この種の話をするほうがよいだろう。次に示す例で，セラピストは，患者が自分を操作しようとしていると認知したときの自分の気持ちを，患者と話し合っている。ただしセラピストは，患者によっては屈辱的に感じるかもしれない「操作」といった言葉は使っていない。

事例
　セラピスト：トビー，私は，あなたとの治療で気づいたことがあって，今日

はそれをあなたに伝えたいと思っています。というのも，もしかしたらこのことが，お姉さんやバーバラ（トビーの友人），そして近所の人とあなたとの人間関係を改善するのに役立つかもしれないと思ったからです。その話をしてもいいですか。

トビー：（肩をすくめる）

セラピスト：私がこの話をする間，ご自分の思考や感情を観察してみてください。というのも，私がこの話をしたら，あなたは私に対して腹立たしく感じるかもしれないからです。よろしいでしょうか。

トビー：わかりました，いいですよ。

セラピスト：私がこれからお話しすることについて，あなたは「もっともだ」と思うかもしれませんし，「それは間違っている」と思うかもしれません。どちらでもかまいませんから，あなたの率直な思いを私に伝えてください。それが重要なのです。（一呼吸おく）ご存知のとおり，私はときどき，あなたからの要望を断らなくてはならない場合があります。たとえば私がこれまで断ったのは，あなたがセッションに遅れてきたときに追加の時間を特別にとるとか，私が仕事で使う電話をあなたに使わせてあげるとか，そういったことでした。そういうときに私がいつも感じるのは，あなたは私を説得しようとしている，自分の思いどおりになるよう私にプレッシャーをかけている，といったことでした。正直言って，私はそのようなとき少々イライラしてしまうのです。というのも，私があなたに対して何かを断ったとしても，あなたがそれを受け入れてくれないだろうと考えてしまうからです。（一呼吸おく）こういったことについて，あなた自身，何か気づいていることはありますか。

トビー：よくわかりません。

セラピスト：私がこのような話をもち出したのは，私自身のためだけではありません。ひょっとしたら，他の人たちもあなたに対し，私と同じようなことを感じているのではないかと思ったからなのです。どうでしょうか。お姉さんやお友だちのバーバラが，私と同じように感じている可能性はあると思いますか。つまりあなたに何かを断ろうとするた

びに，躊躇してしまうということです。（一呼吸おく）もし同じようなことが起きているのであれば，このような問題にどう対処していけばよいか，私たちは一緒に検討できると思います。そうすれば，あなたは他の人たちに対しても，これまでとは違う対応ができるようになるのではないでしょうか。（一呼吸おく）トビー，あなたはどう思いますか。

　他にも，セラピストは，患者に対して手紙を書くという方法をとることもできる（次のセッションで，その手紙を患者に読んでもらう）。セラピストは患者に配慮しながら，手紙の中で，患者と協力して取り組む必要のある問題について詳述する。それはとりもなおさず，セラピストと患者が，健康的で生産的なやり方で治療を進行させるためである[45]。このような手紙がきっかけとなり，セラピストと患者が相互理解を深め，共通の目標に向かって再びチームを組んで治療を再開できるようになることが理想である。手紙を書くことはセラピストにとって，患者に向けて発する自分自身の言葉について，よくよく検討する機会ともなる。手紙という手段を使うことで，セラピストは，状況をさらに悪化させる危険をできる限り減らしつつ，患者に対するフィードバックの効果を最大限にすることができるのである。

7　セルフケアのレベルを高める

　セラピストは，自分のセルフケアのレベルを自己評価する必要がある。ある程度そのレベルを自分でコントロールできているセラピストであれば，自分がネガティブに反応してしまうおそれのある患者を，上手に自分のスケジュールに組み込むことができるだろう。たとえばそのような患者の予約を一日のいちばん最初に入れるとか，あるいは午後一番に入れるとかするのも，一つの手である。そうすればセラピストは，ある程度余裕をもって，その患者に対して心の準備をすることができる。逆に，このような患者の予約を，昼休みの直前や，その日の最後に入れることが役に立つかもしれない。そうすれば，セラピストはセッション直後にその患者とのやりとりを振り返り，検討することができる。セラピスト

が仕事やプライベートであまりにも忙しすぎる場合，自分自身のスケジュールを修正する必要があるかもしれない。リラクセーションやマインドフルネスのエクササイズを，日常的に実施するのも有用である。

8 患者を別の臨床家に紹介する

セラピストがネガティブな反応を患者に対してどうしても抱いてしまう場合，その患者を別のセラピストに紹介することを検討してみるのも一つの手である。別のセラピストに患者を紹介することの利益と不利益を比較し，もし利益のほうがはるかに大きいということであれば，セラピストはこの件について患者と話し合うことになるが，その際，あくまでも患者と協力して一緒に検討することが不可欠である。このような話し合いがうまくいけば，新たなセラピストと再出発を図ることが，希望やエネルギー，そして新たな見方を生み出してくれるかもしれない。そのような決断がなされた場合，セラピストはできる限りポジティブな形でケースを終結できるよう，配慮しなければならない。セラピストは，自分が十分に患者を手助けできなかったことを残念に思う気持ちを患者に伝えるとよいだろう。そして，新たな臨床家のもとで，患者が今よりもっと良い状態になれるであろうとセラピストが信じていることを，患者にはっきりと示す必要がある。

Ⅳ 事　例

以下に事例を示す。すべて，セラピストが患者に対してネガティブな反応を抱いてしまうときの概念化や対処法についての例である。事例は以下の主たる四つの状況に分けて提示されている。①セラピストが患者に対して悲観的になってしまう場合。②セラピストが患者を重荷に感じてしまう場合。③セラピストが，患者を不快な気分にさせてしまうのではないかと心配している場合。④セラピストが不安感，屈辱感，フラストレーションを抱いたり，防衛的になったり，脅かされているように感

じたりする場合。

1　セラピストが患者に対して悲観的になってしまう場合

　この種のネガティブな反応の根底には，セラピストの非機能的な信念がひそんでいることが多い。そのような信念は主に以下の三つに分けられる。

> ▶「自分にはこの患者を援助できるほどの能力がない」
> ▶「この患者の抱える問題は，解決不可能だろう」
> ▶「患者を取り巻く状況を考えれば，この患者のストレス反応は正常なものである。したがって自分がこの患者に対して援助できることは何もない」

　患者に対して高すぎる期待を抱くことによって，セラピストは自分を無能だと見なしてしまうことがある。

> 　ステイシーのセラピストは，彼女の治療がなかなか進展しなかったとき，自分は無能なセラピストであるとレッテル貼りした。そして自分自身についてもステイシーについても，悲観的に考えるようになった（「私の仕事ぶりはひどいし，これでは彼女も回復しないだろう」）。セラピストの悲観的な態度は，知らず知らずのうちにステイシーに影響を与え，彼女自身もますます悲観的になってしまった。そこでセラピストはコンサルテーションを求め，ステイシーのような慢性のうつ病患者は，治療の進展がゆっくりであること，そして治療に時間がかかるという助言を得た。その結果，ようやくセラピストは自分（とステイシー）の悲観的な認知を修正し，自分の仕事ぶりが妥当であると認識できるようになった。

　このように，セラピストが治療について悲観的になってしまうと，実際に治療が不適切なものになってしまう場合がある。

別の例を示す。

　　タイラーは強迫性障害（OCD）患者であった。セラピストには，OCDに対する認知療法についての知識が不足していた。そのためセラピストは，タイラーに対して，全般性不安障害の認知療法を適用してしまった。タイラーの症状は全く良くならず，セラピストはしだいに絶望感に駆られていった。その後，セラピストはやっとOCDの認知療法について学び，それをタイラーにも適用することができるようになった。その結果，タイラーの症状は回復に向かい，セラピストの絶望感も軽減された。

なかには，問題に対する患者の歪曲した認知をそのまま受け入れてしまい，その結果患者と一緒に悲観的になってしまうセラピストもいる。

　　うつ病患者のドンは，病気以外にも，経済的な問題，他の健康上の問題，要求ばかりしてくる上司，慢性疾患を抱える子どもなど，さまざまな生活上の問題やストレスに見舞われていた。セラピストは，「ドンの抱えるさまざまな問題は，簡単に解決できることじゃない。したがって彼に対する治療はそううまく進むはずがない」と考え，絶望感に駆られてしまった。そしてこのような見方をしたために，セラピストはただひたすら支持的にドンに接することしかできなくなってしまった（そもそもこのセラピストはこれまで，支持的な心理療法を志向していた）。セラピストはドンに対し，問題解決に向けて手助けしたり，新たなスキルを教示したりすることをしないままでいた。結局セラピストは，ドンのケースについてスーパービジョンを受けた。スーパーバイザーは，誰しもドンのような状況に陥ったらストレスを強く感じるのは当然だが，しかしそのような人がすべてうつ病にかかるとは限らないという事実を指摘した。スーパーバイザーはさらに，ドンが少なくともいくつかの不適応的な思考や信念を抱いているであろうということ，そしてそれらの認知を修正することがドンの気分を改善するであろうこと，さらにセラピストはドンの問題解決を手助けする必要があることを指摘した。確かにドンは，たとえば，他の多くのうつ病患者と同様，以前には楽しんでいた活

動から身を引いてしまっていた。そしてそれらの活動を再び開始するために，セラピストの援助を必要としていたのである。

2　セラピストが患者を重荷に感じてしまう場合

　実際に深刻な問題が存在し，セラピストがそれを重荷に感じる場合がある。たとえば病状が深刻で，患者が現在受けているケアのレベルが不足している場合がそれに該当する。

　　　ラリーは双極性障害患者で，入院を要するまでに状態が悪化することが断続的にあった。彼は危機的な状態に陥ると，しばしばセラピストに電話をしてそのことを訴えた。当時のラリーの経済状態と保険上の制約では，たとえ部分的な入院が必要な状態であっても，週に1回の治療セッションを受けることしかできなかった。そこでセラピストは，ラリーにメディケイド（低所得者用の健康保険制度）に加入するよう助言し，申請を手助けした。メディケイドが適用されるようになって初めて，ラリーは適切なレベルの治療が受けられるようになった。

　なかには，患者に対して過剰な責任感を抱いたり，患者に対して適切な制約を設けていなかったりすることによって，患者を重荷に感じてしまうセラピストもいる。

　　　あるセラピストは，常に患者たちを負担に感じていた。患者の多くは混乱した生活を送っており，自分の抱えるさまざまな問題についてセラピストに訴えた。セラピストは訴えを聞きながら，「やれやれ，事態は悪くなる一方だ。これでは自分が圧倒されてしまいそうだ。彼らはいったい私に何をしろと言うんだろうか」と，つい思ってしまうのであった。この場合現実的にできることは，セッションで話し合う問題を一つか二つにしぼるよう，患者に求めることである。しかしこのセラピストはそれをしなかった。またこのセラピストは，「私は全力をあげてすべての患者を助けなくてはならない。そしてどんな犠牲を払ってでも，患者の抱えるすべての問題を解決できるよう

援助しなければならない」といった，過度に責任を負うような信念を抱いていた。このセラピストに必要だったのは，自分自身に対する過剰な期待を修正し，セッションにおける制約を再検討し，自分自身を適切にケアすることであった。

3 セラピストが，患者を不快な気分にさせてしまうのではないかと心配している場合

なかには，標準的な認知療法のやり方（例：患者の話をときにはさえぎる。セッションを構造化する。穏やかに直面化を図る）を実施したときに，患者が不快に感じるのではないかと心配してしまうセラピストもいる。

> セッション中，マーシャはひとりでしゃべり続けていた。セラピストが遠慮がちにマーシャの話をさえぎろうとしても，彼女はそれを無視して話し続けた。セラピストは，「これ以上きっぱりと話をさえぎろうとしたら，彼女はひどく腹を立てるにちがいない」「もしそんなことになったら，自分はどうしたらよいかわからない。それに彼女は治療を中断してしまうかもしれない」と考え，実際にそうなってしまうことを恐れた。セラピストはマーシャのケースについて同僚に相談し，その結果，自分が状況を破局視していることに気づいた。そこでセラピストは同僚とロールプレイを行って，話をさえぎることの意味をマーシャに説明し，セッションを構造化するための練習をした。そして実際にマーシャとのセッションで，行動実験をしてみた。すると驚いたことに，マーシャはセラピストがセッションを主導することを気にも留めなかったのである。たとえもし，このときマーシャが多少腹を立てたとしても，セラピストはそのことについて謝罪しつつ，この問題について直接的に彼女と話し合い，彼女と協力して折り合いをつけることができただろう。

4 患者に対し，セラピストが過剰な不安を感じている場合

患者に自傷他害のおそれがあるとき，セラピストがそれを不安に感じ

るのは当然のことである。しかしながら，セラピストがあまりにも強く不安を感じすぎ，その不安が患者にも伝わってしまい，結果的に適切で効果的な治療ができなくなってしまう場合がある。

　　ドリスという患者は，この2年間に3回の自殺企図を行っており，現在も自殺念慮が断続的に生じていた。ドリスのセラピストは，「自分の援助が不十分であれば，彼女はまた自殺企図を起こすだろう。そして今度こそ本当に死んでしまうかもしれない」と思って，不安を感じていた。ドリスはセラピストの不安にうすうす気づいていた。しかし彼女は，セラピストの不安がドリスの自殺企図に対するものではなく，ドリスに対するフラストレーションによるものだと勘違いしていた。彼女は，「セラピストは，私のことを救いようがないと思っているにちがいない」と受け止めたのである。そのためドリスは絶望感に駆られ，本当に自殺の危険性が高まってしまった。幸いにもセラピストは，そのようなドリスの反応を引き出すことに成功し，自分がドリスの自殺企図を心配するあまり強い不安を感じていたのだということを伝えることができた。セラピストはこの問題について，同僚に相談したり，関連する文献を読んだりした。そしてドリスとの接触を増やし，家族とのセッションを2回実施した。セラピストは，ドリスの自殺の可能性に対して自分が何とか対応できることがわかり，その後セラピストの不安は適正なレベルにまで軽減した。

5　患者に侮辱されたとセラピストが感じている場合

　自分に劣等感を抱いている患者の中には，他者をおとしめるという対処戦略をもつ人がいる。そしてセラピストの中にも他者に対して劣等感を抱きやすい人がおり，そういうセラピストはこの種の患者に対して自分が侮辱されたと感じ，不適応的な言動を示すことがある。

　　カーリーは初回セッションからセラピストをおとしめるような態度をとっており，セラピストもそのことに気づいていた。カーリーは機会があればセラピストを侮辱し，自分の知識をひけらかした。そしてセラピストが質問に答

えられないときには，セラピストをあからさまにばかにした。そのような経緯によって，「自分は劣っている」というセラピスト自身の信念が活性化されてしまった。そしてセラピストは，第3セッションでついに，カーリーを非難するような言動を思わずとってしまったのである。その瞬間，カーリーはセッション中にもかかわらず面接室から出て行ってしまい，そのまま治療を中断してしまった。そのようなカーリーの反応は予想できたはずである。カーリーのセラピストは，次のように考えるべきであった。「カーリーは私に対し，本当は劣等感を抱いているのかもしれない。彼女は自分の劣等感にどう対処したらよいかわからないので，傷つきやすいティーンエイジャーのようにふるまうしかないのだろう。私に必要なのは，彼女に共感し，彼女の劣等感に関わる信念を活性化しないよう努めることだ」。もしセラピストがこのように，カーリーの言動を正しく概念化し，自分自身の劣等感に関わる信念にうまく対応できていたら，セラピストは，彼女の挑戦的な言動に対してもっと機能的に対処することができたであろう。セラピストはたとえば以下のような対応ができたかもしれない。

カーリー：つまり先生は，私が精神分析学における性発達理論でいうところの口唇期を克服することに困難を抱いているとは，考えていないのですね！ 先生，あなたはもっと精神分析学を勉強する必要があるのではないでしょうか。先生の名前のあとについている「Ph. D.（博士号）」って，いったい何を意味しているんでしょう。

セラピスト：確かにあなたのおっしゃるとおりかもしれませんね。私は精神分析学をもっと学ばなければならないのでしょう。（一呼吸おく）あなたはこのことが気にかかるのですね。

カーリー：もちろんです。先生の治療は，私にとって本当に役に立つのかしら。このクリニックの院長にお目にかかって，お話をおうかがいしてみたいです。

セラピスト：（非防衛的な態度で）それがいいかもしれません。うちの院長は快く相談に乗ってくれるでしょう。あなたがひとりで院長にお会いになってもよいですし，もしあなたが望むならあなたと私で一緒に院

長に相談してもよいかもしれません。他の人の意見を聞くのは良いことだと思います。どうなさいますか。

カーリー：（つぶやくように）ちょっと考えてみます。

セラピスト：わかりました。では今ここでは，お母さんについての話題に戻ることにしましょうか。

6 セラピストが防衛的になる場合

セラピストは，自分が患者から批判されたり非難されたりしていると感じると，防衛的な気持ちになってしまいがちである。そしてそのような批判や非難そのものを解決しようとせずに，今度はセラピスト側が患者を非難しようとしてしまう。

> エブリンは第5セッション中に，セラピストに対してイライラした口調で次のように言った。「本当だったら今頃は，私の気分はもっと改善されているはずなのではないですか。私はもう5週間もここに通い続けているのに，全然回復していないんですよ。いったい先生は，ここで私に対して何をしてくれているというんでしょう！」。そう言われた瞬間セラピストの頭には，「私はこれまでちゃんと治療をしてきている。これは彼女の責任だ。なにしろ彼女はホームワークをきちんとやってこないのだから」という自動思考が生じた。そしてやや強い口調で，「そうなんでしょうか。あなたがもっとホームワークをちゃんとやってくれば，気分だってもっと改善すると思いますよ」と言った。当然のことながら，エブリンはセラピストに非難されたように感じ，治療関係はさらに悪化してしまった。このときセラピストがもっと共感的に対応していたら，その後のやりとりは良好なものとなり，協力して問題解決に取り組むことができたであろう。たとえば次のような対応が考えられる。

セラピスト：気分がいまだに改善しないことについては，私も申し訳なく思っています。あなたがそれを不満に感じるのももっともでしょう。

エブリン：そのとおりよ！

セラピスト：今までやってきた治療のどこに問題があるか，そして今後どのようにしていったらよいか，あなたの考えを教えていただけますか。

このようなやりとりができれば，患者の不満も多少は軽減されるだろう。そしてその結果，より効果的な治療計画を立てることができるかもしれない。

7　セラピストが患者に対し，フラストレーションや怒りを感じる場合

患者に対して次のような非現実的な期待を抱いていると，セラピストはフラストレーションや怒りを感じやすくなるだろう。

> ▶「患者は私に協力的であるべきだ」「患者は治療に対し，すぐに効果を示すべきだ」「患者はセラピストにとって扱いやすい存在であるべきだ」「患者は積極的に治療に参加すべきだ」
> ▶「患者は扱いづらい存在であってはならない」「患者はセラピストを操作しようとするべきではない」「患者はセラピストにあれこれ要求するべきではない」

しかし患者の遺伝的素因やこれまでの生活歴，そして患者の信念や対処戦略を考慮すれば，患者がセラピストのこのような期待とは反対の言動を示すことは当然であることが，セラピストには認識できるはずである。セラピストは，患者に対してフラストレーションや怒りを感じたときこそ，共感性を高めるよう努める必要がある。そして患者が今後進歩していくためには，セラピスト側の構えを（場合によっては，セラピスト自身の戦略や行動をも）変化させる必要があることを，セラピスト自身が認識しなければならない。

　　ロドニーという患者は，セラピストを操作して，抗不安薬を手に入れようとしており，そのことに気づいたセラピストは，ロドニーに対していらだち

を覚えた。ロドニーには，抗不安薬を乱用した過去があった。このときセラピストには，次のような自動思考が浮かんだ。「彼は私に薬を求めるようなことはするべきではない。彼は私の同情を誘おうとしているが，そうやって私を操作して，何とか薬を手に入れようとしているのだろう。私が薬を処方しないことについてあれほど約束したのに，彼はその約束を破ろうとしている」。しかし，より適応的な見方をすることも可能である。「このようなことが起きるのは予想どおりだ。彼が薬を欲しがるのは当然のことだ。彼は薬以外に気分を改善させる方法を知らないのだから。しかしここで彼と言い合いになるのは望ましくない。私はセラピストとして，彼に対する治療的制約をきちんと伝えなおせばよいだけだ」。このような見方をすれば，セラピストはロドニーに対して共感を示すことができる。そしてより適応的に，この状況を切り抜けることができるだろう。

セラピスト：あなたの気分がそんなに悪いことについては，お気の毒としか言いようがありません。でもあなたもわかっていると思いますが，私はその要望にお応えすることができないのです。薬物療法はあなたにとって良い影響を与えなかった，というこれまでの経緯がありますから。（一呼吸おく）　私にできることは，薬を使わずに気分を改善する方法をあなた自身が見つけられるよう，あなたを手助けすることなんです。（一呼吸おく）　どうでしょうか。

セラピストは，自分（セラピスト）に対して腹を立ててきた患者に対し，逆に怒りを感じてしまいがちである。

シャロンは，セッション外に電話をかけてくることについて制限を設けられたとき（しかもこれが初めてのことではなかった），ひどく憮然とした態度を示した。彼女は怒りながらセラピストにこう言った。「先生は何もわかってないんだわ！　私は四六時中，先生に電話をしているわけではないのよ。本当につらくてたまらないときだけ，どうしようもないからこそ電話をしているというのに！　先生にとっては，私のことなんかどうだっていいんでし

ょう？　どうせ私は一人の患者にすぎないんだわ。でも私は，他の患者さんたちとは違うのよ！」。シャロンにこう言われたとき，セラピストには次のような自動思考が生じた。「やれやれ，シャロンには本当にうんざりする。いつだって彼女はこうやって過剰に反応する。私には私の生活があるのに，彼女はそれをわかっていないんだ」。しかしもう少し適応的に考えられれば，セラピストもシャロンに対してさらに共感的になれただろう。「シャロンは本当につらくてたまらないのだ。そのようなつらい気持ちに耐えること自体，彼女にとってはとても難しいことなのだろう」。シャロンの言動に対してこのように考えることができれば，セラピストはより適応的に対応し，彼女に対する共感性を高められただろう。

> **セラピスト**：私がいつでもあなたのお役に立てればよいのですが，現実にはそれができないのは残念です。あなたが私の助けを必要とするときにはいつでも，それが昼だろうと夜だろうと私と連絡がとれ，助けを得ることができれば，それはそれでよいのかもしれません。（一呼吸おく）でも，すぐに助けを得られるということには，欠点もあるのではないでしょうか。それが続くと，あなたは，セラピストがいなければやっていけない，と思うようになってしまうのではないでしょうか。それって恐ろしいことなのではないでしょうか。（一呼吸おく）　だからこの問題については，何か別の解決策を一緒に見つけていきませんか。どう思われますか。

8　セラピストが患者に脅かされているように感じる場合

　セラピストが患者の言動に耐える必要があるとしても，それには限度があるということに注意されたい。特に，患者の行動がセラピスト（やその家族）に危害を与えうると確信する十分な理由がある場合，セラピストは倫理上，その患者との関係を絶つという選択をすることもある[57]。確かにセラピストは，治療同盟上の種々の困難において，落ち着いた，責任のある態度を示しながらそれらに対処するべき職務を負っている。しかしその一方で，セラピストにも自分を守る権利があるのは確かであ

る。万が一，患者がセラピストに危害を加える危険があれば，セラピストは，すべてを犠牲にしてその患者の問題を解決する必要よりも，自分自身や家族，そして他の患者を守る責任を優先するべきである。

9 患者に対するセラピストの反応について，患者自身が言及する場合

　患者に対するセラピストの反応について，患者自身がそれを話題にし，自分がそのことに対してどう思っているのかを言及する場合がある。その際，患者は，セラピストが不快に感じていたり悩んだりしていること自体は正しく認識しているものの，それを間違った結論に結びつけてしまう場合がある。そのようなときセラピストは，患者のそのような誤解を修正するよう，誠実な態度を示し続ける必要がある。

　患者：先生は私に対して，さぞかしイライラしているんでしょうね。
　セラピスト：どんなことから，あなたはそのように感じるのでしょうか。
　患者：よくわかりません。……ただ先生の話し方が，なんとなくとげとげしいように感じるんです。
　セラピスト：そうでしたか。話してくださってありがとうございます。でも私はあなたに対してイライラしたりはしていませんよ。（しばらく考える）うーん，確かに少し不安に感じている面はあるかもしれません。「あなたが抱えている問題を解決するための助けになりたい」と，私は心から思っているものですから。

　患者がセラピストのネガティブな反応を正確に読みとる場合もある。前章で示したとおり，セラピストはできる限りポジティブな心持ちを保つ必要がある。セラピストの反応を正しく読みとったうえで挑戦的な態度を示す患者に対しては，次のように対応するとよいだろう。

　患者：先生は私に対して，さぞかしイライラしているんでしょうね。
　セラピスト：どんなことから，あなたはそのように感じるのでしょうか。

患者：私が扱いやすい患者ではないということは，私自身，よくわかっていますから。

セラピスト：それは認めます。確かにあなたは扱いやすい患者さんではありません。率直に言えば，かなり手強い患者さんだと思っています。でも私はチャレンジすることが好きなんですよ。あなたのおかげで，私はいろいろなことを考え，チャレンジすることができるのです。

Ⅴ 要　約

　セラピストもひとりの人間であるから，患者に対する非機能的な反応が生じてしまうことは，ときには避けられないことである。また，場合によってはそのような反応が役に立つ場合もあるだろう。そのような反応に気づいたとき，セラピストは，専門家として落ち着いて問題を概念化する必要がある。そうすれば自分がどうしてそのように反応しているかを理解し，問題解決を試みることができるだろう。このような問題に取り組むことによって，セラピストは自分自身の思考や行動を修正し，困難な問題を抱える患者への効果的な対処レパートリーを広げることができる。それはセラピストとして成長するための貴重な経験となる。その際，コンサルテーションや継続的なスーパービジョンを受けることは，大いに役に立つであろう（場合によっては必須である）。コンサルテーションやスーパービジョンによって，セラピストは自分自身の非機能的なパターンを評価したり修正したりするための手助けを得ることができる。またコンサルテーションやスーパービジョンを受ければ，今後，困難な問題を抱える患者に対して，よりポジティブで効果的に対応できるようになる可能性が高まるだろう。

第7章
目標設定における困難

　治療を順調に進め，モチベーションを保つために，患者は，自分が何を目指して治療に取り組んでいるのかを明確に認識する必要がある。そのためセラピストと患者は通常，初回セッションから目標リストの作成にとりかかる。そしてその後のセッションで新たな問題や目標が同定されれば，それらもリストに加えていく。セラピストと患者は定期的に目標リストを見直し，それぞれの目標の重要性をそのつど検討するとよいだろう。患者は，このような作業によって，セラピストを喜ばせるために，あるいは単に問題について語るために治療を受けているのではなく，自分自身にとって重要な課題を達成するために治療を受けに来ていることを実感することができる。目標リストは問題リストと表裏一体であるが，さらに，解決案を示唆するような具体的で行動的な表現が用いられる必要がある。たとえば「孤独である」という問題であれば，それを「新たな人間関係を作る」「友人と計画を立てる」といった表現に変えることで，達成に向けて取り組んでいけるような具体的な課題とすることができる。

　本章ではこのような「目標設定」に焦点を当てる。目標に向けての取り組みについて，すなわち，行動を変え，問題を解決する過程については第8章で解説する。他の多くの治療上の問題と同様に，目標の設定にあたっても，現実的な問題（例：セラピストが，目標を具体的に表現するよう患者に教示していない）と，心理的な問題（例：患者は，「もし目標など決めてしまったら，私は自分の意に沿わないことをしなければならなくなってしまう」といった，目標設定の妨げとなるような信念を抱いている）のどちらかが，あるいはその両方が存在する。

本章ではまず，目標設定のための標準的な戦略とその応用について解説する。次に，目標設定の妨げとなる非機能的な信念と行動について紹介する。最後に，目標設定の妨げとなる非機能的な信念をどのように修正すればよいか，ということについて，具体的な事例を紹介しながら解説する。

I 目標設定のために標準的な戦略を用いたり，応用したりする

　目標設定において生じる問題の中には，患者の抵抗が原因ではなく，セラピスト側が標準的な技法をきちんと用いていないために生じるものがある。それはたとえば，漠然とした目標のまま治療を先に進めてしまう，患者の絶望感を適切に取り扱っていない，他者に焦点を当てた目標を自分自身に焦点を当てた目標に変換するよう患者を誘導していない，といったことである。

1　質問を通じて目標を具体化する

　セラピストが治療目標について患者に尋ねると，たいていの患者はまず，大ざっぱで漠然とした目標を答えるものである。それはたとえば，「もっと幸せになりたい」「不安を感じなくてすむようになりたい」といった目標である。このような漠然とした目標では，それを達成するための方策を具体的に思い浮かべることが大変に難しい。目標設定においてセラピストがよく犯す過ちは，そのような漠然とした目標をさらに具体化するよう患者に求めずに治療を進めていってしまう，というものである。目標を具体化するための質問には，たとえば以下のようなものがあげられる。

> ▶「あなたは治療に取り組むことで，何がどう変化するとよいと思いますか。あなたの生活にどのような変化が起きるとよいと思っていますか」

> ▶「あなたは次にあげる項目について，何がどう変化するとよいと思っていますか。項目：仕事，人間関係，家庭生活，身体的健康，スピリチュアルな側面，文化的な側面，知的な側面」
> ▶「あなたの生活の何がどのように変化すると，あなたは今よりもっと幸せになれるのでしょうか」

　セラピストは円グラフ法を用いて，患者が現在どのような活動にどれぐらいの時間を費やしているのか，そしてそれに対して本当はどのように自分の時間を使いたいと望んでいるのか，といったことを患者自身が対比できるよう手助けすることができる。患者自身が円グラフ法を用いて，自分がどんな目標を達成したいのか，検討し，同定することもできる[14]。具体的な目標を設定することについて継続的に話し合うことは，治療を促進する。逆にそのような話し合いを怠ると，そのこと自体が治療の妨げになってしまうことがある。

事例

　ジェシカは双極性障害の患者である。彼女自身が最初に設定した目標は，「もっと幸せになりたい」という大ざっぱなものであった。ジェシカは当初，このような大ざっぱな目標を達成するために，さらに具体的な行動目標を立てる必要があることをよく理解していなかった。またセラピストも，そのことを最初にきちんと説明しなかった。セラピストはジェシカに対し，毎日の予定を立てる，計画を実行する，食事や睡眠や活動レベルを適正なものにするといった工夫を通じて，ジェシカが生活習慣を自ら改善できるよう提案したが，彼女はそれらの提案をことごとく拒否した。というのも，彼女は「楽しく過ごしているうちに，自然と自分は幸せになれるだろう」と信じており，セラピストが提案するような工夫をしたら，かえってそのような自然な流れをせき止めてしまうのではないかと考えたからである。そこでセラピストはジェシカに対し，「あなたの生活の何がどのように変化したら，あなたはもっと幸せになれるのでしょうか」と質問した。ジェシカはこの質問によって初めて，長期的な目標を具体的に表現することができるようになった。それ

はたとえば,「親密で,安定した人間関係を築きたい」「家族ともっと良い関係を築きたい」「自分の芸術的な才能を生かせるような仕事に就き,成功したい」「お金を貯めて自分の車を買いたい」といったことであった。一度このように目標が具体化されると,ジェシカはそれらの目標を達成するための具体的なステップを設定し,それらのステップを乗り越えるための活動に自ら取り組むようになった。

2　イメージ技法を用いて目標を具体化する

　なかなか目標を設定できない患者には,イメージ技法が役に立つかもしれない。セラピストは,患者が今後「こうであればよい」と思えるある一日を心の中に描けるよう手助けする。その際,機能的に行動している自分,そして良い気分でいる自分自身の姿を患者自身がイメージできるよう,セラピストは誘導的な質問を重ねていく。

> ▶「1年後,あなたの気分は今よりずっと改善しています。そのときのことをイメージしてみましょう。あなたはどのような生活を送っているでしょうか。たとえばある平日の朝の場面を思い浮かべてみます。気分の良い朝です。前の晩ぐっすりと眠れ,エネルギーもたっぷりとあります。あなたは何時に起きますか。ベッドから起き出す自分の姿をイメージしてみます。そのときどんな気分でいるでしょう。次に何をしますか。そのままベッドから離れ,キッチンへ行ってコーヒーを入れますか。さて次にどんなことをイメージしたいですか。……その次には何をイメージしましょうか。……そして次は？」

　セラピストは患者への質問を続け,患者が心の中でさまざまな場面をイメージできるよう手助けする。場合によっては,次に示すような誘導的な質問を補助的に使うと,さらに役に立つかもしれない。

> ▶「さて,昼食の時間になりました。次にどんなことをイメージしてみたいですか。たとえばこんなことをイメージしてみてくだ

> さい。あなたは同僚のジョアンに，『一緒にランチに行かない？』と誘います。そしてあなたたちはランチをしに一緒に外出します。そのときのことをイメージしてみましょう。……あなたはどんな気持ちでいますか。……さてその後，あなたはジョアンとおしゃべりしながらランチタイムを過ごしています。そのときの話題は何でしょう。……ランチタイムが終わりました。さて，次に自分が何をするところをイメージしてみたいですか」

　このような調子で，患者が夜ベッドに入り，うとうとしながら，その日のことを満ち足りた気持ちで振り返っている姿を思い浮かべるシーンまで，イメージ技法を続けていくことが有効である。こうしたイメージ技法を行ったあと，イメージされたシナリオと，今現在の患者の生活との違いを検討して，具体的な目標設定につなげていくとよいだろう。

　イメージ技法には別のやり方もある。患者が自分の将来についてあまりにも絶望しており，未来における自分の良い状態をどうしてもイメージできない場合，セラピストは患者に対し，自分が今より良い状態にあった過去における典型的な一日を思い起こすよう誘導し，それについて述べてもらうのである。その後，そのような過去の生活と現在の生活との違いを検討することによって，今後の患者自身の変化について話し合うことができる。

事例

　アレンは将来に対して絶望しきっており，目標設定のための標準的な質問に答えることができなかった。彼にとって，将来良い状態でいる自分を想像することは，大変難しいことであった。

セラピスト：ではこれから，治療目標について話し合いたいのですが，よろしいでしょうか。
アレン：（ため息をつく）ええ，まあ。
セラピスト：治療を通じて，あなたは何をどのように変えていきたいですか。

ご自分の生活がどのように変化するといいと思いますか。

アレン：（小さい声で）わかりません。うつ病じゃない状態って，いったいどういう状態なんでしょう。僕にはもうわからないんです。とにかくずっとこんな状態が続いていますから，これからもずっとこんな感じなんじゃないかって思ってしまうんです。

セラピスト：（誘導的な質問をする）ちょっとイメージしてみてほしいのですが，たとえば今から1年後，あなたはどのような状態であればよいでしょうか。うつ病にかかる前に戻った自分を想像してください。気分が良く，エネルギーもやる気もある自分です。（具体化する）1年後，そういう自分に戻ったら，たとえばあなたは朝，何時に起きることができるでしょうか。

アレン：さあ，わかりません。今と違う状態なんて，僕には想像しようがないんです。

セラピスト：想像しようもないほど，今のあなたはとてもつらい状態なのですね。

アレン：ええ。

セラピスト：では，最後にあなたが元気だったときのことを思い出していただけませんか。それはいつ頃のことだったでしょうか。

アレン：（しばらく考える）ああ，まだかなり若かった頃です。（ため息をつく）でも，あれはもうずっと昔のことです。

セラピスト：あなたがまだ実家にいて，地元の会社で働いていたときのことですか。

アレン：（しばらく考える）ええ，たぶんそうです。

セラピスト：その頃，あなたはどんなふうに生活していたのですか。具体的に教えていただけますか。

アレン：その頃は，気分も良かったと思います。仕事は楽しかったですし，友だちとしょっちゅうバスケットボールをしていて，それもとても楽しかったんです。

セラピスト：そのときのあなたのエネルギーは？

アレン：エネルギーもありました。当時は何の問題もなかったんです。

セラピスト：仕事が楽しかったそうですが，具体的にはどんな感じだったのですか。

　セラピストはアレンに対し，過去の生活で良かった頃のことを思い出してもらった。そして，当時の活動，気分，対人関係，自分自身に対する見方などについて具体的に質問し，アレンが当時のことをイメージできるよう手助けし，情報を集めていった。そして過去にはできていたが今はできていない活動を見つけ，それを手がかりにアレンが目標を設定できるよう誘導していった。セラピストはその際，アレンが非機能的な自動思考に対応したり，問題解決的に行動できるよう援助したり，今の状況に対して別の見方ができるよう提案したりもしていった。

セラピスト：ランニングを再び始める，ということについてはどう思いますか。
アレン：さあ，どうなんでしょうか。体調を取り戻すには，ものすごく時間がかかりそうな気がします。昔は一日に，2，3マイルは平気で走っていたんですよ。
セラピスト：これから私が言うことについてあなたの考えをきかせてください。今のあなたにとって役に立つのは，全く走らないことなのでしょうか。それともたとえ少しでも走ることにして，少しずつ持久力を高めていくことでしょうか。
アレン：それは少しずつでも走ることだと思います。
セラピスト：では，そのことを書き留めておきましょう。少しでも走ることができたら，そういう自分をほめることが必要でしょうね。それがたとえ2ブロックだけだとしても，です。（一呼吸おく）全く走らないのと，2ブロック分走るのとでは，どちらが良いのでしょうか。
アレン：2ブロック分だけでも走ることです。
セラピスト：私もそう思います。（一呼吸おく）ところであなたは以前，よくお姉さんの家に遊びに行っていたそうですね。お姉さんの家で，甥っ子や姪っ子さんたちと一緒に遊んであげたり，お姉さんの手伝いを

したりしていたとおっしゃっていました。（一呼吸おく）これらを再開することも，もしかしたらできるのではないですか。

アレン：（うつむいて）ええ，たぶん。でも甥っ子や姪っ子たちは，前よりずっと大きくなってしまいました。あの子たちが，今でも僕と一緒に遊びたいと思ってくれるかどうか，自信がありません。

セラピスト：そうですね，そういう可能性もありますよね。以前とは違うことを一緒にしてみるのもよいかもしれませんね。（選択肢を示す）甥っ子さんや姪っ子さんの中では，誰が一番喜んであなたと一緒に過ごしてくれると思いますか。

アレン：（しばらく考える）うーん，やっぱり一番下の子だと思います。ジョーイっていうんです。

セラピスト：その子は何歳ですか。

アレン：たしか，8歳か，9歳か，そんなところです。

セラピスト：あなたはジョーイと一緒に何ができそうですか。（一呼吸おく）あなたが8歳か9歳のとき，好きだったことは何でしょうか。

　セラピストはその後も引き続き，「過去の元気だった自分」についてのアレンの記憶を引き出し，それに基づいて目標を設定するよう手助けすることを通じて，アレンの絶望感に対して創造的に取り組んでいった。

3　他者に向けた目標を，自分自身に焦点を当てた目標へと変換する

　患者が，自分自身ではなく，他者に焦点を当てた目標を設定してしまう場合がある（例：「上司が私にプレッシャーをかけないようになってほしい」「夫にお酒を飲むのをやめてほしい」「子どもたちが私の言うことを聞くようになってほしい」）。このようなとき，患者が「自分自身に焦点を当てた目標を立ててしまったら，私は自分が変化することについて責任を負わなければならなくなってしまう」「私だけが変わらなくてはならないなんて，不公平だ」といった非機能的な信念を抱いていれば，その信念の変容を試みる必要があるが，もしそういうことでなければ（つまり上記のような非機能的な信念を抱いていないのにもかかわらず，

患者が他者に向けた目標を掲げるのであれば)，直接的に他者を変えようとする目標が適切でないことを，セラピストが患者に説明するだけで事足りる場合が多い。通常このように説明することで，患者は，自分自身で直接コントロールできる目標を設定できるようになる。

> 事 例

セラピスト：この治療を受けることで，あなたは自分の生活がどのようになればよいと思いますか。

患者：妻が私のことをもっと認めてくれればよいと思います。妻は私に対して文句ばかり言って，「ああしろ，こうしろ」と指図するんです。私はこんなにも彼女に尽くしてばかりいるというのに。どうして彼女にはそれがわからないんだろう。それが私には理解できないのです。先生，いいですか，私は自分を犠牲にしてまでも妻を幸せにしてあげようとしているんですよ。私はそのために必死で働いているんです。浮気をしたこともありません。給料だって，そっくりそのまま妻に渡しているんです。

セラピスト：(共感を示す) 奥さんに対して，だいぶフラストレーションがたまっているようですね。(一呼吸おく) あなたの話を聞いていると，確かに奥さんに変わってもらうのがよいように思えてきます。(一呼吸おく) でも，誤解のないように申し上げておきたいのですが，ここでの治療によってあなたの思うように奥さんを変えることは，大変難しいことだと思うのです。奥さんが自ら積極的にここに来て，奥さん自身が治療を受けたいと言い出す可能性があると，あなたは思っておられますか。

患者：(憂うつそうに) いいえ，そんなことは無理でしょうね。妻には全くその気がないと思います。

セラピスト：ということは，あなた自身が直接的にコントロールできそうなことを，ここでの目標にするほうがいいでしょうね。(一呼吸おく) あなたはこれまで，ご自分の考えを奥さんにきちんと理解してもらうために，どのようなことをしてきましたか。

患者：（しばらく考える）給料をもらうたびに，すぐにそれを妻に渡しています。そうやって私が家族のために必死で働いていることを，妻にわかってもらおうとしているんです。

セラピスト：他にはいかがでしょうか。

患者：（肩をすくめる）

セラピスト：あなたは奥さんに対して，自分を認めてほしいということを，はっきりと言葉で伝えていますか。

患者：ええ，もちろんです。特に，妻が私に対して「ああしろ，こうしろ」と指図するときにはいつもです。

セラピスト：そういうときに自分を認めてほしいと奥さんに言うことは，どれぐらい効果的ですか。

患者：（不機嫌に）効果はありません。

セラピスト：奥さんがあなたに対して「ああしろ，こうしろ」と指図するときに，もっと自分を認めてほしいと主張することが，今後，効果をもたらす可能性はありますか。奥さんが突然態度を変え，あなたを認めてくれるようになることがありえますか。

患者：（しばらく考える）ありえませんね。そんなことは無理だと思います。

セラピスト：そうですか。では，あなた自身が何かを変えてみることにしたら，それにはどのような可能性があるでしょうか。たとえばこれまでとは違った言い方をしてみることが，何らかの効果をもたらす可能性はあるでしょうか。そのようなことをこの治療で私と一緒に検討してみるというのはいかがでしょうか。たとえば奥さんに対するあなた自身の言動を変えてみることを，ここでの治療の目標にするのです。（一呼吸おく）うまくいけば，結果的に，あなたに対する奥さんの態度も変わってくるかもしれません。（一呼吸おく）今の提案について，どう思われますか。

患者：まあ，そうするしかないかもしれませんね。

セラピスト：では，治療目標の一つに，「奥さんに対する自分の言動を変えてみる」ということを入れてもよろしいですか。

患者：ええ。

Ⅱ 目標設定における患者の非機能的な信念

　目標設定の際，これまで述べてきたような標準的なやり方ではうまくいかない患者がいることも確かである。そのような患者は，自分自身，他者，およびセラピストに対して非機能的な信念を抱いている場合が多い。このような患者は，治療においてどのような目標を達成したいかセラピストに問われると，たとえば，「私は無力だ」「私には能力がない」「私は弱い」「私には価値がない」といった中核信念が活性化されてしまう。またこのような患者は，目標設定や変化や回復について何らかの思い込みを抱いている場合が多い。そしてこれらの思い込みが，セッションの中で患者が示す非機能的な行動につながっていく。

> ●自分自身についての思い込み
> ・「目標を設定したら，私の気分は悪化するだろう（例：しなければならないことに圧倒されてしまうかもしれない）」
> ・「目標を設定したら，自分が変わらなくてはならなくなってしまう」
> ・「自分が変わらなくてはならないということは，これまでの私が間違っていた，あるいは悪かったということになってしまう」
> ・「自分が変わろうとしたところで，どうせうまくいくはずがない」
> ・「もし私が変わったら，これまでの苦しみが無意味だったということになってしまう」
> ・「もし私が変わったら，私の生活は今よりもっと悪くなってしまうだろう」
> ・「私だけが変わらなくてはならないなんて，不公平だ」
>
> ●他者についての思い込み
> ・「もし私が変わってしまったら，本来責めを負うべき人を許すことになってしまう」
> ・「もし私が変わったら，他者は私に対してもっと変わるようにと

期待するようになるだろう」

- セラピストについての思い込み
- 「もしセラピストの言うとおりに目標を設定したら，私は弱い人間で，セラピストにコントロールされているということになってしまう」
- 「もし目標を設定したら，私は自分の本性をセラピストに明かさざるをえなくなってしまう（そんなことになったら，私は傷ついてしまうだろう）」

III 非機能的な行動

以上のような思い込みを抱いている患者は，次にあげるような非機能的な行動を示すことが多い。

- 問題が存在すること自体を否定する（したがって，目標設定などする必要がないと言う）。
- 問題の原因を他者に帰属し，他者に焦点を当てた目標を設定する。
- 治療が役に立たないと宣言する（したがって，目標設定などむだであると言う）
- 自分はあまりにも無力でだめな人間だから，自分が変わることは不可能であると言う。
- 非現実的な目標を設定する。
- 実存的な意味の探求に関わるような目標しか設定しない。

Ⅳ 治療戦略

　非機能的な信念が原因で，患者が目標設定を拒む場合や有益ではない目標を設定する場合，セラピストはさまざまな戦略をとることができる。以下に例をあげる。

> - 目標設定を妨げている自動思考を引き出し，それらに対処する。
> - 治療に対して疑いを抱いている患者には，確かに治療が100パーセント成功するという保障はないのだから，その疑いはもっともであると認める。そのうえで，これまでに聴取した患者に関する情報に基づいて，セラピスト自身は治療に対して希望を抱いていることを患者に伝える。
> - 現在のような生活の仕方や考え方を続けるのであれば，気分は回復しないばかりか悪化する可能性もあるということを，患者自身が理解できるよう手助けする。
> - 自分自身でコントロールすることのできる目標とできない目標とを，患者自身が区別できるよう手助けする。他者に焦点を当てた目標を，自分のコントロール下で達成できるような目標に変換するのを手助けする。
> - 不平や不満を目標に変換するよう手助けする。
> - 生物学的な考え方を好む患者に対しては，治療が生理的機能に与える影響について心理教育を行う。
> - 実存的な志向を有する患者に対しては，治療が進んで症状がある程度落ち着いてから，実存的な目標を設定するよう提案する。
> - 具体的な治療目標を設定するよう求めることが治療同盟にダメージを与えるようであれば，治療開始当初はあえて患者の考えに任せることにしてしまう（例：治療開始当初は，大ざっぱだったり，あいまいだったりする目標でも「よし」としたり，たった一つの目標だけでも「よし」とする。あるいは目標を設定すること自体を延期する）。

以上の戦略については，以下の事例で具体的に紹介する。

1 　事例1　患者が絶望感のために目標をなかなか設定できない場合

　トーマスという32歳の男性患者は，たびたび再発する重症の抑うつ症状に苦しんでいた。彼はまたしても仕事を解雇されたばかりで，家族とも疎遠であり，親しい友人も親密な人間関係もいっさい失ってしまっていた。トーマスは薬剤を処方どおりに服用せず，ときどき気まぐれに服用していた。そのせいもあってか，薬剤の副作用が生じていた。治療開始当初，トーマスは，目標設定をうながすセラピストの試みに応じようとしなかった。

　　セラピスト：トーマス，あなたはこの治療で，どんなことを目標にしたいですか。
　　トーマス：（うつむいて）さあ，よくわかりません。
　　セラピスト：治療の結果，どのような変化があればいいと思いますか。
　　トーマス：（つぶやくように）さあ，どうなんでしょうね。
　　セラピスト：状況が改善されるとは思えないということでしょうか。
　　トーマス：（うつむいたままつぶやく）ええ，そういうことです。
　　セラピスト：ここのところずっとこんな感じですか。
　　トーマス：ええ。
　　セラピスト：あなたの生活で，たった一つ変えられることがあれば，それは何だと思いますか。
　　トーマス：さあ，僕には思いつきません。
　　セラピスト：（一呼吸おく）今，あなたはどのような気分なのですか。
　　トーマス：（うつむく）
　　セラピスト：少なくとも良い気分ではないのですね。
　　トーマス：ええ。
　　セラピスト：具体的に言うと，今あなたは悲しいのでしょうか。それとも何かを心配しているのでしょうか。あるいは絶望感を感じているのでしょうか。

第7章　目標設定における困難　223

トーマス：（しばらく考える）いいえ，僕は憂うつに感じているんです。ものすごく憂うつなんです。

セラピスト：（トーマスの自動思考を推測する）ひょっとしてあなたは「こんな治療は役に立たない」と思って，憂うつになっているのですか。

トーマス：（しばらく考える）ええ，そうです。

セラピスト：それは，この治療があなたにとって適切ではないからですか。あるいは，私がセラピストとしてあなたの役に立たないということでしょうか。

トーマス：（しばらく考える）いいえ，そういうことではありません。

セラピスト：ということは，治療や私のことではなく，あなた自身に関係することですか。

トーマス：（うつむきながら，しかし穏やかに答える）ええ，そうだと思います。

セラピスト：あなたは自分に絶望していらっしゃるのでしょうか。

トーマス：（うなずく）

セラピスト：「どうせ自分は何をやってもだめなんだ」といった感じなのですか。

トーマス：ええ，そういうことです。

セラピスト：そのような考えを，あなたはどの程度信じていますか。

トーマス：強くです。僕にはそうとしか思えないのです。

セラピスト：それでは途方に暮れてしまうでしょうね。

トーマス：ええ，そうなんです。

セラピスト：では，そのような現状から抜け出すにはどうすればいいか，私たちで一緒にやっていきませんか。

トーマス：（少し考える）僕には無理だと思います。

セラピスト：うーん，そうかもしれないし，そうでないかもしれないし……それはやってみないとわかりませんよね。確かに，ここに来る患者さんたちは，最初はそのように思っている人が多いものです。でも実際には，かなり多くの患者さんたちが，回復しているんですよ。

トーマス：そうですかね。

セラピスト：一つだけはっきり言えることは，目標がはっきりしていないと，なかなか治療は先に進まないということです。……たとえば，長く続けられる仕事を見つけたいとか，もっと人づきあいが上手にできるようになりたいとか……。

トーマス：（うつむいたまま）よくわかりません。

セラピスト：（より多くの情報を得ようとする）ネガティブなことでかまわないので，あなたがこの治療に対してどのように考えているか，教えてください。

トーマス：僕は，自分がこの状態から抜け出せるとは，どうしても思えないんです。だってずっと長い間，こんな状態のまま苦しみ続けているんですから。何をやってもうまくいかなかったんですから。

セラピスト：（仮説を立てる）ひょっとしてあなたは，治療に対して希望をもつこと自体を恐れているのですか。

トーマス：（うなずく）

セラピスト：（患者の反応をノーマライズする）なるほど……確かにあなたの立場で考えたら，治療に対して希望をもつことを恐れるのは無理もないことかもしれません。……ただ一つ言えるのは，ここでの治療があなたに対してうまくいかないだろうということについて，何の理由も見当たらないということです。……では，こうしてみませんか。あと4回だけ，つまり今日のこのセッションを含めて全部で5回，私と一緒にセッションを行ってみるのです。そして5回のセッションが終わってから，この治療があなたにとって助けになるかどうか，一緒に検討してみるのです。どうですか。

トーマス：（うなずく）

セラピスト：それでは5回のセッションで達成できそうなことは何か，それを考えてみたいのですが，よろしいですか。

トーマス：ええ。

セラピスト：この問診票によると（問診票には現在の機能について記載されている），あなたは自宅の片づけができなくて困っていらっしゃるようですね。そのことについて，もう少し詳しくお話しいただけますか。

この後セラピストとトーマスは，自宅の片づけに関して小さな目標を立てた（例：ごみを捨てる。あちこちに散らばっている請求書を一つにまとめる。台所をきれいにする）。セラピストはまた，自分に受給資格のある社会的サービスについてトーマスが知らないことを明らかにした。そこで，電話をかけてそのサービスについて情報を得るということも，小目標の一つとした。その他に，いとこに電話をする，精神科を受診して薬物治療について相談する，ボーリングに行ってみる，といったことも小目標として合意された。

　セラピストは，トーマスにとって目標を設定することがどうしてあれほど大変だったのか，仮説を立て，次の数回のセッションでその仮説がそのとおりであることを確かめた。それは，トーマスが「自分は無能な失敗者だ」という中核信念を抱いているという仮説であった。そのような中核信念のために，「自分は何をしても失敗するにちがいない」と思い込んでいた。そして回避という対処戦略ばかりをとっていた。彼は，「どうせ失敗するだろう」と思った活動をことごとく避けていたのである。また，自分が慢性的な抑うつ状態から抜け出せるはずはないと思っていたので，希望を抱くことも回避していた（慢性うつ病患者の絶望感に対するアプローチについては，文献42）を参照）。

2　事例2　患者が目標設定に対して抵抗を示す場合

　エリカという57歳の女性患者は，離婚経験があり，身体障害を抱えていた。彼女はほとんど外出することなく，自宅で，彼女を口汚く罵る母親の世話をして過ごしていた。エリカの幼少期はひどいものであった。彼女は，精神的にも身体的にも虐待を受けており，しかも性的にも虐待されていたのである。エリカの治療歴は長期にわたっていた。彼女はこれまで，自殺企図による入院，部分的入院，外来の集団精神療法，個人療法など，さまざまな治療を受けていた。そして彼女の新たな治療が始まった。セラピストは初回セッションで，エリカとともに治療目標を設定しようとしていた。

セラピスト：エリカ，あなたはどんなことを治療目標にしたいですか。ここでの治療の結果，どのような変化があればよいと思いますか。

エリカ：（ずっと押し黙ったあと，蚊の鳴くような声で話す）私はもう，こんな状況に耐えられないんです。

セラピスト：（優しい口調で）もちろんそうですね。今，とてもつらい状況なんですよね。（一呼吸おく）ところでもし今の苦しみが少しでも軽くなったら（楽観的すぎるように聞こえないよう注意しながら），あなたの生活はどうなると思いますか。どのように変化すると思いますか。

エリカ：（長い間黙ったあと）変化なんて考えられません。

セラピスト：それはつまり，たとえ，今の苦しみがたとえ減ったとしても，あなたの生活が変化するとは考えられないということですか。

エリカ：（しばらく黙る）ええ，そうだと思います。

セラピスト：あなたがご自分の生活で変えてみたいと思うことって，何ですか。（エリカの場合，オープンな質問をするより，複数の選択肢を提示してそこから選んでもらうような質問をするほうがよいかもしれないと考える）たとえば，もっと人づきあいをしたいとか，再び仕事をしたいとか，もう少し生活の中で楽しめることを増やしたいとか。

エリカ：（ため息をつきながら，しばらく考える）いいえ，そうは思いません。

セラピスト：どうしてですか。

エリカ：（ややイライラした様子で）ありえないからです。

セラピスト：あなたにとって，何かが変化することはありえない，ということですか。

エリカ：（イライラした様子で）そうです。

セラピスト：わかりました。ではしばらくの間，まずはあなたの苦しみを少しでも軽くすることを目指して，治療を進めていきましょうか。それならよろしいですか。

エリカ：（うなずく）

セラピストは，このまま目標設定について話を続けると，それ自体が

エリカの治療意欲を損ねてしまうおそれがあることに気づいた。まだ初回セッションであり，二人の治療同盟はさほど強固なものではなかった。そこでセラピストは目標設定についての話し合いを保留にして，エリカが継続して治療を受けに来る気持ちになれるような，つまりエリカにとって安心できる雰囲気を作っていくことにしたのである。

エリカは翌週もセッションに訪れた。そして第2セッションでの話し合いの中で，なぜ初回セッションで目標を設定するのがあれほど困難であったか，セラピストはそれを概念化する情報を得ることができた。第2セッションでセラピストとエリカは活動スケジュールを作成していたのだが，その際，エリカが「自分は，物事を楽しむに値しない，悪い人間だ」との信念を抱いていることが明らかになったのである。彼女は実際，「気分を良くするために何かをしたら，自分は罰を受けるにちがいない」と信じていた。そこで彼女は初回セッションにおいて，気分を改善するための試み（目標設定のための話し合いも含まれる）に抵抗するという戦略をとった。そのためエリカが目標を設定できるようになるまでには，たとえば次のようなことが必要であった。

- セラピストは，質問の仕方を変えた。すなわち「治療の結果，どのような変化があればよいと思いますか」という質問を改め，「治療の結果，あなたはどのように変化するべきだと思いますか」という質問に切りかえた。
- 患者がセラピストのことを信頼するようになった（少なくとも，セラピストが患者の意に反すること（例：楽しみを見つける）を強制することはない，と患者自身が信じられるようになった）。
- 「自分は悪い人間だ」といった中核信念や，「自分が何かを楽しんだりしたら，罰を受けるにちがいない」といった思い込みを，治療を進める中で徐々に修正していった（中核信念や思い込みの修正については，第12章，第13章を参照）。

3 事例3 患者が問題を抱えていることを否定する場合

　リサは15歳の軽うつ患者で，反抗挑戦性障害の徴候も認められた。リサは，治療を受けるべきだと母親に強く言われて，治療に訪れた。母親の話によると，リサは家族に対して非協力的であり，気分屋で，母親や弟たちとけんかばかりしているとのことだった。また学校で，彼女はいくつかの科目で落第寸前であった。さらに母親は，リサがドラッグをやっているのではないかと心配していた。とりあえずリサへの治療が開始されたが，彼女は初回セッションの冒頭で，自分は好きでこの治療に来ているのではないと明言した。

　　セラピスト：リサ，私たちがこのまま治療を続けるとして，あなたはここでの治療から，どんなことを得られるといいと思いますか。
　　リサ：（肩をすくめる）
　　セラピスト：治療によって，あなたにどんな変化があるといいですか。あるいはあなたの生活がどのように変わるといいのでしょうか。
　　リサ：そもそも私は，何で自分がここにいるのかさえわからないんです。前にも言ったけど，治療が必要なのは母のほうです。母は頭がおかしいんです。父が家を出て行ってからずっと。この際だから言っておきますけど，父が出て行ったのだって，すべて母のせいなんですよ。あれ以来，母はますますおかしくなっているんです。先生も誰かに聞いてみればいいのよ。弟たちでも，フロウおばさんでも，誰だっていいわ。みんな，母がどれほどコントロールを失っているか，教えてくれるはずよ。
　　セラピスト：（穏やかな調子で）お母さんはそのようには思っていないようですね。
　　リサ：（怒って）母は，私に問題があると思っているの。（皮肉っぽく）全くおかしな話だわ。
　　セラピスト：（共感的に）すると，あなたは途方に暮れてしまっているのですね。ここまでの話をまとめると，あなたは，問題はお母さんにあると考えている。でもお母さんは，あなたをこうやって治療に来させよ

うとしている。そういうことになりますね。
リサ：（つぶやくように）母のことに悩まされなくなれば，何もかもうまくいくのに。
セラピスト：（情報を収集するために）それが実現する可能性は，どれぐらいありますか。
リサ：全くないわ。長い間，ずっと母に悩まされ続けてきているんだもの。
セラピスト：あなたは長い間，お母さんとのことで悩み続けているんですね。
リサ：そうです。
セラピスト：具体的にはどのような感じなのでしょうか。あなたはお母さんにどう対応しているんですか。
リサ：（大ざっぱな表現をする）とにかくあの人は手に負えないのよ。
セラピスト：（リサにもっと具体的に話してもらおうとする）あなたがお母さんについて最も困っているのは何ですか。
リサ：そんなの，すべてに決まっているわ。私は母の顔も見たくないの。
セラピスト：（共感的に）よほどひどい状況のようですね。
リサ：そうよ。
セラピスト：この状況を改善するために，私とあなたでどんなことができそうか，考えてみたいのですが。
リサ：（天井を仰ぎ見る）
セラピスト：何もおっしゃらないということは，私の提案が気に入らないということですか。
リサ：だってそんなの不公平じゃない！　問題は母のほうにあるのよ。なのに私が状況を改善しなければならないなんて。（とがめるような口調で）そもそも先生だって，そのうち私にあれこれ指図するようになるんじゃないかしら。（皮肉な口調で）結局は私にこう言うかもしれないわ。「リサ，お行儀よくふるまいなさい，お母さんに協力してあげなさい，お母さんの良い娘になりなさい」って。
セラピスト：ああ，なるほど。あなたの考えを教えてくださってありがとう。私のほうでは，そのようなことを言わないよう，気をつけることにします。でもね，リサ，私だってつい口がすべって，あなたが気に入ら

ないことを何か言ってしまうことがあるかもしれません。そういうときは，あなたに指摘してもらいたいのです。そうすれば私も自分の発言を訂正することができますから。（一呼吸おく）今の提案についてはどう思いますか。

リサ：（驚いた様子で）……ええ，わかったわ。

セラピスト：ぜひお願いしますね。あなたがそのようにしてくれないと，この治療自体もうまく進んでいかないのですから。

　上のやりとりにおいてセラピストは，患者が自ら目標を設定するようになる前に，まず治療同盟に関する問題に対処する必要があることに気づいた。そこでセラピストは治療関係のバランスをとるために，セラピストが何か過ちを犯したらそれを訂正するよう患者に依頼した。そのうえで，再度，目標設定について話し合うことにした。

セラピスト：では話を元に戻しましょう。あなたはこの治療から，何が得られるといいと思いますか。

リサ：（他者に向けた目標を設定する）母が私に優しく接してくれるようになるといいんだけど。

セラピスト：あなたはお母さんをそのように変えることができると思いますか。

リサ：（むっつりして）無理です。

セラピスト：確かにそれは，直接的にはコントロールできることではなさそうですね（間接的にはコントロールできるかもしれないということを示唆する）。

リサ：私には無理です。でも先生から母に言ってもらうことならできるかもしれないわ。

セラピスト：なるほど。そういうことならぜひ，私たちで一緒にあなたのお母さんに話をすることができるでしょう。まず今日のセッションの最後に，ここで一緒にお母さんに電話をしてみるというのはどうでしょうか。

リサ：（うなずく）
セラピスト：ではお母さんに電話をするまでの間，あなた自身が直接コントロールできることは何か，それについて話し合ってもいいですか。
リサ：（しばらく考える）よくわからないわ。なんだかものすごく大変なことのような気がするんです。だって母は，仕事から帰ってからベッドに入るまでの間，ひっきりなしに私や弟たちとけんかし続けているのよ。私が静かに過ごせる場所が，家の中にはどこにもないんです。
セラピスト：（共感的に）それは大変でしょうね。（自己開示を行う）私の場合，一日中働いて家に帰れば，ただボーっと座ってリラックスする時間を過ごすことができます。それがすごく助けになっているんです。（一呼吸おく）しかしあなたにはそういうことが望めないのですね。
リサ：そうなんです。母はいつもガミガミうるさく言うばかりなんです。私が家に帰ったとたん，まだコートも脱いでないというのに，「ああしなさい，こうしなさい」ってうるさく言ってくるばかりなの。私がただおとなしくテレビを観ているだけでも，母はそれが気に入らなくて，いろんな嫌味を言ってきて，結局はテレビのスイッチを切る羽目になるわけ。弟たちも同じだわ。私はあの子たちが本当にうっとうしいのよ。
セラピスト：リサ，あなたには自宅で静かに過ごす時間が本当に必要なんですね。……どうでしょう，そのことをここでの目標にしませんか。
リサ：ええ，それがいいと思います。

　上のやりとりにおいてセラピストは，患者の訴える不満を把握し，それをすかさず具体的な目標におきかえ，患者の同意を得た。

セラピスト：この目標は，あなたのお母さんも賛成してくれると思いますか。
リサ：思いません。母は，私が彼女の言いつけたことをすべてやり終えてから静かな時間を過ごしなさい，と言うでしょうね。それに宿題をするほうが先だとも言うでしょう。私の母はそういう人なんです。
セラピスト：ということは，あなたと私で，あなたのお母さんに対して何を

　　　　伝えたらいいか，一緒に考える必要があるということですね。
　リサ：そうですね。

　治療開始当初，リサのどのような信念や戦略が，目標設定を妨げていたのであろうか。彼女はたとえば，「自分は無力で，他者，特に母親は自分をコントロールする存在だ」という信念を抱いていた。彼女はしかも，次にあげるような非機能的な思い込みを抱いていた。

- 「もし私が自分の生活を変えようとしても，それは無理だろう」
- 「もし私が自分に問題があることを認めてしまったら，変化する責任を私自身が負う羽目になってしまう」
- 「もし私のほうから変わったら，母が勝ちで，私が負けということになってしまう」
- 「もし私のほうから変わったら，私は母を罰することができなくなってしまう」
- 「もし私がセラピストの言うようにしたら，『支配権をもつのは私ではなくセラピストだ』ということになってしまう」

　そのため，セッションにおいてリサが用いた戦略は，自分の問題をすべて母親のせいにして，自分自身に焦点を当てた目標を設定することに抵抗することであった。セラピストはリサのそのような反応をみて，「静かに過ごす時間が欲しい」というリサの要望をかなえる方向で治療を進めていくことが，治療同盟を強化し，のちにリサが目標設定に積極的に関われるようになるだろうと判断した。そしてセラピストとリサは，リサ自身が納得でき，これなら母親からの同意が得られそうだという，自宅におけるリサの活動スケジュールを作成した。次にセラピストとリサは，このセッションの最後の時間にリサの母親に電話をして，母親がコミュニケーションに加わった際に，リサ自身が母親に対して何をどう言ったらよいか，ロールプレイを通じて練習した。セラピストは，母親に対する新たな対応の仕方が，たとえそれが彼女が当初拒んだ礼儀正し

く協力的なものであっても，リサが母親との関係をコントロールするのに役立つのであれば結局は彼女の助けになることを，リサ自身が理解できるよう手助けした。

その後実際に，完全ではなかったものの，自宅で静かに過ごす時間を手に入れるということにリサは成功した。そしてそのような体験を通じて，リサの治療に対する構えが変化した。彼女は，「もしかしたら，この治療は私にとって役に立つかもしれない。さまざまなことを自分自身でコントロールして，生活を改善することができるかもしれない」と思うようになったのである。その後セラピストとリサは，彼女の長期目標について，そしてそれを達成するためのスモールステップについて，協力して話し合うことができるようになった。

4　事例4　患者が自分の問題はすべて身体的なものであると信じている場合

グレッグは32歳の独身男性で，大工をしていた。グレッグはパニック障害と診断されていたが，彼自身は自分の問題は心理学的なものではないと確信しており，心臓病の専門医から強く勧められたのでしかたなく治療に訪れたのにすぎなかった。グレッグはすでに，広範囲にわたる医学的な精密検査を受けていた。また初回セッションに訪れる前の6週間の間に，救急救命室を4回受診していた。セラピストは初回セッションで目標設定のための話し合いを始めたが，ほどなくして，目標を設定する前にさらなる心理教育が必要であることに気づいた。

セラピスト：これから，ここでの治療で何を目標とするかについて，話し合いましょう。主な目標の一つは，パニック障害を克服することだと思うのですが，いかがでしょうか。
グレッグ：ええ……，でも，実を言うと，その点については，ここに通ってもあまり意味がないように思います。
セラピスト：この治療がパニック障害を克服するための助けにならないということですか。それとも，私に何か問題があるとお考えですか。

グレッグ：いいえ。先生に問題があるとかないとか，そういうことではないんです。率直に言いますと，私がここに来たのは，主治医から強く勧められたからにすぎないんです。
セラピスト：主治医は，なぜあなたにここに来るよう強く勧めたのでしょうか。
グレッグ：主治医が言うには，この治療が僕に役立つから，ということでした。でも僕はそうは思っていません。だって僕の身体は，明らかにどこかおかしいんですから。話をして治るようなことではないんです。
セラピスト：（明確化する）あなたは身体的にどこか悪いのですね。
グレッグ：ええ，そうです。
セラピスト：それはそのとおりだと思いますよ。明らかにあなたの身体には不具合がみられますから。あなたは発作が起きると，心臓がドキドキし，それがますますひどくなってしまうのでしたね。それと同時に胸が締めつけられ，呼吸困難になるということでした。これらはすべて身体的症状です。
グレッグ：だったらなぜ，僕は今ここに……？
セラピスト：どうして私があなたのお役に立てるか，ということを知りたいのですね。
グレッグ：（うなずく）

このあとセラピストは，パニックの認知モデルを提示し，脳に本来備わっている警報システムが過度に反応してしまうことについて，進化心理学的な視点から説明した[22]。それでもなお，グレッグは疑い深げであった。

セラピスト：二つの可能性があるようですね。一つは，あなたにそのような症状が生じたときは，あなたの身体が本当に危険な状態にあるということです。……そしてもう一つは，先ほどご説明したとおりのことです。つまり身体的には危険な状態ではない，すなわち心臓発作を起こしているわけではないけれども，あなた自身が「心臓発作が起きてい

る」と確信しているため，あなたの身体が実際にたかぶってしまっているということです。

グレッグ：なるほど。

セラピスト：ということは，あなたには二つの選択肢があるということになります。一つは，自分の身体に命に関わる悪い病気がひそんでいると思い続け，これまでどおり医療に助けを求め続けることです。……ただし，この場合，あなたもおっしゃったように，主治医は可能な医学的検査はすべて実施して，何も問題がなかったと言っています。救急救命室の医師たちも，あなたの心臓にどこか悪いところを発見したことは一度もありませんでした。それでもなお，この道をあえて選択するのです。

グレッグ：（うなずく）

セラピスト：もう一つの選択肢は，来週もう一度，ここにいらっしゃるということです（ここでの治療がさほど長期間を要するものではないことを示唆しながら）。そうすれば，あなたに必要なのは純粋に医学的な治療なのか，ここでの認知療法的なアプローチなのか，もう一度一緒に検討することができますね。（一呼吸おく）どう思いますか。

　グレッグは「自分は精神的にもろく，傷つきやすい人間だ」という中核信念を抱いていた。そして彼には，「医学的治療を追求することをやめ，心理療法を受けることに同意してしまったら，自分の心はさらに傷ついてしまうだろう」という思い込みがあった。そのような彼に対し，セラピストは心理教育をさらに追加して行い，最善の治療法を見つけるために協力して話し合ってはどうかということを提案した。そしてほんの数回のセッションに回数を限定して，とりあえず認知療法を試してみることを提案したところ，グレッグは「とりあえず」という感じではあったが，その提案を受け入れた。

5　事例5　患者が非現実的な目標を設定する場合

　ステファニーという40歳の既婚女性患者には，小学生の子どもが二

人いる。彼女はうつ病で，子育てと家事を全面的に引き受けており，それに圧倒されてしまっていた。しかも彼女はスーパーマーケットのパン売り場でフルタイムの仕事にも就いていた。夫のジーンは，地元のガソリンスタンドで自動車機械工をしている。ステファニーは最近，近所の既婚男性とつきあい始めた。その男性はハルといい，彼女より15歳年下だった。セラピストからみると，明らかにハルは一時的な性的関係だけを彼女に求めているようだった。

> セラピスト ：あなたはこの治療から何を得たいと思いますか。どのような変化があるとよいと思いますか。
> ステファニー：ハルがもっと多くの時間を私と一緒に過ごしてくれるようになればいいと思っています。あとジーンが離婚に同意してくれることです。少なくとも私は離婚したいんです。でもジーンは離婚を望んでいないんです。彼は今でも私のことを愛していると言うのです。私は彼の真意がわかりません。だってハルとのことはジーンにとっくにばれているんですよ。それでもなお離婚したくないのだそうです。私，ジーンをこれ以上傷つけたくないんです。彼にわかってもらいたいのは，私たちはお互いに別の道を歩む必要があるということです。ジーンは悪い夫ではありません。だからこそ，彼は，彼のことを本当に愛してくれる女性を見つけたほうがいいんです。私だって今でもジーンに対して，ある程度の愛情は感じます。でもこれ以上彼との結婚生活を続けたくないんです。それに，子どもたちをこれ以上傷つけたくないという気持ちもあります。予想はしていたんですけど，私があまり自宅に戻らないことに対して，子どもたちは動揺しています。家に帰ると，子どもたちは私にしがみついてくるんです。離婚するとなったら，ジーンが養育権を私に渡してくれないのではないかという心配もあります。
> セラピスト ：（ステファニーの話をメモする）お話はわかりました。少し確認させてください。私があなたの話を正確に理解できているかどうかということと，今お話ししてくださった目標があなた自身の力で達成

することが可能なのか，ということについてです。まず一つは，ハルにもっとあなたと一緒の時間を増やしてほしい，ということでした。次に，あなたはジーンを傷つけることなく彼と離婚したいと思っている。最後に，あなたは子どもたちを傷つけたくない，ということでした。このような理解で合っていますか。

ステファニー：ええ，そのとおりです。

セラピスト ：ステファニー，いいですか。私は話を間違った方向にもっていきたくありません。これらの事柄は，私たちが直接コントロールできる範疇に属するものなのでしょうか。私にはそうは思えないのですが。

ステファニー：（落胆した様子で）はあ。

セラピスト ：（ステファニーの自動思考を予測しながら）だからと言って，私があなたの力になれない，ということではありません。あなたは明らかにうつ状態で，しかも不安でいっぱいになっています。あなたには何らかの助けが必要だと思います。ただし，目標を変更する必要があると思うのです。

ステファニー：先生は，ハルが私のために奥さんと別れてくれると思いますか。

セラピスト ：あなたと彼との関係について，私はまだよくわからないのですが，正直申し上げると，あまり良い関係のようには思えないのです。たとえばハルの意図を明らかにする，ということであれば，目標になりそうな気がしますが。（一呼吸おく）どう思われますか。

ステファニー：そんなこと，だめです。（しばらく考える）そんな恐ろしいことはしたくありません。ハルにプレッシャーをかけるようなことはしたくないんです。私のほうから彼の意図を探るような話をしたら，彼に捨てられてしまうかもしれません。

セラピスト ：ハルとの関係について，あなたがコントロールできることはほとんどない，ということなんでしょうか。

ステファニー：そうです。決めるのは彼なんです。実際，私たちがつきあうことにしたときもそうでした。

セラピスト ：ということは，ハルにもっとあなたと一緒の時間を増やしてほ

しいという目標は，あなた自身が決められることではない，ということになりますね。あなたたちのことを決めるのが彼であれば，そういう結論になってしまいますが。

このやりとりのあとも，セラピストはソクラテス式質問法を用いてステファニーとの対話を続けたところ，彼女は自分の望み（このままハルとつきあい続ける一方で，ジーンを傷つけずに彼との離婚話を進めること）が非現実的であると結論づけた。さらに，自分がこのまま子どもたちとではなく，ハルとの時間を大事にし続けたら，また自分とジーンとの緊張関係がこのまま解消されないままでいたら，子どもたちの動揺は消えることはないし，さらにひどく動揺するようになるかもしれない，ということにも，ステファニー自身が気づいた。

セラピスト：（ステファニーの苦しみを理解していることを伝える）ステファニー，いいですか，もし私があなたの立場だったら，今から私が申し上げることを聞くと本当にがっかりしてしまいそうだと思うのですが。

ステファニー：先生が何をおっしゃろうとしているか，わかっています。でも私には無理だわ。ハルのいない生活なんて，絶対に考えられないのです。

セラピスト：ちょっと待ってください。私は心からあなたの力になりたいと思っています。まずそのことを信じてください。私はただ，あなたに非現実的な希望を与えてしまうのが怖いんです。……わかりました，私の考えをお話しします。あなたは先ほど私におっしゃいましたよね。今はハルと一緒にいるときだけは，そして彼と一緒にいることを想像しているときだけは，気分が良いのだと。そのとおりですか。

ステファニー：（うなずく）

セラピスト：その一方で，あなたが望んでいるような将来を，ハルも同じように望んでいるのかどうか，それはわからないのでしたよね。あなたの話によれば，ハルが今の奥さんとあまりうまくいっていないように

聞こえますが，本当のところはわかりません。
ステファニー：（表情がゆがむ）
セラピスト ：あなたの気分を良くするための別の方法を，どうやって見つけたらよいのでしょうか。そういうことも必要なのではないかと私は思います。そうすれば万が一ハルと別れるようなことがあっても，あなたはあなたで気分の良い生活を続けていくことができるのです。（一呼吸おく）どう思いますか。
ステファニー：（気乗りしない様子で）そうなんでしょうね。でも，他の方法で私の気分が良くなるんでしょうか。見当もつきません。
セラピスト ：では，それをこの治療での目標にするというのはどうでしょうか。自分の気分を改善するための方法を見つけるのです。
ステファニー：ええ，それならいいと思います。
セラピスト ：では，今度はジーンのことについてです。私には，あなたが彼と離婚したがっている一方，彼と別れることについて決心しきれていないようにも思えます。ジーンとの関係をどうするか，それを判断することを，ここでの目標にするというのはどうでしょうか。
ステファニー：ええ，それもいいと思います。私は判断することを先延ばしにしているんです。本音では，ジーンのほうが私を見捨てて出て行ってくれたらいいのに，と思っているんです。そうしてもらえると，ずっと楽だわ。
セラピスト ：なるほど，そういう考え方もありますね。（一呼吸おく）でももし私があなたの立場で，ジーンにそんなことをされたら，やはり多少ながらも混乱してしまいそうです。いずれにせよ，ジーンと離婚するかどうかについて意思決定する，ということを，もう一つの目標にしましょうか。それともあなたはすでに離婚を決意しているんでしょうか。もしそうであれば，ジーンにできるだけショックを与えないように離婚をうまく成立させることが目標になるかもしれません。
ステファニー：私はまだ決心しきれていないと思います。
セラピスト ：わかりました。では意思決定が目標になりますね。（目標を書き留める）ただいずれにせよ，まずはジーンとの言い争いや緊張を減

らすことを試みる，ということを検討することになりそうですね。
　ステファニー：ええ，そうですね。

　セラピストとステファニーはさらに話し合い，子どもたちに適切な対応をすること，家事の負担を減らすこと，ハルとのこと以外で楽しい時間をもてるよう計画を立てること，といった目標を設定した。

　セラピスト　：（目標リストをおさらいして）このような目標リストになって，あなたはさぞかしがっかりされているかもしれません。なぜならこのリストには，ハルがあなたと一緒の時間を増やすということも，家族を傷つけずにジーンと離婚することも入っていませんから。
　ステファニー：（しばらくじっと考える）ええ，確かにがっかりしています。
　セラピスト　：この治療にもう二度と来たくないと思うほど，がっかりしていますか。
　ステファニー：いいえ，そういうことではありません。ここにはまた来ます。

　ステファニーとのセッションで，セラピストは彼女が現実的な目標を設定できるよう手助けする必要があった。しかし一方で，目標設定をめぐってステファニーと対立するようなことがあれば，彼女が治療を中断してしまうおそれがあることも認識しておく必要があった。上のやりとりでセラピストは何とかそれらの問題をのりこえ，目標設定にこぎつけたが，最後にセラピストは，失望感を表明する機会をステファニーに提供し，それでも治療を継続する意思が彼女にあることを確認してセッションを終えた。
　なぜステファニーにとって，現実的な目標を設定することが困難だったのだろうか。彼女は，「自分は無力で傷つきやすく，魅力のない人間だ」という中核信念をもち，しかも次のように思い込んでいた。「ハルがいなければ私は幸せになれない。ハルに会うのをやめたり，ハルを想うことをやめたりしたら，私の気分はどうにもならないほどひどくなってしまうだろう」。このような中核信念や思い込みによって彼女が用い

た対処戦略は，苦痛を感じ始めたらすぐに空想に浸って，現実的な問題を回避するというものであった。

6 事例6 患者が実存的な目標を設定する場合

アーサーは30歳の男性で，大うつ病に苦しんでおり，さらに気分変調性障害の徴候もみられた。彼にはさらにⅡ軸障害，具体的には自己愛的な傾向を有する回避性パーソナリティ障害も認められた。アーサーは無職で，この1年以上，全く仕事をしていなかった。彼は両親と同居しており，両親に養ってもらっていたが，親子関係はあまり良好ではなかった。また彼にはほとんど友人がいなかった。次に紹介するのは，アーサーとの初回セッションでのやりとりである。この中で彼は，実存的な事象についての自分の思いを述べている。

セラピスト：あなたの治療目標は何ですか。
アーサー：言っておきますが，僕には何の目標もありません。そもそも治療が何の役に立つのか，僕には疑問ですね。僕は長い間，ずっと苦しんでいるんです。大ぜいのセラピストにも会いました。（少し間をおく）でも，僕の人生は何も変わっていません。治療なんて意味がないと感じています。
セラピスト：あなたにとって重要なのは，意味を見出すことなのですか。
アーサー：そうです。（ため息をつく）でも，それが可能だとは考えていませんが。
セラピスト：ちょっと考えてほしいのですが，次のような場面を想像してみてください。朝，目を覚まして，新たな一日のことを考えます。すると自然に，その日，自分が予定している大事なことを思い出して，自分には目的があるんだと感じます。……どうでしょう，このようなことが想像できますか。
アーサー：（しばらく考える）いいえ，無理です。そもそもそんなことを想像できるぐらいなら，僕はここに来ていませんよ。
セラピスト：他の人はどうだと思いますか。人は自分にとって何が目的だと

考えているか，想像できますか。

アーサー：ええ，想像できるつもりですけど。……みんな，大事だと思い込んでいる仕事があり，養わなくてはならない家族がいるということでしょう？

セラピスト：あなたもそのようなことを目的にしたいと考えているのでしょうか。

アーサー：まさか，違いますよ。僕はそんなことは考えていません。

セラピスト：なぜならば……？

アーサー：なぜならば，仕事で満足感にひたっている自分なんて，僕には想像もつかないからです。仕事なんて退屈なものです。確かに今，僕は働いていませんけど，これまでに多くの仕事に就いたことがあるんです。どの仕事も大嫌いだった。要するに何が言いたいかというと，経営者や上司が何百万ドルも稼いでいるかたわらで，一般の人は，たった数ドルのためにあくせくと働くしかないのです。働きに働いて，そして家に帰ります。数時間経つと寝て，また朝になったら起きて仕事に行くんです。さらに妻子がいたりなんかしたら，いったいどうなると思いますか。ますます事態は悪化します。家族を飢え死にさせないように働き続けるしかないのですから。

セラピスト：確かにあなたの話を聞いていると，ひどく悲観的な気になってきます。あなたはご自分の生活をどうやって改善したらいいのか，全く見当もつかないのですね。

アーサー：だってそんなことしたって，それがどうなるんですか。働く，食べる，寝る，そして挙句の果てにどうせ死んでしまうんですよ！

アーサーはその後も自分の実存的危機について語り続けた。それはたとえば，宇宙における自分の存在についての疑問や，どうせ死ぬのにあくせくと働いたり楽しもうとしたりすることの無意味さについての疑問であった。セラピストは彼の話を要約し，彼の抱える困難を理解したことを伝えた。次にセラピストは，心理教育を試みた。

セラピスト：あなたのおっしゃるさまざまな疑問は，どれも重要で，根本的な疑問なのだと思います。ここでの治療がそれらの疑問について考えるための手助けになるかもしれません。ただこのような疑問は，私たちの多くが，多かれ少なかれ悩むようなことなのではないでしょうか。（一呼吸おく）いずれにせよ今私に言えるのは，うつ状態にある人は，このような疑問について考えることすら難しくなってしまう，ということです。（一呼吸おく）うつ状態を治療して，症状が改善すれば，もっとよく考えられるようになるでしょう。

アーサー：ふーん，そうですかねえ。

セラピスト：あなたはどう思いますか。

アーサー：どうなんでしょうか。（一呼吸おく）もう少し考えてみる必要がありそうです。（一呼吸おく）僕のうつ状態を軽くするには，どうするべきなんでしょうか。

セラピスト：（現時点で標準的な治療計画を提示してもアーサーに却下されるだろうと予測する）標準的な認知療法があなたにすぐに役立つかどうか，今はまだわかりません。ただしほとんどの人にとって有効なのは，その人があなたのおっしゃるような疑問を抱いているか抱いていないかにかかわらず，今の自分の生活を整理し，調整することです。たとえば，あなたは一日の大半を，テレビを観るか，新聞を読むか，インターネットをして過ごしているとおっしゃっていましたね。このような生活はあなたの助けになっているでしょうか。このような生活をすることで，うつ状態は改善されるのでしょうか。

アーサー：（考える）いいえ，そうは思いません。

セラピスト：毎日の活動を変化させることが，あなたにとっては重要なのではないでしょうか。それから，落ち込みを誘うような考え方をどのように変えることができるか，その方法を身につけることも同じく重要だと思います。

アーサー：果たして自分がそんなことをしたいのかどうか，僕には確信がもてません。これまでだってそうしようとがんばってきたんですよ。でもうまくいったことなんて一度もなかった。

セラピスト：アーサー，ここでの治療が絶対にうまくいくとは，私にも保証はできません。しかしあなたがこれまでに受けたさまざまな治療で，具体的な目標を設定したことがありましたか。それはたとえば，日常生活をもっと満足のいくものにするとか，落ち込みを誘う考え方をしたときにそれに対処できるようになる，とかいったものです。これまでのセラピストは，私のように毎回のセッションでアジェンダを立てたりしましたか。そしてホームワークを出したりしたでしょうか。

アーサー：いいえ……。

セラピスト：それは良かったです。というのも，この治療が，あなたがこれまで受けてきた治療ともし同じだったら，効果を期待できない可能性が高まるからです。（自分自身が変わらなくてはならないと思うと，アーサーがイライラするのではないかと予測して）まず一つ，あなたに相談させてください。治療のペースについてです。速く進めていくのがよいのか，それともゆっくり進めていくのがよいのか，私にはよくわかりません。あなたがあまりにも長期間，今のように行き詰まっているのであれば，ゆっくりと進めていくほうがよいのかもしれません。（アーサーが，自分が治療をコントロールしていると感じられるようにする）アーサー，どのようなペースで進めていくとよいか，あなたにも考えてもらいたいのです。（一呼吸おく）次回まで，この件について考えていただきたいのですが，よろしいでしょうか。そして次回のセッションで，治療をゆっくりしたペースで進めていくことにするか，それとも別のアプローチをとることにするか，一緒に話し合いたいと思いますが，いかがでしょうか。

　セラピストは，アーサーが，「これまでもうまくいかなかったのだから，次もまた失敗するだろう」という予測のもとで，自分の生活を良い方向へ変化させること（例：仕事を見つける）を回避するための戦略として，実存的な疑問にこだわっているのかもしれないと概念化した。そこでセラピストは心理教育を行い，「とりあえずの治療計画」を大ざっぱに示した。そしてこの時点で治療を開始する契約を結ぶことはあえて

避けた。その代わり，次回のセッションでアーサー自身が納得できる治療計画を立てることを提案し，アーサーが次のセッションに来るよう誘導した。実際，アーサーは第2セッションに訪れた。しかし第2セッションでも，確たる治療計画を立てることはできなかった。そこでセラピストは，実存的な疑問にこだわることについての利益と不利益をあげてみること，また，まずは標準的なアプローチを用いて抑うつ状態の改善を図り，その後で実存的な疑問に焦点を当てることの利益と不利益をあげてみることをアーサーに提案し，彼と一緒にこれらの課題に取り組んだ。

　アーサーは結局，標準的なアプローチでその後4回のセッションをもつことに同意した。そして，それらのセッションを終えたあと，このアプローチが自分にとって役立つものかどうか，アーサー自身が査定することになった。この4回のセッションでは，大きな目標は立てず，アーサーが圧倒されないような小さな目標を二つ設定することにした。それは次の二つである。①自分の時間を構造的に使って活動し，そこから満足感や楽しみを得られるようになる。②満足感や楽しみの妨げとなるような思考をモニターし，そのような思考に対応できるようになる。セラピストはこの間，それ以外の目標をあえて設定しないようにした。アーサーが上の二つの目標を達成することで，治療およびセラピストに対して彼がもっと信頼感を抱けるようになるのを待つことにしたのである。

　アーサーは，「自分は劣った，だめ人間で，失敗者である」という中核信念を抱いていた。そして「生活を改善しようとしたところで，どうせ自分は失敗するだろう」と思い込んでいた。そこで彼が用いた対処戦略は，実存的な疑問にこだわることで，現実的な問題に取り組むことを回避するというものであった。

7　事例7　患者が重要なことについての目標設定を避ける場合

　ジェンナは19歳の女性患者で，両親と同居していた。ジェンナは自発的に治療に来たのではなく，母親がジェンナの抑うつ症状と怒りの問題を心配して，彼女を治療に来させた。ジェンナは3週間前に突然自殺

をほのめかし，その後ウエイトレスの仕事に行くのをやめてしまっていた。そのきっかけは，同僚がジェンナについて悪意のあるうわさを広めたことにあった。ジェンナは，セラピストが仕事に戻るよう自分を説得するにちがいないと予測していた。そして，自分には全くその気がないことをセラピストに知らせなくてはならないと考えていた。

セラピスト：あなたはここでの治療から，何を得たいですか。
ジェンナ：（不機嫌な声で）さあ，わかりません。
セラピスト：では，ご自分の生活がどのように変わったらいいと思っていますか。
ジェンナ：先生は，私が仕事に戻りたいと言うのを期待しているんでしょう？　でも，私はそんなことを言うつもりはありません。（強い口調で）私は前の職場には戻りません。（威嚇するような目つきでセラピストを見る）
セラピスト：あなたはその職場で大変つらい思いをしたようですね。
ジェンナ：（うんざりした声で）ひどい職場だったんです。あそこで働いているのも，ひどい人たちばかり。お客さんだって，みんな，ひどい人たちだったんです。
セラピスト：なるほど。だからあなたはその職場には戻りたくないんですね。
ジェンナ：（皮肉っぽい口調で）そうです。あんなところに戻るなんて冗談じゃない。とにかく私はあそこには戻れないんです。あまりにもひどいんだから。あそこに戻ったら，私はますます落ち込んで，また自殺をしようとするだけです。
セラピスト：あなたに前の職場に戻るよう説得するべきではないことが，私にもだんだんわかってきました。では，今後どうしようと思っていますか。
ジェンナ：さあ。たぶん，家にいるしかないんじゃないでしょうか。
セラピスト：そうすることは可能ですか。
ジェンナ：仕事に戻らずに家にいたら，きっと母に殺されるでしょうね。私が仕事に行かないから，母は怒り狂っているんです。母は，「おまえが

仕事に行かないのなら，家から追い出してやる」って私を脅したんですよ。でも，私はその言葉を全然信じていません。それに万が一追い出されても，友だちのデニスのところに転がり込めばいいんだから。

セラピスト：ということは，少なくとも今後数週間，あなたがどうしたいかを明らかにして，それを実現するためにはどうすればよいかということを話し合うことが，ここでの治療の目標になるということでしょうか。もちろんさらに長期的な計画について話し合えればもっといいのかもしれませんが。

ジェンナ：（不機嫌な様子で）何でもいいです。

セラピスト：（ジェンナに選択肢を提示する）もちろん治療を受けずに，あなた一人で今後のことについて検討するという選択肢もあるとは思いますが。

ジェンナ：（自分に助けが必要であることを，間接的にセラピストに伝えようとする）母は私に無理なことばかり押しつけようとするんです。

セラピスト：では，目標の一つとして，お母さんに対するあなたの対応を工夫するというのが考えられるでしょうか。

ジェンナ：（皮肉っぽい口調で）それが本当に可能なら。

セラピスト：確かにそれが本当に可能かどうかは，今の私たちにはわかりません。ただ，いずれにしても，あなたはお母さんに対してものすごいストレスを感じているようですね。

ジェンナ：そのとおりです。

セラピスト：あなたはここでの治療を通して，お母さんへの対応を今とは違ったものにするよう工夫することはできるでしょう。ただ，そのような工夫をしても，お母さん自身は全く変わらない可能性もあります。……でも，あなたが望むようにお母さんが変わる可能性だってあります。

ジェンナ：（元の職場に戻るよう，セラピストが自分を説得することはないことに気づいて）ところで先生，私は仕事のことをどうしたらいいのかわからないんです。あの職場にだけは絶対に戻りたくないのは確かです。でも，お金がだんだん底をついてきているし……。

セラピスト ：（明確化する）ということは，新しい仕事，今よりももっと良い職場を探すにはどうしたらいいか，私たちはこのことについて話し合えるかもしれませんね。

ジェンナ：たぶん。

セラピスト ：（新たな仕事に就くことに対してジェンナが不安を感じることを予測する）でもね，ジェンナ，今後あなたが新たな仕事に就くとしても，そのために何か準備をする必要があるかもしれませんね。あなたが快適に働くために何が重要か，そういったことを一緒に検討することができると思いますが，あなたはどう思いますか。

ジェンナ：（うなずく）

セラピスト ：（これまでに話し合われた目標を書き留め，まとめる）これまでの話をまとめましょう。私たちは，元の職場には戻らないというあなたの決断について合意しましたね。次に，お母さんへの対応の仕方を工夫するという話になりました。そして，次の仕事でうまくやっていくにはどうしたらいいか検討するということになりました。……他にここで私と一緒に検討したい問題が，何かありますか。

ジェンナ：よくわからない。だって何もかもがひどいから。

セラピスト ：具体的には何がどうひどいのですか。

ジェンナ：（ため息をつく）私は今，一日中ゴロゴロして過ごしているんです。母はそんな私を見て，「起きなさい」「ああしなさい，こうしなさい」と，ひっきりなしに私に小言を言ってきます。でも今の私には，そうする気力が全くないんです！　たまに友だちに電話をしても，私からは何の話題もなくて，結局相手の話を聞くばかり。それも，この男の子があの女の子にちょっかいを出したとか，この女の子があの女の子に腹を立てているとか，そんなくだらない話ばかりを，ただ聞いているだけなんです。本当にくだらないわ！

セラピスト ：お話を聞いていると，あなたの生活には，あなた自身が満足できるような何かが必要なようですね。

ジェンナ：そうなんです。でも私は今，とても疲れていて，もう何もできないんです。

セラピスト：ということは，もう一つ目標を設定する必要があるかもしれませんね。それは「何か満足感を得られるような活動を見つける」という目標です。

ジェンナ：そう思います。

セラピスト：いいでしょう。今日のセッションでは，ほど良い目標リストを作ることができましたね。次のセッションまでに，このリストを見直してきていただけますか。そして他にも治療目標として加えたいものがあるかどうか，検討してみていただけませんか。

ジェンナ：わかりました。

　このようなやりとりにおいてセラピストは，治療に対して乗り気でないジェンナとともに，いくつかの治療目標をとりあえず設定することができた。ジェンナはセラピストが前の職場に戻るよう自分を説得することを予測していたので，セラピストがそうしなかったことに対して驚きを感じた。一方セラピストのほうは，ジェンナが元の職場に戻らないにしても，今後再び何らかの仕事に就くであろうと確信しており，どのような仕事であれそれをうまくやっていくには，何らかの治療的な取り組みが必要であると考えていた。しかし初回セッションの冒頭でそのような話をしたら，ジェンナが治療そのものを拒否してしまうかもしれないことも，セラピストにはわかっていた。

　その後のセッションで，セラピストは，ジェンナにとって初回セッションにおける目標設定がなぜ困難だったのかを概念化した。彼女は，「自分は無力で傷つきやすい」という中核信念を抱いていた。そして，「もし自分が前の職場に復帰したら，またもや屈辱的な目に遭わされるだろう。そしてそんなことがあったら，自分には対処できるはずもない」と思い込んでいた。そこで彼女は，仕事に戻るのを避け，職場に復帰する気が全くないことをセラピストに対して攻撃的な態度で主張するという戦略をとったのである。

8　事例8　患者が治療を受けたがらない場合

　チャーリーは47歳の自営業者であった。彼は強迫性パーソナリティ障害を有するものの，Ⅰ軸の診断基準を満たす症状は何ら認められなかった。目標設定に関わる問題は，初回セッションにおいて早速生じた。セラピストは，初回セッションをいつもどおりの構造で進めながらも，そもそもチャーリーにとって治療を継続する必要があるかどうかを話し合う必要性を感じ，彼にそのことをもちかけた。そして話し合いを通じて，チャーリーにとって受け入れやすいであろう目標を提示し，とりあえず治療を継続してみることを彼に提案した。

チャーリー：最初に言っておきたいのですが，なぜ自分がここにいるのか，私にはよくわかりません。私に治療が必要だと考えているのは妻のほうなんです。彼女は，私がここに来なければ家を出て行くとほのめかしました。

セラピスト：では，私たちがまず話し合わなくてはならないのは，セッションを今日だけのものにするか，それとも治療を継続することがあなたにとって役に立つのか，ということになりますね。

チャーリー：だから先ほども言いましたが，治療を受けるというのは妻の考えなんですよ。

セラピスト：もし仮に，今奥さんがここにいるとしたら，彼女は何を私におっしゃるでしょうか。私があなたの奥さんに，「なぜあなたはチャーリーに治療を受けてほしいのですか」と尋ねたら，奥さんは何と答えるでしょうか。

チャーリー：夫のせいで自分は不幸である，と訴えるでしょうね。それから，夫が十分に自分と話をしてくれないとか，夫が物事をきちんと共有してくれないとか……。それから夫が働きすぎで，妻としてはちっともおもしろくないともこぼすでしょう。

セラピスト：奥さんの言い分を，そのとおりだと思いますか。

チャーリー：妻が私にいったい何を求めているのか，実はよくわかりません。私の仕事が忙しくて大変であることを，妻はわかっているはずなんで

　　　　　す。それに彼女は私が稼いでくるお金が好きですし。
セラピスト：それではどうして奥さんは，「自分は不幸で，家を出て行きた
　　　　　い」といったことをおっしゃるのですか。
チャーリー：確かに妻はそのようにほのめかしますが，はっきりしたことは
　　　　　私にはわからないんです。
セラピスト：ではあなた自身は，奥さんが家を出てしまうかもしれないとい
　　　　　うことについて，どう思うのですか。
チャーリー：私は彼女に出て行ってほしくありません。そんなことを望んで
　　　　　いるのではないのです。私はただ，あれこれ私のことを批判するのを
　　　　　彼女にやめてもらいたいだけなんです。
セラピスト：ということは，現状を改善するために何ができるか見つけてい
　　　　　くということを，ここでの治療目標にできるかもしれませんね。もし
　　　　　かしたら，比較的簡単にあなたが工夫できることで奥さんにとっても
　　　　　意味のある何かが見つかるかもしれませんよ。
チャーリー：さあ，どうなんでしょうか。もう少しよく考えてみたいと思い
　　　　　ます。
セラピスト：ぜひそうしてください。（仮説を立てる）ところで，あなたが
　　　　　治療を受けて何かを変えるということに，逆に何らかのデメリットも
　　　　　あるのではないでしょうか。たとえば，あなたが治療を受けるという
　　　　　のは，奥さんが勝ちであなたが負けだということになってしまう，と
　　　　　いったことはありますか。

　このやりとりのあと，チャーリーは妻からの批判によって，「自分は妻に感謝されていない」「自分は妻におとしめられている」と感じ，無力感を抱いていることを打ち明けた。セラピストがさらに質問を重ねた結果，チャーリーは結婚生活を続けることを望んでいるが，夫婦関係を改善するために自分が努力をする意志はいっさいないことが明らかになった。そこでセラピストは，大きなことではなく何か小さな変化を起こしてみることをチャーリーに提案はしたものの，それを目標にして治療を開始するよう彼に働きかけることは控えた。その代わりに，小さな変

化を起こすということの利益と不利益を彼自身が検討できるよう手助けし，妻に対する自分の態度を改める努力をするかどうか，彼自身が結論を出せるよう誘導していった。

V　要　　約

　患者自身が，自分が治療に何を求め，目標を達成するためにどうすればいいかを明確に思い描けるとき，治療はより良く展開する。治療の展開において，具体的な行動目標を設定することは非常に重要である。セラピストと患者が治療目標について十分に合意できていないと，治療は困難なものとなりやすい。このような場合，治療の焦点がぼやけてしまったり，セラピストと患者との間に食い違いが起きたりする。セラピスト側の要因で，治療目標を設定するうえでの問題が生じることがある。それはたとえば，セラピストが適切な質問ができていないとか，効果的でない質問に拘泥してしまっているといった場合である。

　逆に，たとえば患者の信念や対処戦略が目標設定を妨げているなど，患者側に要因がみられる場合もある。この場合セラピストは，問題を同定し，それを概念化する作業を患者と一緒に行う必要がある。そして，セラピストと患者がともに納得できる治療の方向性を模索できるよう，必要に応じて介入の仕方を工夫することが重要である。

第8章

セッションの構造化における困難

　認知療法家は通常，セッションにおいて標準的な構造化を実施する。セッションの構造は，可能な限り効率よく，かつ効果的に治療を進めていけるよう考案されたものである。本章ではまず，認知療法において推奨される構造について概説する。次に，構造化セッションをきちんと実施するために必要な標準的な方法と，その応用の仕方について解説する。そして，構造化における困難に関わる患者およびセラピストの非機能的な思い込みについて紹介し，同時に，構造化セッションの各要素を実行する際によくみられる諸問題とその解決策についても紹介する。標準的な構造化をあえて行わないほうがよい場合もあり，本章の最後にはそのような特殊な状況について解説する。

I　標準的な構造化セッション

　各セッションの最初の時間帯に，セラピストは患者とのラポールを再確認し，患者の症状や主観的気分，そして機能レベルについてチェックする。そして，前回から今回にかけて全般的にどのような状態だったのか，状況や状態に何か変化があったのか，どのような問題や進歩があったのか，といったことを患者に問うことによって，現在の患者の有り様を把握することに努める。さらに，次のセッションまでの間に何か重大な問題が起こる可能性があるかどうかについての判断を行う。これらの情報は，セラピストと患者との口頭のやりとりと，症状チェックリストの記入内容を通じて集められるが，すべての情報は，セラピストがその

日のセッションの戦略を立てるために役立てられる。この時点でセラピストが心の中で立てる問いは，次のようなものである。

> ▶「このセッションの間に患者の気分を改善するためには，どのようなことが私にできるだろうか」
> ▶「次のセッションまでの間，患者が少しでも良い状態で過ごせるようになるためには，どのようなことが私にできるだろうか」

　この最初の時間帯は，必要な情報を患者が簡潔に提供してくれる場合，比較的すみやかに終わらせることができる。逆に，患者がセラピストに伝えたいと思っている情報が大量にある場合，または，とめどなく続く患者の話をセラピストが的確にさえぎることができない場合，あるいはその両方の場合は，セッションの4分の1，場合によっては3分の1もの時間が，この時間帯だけで費やされてしまう。

　次のステップ，すなわちセッションの第二の時間帯では，セラピストは患者と一緒にアジェンダを設定し，それらに優先順位をつける。そして，第一のアジェンダについて話し合う。ここでもセラピストは，そのアジェンダが対象としている問題についてのデータを集め，さまざまな角度から検討する。たとえばそれは，「この問題については，シンプルな解決策を見つけたほうがよいか，それとも重要な非機能的認知を明確にして，それらについてさらに調べていったほうがよいか，あるいは問題の要因となっているスキルを患者に訓練したほうがよいか，他にも何かするべきことがあるか」といったことである。ある問題についての話し合いを続ける中で，その問題に関わるホームワークは自ずと設定できるものである。第一のアジェンダについての話し合いが終わったら，第二のアジェンダ（時間があればもっと）についても同様の手順で話し合いを行う。

　セッションの残り時間が少なくなったら，セラピストは，その日の話し合いにおけるポイントを患者と共有し，そのポイントがきちんと記録されていることを確認し（記録用紙でも録音テープでもよい），さらに

ホームワークについてもきちんと記録がなされているかを確認する。最後にセラピストは，セッションに対する患者のフィードバックを引き出す。

　さまざまな理由によって，セラピストがこのような標準的な構造化セッションを実施することに困難を感じる場合がある。治療におけるその他の多くの困難と同様，それには実際的な問題（例：セラピストがセッションの流れをきちんとマネジメントできていない）もあれば，患者の心理的な問題（例：「セラピストの提案する構造にしたがってしまったら，セラピストが優位で自分が劣位だということになってしまう」といった非機能的な信念を患者が抱いている）もある。またその両方に問題がある場合もある。本章ではまず，標準的な構造化セッションを実施し，必要に応じてそれを応用するやり方について提示する。次に，セッションの構造化に対する患者およびセラピストの不適応的な信念について解説する。最後に，構造化セッションの各ステップにおいて発生しやすい諸問題について紹介する。

II　構造化セッションを実施するための標準的な方法とその応用

　セッションを構造化する際に生じる問題の多くは，セラピストの過ちによるものである（例：セラピストが構造化についてきちんと患者に説明していない。構造化について患者と十分に話し合っていない。セッションの時間配分がうまくいっていない。患者の話をさえぎることが必要なときにそれをしていない）。セラピストにとって重要なのは，セッションを構造化することで治療がより効率的かつ効果的に展開し，それがより良い問題解決につながるということを，患者に心理教育することである。

　これまでに，あまり構造化されていない種類の治療を受けたことのある患者は，認知療法の構造化されたアプローチに最初は戸惑いを覚える

ことがあるかもしれない。しかし，治療の妨げとなる思い込みを抱いていない患者であれば，この新たなアプローチを快く試してみようとするものである。その場合セラピストは，構造化は患者とセラピストが協力して行うもので，患者からきちんとフィードバックを得るつもりであることを，あらかじめ丁寧に説明しておく必要がある。構造化の際，「治療のための準備シート（Preparing for Therapy Worksheet）」[17]が患者に役立つかもしれない。このシートを用いて，患者は，セッションの冒頭でセラピストに何を伝えるべきか，自分の考えをまとめることができる。

1 構造化について話し合う

場合によっては，セラピストと患者は，十分な時間をかけて構造化そのものについて話し合うことが必要である。患者の中には，自分の問題について打ち明けられる人が実生活において一人もいないという人もいる。また，セラピストに対して自分の問題を打ち明けることを通じて，自分の認知を検討したり問題を解決したりできるようになるという人もいる。このような患者に対しては，自由に話をすることのできる一定の時間をセッションの冒頭に設定することが有効である場合が多い。その場合，まずそのような必要性について概念化し，さらにその概念化を共有し，そのうえで毎回（少なくとも最初のうちは），セッションの冒頭に10分から15分ぐらい，患者が自由に話をする時間を設定するとよいだろう。患者の話が一通りすんだら，セラピストはその話を要約し，話を正しく理解しているかどうかを患者に確かめ，さらに話をその後のアジェンダ設定につなげていく。セッションのその後の時間帯は，通常の標準的な構造にするとよい（例：気分のチェック。前回セッションからの橋渡し。アジェンダの設定，など）。このような場合，セラピストは，この種の患者に対して標準的な構造化を応用することが本当に必要かどうかを確認しなければならない。また，この種の患者に対して，標準的な構造化は適用できないものとはじめから思い込むようなことは，セラピストは慎むべきである。

2　セッションの時間配分を調整する

　セッションを効果的に構造化するためのスキルの一つとして，時間配分の調整があげられる。セラピストはセッションの時間経過に絶えず気を配り，巧みに対話を導いていく必要がある。そのようなセラピストの調整によって，セッションの終わりには患者の気分が改善し，次のセッションまでの間をより良く過ごせるよう患者の心の準備が整う。セッション中の時間経過をセラピストと患者がともにモニターできるよう，面接室には時計を二つおいておくとよいだろう。セラピストはセッション終了時間の5分から10分ぐらい前に，まとめの時間に入る。まとめの時間を作ることで，セラピストと患者はその日話し合った問題について何らかの結論を出し（あるいは次回も引き続きその問題について話し合うことで合意する），その日の話し合いを通じて何を得られたか，まとめたり改めてメモをとったりし，また次回までのホームワークについても見直したりメモをとったりする。まとめの時間の最後には，セッションに対するフィードバックを患者から引き出す。

3　必要に応じて患者の話をさえぎる

　セッションの進行を調整し，治療目標を首尾よく達成するために，セラピストが患者の話を巧みにさえぎることが必要な場合もある。患者は治療開始当初，セラピストが患者を援助するためにどのような情報を必要としているかということについては，よくわかっていないことが多い。患者（およびセラピスト）の中には，患者のこれまでの経歴のすべてと患者の抱える問題のすべてをセラピストが詳細に知っておく必要がある，と思い込んでいる人がいる。そのような人はまた，患者の困り事やそれに対して患者が思っていることのすべてをセラピストが知っておかなければならない，とも信じているかもしれない。確かにセラピストにとって，患者を概念化するために必要な情報（例：治療で取り組む必要のある最も重要な問題とは何か，問題解決のために知っておくべき背景情報は何か，修正の必要な認知や行動は何か）を得ることは重要である。しかしそのためにすべての情報を詳細に把握する必要はない。

したがってセラピストは，詳細にすべての問題を語ろうとする患者に対して，穏やかに話をさえぎる必要がある（例：「ちょっとよろしいですか。これまでのお話を私がきちんと理解しているかどうか，確かめさせてもらいたいのですが」「そのことについてちょっと質問させてもらってもいいですか」「話をさえぎってしまって申し訳ないのですが，○○について，もう少し詳しく聞かせてください」）。患者が自分の話をさえぎられて気分を害した場合，感情表現やボディランゲージ，そして声の調子の変化によって，セラピストはそれを察知できるだろう。第4章，第5章では，そのような場合の対応について解説した。話をさえぎったことが患者にどのように影響しているか，セラピストがよくわからない場合は，次のように患者に直接尋ねてみることができる。

▶「あなたの抱えている問題の全体像を把握すること（問題の広がり具合を知ること／あなたを最も苦しめている問題が何であるかを知ること）はとても大事なことなので，私はあなたの話をさえぎってしまいました。そのことで，いやなお気持ちになったりしませんでしたか」

患者が「いやな気持ちになった」と答えたら，セラピストはセッションをどのような構造にしていくか話し合い，合意を図る必要がある。あるいはこのように話をさえぎられることを患者が受容できるかどうか，様子をみてもよい。いずれにせよ，そのセッションが終わるまでに，次回のセッションの構造をどうするか，患者と話し合って決めておく必要がある。

III 患者およびセラピストが構造化について非機能的な思い込みを抱いている場合

セッションの構造化を妨げる患者の思い込みは，自分自身やセラピス

トや治療に対する患者の非機能的な考え方が反映されている場合が多い。

- 「セラピストが私の話をさえぎるのは，セラピストが私の心の中の思いを聞きたくないからだ」「セラピストが私の話をさえぎるのは，セラピストが私を気にかけていないからだ」「セラピストが私の話をさえぎるのは，セラピストが私をコントロールしようとしているからだ」「セラピストが私の話をさえぎるのは，私に屈辱を与えようとしているからだ」
- 「セラピストが私の話をさえぎって最後まで話を聞かなければ，セラピストは治療に必要な重大な情報を聞き逃すことになるだろう」「セラピストが私の話をさえぎって最後まで話を聞かなければ，セラピストは私を十分に理解できないだろう」
- 「セラピストがセッションを構造化すると，私は不快に感じてしまうだろう」「セラピストがセッションを構造化すると，私は自分の話をセラピストに打ち明けなければならなくなってしまう」「セラピストがセッションを構造化すると，私は自分の問題に直面し，それに取り組まざるをえなくなってしまう」

セラピスト側が，不適応的な思い込みを抱いている場合もある。

▶「患者の話を途中でさえぎってしまったら，何か重要な情報をとりこぼしてしまうかもしれない」
▶「セッションを構造化することで，患者との治療同盟が損なわれてしまうかもしれない」

セラピストは自分がこのような思い込みを抱いていることに気づいたら，その思い込みを評価し，何らかの実験を行って思い込みを検証する必要がある。実際には，実験の結果，重要な情報を本当にとりこぼしてしまっていることに気づいたら，その時点で患者に質問をして追加の情

報を得ることができる。また構造化を試みることによって治療同盟が損なわれたように思われたら，その時点で修復を図ることもできる。

　つらい思いにとらわれている患者は，現在の悩みごとや，さもなければ最近体験した苦悩だけを話そうとする傾向がある。確かにそれらの話題が最も重要である場合もある。しかしセラピストがひたすら話し続ける患者を放置し，患者の話をさえぎることをしなければ，最も重要な話題は何かということについてのデータをとりこぼしてしまうおそれが生じる。つまりセラピストが話をさえぎることをしなかったせいで，患者にとって真に役立つ話題を共有し損ね，セッションの効果を最大化する機会を奪ってしまうこともあるのである。

　たとえばハリエットという患者は，ある日，非常に混乱した様子でセッションに訪れた。成人した娘とまたしてもけんかをしたからである。セラピストはハリエットが娘とのけんかについて話し続けるのを途中でさえぎることにしたが，もしそうしなかったら，そのときハリエットが抱えていたもっと重要な問題に，ハリエット自身，気づくことができなかったかもしれない。それは，ハリエットが必要な書類に記入してケースワーカーに会うことを回避していたために，彼女に対する公的支援がまもなく打ち切られてしまいそうだ，という問題であった。

　セラピストは，自分自身の非機能的な思い込みに対してどのように対応すればよいか，リハーサルしてみるとよいかもしれない。

> 「この患者の話をさえぎることで，私はストレスを感じるかもしれない。でも，そうするほうがより良い成果を得られることが，これまでの経験からわかっている。話をさえぎってみて，その後どうなるのか，私はそれを検証することができる。万が一，患者がそのことで不快な気分を抱いてしまったら，患者に謝ることもできる。それに，患者の問題解決を効果的に手助けするために，あえて話をさえぎったのだということを，患者に説明することもできるだろう。そもそも，話をさえぎったからといって，何も問題は生じないかもしれないのだ」

Ⅳ セッションを構造化する上での問題を解決する

　本章および第9章では，認知療法における標準的な構造化セッションを実施するにあたっての諸問題について論じる。まず本章では，セッションの冒頭における構造化（患者の気分をチェックする，アジェンダを設定する，前回のセッションからの橋渡しをする，アジェンダに優先順位をつける）に関わる問題と，セッション終了時における構造化（セッション全体のまとめの作業をする，患者からフィードバックを引き出す）に関わる問題について解説する。次章では，標準的な構造化セッションの中間部分（すなわち冒頭と終了時との間の時間帯）における構造化（各アジェンダについての話し合い，ホームワークを設定する）に関わる問題について解説する。

　本節で，セッションの冒頭における構造化の課題が，あえて細分化されていることに注目されたい。初心者にはこのような細分化が必要であるからである。しかし経験豊かなセラピストは，これらの課題を融合して実施していることが多い。

1　気分をチェックする

　毎回のセッションの前，患者に標準的な症状チェックリストに記入してもらうようにすると役立つ。たとえば，ベック抑うつ尺度[12]，不安尺度[9]，絶望感尺度[13]があげられる。尺度を用いなくても，気分を0から10，もしくは0から100の点数で評価することもできる。あるいは単純に「悪い」「ふつう」「良い」といった3段階評価をするだけでもよいかもしれない。加えて，先週と比べて今週の気分はどうかというように，主観的な気分の評価も患者に依頼するとよい。しかし，自分の気分を評価すること自体にストレスを感じる患者もいる。次に示すのは，まださほど強固になっていなかった治療同盟を損なわないようにするため，セラピストが標準的な気分チェックの手続きを保留にした事例である。

> **事例**
>
> アンドレアは，インテーク面接時には，しぶしぶながらも症状チェックリストに記入した。しかし初回セッションの前に，再度それらに記入するよう求められると，「私はそんなものには絶対に記入しません！」ときっぱりと拒否した。セラピストはアンドレアの抱える他の諸問題と比較すると，この問題はさほど重要ではないと判断した。そこでチェックリストへの記入をアンドレアに求めるのは先送りすることにし，別のやり方で気分についての情報を得ることにした。

セラピスト：抑うつと不安のチェックリストに記入してくださいましたか。
アンドレア：（そっけなく）いいえ。
セラピスト：あなたの気分が前回のチェックリストと比べてどうなっているのか，把握できると役立つのですが。このセッションが終わったあとに記入してもらえますか。
アンドレア：本当にいやなんです。このチェックリストは，私にはあてはまらないんです。
セラピスト：では，どのようにしてあなたにご自分の気分を評価してもらいましょうか。どんな方法があるか考えてみましょう。たとえば，あなたがこれまでに最も強く抑うつ感を感じた場合を100として，逆に全く抑うつ感を感じていない場合を0としてみましょうか。その場合，今週のあなたの気分はだいたいどれぐらいだったのでしょうか。
アンドレア：（イライラして）わかりません。（しばらく黙る）こういうのって大嫌いなんです。わざとらしい気がします。
セラピスト：ということは，あなた自身の言葉で教えてもらったほうがよさそうですね。今週のあなたの気分は，先週と比べてどのような感じだったのですか。
アンドレア：わかりません。ひどい気分としか言いようがありません。それだけです。
セラピスト：（共感的に）そうだったんですか。それは大変でしたね。
アンドレア：そうです。

セラピスト：（具体的な情報を得ようとする）最もひどい気分だったのは，特にいつだったのでしょうか。
アンドレア：ずっとひどかったんです。
セラピスト：どんなふうにひどかったか，一つか二つ，例をあげていただけますか。（選択肢を提示する）それはここ2,3日のことだったのでしょうか，それとも，週の前半のことだったのでしょうか。
アンドレア：（しばらく考える）だから言ったでしょう，ずっとひどかったんだって。
セラピスト：（あえて逆の方向から質問してみる）では今週のいつでも結構です。他のときほどひどい気分ではなかった，というのはいつでしたか。（選択肢を提示する）たとえば，おもしろいテレビ番組を観たとか，食事がおいしかったとか。
アンドレア：そういえば，テレビなら観ました。ドキュメンタリー番組です。あれはおもしろかったわ。
セラピスト：ということは，少なくとも1時間，他の時間に比べてましな気分でいられた時間があったということになりますね。（打ち解けた様子で）毎週，その番組をご覧になるのですか。
アンドレア：ええ，これだけはいつも観ているんです。
セラピスト：それはよかったです。（気分をチェックすることについて，理論的根拠を説明する）なぜ私があなたに気分を尋ねるか，説明させてください。一つには，あなたにとって何が役に立つのかを見つけるためです。役に立つことを見つけられれば，それをさらに実行すればいいと考えることができますし，逆にこれは役に立たないということが見つかれば，それはもうしないほうがいいと考えることもできます。ところで大ざっぱに考えてみて，今のあなたの気分は先月と比べてどうなんでしょうか。さらに悪いのでしょうか。それとも先月よりはましになっているのでしょうか。ドキュメンタリー番組を観て楽しむこともできるわけですよね？
アンドレア：（しばらく考える）ましになっているとは思いません。あまり変わっていないようです。むしろ悪くなっているのかもしれません。

セラピスト：わかりました。これからもセッションの最初の時間帯に，こんなふうにあなたの気分について話し合いたいと思います。そうすれば治療が良い方向に向かっているのか，それとも何らかの修正が必要なのか，私たちは知ることができますから。よろしいでしょうか。

アンドレア：（あまり気が乗らない様子で）いいんじゃないでしょうか。

　このやりとりでのセラピストの対応は柔軟で，かなり患者に妥協したものである。もしこの時点で，セラピストが気分チェックをさらに患者に求めたら，ただでさえ強固ではない治療同盟がさらに損なわれてしまったおそれがある。セラピストは次の第2セッションの冒頭で，気分チェックを再度求められた患者がどのような反応を示すか，穏やかな態度を保ちながら確認した。

セラピスト：もし前回のように気分を評価するよう私に求められたら，やはりイライラしてしまいそうですか。

アンドレア：ええ，たぶん。

セラピスト：では今日はそのことはお願いしないことにしましょう。でもこれだけは教えていただきたいのですが，私があなたの気分を尋ねることは，あなたにとってどのような意味があるのでしょうか。

アンドレア：フラストレーションが溜まるんです。だって自分の気持ちをひと言で言い表すなんて，私には無理なんだもの。私の気持ちはあまりにも複雑だから。

セラピスト：たとえ複雑であっても，私があなたの気持ちを理解することが重要だとは思いませんか。

アンドレア：いいえ，そうは思いません。私はむしろ，他のことを先生に話したいんです。

セラピスト：わかりました。（治療同盟を損なわないために話題を変える）では，今日のセッションのアジェンダを設定してもよろしいですか。今日はどのような問題について話し合っていきましょうか。

気分チェックを拒否したのは，アンドレアが示した数々の困難の一つにすぎなかった。他にもたとえば彼女は，過去1週間のうちで典型的な一日を話すようセラピストに求められたとき，それを話そうとせずに話題を急に変えた。あるいは，そのセッションのアジェンダとして，自分がいかに非機能的な家庭に育ち，いかにさまざまなトラウマを受けたかを語るだけで十分であると主張したときもあった。アンドレアが今現在の気分や機能，そして今現在抱えている問題について焦点を当てることが困難だったのは，彼女が「もし今抱えている問題について話してしまったら，私の気分はひどいことになってしまうだろう」と思い込んでいたからである。そこでセラピストは最初のうち，気分をチェックするための標準的な手続きを，アンドレアに対してはあえて実施しないでおくことにした。その後アンドレアは，セッション中に自分の問題について語ることに対し，徐々に安心できるようになっていった。それに伴ってセラピストに対しても協力的な態度を示すようになり，標準的な手続きにのっとって気分をチェックし，それをセラピストに報告できるようになった。

2　アジェンダを設定する

　セラピストはセッションの冒頭で，そのセッションで何をアジェンダとするか患者に尋ねる。そして前回のセッションからの橋渡しの最中に出てきた話題についても，それをアジェンダとして設定する必要があるかどうかを検討する。橋渡しのあと，セラピストはそれまでにあげられたアジェンダを患者と共有し，他に追加のアジェンダがあるかどうかを確認する。

　たいていの患者は，「今日はどのようなことをアジェンダにしますか」と問われれば，問題志向型の話題をあげてくれるものである。しかし，「今日はどのようなことについて話し合いたいと思いますか」「今日はどんな問題について話し合いをする必要がありますか」といった一般的な質問だけでは，適切なアジェンダを設定できない患者もいる。このような患者に対しては，次のように尋ねてみるとよいだろう。

> ▶「今日はどのような問題について，私の手助けが必要ですか」

　しかしながら，患者によっては，このような質問でもまだ漠然としすぎている場合がある。機能レベルの低い患者にとっては，特にそうである。そのような場合は，さらにセラピストが患者を誘導して，アジェンダ設定を行う必要がある（例：「アシャー，今週あなたは自宅での用事をどのように片づけ，どのような薬の飲み方をし，どのように他の人たちとつきあいましたか。それらについて一緒に確認していきたいのですが，それでよろしいでしょうか。他にもアジェンダとして話し合いたいことが何かありますか。もしあれば教えてください」）。
　困難な問題を抱える患者とともにアジェンダ設定を行う際，さまざまな問題が生じる可能性がある。たとえば患者は次のような反応を示すかもしれない。

- セラピストの問いかけに応答しない。
- 治療を受けることに気乗りがしない気持ちを表明する。
- 重要な問題をアジェンダとしてあげることを回避する。
- 項目をあげる代わりに，問題の内容について説明し始める。
- 患者が圧倒されており，あまりにも多くの問題をあげすぎてしまう。

　以下で，これらの問題について解説する。

(1) 患者が「わかりません」と答える場合

　患者が「わかりません」と答えるとき，本当にそうである場合がある。たとえば，患者があまりにも多くの困難を抱えていたり，あまりにも自分の感情に圧倒されていたりする場合，患者は何をアジェンダとしたらよいか，本当にわからなくなってしまっているのかもしれない。その場合，セラピストがさらに質問を重ね，セッションで取り組む問題を患者

が具体化できるよう手助けする必要がある。または治療同盟に関わる問題を患者が抱えており、「わかりません」と答える場合もあるだろう（例：「セラピストに自分の問題を話したら、私は弱い立場に追い込まれてしまう。セラピストは私を傷つけようとするだろう」と患者が思い込んでいる）。あるいは、回避のための戦略として、患者が「わかりません」と答える場合もあるかもしれない（例：「もし『仕事を見つける』というアジェンダをあげてしまったら、私は本当に仕事を見つけようとしなければならなくなってしまう。でも私はそんなことはしたくない」と患者が思っている）。

> 事例
>
> 　アーサーは慢性的な抑うつ症状に悩む31歳の男性である。無職で、両親と同居している。治療開始当初、彼は実存的な問題しか話題にしようとしなかった。アジェンダを設定することに対しても、最初は明らかに興味がなく、気乗りがしない様子であった。そこでセラピストは、まず彼の1週間を振り返り、そこからアジェンダとして話題にできそうな重要な問題を探ってみることにした。

セラピスト：今日は、どんな問題について話し合っていきましょうか。

アーサー：（ためらうように）僕にはわかりません。

セラピスト：（前回のセッションの記録を振り返りながら）ご両親との問題について話し合う必要があるでしょうか。それとも生活の中で満足感が得られないことについて話し合うほうがよいでしょうか。

アーサー：そうですね。

セラピスト：他にはどうですか。

アーサー：さあ。

セラピスト：（「前回のセッションからの橋渡し」に話題を変える）いいでしょう。では前回から今日までの間の話をしましょう。前回から今日までにかけて、何か私が知っておく必要のあることがありますか。あなたの生活はどんな様子でしたか。

橋渡しを行ったあと，セラピストは，アジェンダの設定を再度試みる。

セラピスト：（橋渡しの内容を要約する）ご両親との問題は，まだかなりひどいままなんですね。それでも今週は少しだけ，抑うつ感が軽くなったときがあったということでした。すると今日はどちらの問題について話し合う必要があるでしょうか。それとも別の問題について検討するほうがいいですか。

(2) 患者が治療そのものに気乗りがしておらず，アジェンダの設定にも乗り気でない場合

　上記のアーサーがアジェンダの設定に乗り気でないのは，そもそも治療そのものに気乗りがしていないためである。セラピストは患者の視点に立ったうえで，治療が患者に役に立つものであるという強力な根拠を示す必要がある。

> 事例
> **アーサー**：前にも言いましたけど，僕にはここで話すことなんて何もないんです。こんなところにいること自体，不本意なんです。
> **セラピスト**：ということは，今日，ここに来ること自体が苦痛だったのではないですか。
> **アーサー**：そうです。でも来るしかなかったんです。両親がうるさいから。
> **セラピスト**：あなたには選択肢がなかったのですね。私があなたの立場だったら，かなり腹が立つと思いますけど。
> **アーサー**：本当にそうなんです。治療を受けるというのは両親の考えであって，僕が望んだことではないんです。
> **セラピスト**：あなたは他にもご両親からいろいろと強制されているんですか。それともご両親があなたに強く勧めるのはこの治療だけなんでしょうか。
> **アーサー**：この治療だけじゃありません。いろいろなことを強制してくるん

です。
セラピスト：では他に何を強制されているのか，教えていただけますか。

　この対話でセラピストは，治療に対して気乗りがしないアーサーの気持ちに共感を示した。つまりアジェンダ設定を急ぐ代わりに，彼が自分の気持ちを発散できるよう手助けしたのである。次にセラピストは，アーサーが受け入れやすいように配慮しながら，アジェンダを提案した。

セラピスト：あなたの話を聞いていると，ご両親があなたを本当にコントロールしようとしているように聞こえます，しかも「あれをしなさい」とか「これはしてはいけない」と言うだけでなく，あなたを不快にさせようとしているようにも感じます。あなたは，ご両親にあなたの気分をここまでコントロールさせないためにどうしたらよいか，ということについて，話し合うお気持ちはありますか。

アーサー：（少し関心を示す）それはどういうことですか。

セラピスト：お話を聞いていると，あなたはかなり腹立たしい気分になることが多いようですね。ご両親があなたにプレッシャーをかけたり，あなたを批判したりするようなときは，特にです。（一呼吸おく）そのような気分をどうしたら自分でコントロールできるようになるのか，あなたは知りたいと思いますか。つまり，今あなたが感じている腹立たしさがあなた自身にとって不快であれば，今ほど腹立たしく感じずにすむような方法です。

アーサー：先生のおっしゃることが，まだよく理解できないのですが。

セラピスト：つまり今日のアジェンダとして，「気分を自分自身でコントロールする」ということと，「両親についての問題」の両方を取り上げたらどうか，ということなんですが，どうでしょうか。（一呼吸おく）これらのアジェンダに取りかかる前に，他に話し合っておきたい話題が何かありますか。

(3) 重要な問題をアジェンダとしてあげることを患者が回避する場合

患者の中には，ある項目をアジェンダとしてあげはするものの，本当に重要な問題をアジェンダにすることを避けようとする人がいる。回避傾向を有する患者の場合，特にそうである。

> **事例**
>
> ローザは弟との関係について，長年悩んでいた。とはいえ，弟は彼女とは別の州に暮らしており，ローザが彼との接触を避けていたこともあって，きょうだい間の問題が顕在化することは実際にはさほど頻繁ではなかった。あるセッションでローザは，この問題をアジェンダとして，セラピストと話し合うことを望んだ。しかしセラピストは，このセッションではローザが新たに仕事を見つけられるよう手助けすることのほうが重要であると概念化した。なぜなら彼女の経済状況はますます悪化しており，手持ちのお金がもうすぐ底をつきそうだということを，セラピストは知っていたからである。

セラピスト：今日はどの問題について話し合っていきましょうか。
ローザ：弟とけんかしたことについてです。実家に戻るよう，私にしつこく言ってくるんです。私が「うるさい！」と言って，けんかになったんです。
セラピスト：他には？
ローザ：（考えて）ええっと，そうですね，時間があれば，私のアパートのことについても話したいです。散らかり放題でひどい状態なんです。
セラピスト：（継続中の問題について言及する）仕事を探す件についてはどうなっていますか。何か進展がありましたか。この件もアジェンダに含めていいですか。
ローザ：ええ，まあ，いいですけど。

このような場合，アジェンダに優先順位をつけるときに困難が生じる可能性がある。

セラピスト：では今日の限られた時間の中で，これらのアジェンダをどのように扱っていきましょうか。三つの問題があげられましたね。弟さんのこと，アパートのこと，仕事探しのことです。どれから手をつけたらいいと思いますか。
ローザ：弟のことです。私は，本当に腹が立っているんです。
セラピスト：ローザ，私はむしろ，仕事探しのことから話し合ったらどうかと思っているのですが。というのも，あなたの失業保険は今月で期限が切れてしまうのでしたよね。私はそれを心配しているのです。もし仕事が見つからなかった場合，あなたはどんな手を使うつもりなんでしょうか。

　このやりとりでセラピストは，より差し迫っているように思われる問題に焦点を当てようとした。その際セラピストは，仕事について話し合うかどうかを患者と議論するのではなく，ただ仕事についての問題をもち出し，情報を得ようとした。もし患者がそれを拒否するようであれば，セラピストはこの問題を話し合うことに対する患者の自動思考を探っていくこともできる。

(4) 患者が項目をあげる代わりに，問題の内容について説明し始める場合

　セラピストは患者が最大の治療効果を得られるようにするために，患者を治療に対してソーシャライズしなければならない（訳注：J.Beckは患者に認知療法のプロセスに慣れてもらうよう説明したり誘導したりするプロセスを「ソーシャライズする」「ソーシャライゼーション」と呼んでいる）。アジェンダ設定についてのソーシャライゼーションとは，アジェンダを設定するときは問題について説明をするのではなく，問題の名前すなわち項目をあげていくことが求められていることを，患者に教示することである。それでもなお患者が問題について話し始めてしまったら，セラピストはその話をさえぎり，どのようにすればよいか手本を示す必要がある。

> 事例

　アニタという患者は36歳の主婦で，面接室の椅子に腰を下ろすやいなや，話し始めた。「本当にひどい1週間でした。先生もご存知のとおり，夫が先月仕事をくびになってしまって，ずっと家にいるんです。彼ったら，いつもすごくイライラしていて，私に文句ばっかり言うんです。昨日の晩もそうでした。私は友人とコーヒーを飲んでいて，帰りがちょっと遅かったんです。それを夫がものすごく怒ったんです。彼は自分のことしか考えていないんだわ。6時までに夕食の準備ができていないとだめだと言うんです。もしその時間に準備ができていないと……」

　もしセラピストがこのままアニタに話を続けさせてしまったら，もっと重要な他の話題を見逃してしまうおそれがある。このようなときセラピストは，患者の話をなんどかさえぎることを繰り返さなくてはならないかもしれない。

セラピスト：アニタ，ちょっとごめんなさい。それでは今日のセッションでは，ご主人の問題を取り上げることにしましょうか。

アニタ：……準備ができていないと，夫は具合が悪くなると言うんですよ。ちょっと夕食の時間が遅れたからといって，そんなに怒るなんて……。

セラピスト：（指で制止の合図を示しながら）アニタ，お話をさえぎってしまい，申し訳ないのですが……。

アニタ：そしてそのあと，彼はすごく皮肉っぽくなってしまって……。

セラピスト：（優しく手を振りながら）アニタ，ちょっといいですか。これは本当に重要なことなんです。ご主人のことについては，「ボブに関する問題」と名前をつけてもいいですか。では，この用紙に「ボブに関する問題」と書き留めてください。この件については，あとで必ず時間をとっておうかがいしましょう。でもその前に，あなたの気分をチェックさせてください。今週，あなたはどのような具合でしたか。他にも何か問題はありませんか。何かあれば，それについてもおうかがいする必要があります。ではまず，今週あなたがどのような気分で過ごしたのか，短い言葉で教えていただけますか。

このような場合，セラピストは粘り強く患者に介入していく必要がある。そうしなければ，この日のセッションの計画を立てるために必要な情報を得られないからである。アジェンダの項目を紙に書き出してもらうというやり方は，さほど一般的なものではない。しかしこのときセラピストは，アニタの話をさえぎり，アニタの注意をアジェンダ設定に再び向けるために，創造的な手段を使う必要があった。アニタは自分で項目を書き留めたことにより，やっと落ち着いてセラピストからの質問を検討できるようになったのである。もしこのときアニタがセラピストの介入に対してネガティブな反応を示したら，第4章，第5章で紹介したような方法を使って，むしろ治療関係に焦点を当てる必要があるかもしれない。いずれにせよ重要なのは，このような場合セラピストが患者に適切に介入し，セッションで話し合うべき重要な問題を取り逃がさないということである。もし上の例でセラピストがアニタの話をさえぎらなかったら，アニタはセッションの最後まで話し続けるだけで，気分が改善することもなくセッションが終わってしまい，次のセッションまでネガティブな気分のまま過ごす羽目に陥ったかもしれないのである。

(5) 患者があまりにも多くの問題をあげすぎてしまう場合

面接室に入るやいなや，あまりにも多くの事柄を患者が話し始め，話し合うべき問題が何であるか焦点をしぼれず，患者自身もセラピストもそれに圧倒されてしまうことがある。このような場合，セラピストは患者の話をさえぎり，患者がすでに話した数々の問題を整理したり分類したりしてみせる必要がある。

事例

患者：本当にひどい1週間でした。どこからお話しすればいいのか……。そうそう，まずはあれです。例の近所の人が相変わらずなんです。あの人のせいで私の生活はめちゃくちゃです。それに仕事でもひどいことがあったわ！　ワンダが，彼女のことは前にもお話したことがありましたよね。その彼女が，ますますひどくなってきているんです。彼女

は私の上司でもないのに,「ああしろこうしろ」ってうるさく言ってくるんです。確かにワンダは私より先輩ですけど,でも大きなお世話なんです。それにサイモン(ボーイフレンド)のことなんですけど,理由がよくわからないまま急に熱くなったり急に冷たくなったり,よくわからないんです。数日前,彼は私をひどく傷つけるようなことを言ってきました。でもそのあと,今度は私に謝るんですよ。全くわけがわかりません。あと,お金のこともあったわ。もう手持ちのお金がなくなりそうなんです。でも,今銀行の口座にいくらあるのかもわからないし。でもクレジットカードは限度額を超えてしまっていて,この間,取立て屋からも催促の電話がかかってきたし。そういえば母のこともあります。私,母にしょっちゅう追い立てられているような気がして,このままではおかしくなってしまいそうです。母は,ひっきりなしに電話をかけてくるんですよ。母は,私が彼女の言うとおりにするべきだと当たり前のように思っているんです。それから私は今,体調も良くないんです。風邪をひいたので,体力が落ちちゃって……。でも仕事を休むことができないんです。これ以上休んだら,くびになりそうだからです。ああ,あとルームメイトのこともあるわ。彼女,私のお金を盗ろうとしているみたいなんです。掃除の分担もきちんとやってくれないし。キッチンなんか,いつもものすごく散らかっていて,吐き気がするぐらい……。

セラピスト:(患者の話をさえぎり,これまでの話をまとめる)では最初にまず,どの問題について話し合っていきましょうか。問題としてあげられたのは,まずお金のことがありましたね。それから対人関係についてもいくつかありました。それから体調についての問題もありました。もし今,一つの問題に焦点を当てて話し合いを進めていくとしたら,あなたはどれを選びますか。解決のために何かできそうな問題がいいと思うのですが。

患者:わからないわ。私,近所の人にものすごく頭にきているし,ルームメイトにも困っちゃっているし。(しばらく考える)ああでもやっぱりルームメイトのことかしら,たぶん。近所の人については,ただ無視

していればいいだけの話かもしれません。あの人のことを見なかったことにしてしまえばいいんですもの。

セラピスト：わかりました。ではルームメイトの問題から話し合っていきましょう。では，もし他の問題について話し合う時間が残ったらどうしましょうか。次にどの問題について話し合いましょうか。

3　前回から今回にかけての橋渡しを行う

　この段階でセラピストは，アジェンダの項目をすべて書き出し，それらに優先順位をつけるために必要な付加的情報を集めるために，橋渡しの作業を行う。そしてセッションを効果的に進めていくための計画を立てる。下記のリストは，橋渡しの際に実施すると役に立つ項目が並べられているが，必ずしもそのすべてを実施する必要はないだろう。

- 前回から今回のセッションにかけての患者の生活を簡単に振り返り，患者の現在の機能レベルを評価する（機能レベルが最も高かったときと，最も低かったときとの両方を評価する）。
- 次のセッションまでの間に起こりうる重大な問題について話し合う（もし必要であれば）。
- 前回のセッションに対する患者のネガティブな反応について話し合う（もし必要であれば）。
- 服薬アドヒアランス（服薬に対する主体的な態度）を確認する（もし必要であれば）。
- ホームワークの実施状況を確認する（もし必要であれば，アルコールや薬物の摂取の状況や渇望，衝動的な行動の頻度などを確認する）。
- 目標達成に向けて患者がどれぐらい主体的に取り組んでいるかを評価する（もし必要であれば）。
- 中核信念に対する確信度を評価する（もし必要であれば）。

　これらについて，以下で詳しく解説する。

（1）前回から今回のセッションにかけての振り返り

　前回から今回のセッションにかけて（すなわち最後にセッションに訪れてから今回のセッションまでの期間）どのようなことがあったのか，その情報をどれぐらい自発的に報告するかどうかは，患者によってさまざまである。たとえ困難な問題を抱えていない患者でも，ほんのわずかしか報告しない人もいれば，あまりにも多くの情報を報告しようとする人もいる。そのセッションをできるだけ効果的なものにするためにセラピストにとって必要なのは，前回から今回にかけて患者がどのように過ごしてきたのかを概観することと，前回から今回にかけて患者が何について最も苦しんでいたのかを知ることである。そのようなことを患者に話してもらいながら，セラピストはアジェンダとして設定するべき重要な問題に気づくことがある。その一方で，セラピストは，重要な問題に限って自発的に報告しようとしない患者もいることに留意しなければならない。したがって，アジェンダとして設定すべき問題が生じているかどうかを知るためにも，さまざまな領域における患者の機能を概観することがセラピストにとっては必要である。

> **事例**
> 　ローラは急速交代型の双極性障害を長年にわたってわずらっている患者である。彼女は急性期に入ると週に1度治療を受けに訪れていたが，症状が軽快すると自らセッションの回数を減らし，状態がかなり安定しているときには6週間から2カ月に1度，予約を入れるだけであった。ローラが自らアジェンダとして提案するのは，たまたまセッション当日に自分がストレスを感じている問題だけであった。セラピストはローラのそのようなパターンに気づき，ローラがアジェンダとして提案しなくとも彼女と話し合うべき重大な問題が存在することを認識するようになった。そこでセラピストは，毎回のセッションの冒頭で，ローラの生活のさまざまな領域におけるポイントのリストを示し，リストに含まれる項目のすべてを彼女と一緒にチェックすることにした（例：「今回はボーイフレンドとの関係はどうでしたか」「娘さんとの関係はいかがでしたか」「前回から今回にかけて，薬の飲み忘れは何回

ありましたか」「最近ではいつ，精神科を受診しましたか。精神科医はあなたに何と言いましたか」「家事は続けていますか」「お母さんやお姉さんとの関係はどうですか」「今も聖書を毎日読んでいますか」「食生活は規則正しいですか」「睡眠の状態はどうでしょうか」「定期的に散歩に出かけていますか」「こまごまとした用事をこなせていますか」）。実際これらの項目における問題を見逃したことによって，ローラの状態が悪化したことが，過去にしばしばあったのである。

ネガティブなことだけでなく，前回から今回にかけてのポジティブな側面についても，セラピストは患者に尋ねる必要がある。そうすることでセラピストは，患者が自分の認知を自ら修正し，機能的に行動しようとすることを強化することができる。そして患者が新たな考えや行動をとることによって，自分の気分にポジティブな影響を与えようとすることも強化することができる。ポジティブな出来事を振り返ることは，自分の生活がネガティブな出来事だけでいっぱいになっているわけではないことを，患者自身が実感するための手助けにもなる。また，そのようなポジティブな情報を収集しておくことは，そのセッションのあとの時間帯で，あるいは将来のセッションにおいて，患者の非機能的な中核信念に対する反証を検討する際に大きな助けとなるかもしれない（第13章を参照）。

たとえばローラのセラピストは，ポジティブな反応が返ってくることが予測できる次のような質問をローラに投げかけた（例：「この間の日曜日の教会はいかがでしたか」「あなたの犬は元気にしていますか」「最近はとてもいいお天気ですね」「娘さんのために編んでいるマフラーはどうですか。進んでいますか」「今週はどんなことをして楽しみましたか」）。

(2) 次のセッションまでの間に起こりうる重大な問題について話し合う

アジェンダを設定するにあたって，次のセッションまでの間に何か重大な問題が生じる可能性があるかどうかを確認することも重要である。

次のような質問が役立つ。

> ▶「次回お会いするまでの間に起きそうな出来事で，私が知っておいたほうがよさそうなことが何かありますか」

　患者が次回までに起こりうる何らかの問題をあげた場合，セラピストは，その問題が前回から今回にかけて生じた問題より重要で，アジェンダとして優先すべきかどうか，を判断しなければならない。たとえばジェリーは，次回までに家族が自分を訪ねてくることになっており，それに対処することが難しいのだとセラピストに伝えた。そこでジェリーとセラピストは，先日起きた集金人とのトラブルについて話し合うべきか，それとも訪ねてくる家族への対処法について話し合うべきかを相談し，結局そのセッションでは家族の問題を優先して検討することに決めた。近い未来に生じうる問題を確実にアジェンダに組み込むようにしておくことで，そのセッションの終了間際になって患者がそのような問題をいきなりもち出すといったことは，少なくともある程度は回避することができるだろう（例：「そうそう，お話しするのを忘れていました。実は私，大家さんから，数日以内にアパートを立ち退くよう強く要求されているんです！」）。

(3) 前回のセッションに対する患者のネガティブな反応について話し合う
　前回のセッションの最後に患者がネガティブな反応を示した場合には，次のセッションの冒頭で，気分チェックやアジェンダ設定よりもさらに優先して，この問題について話し合うことが重要である（第4章，第5章を参照）。一方，患者のネガティブな反応について次のセッションの冒頭で話し合うことを取り決めていなかった場合，この件についての話し合いは，セッションの冒頭ではなく，セッション中に患者の気分が乗ってきて治療同盟が再構築されたあとで実施することを，セラピストが選択する場合もある。

（4）服薬アドヒアランスを確認する

　患者が規則正しく服薬できるようになるまでの間は，セッションの冒頭の橋渡しのときに，服薬アドヒアランス（服薬に対する主体的な態度）を確認することが役立つ。その際，「今週はきちんと薬を飲んでいましたか」といった漠然とした質問をしてしまうと，「はい，飲んでいます」といった漠然とした回答が戻ってくることが多いので，セラピストは，より具体的な質問をして，重要な情報を引き出すようにする必要がある。

> ▶「処方どおりにきちんと服薬できた日が，何日ありましたか」

次のような質問も有用である。

> ▶「薬を飲み忘れた日が，何日ありましたか」

　患者の服薬状況に問題があるときは，この問題自体をその日のアジェンダとして設定することもできる。

（5）ホームワークの実施状況を確認する

　ホームワークの実施状況の確認が，ごく短時間で終わる場合もある（例：患者が，ホームワークが役立ったと報告する。患者が，ホームワークを通じて学んだことや得たことを簡潔に述べる。そのホームワーク課題を引き続き実施することを，患者とセラピストで即座に決められる）。一方，ホームワークの課題が，患者が治療で取り組んでいる大きな問題や信念に関するものであれば，ホームワークの実施状況の確認やその見直しだけで，セッションの大半を費やす必要がある場合もある。その場合，「ホームワークの実施状況を確認する」という作業は，橋渡しの時間に行うのではなく，むしろセッションで取り扱うべきアジェンダとして設定するべきであろう。そうすれば橋渡しの作業は簡潔になり，ホームワークの実施状況については他のアジェンダとともに優先順位をつけるべき対象とすることができる。その場合，ホームワークの実施状

況をきっちりと見直すことと，ホームワークとは直接関係のない他のアジェンダについて話し合うこととの間に，上手にバランスをとる必要が出てくる。

　たとえばマージョリーという患者に対して，前回のセッションで設定されたホームワークは，「自分の考えを誰か（例：夫，姉，友人，近所の人）に伝えたら，相手は私にひどく腹を立てるにちがいない」という彼女の信念を検証する，というものであった。橋渡しの段階で，セラピストは，マージョリーがいくつかの行動実験を実際に行い，うまくいったこともあればそうでなかったこともあるという事実を知った。そこでセラピストは，この件についてはアジェンダとして，あとで詳しく話し合うことにして，他のアジェンダを含め，先にアジェンダの優先順位を決めることにしたらどうか，とマージョリーに提案し，彼女もそれに同意した。実際そのときマージョリーは仕事上の問題で切羽詰まっており，それについてもセッションで話し合うことを望んでいたのである。それらのアジェンダに優先順位をつけた結果，まずは仕事上の問題について話し合い，残りの時間で行動実験の成果について話し合うことにし，さらに行動実験について十分に話し合う時間がなければ，次のセッションに持ち越してもよいということが，二人の間で合意された。

　ホームワークの実施状況を確認する際，セラピストは，患者がどれぐらい課題を実施したかを明確化する必要がある。その際，上記の服薬アドヒアランスの問題と同様に，「治療の記録を読んできましたか」といった漠然とした質問だけでは，あまり有用な情報を得られないことが多い。セラピストはたとえば次のように，具体的な質問をする必要がある。

> ▶「今回あなたは，治療の記録を何回読み返しましたか」

　たとえばセラピストは，ベンジャミンという患者に対し，その週に何回車を運転してスーパーマーケットに出かけたかを尋ねた。これは彼の広場恐怖に関する不安階層表における大事な課題だったからである。ベンジャミンは最初，この問いに対して「わりと行きましたよ」と答えた。

しかしセラピストがさらに具体的に問うと，実際には2回しかこの課題を実施していなかったことが明らかになった。この2回という回数は，彼が広場恐怖を克服するための対処技能を身につけるには不十分なものである。セラピストはこのような具体的情報を得たことにより，その日のセッションをより効果的に計画することができた。

　ある研究によると，ホームワークを実施する患者のほうが，実施しない患者よりも，治療によって良い成果を得られることが示されている[50]。したがってセラピストは，ホームワークを実施することの重要性を患者に対して強調し，課題をやってこない患者については，何がその妨げとなっているのかを調べる必要がある（第9章を参照）。

　物質関連障害の患者については，セッションの冒頭で物質の使用状況を確認するのもよいだろう。

> ▶「今週は何日お酒を飲みましたか。一番多く飲んだときの量はどれぐらいですか。一番少なかったときの量はどれぐらいですか。平均的な量はどれぐらいでしたか」

　物質関連障害の患者との治療では，当該の物質に対する衝動の頻度やその強度について尋ねることも重要である。たとえ患者がその週は飲酒をしなかったり薬物を使用しなかったりした場合でも，患者が自分の衝動にどのように対応したかを尋ねることで，このテーマをアジェンダに加える必要があるかどうかを判断することができる。また，物質の使用状況について正直に明かすことをためらう患者でも，衝動を抱いたことをセラピストに打ち明けることについては抵抗を感じない場合が多く，衝動についての話し合いをとっかかりとして，その後の話し合いにつなげていくことが可能になる場合もある。

(6) 目標達成に向けて患者がどれぐらい主体的に取り組んでいるかを評価する

　患者がホームワークをやってこない場合，患者が目標に対して両価的

な思いを抱いているようにみえる場合，あるいは患者が問題解決になかなか取り組もうとしない場合は，セッションの冒頭で，目標達成に向けて患者がどれぐらい意欲的であるかを評価するとよいかもしれない。たとえば次のように尋ねることができる。例：「あなたの目標は，家事をもっとできるようになりたい，というものでした。今，あなたはその目標をどれぐらい達成したいと思っていますか。率直なお気持ちを教えてください」。患者がその目標に対してあまり乗り気ではないという場合，セラピストには二つの選択肢がある。一つは，あえてこの目標に拘泥せずに他のアジェンダに目を向けるということである。もう一つは，この目標に対して取り組んでいくことの利益と不利益について話し合うことをその日のアジェンダとして設定するか患者とともに検討する，というやり方である。

たとえばセレナという22歳の女性患者は，拒食症でしかも抑うつ症状を呈していた。彼女は両親と同居しており，学校に通いながらパートタイムで働いていた。セレナの拒食症は徐々に回復してはいたが，それでもなお，彼女はときどきほとんど食事をとらなくなってしまったり，過剰に運動をしてしまうことがあった。セレナ自身はそれらの行動を軽く考え，むしろ正当化して説明する傾向があった。そこでセラピストは毎回のセッションの冒頭で，「あなたは今，自立して生活したいという目標に対して，どれぐらい意欲的ですか」と尋ねることによって，セレナが治療に対して前向きになり，自分の非機能的な行動に対して自己敗北的な正当化をせずにすむよう手助けした。

(7) 中核信念に対する確信度を評価する

患者の中核信念が同定され，その修正への試みが開始されたら，毎回のセッションの冒頭で，患者がどの程度自分の信念を強く信じているか（知的レベルおよび感情的レベルの両方において）をモニターすることができる（第13章を参照）。

> ▶「私たちは,『自分には価値がない』というあなたの信念について,ずっと取り組んできています。さて,今,あなたはどれぐらいこの信念を信じていますか。頭（知的レベル）ではどうですか。そして心（感情的レベル）ではどうでしょうか。今週,最も強く『自分には価値がない』と思ったのは,いつでしたか」

このような短いやりとりから,のちに患者の中核信念に反証したり,より適応的な新たな信念の根拠について話し合ったりする際に役立つ情報が得られるかもしれない。また,セッションの冒頭で中核信念について話し合うことは,セッションの最中にそのような信念が突然活性化されるのを防いだり,問題の背景にその信念が存在しているかどうかを患者が判断したりする際の助けになる。

4 アジェンダに優先順位をつける

患者の中には,複数のアジェンダのうち最も重要なものがどれか,なかなか判断できない人がいる。また,最も話し合うべき重要な問題をアジェンダとして設定するのを回避しようとする人もいる。先述のとおり,セラピストはこのようなとき,二つの時間的枠組みから問いを立てる必要がある。一つは,「このセッションが終わるまでに,患者の気分を改善するために最も役立ちそうなことは何か」という問いであり,もう一つは,「次のセッションまでの間（1週間もしくは数週間）に,患者にとって最も役立つことは何か」という問いである。

患者が多くの問題に圧倒されているためにアジェンダに優先順位をつけられない場合,セラピストはそれに対してさまざまな働きかけができる。たとえば次のような問いかけをするだけで,自分にとって最も重要な問題を選び出すことのできる患者もいる。

> ▶「あなたを悩ませる問題がたくさんあるのですね。それはさぞかし大変なことでしょう。……しかし私たちは限られた時間の中で,あなたの問題について話し合わなければなりません。この

> 「セッションで話し合えるのが一つ，せいぜい二つの問題だとしたら，あなたはどの問題を選びますか」

一方，問題をいくつかのグループに分けて提示してみせることが役に立つ患者もいる。

> ▶「あなたの問題は，夫や子どもに関する問題，それから不安感や孤独感に関する問題，というふうに整理できるように思われます。まずはどの問題から話し合っていくことにしましょうか」

何が最も重要な問題であるかをセラピストが明確に理解している場合は，患者との協同性を保ちながらも，セラピストがより誘導的に働きかけることもできる。

> ▶「これらの問題には，一時的なものと慢性的なものが含まれていますね。私としては，今日のセッションではまず，お母さんがあなたを訪ねてくることについて話し合うのがよいのではないかと思います。というのも，これまでもお母さんが来ると，そのあとあなたの調子が悪くなってしまっていたからです。（一呼吸おく）あなたはどう思いますか」

5　各アジェンダについて話し合い，ホームワークを設定する

それぞれのアジェンダについて話し合い，ホームワークの課題を設定することは，セッションの中心部分である。したがってこれらについては次章で詳しく解説する。

6　まとめの作業

セッションの最中にセラピストは，そのときどきの患者の感情を理解するのと同時に，セッションの内容についての患者の理解度を把握する必要がある。つまりそのときどきの患者の考えや反応をこまめにチェッ

クすることが重要なのである。次のような質問によって，それらを把握することができる。

> ▶「ここまでの話し合いの内容を，ちょっとまとめてみてください」
> ▶「この話におけるポイントは何だと思いますか」
> ▶「私がお話ししたことのポイントは何だと思いますか」

さらに次のように尋ねることが重要である。

> ▶「それについて，あなた自身はどう思いますか。あなたはこのポイントをどれぐらい信じられますか」
> ▶「今まで話し合ってきたことについて，あなた自身はどう感じますか」

患者がそれまでの話し合いをきちんと理解はしているものの，その内容に疑問を感じているような場合は，セラピストは患者の自動思考を引き出し，患者の疑念を明らかにする必要がある。

セラピスト：ここまでの話をまとめてみてください。そして私が申し上げたことに対して，あなたがどう思うのかを教えてください。
患者：要するに，気分が良くなるためには，もっと活動的になる必要があるということです。
セラピスト：そのとおりです！　あなたはどう思いますか。
患者：わからないのです。先生が提案してくれたようなことは，これまでにもすべて試したことがあります。でも実際には全然役に立たなかったんです。
セラピスト：ということは，「もっと活動的になっても，気分は良くならないだろう」と思っていらっしゃるのですか。そして絶望的に感じているのでしょうか。
患者：ええ，そうです。

セラピスト：「もっと活動的になっても，気分は良くならないだろう」という考えを，今どれぐらい信じていますか。

　このような場合，セラピストは標準的なソクラテス式質問を用いて，患者が自分の思い込みを検証できるよう行動実験を提案するとよい。まとめの作業をこまめに行わず，患者の反応を確認しないと，セラピストは患者の疑念を明確化できないままに終わってしまうおそれがある。疑念を明確化できなければ，それに対応する機会も逸してしまう。
　患者の要約したことが正確でなかったり適応的でなかったりする場合，セラピストは穏やかにそれを修正していく。患者が動揺しているような場合は，その緩和を試みる。

セラピスト：これまでの話を，まとめてみていただけますか。
患者：（イライラしたように）先生は，私が家族に対してもっと堂々とするだけでよい，とおっしゃいました。そうすればこんなにひどい家族のせいで，私が混乱することもなくなるだろうって。
セラピスト：確かにそのようなことを私はあなたに言いました。でもあなたの抱える問題が，単に堂々とするだけで解決できるとは考えていません。（一呼吸おく）私は，あなたが家族の問題を乗り越えるために，もちろんもしあなたがそのように望むのであればということですが，それについて一緒に取り組んでいきたいと考えているのです。そしてもしあなたが望むのであれば，家族がひどいことになったときに，あなたがそれを気にしないでいられるようにするにはどうしたらよいか，そのことを一緒に検討したいと思っているのです。（一呼吸おく）それについて，あなた自身はどのように思いますか？

(1) 治療の記録
　まとめの作業で話し合われたことを書き留めるようにセラピストが患者に求めるか，もしくはセラピスト自身が書き留めるかする必要がある。患者は治療中に医師に言われたことの大半を忘れてしまうことが多いと

言われている（この種の困難については，文献40)を参照）。心理療法でも同様のことが起きるとセラピストは考えるべきである。セラピストはセッション中に絶えず次のように自問し，何を患者に覚えておいてもらうべきか検討し続ける必要がある。

> ▶「今日のセッションで話し合われたことの中で，特に患者に覚えておいてもらいたいことは何か」

　セラピストは，患者が自分仕様の治療の記録を作ることができるよう手助けする。治療の記録には，適応的な思考（非機能的な認知に対する適応的な思考や，患者自身が導き出した適応的な結論）や，行動を修正するための教示，およびホームワークの課題などを記載する。これらの重要な事柄について，患者またはセラピストは，インデックスカード，ノート，メモ帳などに書き留める。さらにセラピストはこれらの記録のコピーをとる（もしくは処方箋などに用いる複写式ノーカーボン用紙を使う）。セッションの要点を書き留める代わりに，テープに録音してもよい。

　このように記録をとっておけば，患者は治療中に導き出された重要な結論を，自分でおさらいすることができるようになる（次のセッションまでの間にもおさらいできるし，治療が終結したあとにもおさらいができる）。治療の記録は，定期的に読み返すこともできれば（例：朝食や夕食の際，必ず読むことにする），必要に応じて読み直すこともできる。万が一患者が文字を読めなかったり，録音機を用いることができなかったりする場合，セラピストは何らかの工夫をしなければならない。たとえばセッションで話し合われた重要な事柄を想起するためのきっかけとなるような，何らかの記号や絵を患者に描いてもらうことができる。また誰か第三者を選び，その人に治療の記録の代読を依頼してもよいかもしれない。

　このように治療が記録されると，患者は治療を「テイクアウト」することができる。治療の記録を定期的に読むよう患者を動機づけ，患者の

認知と行動のさらなる変化を促進することは非常に重要である（このような治療の記録の詳細については，文献16)を参照）。

7　フィードバックを引き出す

　第4章，第5章で示したとおり，セラピストや治療，そして自分自身についての患者の自動思考が，問題解決に向けた協同作業の妨げになっているような場合には，そのような患者のネガティブな反応をセッション中に引き出すことが重要である。しかしなかには，セッション中に自分の不満をなかなか言い出せない患者もいる。したがって少なくともセッションの最後に，次のように問いかけて，患者のフィードバックを引き出すことが重要である。

> ▶「今日のセッションに対する感想を教えてください」
> ▶「今日のセッションについて，不快に思うようなことが何かありましたか」
> ▶「私（セラピスト）が何か勘違いしているようなことはありませんでしたか」
> ▶「次のセッションで修正するべき点が，何かありますか」

　第4章，第5章では，セラピストや治療に対する不満をなかなか言い出さない患者と，不満を強く表明する患者について，その対処法を解説した。セラピストは，患者のネガティブなフィードバックについて十分に話し合えるよう，セッションの時間をとっておく必要がある。もし患者の不満を話し合うのに十分な時間がとれなくなってしまった場合は，セラピストはそのことを患者に謝らなければならない。そしてストレスを感じたままそのセッションが終わってしまっても，患者が次のセッションに訪れる気持ちになれるよう，セラピストは患者を動機づける必要がある。

> ▶「この件について，私があなたではなくあなたの家族の味方をしているように感じられたのですね。私にそのような意図は全くありませんでした。ですからあなたがそのように話してくださって，大変ありがたいと思っています。なぜならこれは本当に大事なことですから。でも，申し訳ないことに，今日はこのことについて話し合う時間がありません。この件については，次回のセッションで真っ先に話し合いたいと思うのですが，どう思いますか」

Ⅴ　セッションをあえて構造化しないほうがよい場合

　ある患者に対してセッションを構造化することを，セラピストがネガティブに考える場合，その考えが実際に正しい場合がある。たとえば患者の話をさえぎることで，重要な情報を取り逃がしてしまう場合があるかもしれない。また，セッションの最初の時点で患者の中核信念が活性化されており，患者がそれについて語る場合は，すぐにアジェンダ設定に入るより，その話を聞いておいたほうがよいとセラピストが判断する場合があるかもしれない。患者の中にも，まずは自分の気持ちをひとしきり話してしまい，そのあとで問題解決にとりかかりたいと考える人もいる。セラピストが構造化にあまりにも固執すると，治療同盟が損なわれてしまうおそれが生じる。セラピストは注意深く事象を観察し，さまざまな情報を得たうえで，構造化をしっかりと行うことによって何らかのダメージを受ける可能性があると確信したら，少なくとも最初のうちは構造の程度をやわらげるほうがよいだろう。

　患者の中には，どうしてもセラピストに主導権を渡したくないと考える人もいる。セラピストからすれば，自分が患者をさほどリードしているように思われない場合でも，そのように反応する患者はいるものである。このような場合は，ある程度の妥協が必要であろう。たとえば，セッション中にあえて構造化しない時間を設けるというやり方がある。そ

の時間は患者に自由に話をしてもらい，残りの時間に構造化を図るのである。より思いきったやり方としては，構造化しないセッションを何回か実施してみるという手もある（例：「ドナ，あなたのおっしゃるとおりかもしれません。あなたの場合，セッションをあまり構造化しないほうがうまくいくのかもしれません。次からの3回のセッションを，あえて構造化しないで行ってみませんか。構造化しないセッションをやってみて，そちらのほうがあなたの気分の改善に役立つのであれば，そのようなやり方を続けることができるでしょう。もしあまり気分が改善しなければ，別のやり方を検討する必要があるかもしれません。そのときには試しに，問題解決を目指すような話し合いをしてもよいでしょう。（一呼吸おく）ドナ，どう思いますか」。

Ⅵ 要　約

　標準的な認知療法の構造を適用するのが困難な事例の場合，セラピストは標準的なセッションの構造を，その患者自身が納得できるよう調整する必要がある。セッションの構造化についての理論的根拠を提示したり，患者の話をどの程度さえぎっても大丈夫なのかを検証したり，構造化に対する患者（およびセラピスト）の思い込みを修正したりすることによって，セッションの構造化を効率よく，効果的に実施できるようになる。セッションを構造化することによって，セラピストと患者は，セッションの限られた時間を最大限に活用することができる。また構造化によって，目標の達成に向けた試みや，さまざまな心理的・行動的スキルの習得や，重要な情報を長期記憶にしっかりと留めることが，促進される。一方，構造化に固執しすぎることが裏目に出ることもある。また，いつも同じ構造で毎回のセッションを進めていくことが有益でない患者もいる。構造は目標達成のための手段にすぎない。重要なのは，個々の患者にとって標準的な構造がどうであるかをきちんと評価し，その患者にフィットする構造を見つけていくことである。

第9章

問題解決とホームワークにおける困難

　セッション中に患者が自分の問題について語るだけでは十分な治療効果が得られないというのが，認知療法の基本的な考え方である。もちろん患者はセッション中に問題解決のための話し合いに集中する必要があるが，それだけでなく，セッションとセッションの間の日常生活において，問題解決のための努力を続ける必要がある。したがって，セラピストにとっての第一の課題は，患者が重要な問題に焦点を当て，それらの問題やそれに関わる非機能的な認知を患者自身が認識し，セッション中に語れるよう手助けすることである。第二の課題は，問題解決に向けた構えを患者がもてるようにすることである。それができれば，患者はセラピストと協力して積極的に解決策を探求するようになるであろうし，解決の妨げとなる認知に対して上手に対応できるようになるであろう。しかし実際にはさまざまな患者がおり，特に困難な問題を抱えている患者の場合，少なくとも最初のうちは，問題解決のための能力や意欲もさまざまである。

　前章でも，問題解決に取り組むうえでの困難について紹介した（例：患者がアジェンダを設定したり，問題を同定したりすることに気が進まない場合。患者があまりにも多くの問題をあげる場合。患者が重要な問題についての話し合いを回避する場合）。また，治療同盟に関わる困難については，第4章，第5章で紹介した（例：セラピストが問題解決に焦点を当てようとすると，「セラピストは自分のことをわかってくれない」「このような治療は自分には合っていない」と患者が主張する場合。患者がセラピストに対して腹を立てている場合）。

　本章ではさらなる問題について解説する。まず事例を紹介し，問題や

ホームワークに対する反応が患者によっていかに異なるかについて解説する。次に，患者が問題を解決したりホームワークの課題を遂行したりするのを援助する際に，セラピストがどのように標準的な手順を適用したり応用したりできるか，ということについて論じる。さらに，患者の非機能的な信念でよくみられるものについて提示し，それへの介入について解説する。また，本章で紹介する戦略の具体例を示すために，再度，いくつかの事例を紹介する。最後に，患者に進歩がみられないときや問題解決を追求しないほうが得策であるときに，セラピストがどのように対処すればよいか，そのガイドラインを示す。

問題解決に対するさまざまな患者の反応

　以下に紹介する例は，ある問題に対するアプローチの仕方が人によっていかに異なるかを示したものである。四人の患者が登場するが，彼らは，「自宅の掃除をして，きちんと片付けること」という共通の目標をもっている。そして「一日の大半を，ソファで横になって，だらだらとテレビを観て過ごしてしまう」という共通の問題を抱えていた。それぞれの患者が第2セッションで考えたことを以下に紹介する。

- ある「対応しやすい」患者：問題を明確に表現し，自ら問題解決に取り組む患者である。彼は，第2セッションの最中に次のように考えた。「確かにこの問題に取り組むのは良いことだ。セラピストは，僕がこの問題に圧倒されたように感じているのを，理解してくれているようだ。小さなことであれば，一つか二つ，何か始めることができるかもしれない。やってみて，それが僕にとって役に立つかどうか，確かめてみよう」。彼には「自分は物事に対処できない」という信念があったが，それでも「自分が課題をできない」と決めつけることは避け，とにかく課題をやってみようとセッション中に考えていた。
- 困難な問題を抱える患者①：彼は，いくつかの小さな課題を行動実験としてやってみることについて同意しながらも，内心で

は，「どうせ自分は疲れ果て，落ち込んでいるので，課題を実行することはできないだろう。仮に課題に挑戦したとしても，どうせうまくいくはずがない」と思っていた。彼は，「自分は無力で能力がない」という強い信念を抱いていた。
- **困難な問題を抱える患者②**：この患者は，セラピストが問題解決に焦点を当てようとするたびに話題を変えた。「こんなことに取り組むのはいやだ」と思っていたのである。そして，「やりたくもないことをしなければならないとしたら，それは自分が負けたことを意味する」という信念を抱いていた。
- **困難な問題を抱える患者③**：この患者は問題について詳しく話し合うことを拒否した。彼はセラピストに対し，「自分にはもっと重要な問題があるというのに，なんでこんな些細なことについて話し合わなければならないのか」と主張した。彼は，「他者はみな，自分を支配しようとする。もし相手の言うとおりにしたら，自分は弱い人間だということになってしまう」という信念を抱いていた。

　上記四人のうち，困難な問題を抱える三人の患者については，たとえセラピストが問題に焦点を当て，彼らにそれを解決するよう誘導し，ホームワークの課題に同意させ，仮に彼らが実際に課題を実行したとしても，上にあげたような困難は先送りされるだけで，何の解決にもならない可能性がある。この三人の患者は，それぞれ自分なりの視点に基づいて物事を経験しているのだが，そのような視点そのものが，問題解決や行動変化のための動機や意欲にネガティブな影響を与えてしまっている。

- **ある「対応しやすい」患者**：「課題をやってよかったです！　僕はすべての課題を実行することができました。エネルギーがわいてきたような気がします。治療は本当に僕の役に立っています」

- ●困難な問題を抱える患者①：「確かに課題はやってみました。でもあまりうまくいかなかったんです。そのせいで僕はヘトヘトに疲れ果ててしまいました。治療なんて，何の役にも立っていません。僕の気分が改善することは二度とないでしょう」
- ●困難な問題を抱える患者②：「ええ，課題は全部やりましたよ。でも，僕はこんなことをするのが大嫌いなんです。なんで僕だけがこんなつまらないことで人生を犠牲にしなければならないんですか。不公平じゃないですか」
- ●困難な問題を抱える患者③：「課題をやってみましたが，何の効果もありません。これでは大きなバケツにたった1滴の水を垂らすようなものです。それにこんなことを続けていたら，セラピストも家族も，『ああしろ，こうしろ』と，もっといろいろなことを僕に要求するようになるでしょう」

　以上に示したとおり，患者の認知は，患者が行動を起こそうとする意欲や能力に影響を与え，行動の変化を促進することもあれば抑制することもある。そして行動がわずかにでも変化すると，患者の認知はさらに，その変化の拡大や縮小に影響を及ぼす。機能レベルの低い患者にとっては，日々の行動を少しでも変化させることが回復のためには不可欠である。多くの患者にとって，抑うつ状態にある患者にとっては特に，行動の変化が日々の活性化につながり，回避行動を減らし，達成感や楽しみを得る機会を増やすことにつながる（ただし，過度に多大な責任を果たそうとすることによって機能レベルが低下している患者の場合は，当然のことながら目標も異なってくる。例：重要度の低い仕事を減らす。休息する。リラックスする。楽しめる活動を増やす）。

　比較的「対応のしやすい」患者は，たいていの場合，問題解決に焦点を当てることが有効であり，自分には変化を起こす力があることを信じている。そして，変化を起こすことで自分の気分が改善され，より良い生活が送れるようになると思うことができている。一方，困難な問題を抱える患者は，次に示すような非機能的な信念を抱いていることが多い。

例：「自分の抱える問題は，解決不可能である」「自分には問題を解決する能力がない」「問題を解決しようとしたら，気分が良くなるどころか，ますますひどい気分になってしまうにちがいない」「もし自分の抱えている問題をセラピストに打ち明けたら，セラピストは自分を傷つけようとするだろう」「変化を起こすことに同意してしまったら，それは自分が弱く劣った人間だということになってしまう」「次のセッションまでに何かの変化を起こしたら，それは自分が負けたということを意味する」「もし自分から何か変化を起こしたら，自分の生活はますますひどいことになってしまうだろう」。このような認知は目標設定の際にも活性化され，その妨げになる場合がある（第7章を参照）。

困難な問題を抱える患者の中には，このような信念を抱いているにもかかわらず，認知療法の標準的な技法の活用を通じて，自分の信念を修正し，順調に回復を示す人もいる。一方それとは正反対に，まず広範囲にわたって信念を修正することが必要で，それができて初めて変化を起こすことのできる患者もいる。

Ⅰ　標準的な戦略を用いたりそれを応用したりすることで，問題解決を促進する

患者の非機能的な信念や対処戦略が要因で，セラピストが患者の問題解決を促進したり，患者にホームワークを通じて変化を起こしてもらうことが難しい場合がある。しかしこのような困難の多くは，セラピスト側に要因がある。つまりセラピストが，患者と協力して問題解決を促進するための戦略をうまく用いていなかったり，それを適切に応用できていなかったりするのである。そのような戦略には，たとえば次のようなものがあげられる。例：患者が問題に視点を向けられるように手助けする。心理教育を通じて患者の動機づけを高める。個々の問題解決と目標達成を関連づける。問題を小分けにして，扱いやすい大きさにする。自分が問題をどの程度コントロールできるか患者が評価できるよう手助け

する。問題解決がうまくいっていないときに方向転換する。

1　患者が問題に視点を向けられるように手助けする

　問題解決に向けて患者と協力しようとする際によく生じる問題は，患者の話が別の話題からさらに別の話題に飛んでしまうというものである。この場合のセラピストの戦略としては，患者の話を適当にさえぎり，自分の話が飛んでいるということを患者自身に認識してもらうようにすることである。そして，いったいどの問題に焦点を当てたらよいか，患者とともに検討する。

> ▶「話をさえぎってしまい申し訳ないのですが，ちょっと確認させてください。私たちは何について話し合えばよいのでしょうか。あなたは最初，夜の孤独感について困っているとおっしゃっていましたね。しかし今は，元の夫への対応の仕方ということに話題が移ってしまっています。今のあなたにとって，どちらの問題がより重要なのでしょうか」

　問題に焦点を当てることについて患者が非機能的な認知を抱いていない場合，生産的にセッションを進行させようとするこのようなセラピストの試みに，患者は快く応じてくれるだろう。

　しかしその時点で患者があまりにも強いストレスを感じており，問題解決に意識を集中できないという場合は別である。たとえばロベルタという患者は，職場の同僚とけんかをしたことで非常に動揺しており，問題解決に向けての話し合いなどとてもできそうにない状態であった。そこでセラピストはロベルタに共感を示したうえで，彼女に選択肢を提示した。

> ▶「あなたはあまりにも強くストレスを感じているのですね。大変なことと思います。お話を聞いていると，ダグラスとのけんかについて話せば話すほど，あなたはますます動揺してしまうよ

うです。(一呼吸おく)今はこの件ほど深刻ではない別の問題について話し合うことにして，あとでもう少し落ち着いてから，ダグラスの話題に戻ることにしませんか」

2 心理教育を通じて患者の動機づけを高める。

　患者の中には，さらなる心理教育をしてからでないと，問題解決への取り組みに着手できない人もいる。セラピストは，治療に訪れるだけで，苦痛が緩和されるわけでも気分が改善されるわけでもないことを，患者に伝えなくてはならない。患者にとって必要なのは，日常生活における思考や行動に小さな変化を起こしていくことなのである。

　たとえば，どうすればもっと活動的になれるか，といった話し合いをすること自体に対してひるんでしまう患者がいたとする。この場合セラピストは，心理教育の一環として，気分の改善のためには，達成感や楽しみを得られる行動そのものを増やすことが役立つということを，患者に説明する必要がある。そして，そうしなければ患者は結局，今の症状に苦しめられ続けるということも伝えなければならない。なかには，行動を起こすには，まずやる気がわいてくる必要がある，と信じている患者もいる。セラピストはそのような患者に対し，まずは行動を起こしてみることが必要で，やる気とは行動の結果として生じるものである，と説明するとよいだろう。

　セラピストは，「自分には課題に取り組むエネルギーがない」と信じている患者に対し，火を起こす過程を例にあげて説明するとよいかもしれない。火を起こすためには，まず薪を集め，それらの薪を上手に並べる必要があるが，そこまでするにはそれなりのエネルギーが必要である。しかしそこまで準備できれば，あとはマッチを擦って薪に火をつけ，ときどき新たな薪を追加するだけでよいのである。それにはさほど大きなエネルギーを必要としない。患者にとって必要なのは，これと同じことである。つまり，新たな課題に着手するにはある程度の精神的な(ときとして身体的な)エネルギーが必要であるが，いったん始めてしまえば，

あとは容易にそれを続けていけることが，患者にも実感されるであろう。

　課題に着手する直前，および着手直後の1，2秒が勝負の時であるということは，セラピストの自己開示を通じて，あるいは患者自身のこれまでの経験を振り返ることを通じて示すこともできる。患者がある課題に手をつけるかどうか迷っているような場合には，特にこれが役立つだろう。

　他にも，たとえば歯磨きのような，患者がさほど多大な動機づけを必要とせずに，もしくは半ば無意識的にできていることを例にあげることも役に立つ。多くの患者はさほど深刻に悩むことはせず，毎日当然のように歯を磨いている。回復に必要な諸活動も，歯磨きと同じように，「そもそもそれを実施するかどうかを選択するまでもない」と患者が認識できるようになればよいのである。

3　個々の問題解決と目標達成を関連づける。

　患者の中には，アジェンダについて話し合う前に，自分自身が設定し，達成したいと望んでいる目標が何であるのか，改めて想起する必要のある人がいる。たとえばカイルという患者は，上司と口論をした件をアジェンダとしてあげたが，セラピストはその際，仕事の状況を改善するという治療目標に対して，そのアジェンダ（上司の件）がどの程度重要なのか，カイルに確認した。キャシーという患者は最初，自分の身のまわりのことをきちんとすること（例：請求書を支払う，小切手帳の収支を合わせる，さまざまな用事をこなす）に対して，あまり意欲的でなかった。しかしセラピストが，キャシーが強く望んでいる「実家を出て，一人暮らしをすること」という目標と，これらの小さな活動（身のまわりのことをきちんとすること）との関連性について指摘し，キャシーが両者の関連性について理解できるよう手助けしたところ，彼女は身のまわりのことをきちんとすることに対して意欲をみせるようになった。また，セラピストはキャシーに対し，誇りと喜びを感じながら新たな住まいに向かっている自分の姿をイメージさせた。それによって，キャシーの動機づけはさらに高まった。

4　問題を小分けにして，扱いやすい大きさにする

　自分の抱える問題に圧倒され，それを解決できるはずがないと信じている患者もいる。たとえばソニアという失調感情障害患者は，自宅をきちんと整理することがとてつもなく大きな問題に思え，そのことにすっかり圧倒されてしまっていた。そこで彼女は毎日何時間も椅子に座り込み，何をすべきか神が指示を与えてくれるのを待つばかりという生活を送っていた。そこでセラピストはソニアに対し，神が望んでいるのは彼女が受動的に神の指示を待つことではなく，もっと生産的に生活できるようになることではないかと示唆した。そのことを理解したソニアは，より現実的な視点から物事を判断することに同意し，①ベッドを整える，②寝室をきちんと片づける，③皿洗いをする，という三つの課題をセラピストと話し合って決めた。そしてこの三つのうち，今自分にできそうなことはどれか，それを自分に問い，実行するという計画を立てた。実際に取り組んでみたところ，どれか一つの課題に着手してしまえば，「自分は無力で，何もできない」というソニアのスキーマは抑制され，リスト化されていないさまざまな課題までをも彼女が実行できるということがわかった。

　問題を小分けにして，小さな課題に取り組んでいくこと自体に苦痛を感じる患者に対し，セラピストは次のことを患者自身が理解できるよう手助けする必要がある。すなわち，①日々の小さな変化が回復をもたらすこと，②小さな変化が積み重なって大きな変化に至ること，③小さな変化が患者を元気づけ，将来もっと大きな変化を起こす原動力になること，である。

5　問題をどの程度コントロールできるか患者が評価できるよう手助けする

　患者の中には，自分の抱える問題は全くコントロールできないものなので問題解決は役に立たない，と信じている人がいる。たとえばリリーは，失職することをひどく恐れており，無力感やコントロール不能感を抱いていた。彼女はまた，何かにつけて彼女を批判する上司の言いなり

になっていた。リリーを取り巻く状況について情報収集をしてみたところ，リリーがすぐにでも解雇されるかもしれないという差し迫った状況であるわけではないことが明らかになった。また，職場におけるリリーの言動に不適応的な場合があることも明確になった。そこでセラピストとリリーは，彼女が仕事を続けていくためには何ができそうか，逆にどうすれば失職のおそれが高まってしまうのか，ということについて話し合った。そのような話し合いを通じて，リリーのコントロール感は高まり，その後彼女はより機能的に職場でふるまえるようになった。その際リリーは，次のようなメモを作成した。

【仕事を続けるために私にできること】	【仕事を続けないために私にできること】
・精神科医の診察を定期的に受け，薬の変更などについて相談する。 ・服薬を続ける。 ・23時から23時半の間には就寝する。 ・職場ではなるべく笑顔でいるようにする。 ・職場では，たとえそのような気分でなくてもうなだれないようにし，頭を上げ，まっすぐに前を見るようにする。 ・治療の記録をきちんと読み返す。 ・上司との会話を増やすようにする。 ・職場には毎日定時までに出勤する。	・精神科医の診察を受けなくなる。 ・薬を飲まない。 ・午前1時過ぎに就寝する。 ・職場で誰とも目を合わさず，孤立する。 ・職場で笑顔を見せず，常にうなだれている。 ・治療ノートを読み返さない。 ・自分が解雇されてしまうのではないかと考え続ける。 ・上司と一緒になることを避ける。 ・仕事に遅刻する。

リリーはさらにこのメモの一番下に，次のような結論を書き足した（彼女はこのメモをいつでも読み返せるよう，コピーして持ち帰った）。

【私には仕事を続けることなんかできないと思ったとき】
　私は自分が思っている以上に，仕事を続けるために何かをコントロールすることができる。今の仕事を続けていくために私にできることは，上の表の左側に書いた行動をとり，右側に書いた行動をとらないようにすることだ。私は今の仕事を続けていきたいと心から願っている。だから，たとえ苦しかったり悩んだりしても，このような努力をすることには十分な価値があるのだ。

6　問題解決がうまくいっていないときに方向転換する

セラピストはときに，ある問題に対する取り組みがうまくいっていないことに気づく場合がある。その場合，話の焦点を変えたり話題そのものを変えたりする必要があるかどうかを，患者と一緒に検討するとよいだろう。

> 事例
>
> オリビアという失調感情障害患者は，抑うつ症状が悪化すると，決まって他者に対して疑い深くなったが，症状が寛解すると，他者の悪意ある動機を疑うようなことがなくなった。セラピストはそこで，抑うつ状態にあるときに彼女が抱く同僚に対するネガティブな見方は歪曲されている可能性が高いと推測した。
>
> 最初にセラピストがオリビアの過剰な疑い深さについて話し合おうとしたとき，抑うつ症状があまりにもひどく，オリビアは自分の認知を検討することができなかった。そこでセラピストは話の焦点を変えることを提案し，たとえ周囲の人たちがオリビアに対して批判的であったとしても，職場でうまくやっていくためにはどうしたらよいか，ということについて検討することにした。話し合いの結果，彼女が周囲の人たちに対していやな顔をせず，中立的な態度を保つことができればよい，という結論に至った。その後セラピストとオリビアは，彼女に対する同僚の批判，そしてそのような批判によって自分は失職に追い込まれるだろうという彼女の思い込みについて話し合った。その結果，オリビアは自分の心配を破局視しないですむようになった。そして治療の記録を読み返すという課題に加えて，職場でできるだけ自然にふるまうようにし，そうしたら同僚たちがどのような反応を示すか観察してくることが，ホームワークの課題として設定された（例：同僚たちの表情を観察する。同僚たちのボディランゲージを観察する。同僚たちの発する言葉や声の調子を観察する）。
>
> オリビアの抑うつ症状が軽減し，彼女が同僚たちの悪意を疑わなくなってから，セラピストは最初の問題に再び焦点を当てた。すなわち，次に抑うつ状態に陥ったときに，同僚が悪意を抱いていると誤って結論づけることをせ

ずにすむよう，セラピストとオリピアは話し合うことができた。

II 標準的な戦略を用いたりそれを応用したりすることで，ホームワークの課題遂行を促進する

　困難な問題を抱える患者は，ホームワークの課題を遂行するにあたっても，やはり困難を示すことが多いものである。以下に示す戦略は，患者がホームワークの遂行を妨げるような信念を抱いていなければ（そのような信念については本章の最後に解説する），役に立つことが多い。セラピストがするべきことは次のとおりである。①慎重にホームワークの課題を設定する。②その課題を患者が遂行できる可能性を見積もる。③ホームワークの課題を行うにあたって障害となりそうな問題や，課題遂行の妨げになりそうな患者の認知を引き出し，それらに取り組む。④ホームワークが有用であることについて患者が現実的な見通しをもてるように手助けする。⑤ホームワークの課題を実施したあとに生じるネガティブな思考に焦点を当てる。⑥次のセッションで課題について振り返る。⑦なぜ患者がホームワークの課題を遂行できなかったのか，その理由を概念化する。

1　ホームワークの課題を慎重に設定する

　セラピストが次のようなことに留意すれば，ホームワークの課題を患者が遂行する可能性は高まるだろう。

- 個々の患者に合った課題を設定する。
- 課題についての理論的根拠をそのつど説明する。
- 患者と協力して課題を設定する。
- セッション中に課題への取り組みを始める（可能であれば）。
- 課題の内容を，患者に書き留めてもらう。
- 日常生活において患者が課題を想起できるよう手助けする。

- 課題遂行にあたってどのような問題が起きそうか，あらかじめ考えておく。

　次に述べるようにセラピストは，難しい課題ではなく，より簡単で取り組みやすい課題を提案する必要がある。そしてそれぞれの課題について，どのような頻度でそれを実施する必要があるか，どれぐらいの時間をその課題に費やす必要があるか，患者に対して具体的に示すとよいだろう。他にも，「ホームワーク」という用語をあえて使わない，ホームワークを「実験」として位置づける，といった工夫も役に立つ。

(1) より簡単で取り組みやすい課題を提案する

　セラピストは，困難な問題を抱える患者に対応する際，ホームワークの課題の設定にあたってはとりわけ注意深く臨む必要がある。たいていの場合，患者にとって取り組みやすい課題を設定するほうが無難であることを，セラピストは覚えておくとよいだろう。というのも，セラピストはしばしば，課題の難易度や，患者がその課題を実施する際に抱く困難さの度合いを，過小評価しがちだからである。たとえば，困難な問題を抱える患者との治療における初期段階では，「非機能的思考記録表」[17]に記入するといった課題よりも，治療の記録（セッション中に書き留めたメモ）を読むという課題を依頼するほうが，患者が自身の非機能的な思考に対して適切に対応できるようになる可能性が高まるだろう。このような患者には，ホームワークの課題に取り組むためのスキルそのもの（例：課題に向けて自分の気持ちを整える。課題を実施するために時間をやりくりする）が不足していることが多い。したがってそのようなスキル自体を習得してもらったり，あるいはホームワークの課題を修正したりすることが必要になってくるのである。

(2) どのような頻度で課題を実施し，どれぐらいの時間を課題に費やす必要があるか，具体的に説明する

　困難な問題を抱える患者は，ホームワークの課題の難易度や，課題を

遂行するのに必要な時間とエネルギーを，過大評価することがある。そのような患者に対しては，それぞれの課題を実施する頻度と，それぞれの課題に費やすべき時間を，セラピストが具体的に示すとよいだろう（例：「一日に1度か2度であれば，治療の記録を読み返すことができるでしょうか。たとえば毎日の朝食と夕食のときに読むことにすれば，一日に2度，読み返すことができますね。おそらく1回読むのに1分もかからないのではないかと思います」「今週は何回，友だちや家族に電話できますか。2回，もしくは3回ぐらいでしょうか」）。

(3)「ホームワーク」という用語をあえて使わず，別の呼び方をする

患者が「ホームワーク」という呼称そのものに困難を示す場合は，代わりに何と呼ぶのがよいかを，患者とともに検討することが役に立つ。たとえば，「セルフヘルプのための課題」「より快適になるための計画」「治療のテイクアウト」といった呼び方のほうが，患者にとって受け入れやすい場合があるかもしれない。

(4) ホームワークを「実験」として位置づける

適切なホームワークの課題を設定できたら，それを「実験」として位置づけてみせることが効果的である場合もある。抑うつ的な患者は，活動レベルを上げることによって気分が改善するという研究もある[32]。そこでセラピストは次のように提案することができる。「次のセッションまでの間，あなたに実験をお願いしたいと思います。どんな活動があなたにとって役に立つのか，あなた自身に確かめてきてもらいたいのです。それぞれの活動があなたの気分にどのような影響を与えるか，観察してみてください」。

課題を「実験」として位置づけることにより，たとえ何か行動を起こした結果患者の気分が改善しなかった場合でも，セラピストは患者からの信頼を失わずにすむ。もしそのようなことが起きたら，どのような思考のせいで，せっかく課題に取り組んだのに達成感や喜びが得られなかったのかを，セラピストは患者から引き出すとよいだろう。また，気分

を変化させるためには，ある程度の時間をかけ，より幅広くさまざまな課題に取り組んでいく必要があることを，セラピストは患者に説明する必要がある。

2　課題を患者が遂行できる可能性を見積もる

　ホームワークの課題を設定したあと，セラピストが発すべき最も有効な質問とは，以下のとおりである。

> ▶「あなたがこの課題を実行できる可能性はどれぐらいでしょうか」

　この質問に対して患者が「90パーセントから100パーセントです」「可能性は非常に高いでしょう」と答える場合，おそらくその患者はホームワークの課題をきちんと遂行してくるであろう（ただし，患者が過度に楽天的になっている場合や，課題についてそれ以上話し合うのを避けようとしている場合を除く）。これに対し，「80パーセントぐらいです」「たぶんできるでしょう」と答える患者は，課題の一部しか遂行できない場合が多い。このような患者は，単にセラピストを喜ばせるために課題をやろうとすることもある。患者が「50パーセントぐらいです」「さあ，わかりません」と答えた場合，課題を遂行できない可能性が高い。つまり上のような質問をしてみて，「90パーセント」を下回る回答が返ってきた場合，セラピストは，患者が課題を行うにあたって妨げとなりうる現実的な問題および認知について，詳しく検討する必要がある。課題を変更するほうがよい場合もあるだろう。セラピストはそのようにして，患者が課題を遂行できる可能性をできる限り高めておく必要がある。たとえば，患者が行動的な課題を実行できそうにないという場合は（例：友人に電話をする），それを任意の課題としたり，課題の中味を修正すること（例：友人に電話をかけることについて考えてみる。電話をかけたとき何を話したらよいか考えてみる。友人に電話をするときにどんな考えがその妨げとなっているか見つけてくる）で対応できるだろう。

3 課題遂行の妨げになりそうな患者の認知を引き出し，あらかじめそれらに取り組んでおく

　患者に自分がホームワークの課題に取り組んでいる姿をイメージしてもらい，そのときにどんな思考や気分が生じるのか報告するよう求めると，課題遂行の妨げとなりそうな自動思考を引き出すことができることが多い。そのとき同時に，そのような認知に対する適応的思考についても一緒に話し合い，その結果を患者にまとめてもらうとよいだろう。さらにそのまとめを患者（あるいはセラピスト）が紙に書き留めておくと役に立つ（録音してもよい）。以下に例をあげる。

●自動思考：「私はとうていベッドから起き上がる気になれない」
○適応的思考：「確かに私はベッドから起き上がりたいとは思えない。でも，いつまでもこのような落ち込んだ気分のままではいたくない。試しにベッドから起き上がって一日をスタートさせたらどうなるのか，確かめてみるとよいだろう」

●自動思考：「こんなことをしたって役に立たない」
○適応的思考：「私はこれまで，これらの課題を行ったことがない。だから気分が改善しなかったのかもしれない。これらの課題を実行してみたら，もしかしたら気分が改善するかもしれないではないか。私には未来を完璧に占う水晶玉があるわけではないのだから，やってみないとわからないのだ」

●自動思考：「こんなことをしたって，焼け石に水だ」
○適応的思考：「気分を改善するためには，小さなことを毎日積み重ねていくことが大事だ。小さなことが積み重なっていくことにより，結果的に大きな成果を得られるのだ」

●自動思考：「私の気分は全然良くなっていない。じゃあ何で私はこんなことをしなければならないのだろう」
○適応的思考：「うつ状態というのは，一晩でどうこうなるものではない。すぐに大きな変化が起きることを期待することはやめよう。重要なのは，生産的なことを続けていくことなのだ」

- ●自動思考：「気分が改善されたら，私にはこのまま家にいる理由がなくなってしまう」
- ○適応的思考：「気分が改善されたら，このまま家にいるかどうか，私自身が選択できるようになるではないか。今はうつ状態だから，そのような選択すらできないのだ」

- ●自動思考：「私はあまりにも疲れて，苦痛を感じているから，今，この課題をすることはできない」
- ○適応的思考：「この課題をするのに10分とかからないだろう。10分あれば何かすることはできるのだ。もし10分でできる課題すらしなかったら，私は自分をさらに無力に感じ，気分を改善することもできなくなってしまう。私にも何かができるということを，自分自身に対して証明する必要がある。自分のエネルギーのレベルにあまりにも注意を向けすぎると，むしろ今の状態からいつまでも抜け出せなくなってしまうかもしれない」

- ●自動思考：「別に今この課題をしなくても，あとでやればいいのではないか」
- ○適応的思考：「この課題はこまめにそのつど実施することが重要だ。先延ばしは良くない。自分がやりたくないことをあえて実施することが，私の適応力を育ててくれ，ひいては目標達成につながるのだ。『やりたくないことはやらない』という考えが，私をぐずぐずとさせてしまう。そんなことを続けていたら，私はいつまでも目標を達成することができないだろう」

- ●自動思考：「私がこんなことをしなければならないなんて，不公平だ」
- ○適応的思考：「こんなに落ち込んだ気分で毎日を過ごさなければならないことのほうが，私にとっては不公平だ」

4　ホームワークが有用であることについて，患者が現実的な見通しをもてるように手助けする

　困難な問題を抱えている患者の中には，何らかの介入が行われて初めて，気分の改善を経験できるという人もいる。この場合重要なのは，患者が現実的な見通しをもてるようになることである。さもないと，患者は治療に対して絶望的になり，早々に治療を中断してしまうことにもな

りかねない。したがってこのような患者に対するホームワークが目指すべきなのは，気分をただちに改善することではなく，ホームワークを通じて患者が何らかのスキルを身につけたり（例：活動スケジュールを立てる，ネガティブな認知に対応する），何らかのポジティブな体験を生み出せるようになることである。そのようなホームワークに取り組むことを通じて，結果的に気分が改善されることを狙うのである。このようなときに患者がホームワークの課題をメモ書きする際，たとえば次のように，課題の理論的根拠も書き添えておくことが有用であろう。

> 毎日5分は散歩をしよう。だからといってすぐに気分が良くなるわけではないかもしれない。この5分の散歩は，私が自分のうつ病を克服するための最初のステップなのだ。

このような患者にとって重要なのは，ホームワークの課題を遂行するたびに，少しずつ自信がつき，課題を行うたびに自分が目標に少しでも近づきつつあることを実感することである。治療の記録は，患者にそのようなことを再認識させる助けになる。

> ホームワークの課題を行ったり，何らかの生産的な活動を行ったりしたときは，そのつど，私はそのことに自信をもってもよいということを思い出すようにしよう。たとえそれらの課題や活動を行ったときに，すぐに何らかの成果が得られなかったとしても，「実行した」ということについて，私は自信をもってよいのだ。

5　ホームワークの課題を実施したあとに生じるネガティブな思考に焦点を当てる

患者の中には，ホームワークの課題を実施したにもかかわらず，そのことに対して自信を抱くどころか，ネガティブな自動思考のせいで，自分の取り組みを過小評価してしまう人がいる。相応の課題を実施したにもかかわらず患者の気分が改善していない場合，セラピストは，課題の

最中や実施後に生じた，気分の改善を妨げる患者の自動思考を同定し，患者自身がそれらの自動思考に対応できるよう手助けする必要がある。患者はセッション中に考え出した適応的思考を書き留めておき，ホームワークを実施したあとに，それらを読み返すようにするとよいだろう。以下の例は，本章の冒頭で紹介した，困難な問題を抱える三人の患者とともに作成したメモである。

●自動思考：「確かに課題はやってみたが，自分はそれをうまくやることはできなかった。それどころか課題をやったせいで，ヘトヘトに疲れ果ててしまった。治療なんて何の役にも立たない。自分の気分が改善することは二度とないだろう」
○適応的思考：「自分は課題をやったのだから，その分自信をもってもよいはずだ。そもそも治療を始める前は，このような課題をやってみることもなかったのだから。課題をやったらすぐに気分が改善すればよいと思うが，その考えは現実的ではない。実際には，気分の改善には時間が必要だ。今の自分にとって必要なのは，課題を継続することと，治療に通い続けることなのだ」

●自動思考：「確かに自分は課題をすべて実行した。でもこんなことをするのは大嫌いだ。なんで自分だけが，こんなつまらないことで人生を犠牲にしなければならないのだろうか。こんなことって不公平だ」
○適応的思考：「今の私は落ち込んでおり，エネルギーだって低下している。だからこれらの課題をするのは今の自分にとっては大変なことのように思えてしまう。でも落ち込みが今より軽くなったら，これらの課題にももっと楽に取り組めるようになるだろう。だからこそ，生活においてポジティブなことに取り組めるよう，そしてもっとバランスよく暮らしていけるよう，セラピストと一緒に計画を立てる必要があるのだ」

●自動思考：「課題をやってみたが，何の役にも立たなかった。ホームワークの課題なんて，大きなバケツにたった1滴の水を垂らすようなものだ。それにこんなことを続けていたら，セラピストも家族も私に対し，『ああしろ，こうしろ』と，もっといろいろなことを要求するようになるだろう」
○適応的思考：「今重要なのは，自分がこれらの課題を実行できたということだ。

> たとえすぐに気分が改善されなくても，このような取り組みを続け，変化を起こし続けることができたら，いつかは気分も改善されることだろう。またセラピストは，私が『自分はセラピストに期待されすぎている』と思ったら，それをいつでもセラピストに伝えるよう，言ってくれている。万が一，スージーや子どもたちが私にいろいろなことを要求し始めたら，私にはもっと時間が必要だということを，そのとき彼らに伝えればよいのだ」

6 次のセッションで課題について振り返る

　第8章でも述べたとおり，前回のセッションで設定したホームワークの課題について，次のセッションで振り返ることは非常に重要である。このような振り返りをすることで，ホームワークの重要性を改めて強調し，課題への取り組みを継続することに対する患者の動機づけを高めることができる。またこのような振り返りを通じて，セラピストは，さらなるデータを収集し，課題から学んだことをまとめるよう患者を励まし，今回の課題をその後も継続する必要があるかどうかを判断するための機会を得ることができる。

7 患者がホームワークの課題を遂行できなかった場合，問題を概念化する

　患者がホームワークの課題を遂行できなかった場合，問題を概念化する必要があるが，その際，まず重要なのは，課題の遂行を妨げる現実的な障害があったかどうかを確かめることである（例：患者が課題の内容を理解できていなかった。体調が悪かったせいで課題に取り組めなかった。単純に課題を実施する機会がなかった）。そのような現実的な障害がなかったという場合，セラピストは，セラピスト自身が患者に対してホームワークの課題を適切に提示できていたかどうかを査定する必要がある。もし適切に提示できていたのであれば，セラピストは患者に対し，ホームワークの課題をやろうとしたけれどもできなかったという場面について，具体的に想起するよう求めるとよいだろう。その場面が，あたかも"今ここで"起きているかのようにありありと想起してもらうこと

で，課題の遂行を妨げる患者の認知を同定することができる。この場合，それらの認知に対応することが，今後患者がホームワークの課題を着実に遂行できるようになるための鍵となるだろう。

Ⅲ 問題解決およびホームワークの遂行を妨げる非機能的な信念

セラピストが適切なお膳立てをしたのにもかかわらず，それでもなお問題解決やホームワークの遂行に躊躇する患者もいる。その要因の多くは，固定的で根深い患者の信念によるものと思われる。本節では，そのような患者の信念をどのように引き出し，修正することができるか，ということについて論じる。

1 鍵となる信念を同定する

問題解決やホームワークの遂行を妨げる信念を明確化するには，いくつかの方法がある。たとえば，条件付き思い込みを引き出す，問題解決やホームワークの遂行に伴う不利益を同定する，チェックリストを用いる，といったやり方があげられる。

(1) 条件付き思い込みを引き出す

セラピストは，患者が抱いていると思われる条件付き思い込みの一部を提示してみせ，その思い込みのもつ意味や，思い込みが現実化した場合にどのような結果に至ることを患者が恐れているかということを，患者に尋ねてみることができる。

> ▶「もしあなたがこの問題にもっと焦点を当てるとしたら（あるいは，この問題を解決しようとしたら／ホームワークの課題を実行しようとしたら），それはあなたにとってどのようなことを意味するでしょうか」
> ▶「もしあなたがそうしたら，どのような結果に至る可能性がある

> でしょうか」
> ▶「もしあなたがそうしたら，どんな悪いことが起こりうるでしょうか」

(2) 問題解決やホームワークの遂行に伴う不利益を同定する

　別のやり方としては，問題解決やホームワークの遂行が，患者に対してどのような不利益をもたらしうるのかということを，患者自身の視点から明らかにしていく，ということがあげられる。

> ▶「私（セラピスト）からみると，この問題を解決することが，あなたにさまざまな利益をもたらすように思われます。でもその一方で，この問題を解決することが，あなたに何らかの不利益をもたらすのかもしれません。（一呼吸おく）もし不利益があるとしたら，それはたとえばどのようなことだと思われますか」

　患者がこの問いに対してあまり率直に答えられないようであれば，セラピストは患者の懸念について仮説を立て，ノーマライズすることを試みてもよいだろう。

> ▶「患者さんの中には，家庭内の問題を解決することについて，積極的な話し合いを避けたがる人もいます。なぜなら，そのような問題について話し合うことによって，自分を悪者に感じたり，あるいは自分が問題解決を図ることで他の家族の責任逃れを認めてしまうのではないかと感じたりするからです。……あなたにも同じような気持ちがありますか」

(3) チェックリストを用いる

　セラピストは，問題解決やホームワークの遂行を妨げる患者の信念を同定するために，たとえば「セルフヘルプ課題を行わないのはなぜか（Possible Reasons For Not Doing Self-Help Assignments）」[11]といったチ

ェックリストに記入するよう患者に求めることもできる。患者の中には，自分の懸念を自ら言語化するよりも，むしろ形式的な用紙に記入することで自分の思いを伝えることを好む人もいるからである。患者はセッション中にそのような用紙に記入してもよいし，日常生活において，ホームワークの遂行を先延ばしにしようとしていることに自ら気づいたときに記入することもできる。

2 典型的な信念

問題解決やホームワークの遂行を妨げる信念のうち典型的なものは，以下の項目に対して患者がどのような意味づけをしているか，ということに関係していることが多い。

> - 治療の進行
> - 治療の成否に関わる自分の能力
> - 治療が成功した結果

これら3点に関わる典型的な信念について，以下に解説する。

(1) 治療の進行に対する信念

治療の進行に伴い，自分が精神的に混乱することによって，あるいはセラピストが何らかの言動を示すことによって，自分が傷つくことになるのではないか，といった信念を患者が抱いている場合がある。その一例を第5章で示した。すなわち，「幼少期に受けた虐待のことをセラピストに話したら，セラピストは自分を傷つけようとするのではないか」と恐れていたマンディの例である。他にも次のような例があげられる。

a 事例 「自分の抱える問題について話したら，話しているうちに私自身がネガティブな感情に圧倒され，錯乱してしまうだろう」

モニカという患者がいた。彼女が治療を受ける前に有していたストレスへの対処戦略には，回避したり気を紛らわせたりするといったものし

かなかった。モニカは治療を開始したが，セッション中にも，さまざまなやり方で自分の感情を抑えこもうとした（例：すぐに話題を変える。話を脱線させる。ネガティブな感情が生じていることを否認する。表面的にしか問題について話し合おうとしない。セラピストが言ったことに対してよく考えずに同意する）。ホームワークの課題をやってくることもなかった。モニカのそのようなパターンに気づいたセラピストは，自分の問題に焦点を当て，その解決を図ることが彼女にとってどのような意味をもつか，モニカに尋ねた。そこで明らかになったのが，上記のような，ネガティブな感情に関する非機能的な信念だったのである。モニカのそのような信念が同定されたあと，セラピストは，彼女自身が自分の信念を検討し，それに対応できるよう手助けしていった。

　モニカは，これまでに強烈なストレスを感じることは無数にあったが，それによって入院が必要なほどひどく調子を崩したのはたったの2回だけであり，しかもその2回とも，結局自分は回復できたということを，治療を通じて認識するようになった。セラピストは，彼女が治療を通じていかに変化したか（いかに強くなったか），対処法を身につけていかに上手にストレスに対処できるようになったか，以前であれば入院するしかなかったような危機的な状況に対して，さほどひどい反応を示さずにいかに耐えられるようになっているか，ということをモニカ自身が理解できるよう手助けした。またモニカは，たとえセッション中に動揺してしまっても，そのセッションが終わる頃には気分が多少改善するということを何度か経験することによって，問題に焦点を当てた話し合いをいとわないようになった。彼女は，ストレスを軽減したりそれに耐えたりする力が自分にも備わっていることに，自ら気づき始めた。

　このような思い込みを修正するためのさらなる戦略については，第12章で詳しく紹介する。

b 事例 「セラピストにセッションの主導権を渡してしまったら、セラピストは強くて優れた存在で、自分は弱くて劣った存在であるということになってしまう」

　このような信念は、治療関係上の問題を反映したものである（第4章、第5章を参照）。たとえばショーンは、自分がセッションをコントロールしないと気がすまなかった。彼は、セラピストが主導的になろうとするときまって口をはさみ、一人で話し続け、問題解決に向けての話し合いをセラピストが続けることを許さなかった。ホームワークの課題についてセラピストが提案しても、彼は受け入れようとしなかった。「気分をモニターしたところで、それがいったい何の役に立つというんですか。僕には全く意味がないと思います。どっちみちずっとひどい気分ですから。先生にそれを伝えるために、こんな記録をつける必要なんかないんです！」。そこでセラピストは、上記のような信念をショーンが抱いていることを明らかにしつつ、ショーンとの関係においてセラピスト自身が困ってしまっていることを打ち明けた。

　　セラピスト：あなたと話していてちょっと気づいたことがあるのですが、それについて話してもいいでしょうか。そしてあなたのお気持ちを聞かせてください。（セラピスト自身の責任であることを示す）　私はこれまで、あなたの話をさえぎったり、あなたに質問をしようとしたりしました。あるいは問題解決に向けた話し合いをしようともしました。あなたはそのせいでイライラしてしまうのでしょうか。
　　ショーン：ええ、まあ、そうです。
　　セラピスト：なるほど。治療をあなたにとって役立つものにするために、このことは本当に重要なんです。そのためにも教えていただきたいのですが、私があなたの話をさえぎったり、何かを提案したりすることは、あなたにとってどんなことを意味するのですか。私のそのような言動は、あなたにとっては何か良くないことを意味しているのでしょうか。
　　ショーン：先生も結局、僕の前のセラピストと同じなんですよ。前のセラピストは、僕に指図ばかりしていました。

セラピスト：そうですか。確かに私はいろいろと細かい話をあなたにおうかがいしています。たとえばあなたと義理の息子さんとの言い争いについてです。私が質問をすると，あなたは私に指図されているように感じるのですか。

ショーン：そうです。指図しているか，これから指図しようとしているんじゃないでしょうか。

セラピスト：では，仮に私があなたに指図したとしましょう。あなたにとって，そのことの何が問題なのでしょうか。

ショーン：（イライラして）そんなことわかりません。先生は何でも知っている偉い人なんでしょうね。で，僕はばかで愚かな負け犬なんですよ。

セラピスト：とにかく私の質問のせいであなたがイライラしてしまっているのは，間違いないようですね。（一呼吸おく）この件について，私たちはどうすればよいと思いますか。

ショーン：そんなこと，僕にはわかりませんよ。

セラピスト：そうですか。では，一つ質問をさせてください。私があなたを助けたいと思う気持ちは真剣なものだと思いますか。

ショーン：（考える）ええ，たぶんそうだと思います。

セラピスト：そう思うように，今，私に指図されたと感じましたか。

ショーン：（考える）いいえ，そうは感じませんでした。

セラピスト：では私が真剣であることを，あなたはどのようにして知ったのでしょうか。

ショーン：（ため息をつく）それはですね，もし先生が僕を本気でおとしめようとしたら，実際にそうできるからです。僕の最初のセラピストは，高いところから僕を見下すような感じで，すごく偉そうにふるまっていました。ご存知のとおり，僕はそのセラピストとの治療を早々と中断してしまったんですけど。

セラピスト：その人と私が違うタイプのセラピストであると考えてくださるのであれば，うれしいです。（一呼吸おく）話を元に戻しましょう。私があなたに自分を負け犬だと感じさせてしまうのだとしたら，私はどうやってあなたを手助けすることができるのでしょうか。

ショーン：やっぱりよくわかりません。（しばらく沈黙する）あの，そもそも患者である僕が，そういうことを考えてもよいものなのでしょうか。
セラピスト：もちろんです！　この件については，次回まで，お互いに考えてくるということにしませんか。
ショーン：わかりました，いいですよ。

　その次のセッションで，セラピストとショーンは話し合いの結果，セッション中はいつも二人の間に【覚えておこう】と書かれたメモをおくことにした。そうすることで，今のセラピストが彼を真剣に助けたいと思っていることをショーンが忘れずにいられるようにし，一方，ショーンに対して横柄な態度や利口ぶった態度をとってはならないことをセラピストが忘れずにいられるようにできると考えたからである。セラピストとショーンはまた，彼の非機能的な信念にどのように反論できるか，ということについても話し合った。そして，たとえば企業の最高経営責任者や政府の指導者といった人たちが身近な専門家にアドバイスを求めるのは，彼らが愚かだからではなく，むしろ賢明なことである，という新たな考えを導き出すことができた。

c　事例〉「セラピストが私に望むことを実行したら，私はセラピストにコントロールされているということになってしまう」

　クレアが示す数々の信念と行動戦略には，受動−攻撃的な傾向がみられた。彼女は，他者（セラピストを含む）の話に自動的に反論し，他者から何かを求められると即座にそれを拒否するといった，ほとんど反射的とも呼べるような反応を常に示した。クレアは他者の言動を，それが彼女を操り，彼女の感情や行動をコントロールしようとするものであると，自動的に受け止めてしまっていたのである。セラピストは，そのような自動的な反応が適応的でないことを，クレア自身が理解できるように介入していった。その結果クレアは，他者を拒否するような反応を自分が自動的に起こしていることに気づき，そのような反応の連鎖を断ち切ることができるようになったが，その際役に立ったのは，「長い目で

見て，私にとって本当に役に立つのは，自分が今，どのように反応することだろうか」という問いに対して熟考することであった。クレアはまた，セラピストとの話し合いを通じて，自分の言動が他者にとって利益になることであっても，それが同時に自分自身の利益になる限りはそれで良いのだと，認められるようになっていった。

d 事例「私は自分が良くなるかなんてどうでもいいと思っている。だから治療やホームワークに取り組んだって，そんなことに意味はない」

強い絶望感を抱いている患者には，「どうでもいい」という自動思考が生じやすい。たとえば双極性障害を抱えるハリエットは，うつ状態がひどくなるとこのような自動思考を頻繁に抱き，その結果，仕事を休んでベッドの中で大半の時間を過ごし，人づきあいやさまざまな活動から遠ざかってしまうことを繰り返していた。セラピストは，「どうでもいい」という自動思考をハリエット自身が同定し，評価できるように手助けした。次にセラピストとハリエットは，そのような自動思考に対する適応的な思考を一緒に考え出し，それらを治療の記録に書き出していった。

> ○「どうでもいい」という自動思考に対する適応的な思考
> 　確かに私は今，「どうでもいい」と思っている。でも私はこれまでの経験から，この「どうでもいい」という思いがいつまでも続くものでもないということもわかっている。いつもこの繰り返しなのだ。私は選ぶことができる。すなわち，この「どうでもいい」という気持ちに負けて投げやりになることもできるし，憂うつに対抗する計画を実行して「どうでもいい」という気持ちが消えるのを待つこともできる。私には選択ができるのだ。

ハリエットは次のセッションで次のような文言を付け足して，適応的な思考をさらに強固なものにした。

> ○「どうでもいい」という気持ちは一時的なものにすぎない。だから今自分が「どうでもいい」と思っているかどうかにこだわる必要はない。私にとって大切なのは，自分の計画を実行し続けることなのだ。

さらに次のセッションで，次の文言を補足した。

> ○「どうでもいい」と思っても放っておけばよい。「どうでもいい」という思いこそ，「どうでもいい」のだから。

(2) 無力さや失敗に関する信念

患者は自分の恐れや心配を，さまざまな形で表現する。

> - 「私が何かを変えるなんて無理に決まっています」
> - 「私はあまりにも無力なんです」
> - 「私には物事をコントロールする力がありません」
> - 「私の抱えている問題は，解決できるはずがないんです」
> - 「薬が効かなければ（あるいは，他人や外部の状況が変わらなければ），私は良くなれないんです」

セラピストは，たとえば直接的なソクラテス式質問法といった，次章で紹介するさまざまな技法を使って，このような患者の信念の修正を図ることができる。それに加えてセラピストにとって重要なのは，回復のための具体的な計画を患者が立てられるように手助けし，自分が機能的に活動し，問題を解決し，自分の気分が改善することについての現実的なイメージを，患者自身がもてるよう援助することである。さらに行動実験を用いれば，患者の信念が必ずしも正しくないことを検証することができる。これらのネガティブな信念に取り組んだ事例を以下に紹介する。

a 事例〉「私はあまりにも無能なので，問題を解決しようとしても，ホームワークの課題を実行しようとしても，どうせ失敗してしまうだろう」

グレースは，「自分は無力で無能だ」という信念を長年にわたって抱いており，そのため先延ばしや回避といった対処戦略をあらゆる場面で使っていた。彼女はある意味では，たとえ深刻な抑うつ症状が改善され

なくても，今のまま，すなわちいろいろな問題を抱えながら生きていくほうがマシであると考えていた。というのも，確かに今のように回避を続けていても決して良い結果は生まれないが，この場合，「物事がうまくいかないのは，私がそれに挑戦していないからだ」と自分自身に言い訳できるからである。彼女にとってはこのように考えるほうが，「物事がうまくいかないのは，私が無能だからだ」と考えるよりは，苦痛が小さかった。グレースのこのような信念をめぐる問題は，さしあたり，彼女がセッション中に重要な問題を話題にしようとしなかったり，ホームワークをやってこなかったりしたときに表面化した。そこでセラピストは，「自分は無能だ」というグレースの信念をまず先に扱うことにした。少なくとも問題解決やホームワークに関する「無能だ」という信念が変わらなければ，彼女がそれらに取り組むことができなかったからである。

b 事例〉「私は自分の気分を全くコントロールすることができない」

このような信念を抱く患者は，何をやっても自分の気分が良くなるはずはないと思い込んでおり，そのせいでホームワークをやってこないことがしばしばある。そのような患者は，たとえば「どうせ何をやっても，うまくいくはずはないんです。そして結局私の気分はちっとも改善しないのです」といったことをよく口にする。このような患者に対しては，ホームワークの課題として自分の気分をモニターしてもらい，気分がいかに行動や認知と関連しているのかに気づいてもらうようにするとよい。たとえわずかでも気分をコントロールできることを患者に理解してもらうための別の方法としては，何をすると気分が悪化し，何をすると気分が改善するかというリストを作り上げていく，ということがあげられる。たとえばラリーは，リストを作ることで，ベッドから速やかに起き上がったり，シャワーを浴びたり，朝食をとったり，犬の散歩に行くことが自分の気分を良くしてくれることに気づいた。そして，ベッドの中でいつまでもぐずぐず過ごしたり，何時間も服を着替えずにいたり，大半の時間をテレビを観て過ごしたりすると，気分がますます悪化するということにも気づいた。ラリーはこれらのリストをカードに書き，時

折カードを見ることで，自分の気持ちを立て直すことができるようになった。

c 事例 「何をやってもどうせ変わらないだろう」

エレンという治療抵抗性の慢性うつ病患者は，かなりの絶望感を抱きながら第4セッションに訪れた。セラピストは彼女と一緒にアジェンダを設定しようとしたが，彼女の絶望感がその妨げになっていた。

> セラピスト：今日のセッションでは，どんな問題について話し合っていきましょうか。
> エレン：そんなこと，私にはわかりません。（少ししてから）すごく絶望的なんです。
> セラピスト：では，あなたのその絶望感について，私たちは話し合うことができますね。仕事やご主人のことについても，話し合う必要があるでしょうか。
> エレン：わかりません。（セラピストに主導権をもたせようとする）先生が話題にしたいのであれば，何だっていいですよ。
> セラピスト：（再びエレンに主導権をもたせようとする）どの問題について話し合うことがあなたの助けになるのか，正直申し上げて私にもよくわからないのです。
> エレン：そんなこと，どうでもいいんです。どうせ何も変わらないと思っていますから。
> セラピスト：ということは，やはりあなたのそのような絶望感について話し合うことが，私たちにとっては必要なようですね。

セラピストは前回のセッションからの橋渡しの作業を行い，その後，アジェンダ設定を行った。エレンは「夫をめぐる問題」もアジェンダに加えることに同意した。次に，最初のアジェンダである「エレンの抱える絶望感」についての話し合いを始めた。

セラピスト：「何をやってもどうせ変わらないだろう」というあなたの考えについて，話し合いを始めてもよろしいですか。

エレン：ええ。

セラピスト：（治療が協同作業であることを強調する）私たちはこれから一緒にあなたの問題に取り組んでいくことになります。そこでちょっと教えていただきたいのですが（患者にとって望ましいと思われる目標について言及する），たとえば，あなたの生活をより良くするために何らかの計画を立てるとか，楽しめそうな活動を増やしていくとかいったことについて，ここで一緒に検討していったら，あなたにどれぐらいの効果をもたらすと思いますか。

エレン：（声の調子が少々変化する）ええ，そうすれば確かに何かが少しは変わるのかもしれません。でも根本的には，結局何も変わらないんじゃないでしょうか。

セラピスト：（エレンの発言に部分的に同意しながら）確かにおっしゃるとおりかもしれません。ある意味，あなたの言うとおりだと私も思います。というのも，活動計画を立てたからといって，それで気分が大きく改善されることはないでしょうから。そのような計画を役立つものとするためには，もっと大きな視点から，つまりあなたの抑うつ症状を改善するにはどうすればよいかという視点から検討することが不可欠だと思うのです。このことについては前にも話し合ったことがありますね。私たちに必要なのは活動計画を立てることだけでなく，たとえば，ご主人との問題を解決していくこと，職場環境を改善するために何ができるかを明らかにすること，といったことも含まれるのです。（一呼吸おく）あなたの変化を着実にするためには，これらのことを一緒に行っていく必要があるのではないでしょうか。

エレン：（目をそらして視線を泳がせる）

セラピスト：エレン，あなたの抑うつ症状を改善するためにこれらのことを実行するとしたら，あなたにとって何がそんなに不都合なのでしょうか。

エレン：不都合ってことではないのですが，ただ，あまりにも課題が多いよ

うな気がして……。

セラピスト：（エレンの発言に部分的に同意しながら）確かにおっしゃるとおりかもしれません。もし私がこれまで申し上げたことをいっぺんに実行するとしたら，あなたのおっしゃるとおり，課題が多すぎますよね。（一呼吸おく）だったらどうでしょう，まずは小さなことから始めてみませんか。たとえば映画に行くとか，お友だちのボニーとお茶をしに行くとか，そんなことから始めてみるのです。……それとも，そういったこともあえてしないほうがいいのでしょうか。

エレン：小さなことなら，私にもできるかもしれません。（しばらく考える）でも，散歩に出たり映画に行ったからといって，私の気分が急に良くなるなんて思えません。

セラピスト：そうですね，おっしゃるとおりだと思います。ですから，小さなことを行うとき，心に留めておいていただきたいのです。それは，すぐに大きな変化を期待しない，ということです。でも長い目で見たら，そういう小さなことを続けているうちに，いつか報われる日が来るということも，自分に言い聞かせてほしいのです。

エレン：はあ，そうですか。

セラピスト：エレン，今私たちが話し合った内容を，ちょっと要約していただけますか。

エレン：（ため息をつく）先生は，私が小さなことから始めるべきだと考えています。そうすればいつかは報われる日が来るからだって。

セラピスト：そして，あなたはそれについてどう思いますか。

エレン：そのとおりだとは思います。

セラピスト：それではあなた自身，次回までに，何か小さなことを始めてみようと思えますか。たとえそれに対してすぐに大きな変化を期待できないとしても。

エレン：ええ，まあ。

セラピスト：心からそう思えますか。それともあなたにとって役に立ちそうな他の方法がありますか。

エレン：いいえ，ないと思います。（しばらく考える）夫が私に対してもっ

と優しくなってくれれば一番いいのですが。
セラピスト：なるほど。もしそうなったら一番いいのですね。ところで，それはどれぐらい可能性がありますか。
エレン：（憮然とした様子で）いいえ，可能性はありません。
セラピスト：ということは，気分を改善するために今のあなたにできることは，あなた自身が自分の生活を少しでも変えていくことなのではないでしょうか。ソファにずっと座り続けるか，散歩に行くか，テレビを観続けるか，友だちに電話をして映画に誘うか……，これらはあなた自身が選択できることです。
エレン：（しばらく黙る）まあ，そうですね。
セラピスト：それではとりあえず，次回までにあなたに何ができそうか，ブレインストーミングをして，自由にアイディアを出し合ってみませんか。そして，次回までに何かを試してみることにするか，それとも（選択肢を与え，無理強いされているとエレンに感じさせないようにする），あえて試すことにはせずに，次回までの過ごし方はあなたにお任せすることにするか，たくさんアイディアを出したあとで決めることにしたらどうでしょうか。

　このやりとりのあと，エレンは結局，小さな活動をいくつか始めてみることに同意した。セラピストとエレンは，実際に何か小さなことをする前後に生じそうな非機能的な思考を予測し，それらに対する適応的な思考を案出し，それらをカードに書き留めて，エレンがそれらを毎日読めるようにした。その後セラピストは念のため，変化するにあたって他に何か不都合なことはないか，エレンに確かめた（例：希望が打ち砕かれることへの恐怖。自分自身に期待してしまうことへの懸念。夫との関係にネガティブな影響が生じることへの不安。回復することに対するネガティブな意味づけ）。しかしエレンにはそのような不都合はないということであった。結局のところ，エレンはホームワークの課題をいくつか実行することができ，それによって自分の無力感や絶望感が緩和されることを理解し始めた。その結果彼女は，セッション中にも，セッショ

ンとセッションの間の日常生活においても，さまざまなことに取り組んでいけるようになったのである。

　このように，患者の中には，「自分には大したことはできない」「どうせ何をやっても変わらない」と思い込んでいる人がいる。しかしながら，何かをすれば，それは必ずまた別の何かに何らかの影響を与えるものである。これは自然の法則と言ってもよい。セラピストはそのことを患者に伝え，一緒に話し合うとよいだろう[37]。

　d　事例〉「私には"特効薬"が必要だ」
　サマンサは，気分を改善するために自分自身で何かができるとは全く信じていなかった。彼女はいつも，"特効薬（Magic Bullet）"を探し求めていた。それはたとえば，最新の治療法，最新の薬，新たなボーイフレンドといったことである。しかしそのような特効薬が簡単に見つかるはずもなく，彼女の失望感や絶望感はしだいに深まっていった。それでもなお彼女は，認知療法を開始する際（それは15年間で6度目の心理療法への挑戦だった），セラピストが魔法のように自分を治してくれることを期待し，自分で自分を治すのだとは思っていなかった。サマンサは実際，新たなボーイフレンド（"白馬の騎士"）や，彼女の才能を認めてくれるすばらしい上司が，そして新たなセラピストが自分を救い出してくれる場面を空想することに，毎日数時間もの時間を費やしていた。セラピストは空想が一時的に気分を改善することを認めたうえで，そのような時間の使い方は，結局は気分を悪化させることにつながることを，サマンサ自身が認識できるよう手助けした。実際サマンサは，一日中空想ばかりしているせいでその日自分が他に何もしなかったことに気づいてみじめな気分になり，さらに気分が悪化していたのである。セラピストは，"特効薬"がないことをはっきりと認識したことによるサマンサの失望感に共感を示し，自分がいかにがっかりしているかをサマンサが語るのに耳を傾けた（「もしそれが可能ならば，私があなたの気分を今すぐに楽にしてあげたいと思うのですが，残念ながらそれは無理なのです。私がこう申し上げると，あなたはさぞかしがっかりなさるでしょう

ね」)。その後セラピストとサマンサは，サマンサのためにセラピストができることは何か，ということについて話し合った。そしてセラピストにできるのは，「サマンサが上手に自分自身を助けられるようになるための援助」であるという結論に至った。このような重要な話し合いのあと，サマンサは次のような適応的思考を治療の記録に書きつけた。

●誰かに助けてもらうことを空想したときの適応的思考
○これまでの経験から，そのような空想をしても自分がみじめな気分になるだけだ，ということはわかっている。空想なんかしなくても，セラピストの助けがあれば，私は自分で自分を救うことができるようになるのだ。回復に必要なのは，むしろそっちのほうだ。救世主を空想することで気分が良くなったとしても，それはほんの一時的なものにすぎない。結局その後，私の気分はますますひどくなってしまうのだ。

---

(3) 自分が回復したり状況が改善することについての信念

患者は，自分が回復したり状況が改善したりすることによって，何かネガティブなことを起きるのではないかと恐れている場合がある。

a 事例 「もしこの問題に対する解決策が見つかってしまったら，それは，私がこれまでずっと間違っていたのだということを意味してしまう。そんなことに私はとうてい耐えられない」

ハンクは，仕事がうまくいかないのは自分にもある程度責任があると，うすうすわかっていたので，仕事についてセラピストと話すことに気が進まなかった。ハンクは，職場の人たちがいかに自分を不当に扱うかについては詳細に話すのであるが，ハンク自身がそれに対してどのような言動を示したのかをセラピストが問うと，回答を避けた。次に示す対話は，それに対するセラピストの介入を示したものである。

セラピスト：(共感的に) 確かにあなたの同僚は，あなたを傷つけるようなことを言ったり，あなたに対してひどいことをしたりしているようで

すね。あなたが動揺するのも無理はないと思います。ただ，私があなたを手助けしていくためには，あなた自身の言動についても教えていただく必要があるのです。そのことに何か不都合がありますか。

ハンク：おっしゃることがよくわかりませんが……。

セラピスト：（ノーマライズする）患者さんの中には，自分が何を言ったか，自分が何をしたか，ということについて話すのをためらう方もいらっしゃいます。というのも，患者さん自身が，自分の言動に自信がもてなかったり，それが問題の一因だと考えているからです。そういうことを話したらセラピストに責められるのではないか，と恐れている患者さんもいらっしゃいます。（一呼吸おく）あなたの場合はどうでしょうか。

b 事例 「もしこの問題に対する解決策が見つかってしまったら，私のこれまでの苦しみはすべてむだだったということになってしまう」

　キンバリーは，高齢の父親を長年にわたって介護しているが，その中でさまざまな苦労を経験していた。セラピストは，ある意味でわかりやすいさまざまな解決策（例：父親がどなったらいったん部屋を出る。介護においてある種の制約を設ける。父親のポジティブな言動に対しては強化する。他の家族メンバーや社会サービスに一時的な介護を依頼する）を提案してみたが，彼女はことごとくそれらを否定した。セラピストは，キンバリーにとってそれらの解決策があることを認めることは，これまでの自分の苦労がむだであるということを意味するので，どうしても彼女はセラピストが提案した解決策を受け入れることができないのではないかという仮説を立て，それを彼女に提示したところ，キンバリーもその仮説に同意した（「キンバリー，あなたにとっては解決策があることを認めること自体がとてもつらいことなのでしょうか。というのも，それを認めてしまうと，なぜそのような解決策をもっと前にとらなかったのかと自分を責めてしまう可能性があるからです」）。

　これまで自ら選びとってきた自己犠牲的な時間がむだだったと認めてしまうと，ある種の実存的危機に陥る患者もいるだろう[62]。その衝撃を

和らげるための一つの方法は、今やっと機が熟して、これまでの犠牲者としての立場から自立した個人としての立場に移行することができるのだ、と考えてみることである。つまり今、心理学的な発達段階を一つ上る機会を自分はようやく得たのだと考えてみるのである。そう考えれば、これまでの時間（おそらく多くは年単位であろう）もむだではなかった、それどころか、過去の苦労は現在そして将来の改善にとって必要な時間であったのだと思えるかもしれない。

c 事例〉「希望をもつと、あとでかえってがっかりすることになってしまうのではないか」

　ビンスは、セッションやホームワークによって問題解決を図ることについて、その意味は理解できたものの、問題解決に着手することを拒んだ。ビンスは、小さな問題を解決することができたら自分が希望を抱いてしまい、問題を完全に解決できないことをあとで知って、むしろもっと気分が悪化するのではないか、と恐れていたのである。そこでセラピストは次のようにビンスに話して、彼が課題に着手できるよう手助けした。「ビンス、ご自分の望みが完全には叶わないということを知ったら、確かにそのときはほんの少しだけ落ち込んだりがっかりすることがあるかもしれません。でも、新たな行動をとってみたら、それによってあなた自身が大きく報われる可能性だってあるのです。多少落ち込んだりがっかりしたりするリスクがあったとしても、課題をやってみる価値はあるのではないでしょうか」。

d 事例〉「問題解決に焦点を当て、ホームワークの課題を実行することに同意してしまったら、自分の意志に反することまでやらされることになってしまうのではないか」

　アライナは、セッションのほとんどの時間を、自分の気分や生活がいかにひどいものであるかをセラピストに訴えることに費やした。セラピストは、アライナが何かを訴えるたびに、その問題を解決する意志があるかどうかを彼女に尋ねるのだが、彼女は「ええ、でも……」というお

決まりの発言を繰り返すばかりであった（例：「ええ，でもこのことを母に話しても何の役にも立たないと思うんです。だって母は……」「ええ，でも早起きをしてみたところで，結局くたくたに疲れてしまうことが，私にはわかっているんです。そしてどうせまた，ベッドに舞い戻ることになるんです」）。セラピストは，アライナの抱える困難は「自分は無力である」という信念によるものではなく，むしろ「自分は変わりたくない」という信念によるものであるかもしれないと概念化し，この仮説を彼女に伝えてみることにした。

> セラピスト：アライナ，あなたは「何をやってもうまくいかないだろう」と考えているのですか。私にはそのように聞こえるのですが。
> アライナ：ええ，たぶんそうでしょうね。
> セラピスト：「自分にはそれをする力がない」といった考えもあるのでしょうか。
> アライナ：ええ，それもあると思います。
> セラピスト：アライナ，あなたには「自分はそれをやりたくない」というお気持ちもあるのではないですか。
> アライナ：（しばらく黙ってから）わかりません。
> セラピスト：あなたはどれぐらい「早起きして新たな一日をスタートさせたい」と考えていますか。
> アライナ：あまりそうは思っていないかもしれません。
> セラピスト：では，「お母さんとの関係を改善させたい」というお気持ちはどれぐらいありますか。
> アライナ：あの女！（しばらく黙ってから）そういう気持ちもあまりないかもしれません。
> セラピスト：実際のところ，あなた自身が何を望んでいるのか，そしてそのためにあなた自身に何ができるのかといったことについて，私たちはもう少し話し合っていく必要がありそうですね。

結局アライナは，セラピストが次のようなことを実施したあとによう

やく，問題解決に向けて自ら努力し，主体的に生活しようとすることができるようになった（例：治療目標を見直す。現在の満たされない生活を続けるのは本意ではなく本当はもっと機能的な生活を送りたいことを，彼女自身が認められるよう手助けする。母親に対するアライナの怒りを緩和する。個々の課題に取り組むにあたって生じる自分の能力についての不安（特に復職に対する不安）にアライナ自身が対処できるよう手助けする。自分が抑うつ状態から解放されている半年後のある日を想像し，そのようなポジティブな日を現実的かつ具体的にイメージしてもらう）。

他には，あまり気が進まないことでも課題としてそれに着手することには同意するものの，もしそのような取り組みを始めてしまったら，結果的に他のあらゆる不快なことも自分がしなければならなくなるのではないか，と恐れる患者もいる。たとえばタラは，自分が今よりも動けるようになってしまったら，以前は彼女が担っていて，今は彼女のパートナーが引き受けているさまざまなことを，また自分が負担することになってしまうのではないか，と心配していた。それはたとえば，請求書の支払い，食料品の買出し，食事の支度，といったことである。彼女はそれらがもともと苦手で，好きではなかった。回復したら，そのような負担までもが再び自分に戻ってくるのではないかということを，タラは恐れていたのである。

e 事例〉「自分が生産的な問題解決を目指すということは，他者の責任までをも許してやらなければならないということを意味する」

エイブは，自分が幼少期に何年にもわたって家族から虐待を受けたのだと信じていた。彼はもうすぐ実家に帰省することになっていたが，どうすればその帰省を自分にとって心地よいものにするか，ということについて話し合うことを拒否した。というのも，家族に対してほどほどの態度を示すという案は，それまでの自分の思いを無価値化してしまうもののようにエイブには感じられたからである。エイブは依然として，罪を犯したのは家族なのだから，たとえ自分が感情的に高いコストを払う

ことになったとしても，家族を罰してやりたいと強く思っていた。

　セラピストはエイブに，前回帰省したときのことを想起してもらった。そのとき彼は，親戚の集まりに参加することや，みんなで一緒に動物園に遊びに行くこと，そして家族のこれまでの写真を整理しようという計画も，すべてことごとく拒否した。エイブはそうすることで家族を罰しようとしたのである。しかしエイブはセラピストと話をするうちに，そのとき同時に，自分だけ一人取り残されたようなひどい孤独感を感じていたこと，みんなから拒絶されたような思いを抱いていたことも想起した。そしてそのようなつらい感情は，帰省から帰ったあと，何週間も消えることはなかったのである。エイブはまた，セラピストとの対話を通じて，そのとき家族が感じた心の痛みは，自分の心の痛みに比べたらほんのわずかであったであろう，ということに気づいた。そのような話し合いの末，エイブは，今後も自分が同じ戦略を用いて家族を罰しようとしたとしても，家族はそれをさほど苦痛には感じず，結局自分自身がいっそうつらい気分になるだけだと認識するようになった。その結果エイブは，家族を罰するのではなく，自分自身のつらさを和らげるために何ができるか，ということについて検討することができるようになった。

　f　事例　「病気の回復のために，他人に罰を与えることをやめ，自分自身が変化することに焦点を当てたら，私は再び傷つくことになるだろう」

　アマンダも上記のエイブと同様，他の誰かに罰を与えたいと望んでいた。彼女の夫は2年前に短期間の浮気をしたことがあり，それを知った彼女はひどく腹を立てていた。ゆえに彼女は，治療開始当初，夫婦の関係を改善するために自分自身が何か変化を起こすことについて話し合うこと自体を拒否していた。セラピストとの話し合いを妨げていたのは，以下のような考えであった。

> ●「彼は私に対してひどいことをしたのだから，私が彼に罰を与えるのは当然のことだ。なのに，私自身が問題解決に取り組まなければならないなんて，なんて不公平なのだろう」

> - 「彼を罰することによって，私は自分が何かをコントロールしているとか，自分には力があるというふうに感じることができる」
> - 「もし私が彼に罰を与えなかったら，彼はこの状況から一人だけ逃げ出すことができ，またしても私だけが傷つくことになってしまう」

　アマンダが自ら進んで何らかの変化を起こそうという気持ちになるために，セラピストは，彼女自身が別の視点をもてるようになるよう手助けする必要があった。アマンダとセラピストは，彼女が夫に罰を与え続けることの不利益について，詳細に検討してみた（例：夫を罰しようとすることでかえって自分の気持ちがかき乱されてしまう。子どもたちにとって望ましくないモデルを示してしまう。夫が家庭から逃げ出す口実を与えてしまう。夫に罰を与えることで自分に力があるように感じられるものの，同時にひどくみじめな気持ちにもなってしまう）。次にセラピストは三つのシナリオを用意し，今から1年後の自分をそのシナリオに沿ってイメージするよう，アマンダに求めた。その際，それぞれのイメージの中で自分が何を感じるか，そしてどれぐらい自分が幸せであるかに注意を向けるよう教示した。第一のシナリオは，アマンダが依然として夫に罰を与え続けているというものである。第二のシナリオは，夫がまたしても浮気をしたために彼女は夫と別れ，しかしその別離に自分が上手に対処できているというものである。第三のシナリオは，これからの1年間，罰を与えるのではなくもっと穏やかに夫に対応することにし，1年後には今より良い関係で夫婦が一緒に過ごしている，というものである。そのようなイメージ体験を通じて，アマンダは，夫に罰を与えることをやめて良好な夫婦関係を再構築することが，自分自身にとって最良の選択である，という結論に至った（このテーマについての詳細は，文献56) を参照）。

g 事例 「回復してしまったら，困難な問題に自分が向き合わなければならなくなってしまう」

ダイアナは，自分の症状が重症である限りは夫の助けが必要なので，夫婦の問題について意思決定をしないですむことに気づいていた。しかしパニック障害から回復し夫の助けがいらなくなったら，自分たち夫婦のつながりが希薄であるという事実に自分が向き合わなければならなくなることを，ダイアナは恐れていた。おそらく離婚を決意しなければならないだろう，と彼女は思っていたのである。セラピストは，慢性的な広場恐怖を伴うパニック障害を克服することが，自動的に離婚を意味するわけではなく，むしろ離婚するかどうか彼女自身が選択できるようになることを，ダイアナ自身が気づけるよう手助けした。ダイアナはまた，セラピストとの話し合いを通じて，今は自分の病気のせいで夫に負担をかけているが，病気が治ればそのような負担もなくなり今とは違った夫婦関係に変わるかもしれないこと，そして夫婦関係がどのように変わるかは，治ってみてからでないとわからないこと，を理解していった。

h 事例 「回復することで，私は何かを失ってしまう」

患者の中には，回復が何らかの喪失をもたらし，それによって自分が苦しむことを恐れている人もいる。それはたとえば何らかの疾病利得を失うことだったり，苦痛や被害に対する賠償金が減額されることだったり，あるいはその他のさまざまな喪失のことだったりする。アダムは，もし自分が回復したら，家庭教師に自宅に来てもらって短時間だけ勉強するという今のスタイルが失われ，毎日高校に通ってすべての授業に出なければならなくなることを恐れていた。アヴァは，自分が回復したら両親は今のように自分を精神的に支えてくれることもなくなり，セラピストも自分との治療を終結にしてしまうだろう，と考えていた。リンダは，自分がうつ病から回復したら，本来の自分の役割のすべてを再び引き受けなければならなくなることを恐れていた。リンダにとって回復とは，主婦として，そして反抗期にある二人の子どもの母親として，そしてリンダの調子が悪いときしか家事を手伝ってくれない夫の妻として，

「骨の折れる生活」に戻ることを意味していたのである。

　セラピストは，このような患者が自ら長期目標を設定し，それに焦点を当てられるよう誘導していく必要がある。確かに回復が何らかの喪失を一時的にもたらすことがあるかもしれない。セラピストは，その喪失がどれぐらい自分に不利益をもたらすのか，そしてその喪失にどのように対処することができるか，患者自身が検討できるように手助けするのである。その際，回復による喪失に自ら対処し，目標を達成できた将来の自分の姿をイメージしてもらうことも役に立つだろう。

　たとえばエバンのセラピストは，彼に対していくつか付加的な介入を行う必要があった。エバンにとって，回復するということは，自分が仕事を探さなければならないことを意味していた。さらに彼にとって仕事を探すことは，彼の父親と妻の「勝ち」で，自分の「負け」であるということを意味していた（父親と妻は，早く仕事に就くようひっきりなしに彼を責め続けていたのである）。そこでセラピストはエバンに対し，仕事をしていないことによる損失を彼自身が評価できるように手助けした（例：経済的にひどく困っている。常に自己評価が低い。体重が増え，体調も悪い。同僚とのつきあいといった対人関係がない。無職であることを恥かしくて人に言えない）。次にセラピストとエバンはロールプレイを行って，自分が仕事を探すことにしたことを父親や妻に対してどのように伝えたらよいか，ということを練習した。エバンはロールプレイを通じて，自分が仕事を探すのは父親や妻に強要されたからではなく自分自身でそのような決断をしたのだということを，どのように伝えたらよいか，ということも理解していった。

　患者の中には，不本意な現実に直面して初めて，自ら変わろうという気持ちになる人もいる。たとえばケビンは治療開始当初，生活を自ら変えようという意志を全くもっていなかった。彼は大半の時間を，ベッドでごろごろして過ごしていた。彼は自分のひどい有り様を父親に見せつけてさえいれば，働くことを父親に強要されることもなく，自分の志望する専門学校の学費を援助してもらえるだろうと思い込んでいた。しかし父親の意志はそうではなかった。そこでセラピストは家族合同セッシ

ョンを実施してみたが，ケビンの考えは変わらなかった。合同セッションの結果，父親は彼に対する経済的援助を打ち切ることにし，ケビンは車を運転することも，欲しかったDVDやCDを買うことも，映画館に行くこともできなくなってしまった。ケビンはそのような状況に陥って初めて，父親は自分と取引をしようとしているのではないことに気づき，少しずつでも自分が変わっていくことの必要性を感じ始めた。彼はそのことを自分が忘れないでいるために，治療の記録に次のように記載した。

●自分が何もしたくないと思うときはどうすればよいか
○父は変わった。僕はもう父からお金をもらうことはできない。たとえ僕がしつこくせがもうが，大声でわめこうが，父はもう僕にお金をくれることはないだろう。でも僕には選択肢がある。僕は，このまま引きこもりを続けてみじめな気持ちでいることもできるし，生活を改善するための努力を少しずつ始めてみることだってできる。生活改善のためには，小さな努力が大切だ（例：毎日ちゃんとした時間に起きる。シャワーを浴びる。食生活をきちんとする。散歩に行く）。仕事を見つけるまでは，こういった，さほどお金のかからない生活をきちんと続けていけばよいのだ。

i 事例 「もし回復したら，私は自分を見失ってしまうだろう」
　フィルのアイデンティティは，病気にすっかり覆われてしまっているかのようであった。彼は，「広場恐怖を伴うパニック障害」という持病から解放された自分を全く想像できなかった。フィルのような患者は，自分が長年抱えている心理学的障害と自分を同一視していることがある。したがって，病気から回復して自分が幸せになるということを全く想像できず，むしろそのような想像をすること自体を恐れ，その結果，ますます現状から抜け出せなくなってしまうのである[36]。フィルのセラピストはこのような問題に対処するために，第13章で紹介するような戦略を用いた。セラピストはそのような戦略を通じて，フィルが自分の中核信念の妥当性を自問できるよう手助けしたのである。

Ⅳ 事　　例

　パトリシアは10代の息子をもつ44歳の既婚女性である。彼女は重度の抑うつ症状（子ども時代から数えて3度目のエピソードである），不安，そして受動－攻撃型のパーソナリティ傾向のため，治療を開始した。症状の引き金となったのは夫の失業であった（夫自身には何の落ち度もなかった）。パトリシアははじめ，家計が悪化することに対してひどく不安になってしまった。彼女はまた，夫が最低限の賃金しかもらえないような仕事しか見つけられないのではないかと思い込んでおり，そのため抑うつ症状がますます悪化した。

　パトリシアの機能はひどく低下していた。彼女は毎朝，何とか起き出して息子のために朝食を作り，彼を学校に送り出すが，その後はほとんど一日中ベッドの中で横になって過ごしていた。家事はほとんどできなかった。そして息子が学校から帰ってくる頃には何とか起き出して，家族のために夕食の支度をするが，夫がパートタイムの仕事から戻るやいなや，再びベッドにもぐりこんでしまうのであった。

　治療開始当初，パトリシアは標準的なホームワークについて「ええ，やってみたいと思います」と答え，課題をやってくることに同意した。しかしその後の数回のセッションで明らかになったことは，彼女はほとんど気乗りのしない様子で部分的にしか課題をやってこないということであった。たとえばパトリシアは第2セッションでいくつかの自動思考を報告できたが，それらを書き留めてはいなかった。またパトリシアは，自分の思考が正確でない場合もあるということを，あとで思い出せるよう，セッション中に書き留めておいたのだが，抑うつ症状を口実に，結局それらのメモを読み返してくることはなかった。初回セッションで合意された行動的な課題にも，全く手をつけていなかった。

　セラピストは，課題を小分けにするという標準的なテクニックを用いて，パトリシアが自動思考に対応できるよう手助けした。彼女の思考には，無力感という主題が共通して見られた。セラピストは，パトリシアがセッション後に自動思考に反論するための助けとなるよう，セッショ

ンでの話し合いの結果をノートやメモに書き留めるようパトリシアに求めた。

●自動思考:「楽しみを得られそうな活動をしてみても,どうせ私の気分はちっとも良くならないだろう」
○適応的思考:「それらの活動によって気分が良くなるかどうかは,実際それらを試してみない限りわからない。それに,活動してすぐに気分が良くならなかったとしても,長い目で見たら役に立つのかもしれない」

●自動思考:「たとえ気分が実際に改善したとしても,どうせ長続きしないだろう」
○適応的思考:「最初は確かに長続きしないかもしれない。でも私はもっと長い期間自分の気分を良くするためのスキルを身につけることができる」

●自動思考:「私には家事ができない。家の中を整理しようとしたって,結局私にはできないのだ。そもそもやらなければならないことが多すぎる。どうせ少し片づけたからといって,家の中は散らかり放題なのだ」
○適応的思考:「何でもいいから,今よりも少しだけ多く家事をやってみたらどうだろう。今よりも家事をすることができれば,それは私にとっては"成功"なのだ。家の中の整理だって,少しずつ進めていけばよい。何もかもいっぺんにできなくて当然なのだ。そもそも何もかもいっぺんにやろうなんてする必要はないのだから」

●自動思考:「もしどこかに引きこもって何もしないでいられたら,私は回復できるのに」
○適応的思考:「秩序だった生活をせず,誰にも会わず,ベッドから起き上がる理由もなく,何かやるべきこともなかったら,私は回復するどころか,ますます悪化するだろう」

●自動思考:「認知療法は私に合っていない。そもそも私はこのような進め方に沿って物事をこなせるような人間じゃないのだ」
○適応的思考:「これまで認知療法の進め方にあえて沿わないでいたが,それによって私の落ち込みが軽くなることはなかった。ということは,とりあえ

> ず1, 2週間, 認知療法をきちんと試してみることには意味があるかもしれない。そうすれば認知療法によって私の気分が改善するか, それとも悪化するか, 確かめてみることができる」

パトリシアはその後2週間, 自動思考に対して上記の適応的思考でもって対応してみたところ, 多少の効果がみられ, 無力感が緩和された。そして前よりはほんの少し, 家事ができるようになった。しかしパトリシアは他の課題には手をつけようとしなかった。そしてこのようなポジティブな変化が起きたのにもかかわらず, 彼女の抑うつ症状は全く改善しなかった。それどころか, 不安が強まってしまったのである。その要因となったのは, 次のような認知であった。

○「もし私がこれ以上回復したら, 夫は私に対しもっと多くのことを期待するようになるだろう」

パトリシアはまた, 自分の見た不快な夢についてセラピストに報告した。夢の内容は以下のとおりである。

パトリシアは息子のドミノゲームをやってみるよう, 誰かに強く勧められた。そこで彼女は1枚1枚のチップを並べ, ドミノをセットした。するとその人物は最初の1枚をパチンと指で弾き, チップが次々と倒れ, 最後には全て倒れてしまった。

パトリシアはこの夢を, 次のように解釈した。すなわち, もし何か新たなことを始めたら, もはや選択の余地はなく, 自分は次から次へとチャレンジし続けるしかないのだろう, という解釈である。

セラピストはパトリシアに対し, 非現実的な期待を自分に抱かないでほしいと夫に伝えてみたらどうかと提案し, 実際に伝え方の練習もした。しかし彼女一人ではそうすることができなかったため, 次のセッションの一部に彼女の夫にも加わってもらうことにした。そのセッションでパトリシアは, 以前のような自分に戻るには時間がかかること, そしてほんの短期間のうちに回復することを夫から期待されているのではないか

と考えて不安になるということを夫に伝えることができた。夫は，彼女の回復は望んでいるが，そのような期待は抱いていないと述べた。そこでやっとパトリシアは安心することができた。しかしその後の2，3週間の間に，パトリシアが示した回復はほんのわずかであった。抑うつ症状と不安は多少和らいだものの，今度はイライラがひどくなってしまったのである。その要因となったのは，次のような認知であった。

　○「自分がやりたくないと思っていることをしてしまったら，そのぶん私の価値は引き下げられてしまうだろう」

　セラピストがパトリシアの生活歴を振り返ってみたところ，彼女は思春期の頃から，自分がやりたくないと思うことに対してずっと抵抗してきたことが明らかになった。たとえば彼女は息子を出産するまでいくつかの仕事に就いていたが，いつもこのような認知のせいで仕事がうまくいかなくなっていたのである。しかし，ときには彼女がこのような信念に打ち勝つことができていたことも，同時に明らかになった。
　パトリシアは，わが子にとって良い母親でありたいと強く願っていた。そして実際に息子が成長するまでの何年もの間，彼女はずっと良い母親として機能できていた。彼女は自分が良い母親でいることが自分にとってさほど楽しいことではないとわかっていたが，息子の幸せのためにはそうすることが不可欠であることも同時にわかっていたのである。しかしその息子も成長して大きくなり，彼女はうつ状態に陥ってしまった。彼女はもはや自分が母親としての責任を果たすことに，さほど大した意味を見出せなくなってしまっていた。
　パトリシアはセラピストとの話し合いを通じ，「自分がやりたくないと思っていることをしてしまったら，そのぶん私の価値は引き下げられてしまうだろう」という考えが機能的でもないし，妥当でもないということを，知的には理解するようになった。しかし感情的なレベルでそれを納得するには，それよりもっと多くの時間が必要であった。実際，抑うつ症状が寛解し，治療が終結する頃にも，彼女のこのような考えが完

全に消失することはなかった。

　セラピストとパトリシアは，彼女が現実的に抱えている二つの問題について話し合うことにした。一つは，彼女が日常生活において自分がやらなければならないことに対し，それをひどく重荷で報われないことのように感じ，しかもそれが永遠に続くかのように受け止めてしまっているということであった。さらに悪いことに，パトリシアは一つ一つの家事について，それを自分がすべきか否か，それをしたら自分の価値が引き下げられてしまうかどうか，そのつど必死に考えることでさらに消耗していたのである。パトリシアはセラピストとの話し合いを通じて，家事をすることが自分の価値を引き下げることにはならないと理解するようになった。その際助けになったのは，自分の姉や友人のナンといった，自分と同じように家事をしている人たちが，そのことによって価値が引き下げられている事実はないということを，彼女自身が信じられるようになったことである。

　もう一つの問題は，パトリシアがふたたび仕事に就くことに関することであった。彼女は家庭においては少しずつ機能できるようになり，たとえば請求書の支払いなども徐々にできるようになっていた。しかし家庭における機能レベルが上がることによって，今度は自分が再び仕事に就かなければならなくなることについて，心配しだしたのである。そもそも彼女は，自分が再就職することについて考えるだけで，重たい気分に陥ってしまっていた。しかもその間パトリシア一家の家計はますます苦しいものとなっており，そのせいで彼女の抑うつ症状と不安はさらに悪化していたのである。パトリシアにとって仕事をするということは，多大な負担を伴うことを意味していた（例：仕事は私や息子に良くない影響ばかり与える。自分が働かなければならないという不公平さに耐える必要がある。「救われたい」「養ってもらいたい」という願望をあきらめなければならない）。特にパトリシアは最初，自分が働きに出ることで息子の世話ができなくなってしまうことを非常に心配していた。しかし彼女は，仕事をすることによる影響について現実的な視点からセラピストと話し合った結果，仕事をしても自分のほうが息子より先に帰宅す

ることは可能であり，したがって息子に悪影響が及ぶ可能性があまりないことに気づいた。

次にパトリシアは仕事をすることが自分自身にどのような影響を及ぼしうるか，一時的な影響と長期的な影響の両方について考え，次のように結論づけた。「結局，どんな仕事に就いても，大変なことには変わりありません。私はその仕事を好きになれないでしょうし，仕事をすれば，くたくたに疲れ果ててしまうでしょう」。彼女は仕事をすることについてあるイメージも抱いていた（その一部は，実際に彼女が体験したことの記憶に基づいている）。それは，午後の遅い時間に販売カウンターで，自分を無能だと感じ，くたくたに疲れ，身動きがとれなくなってしまっている自分の姿である。セラピストはそのイメージに，「想像しうる限りの最悪の結果」とラベルを貼り，それよりもいくらかましな現実的なイメージを抱いてみるようパトリシアに求めたが，彼女は最初，それに応じようとしなかった。そこでセラピストが，少しでもましな未来をイメージすることはパトリシアにとってどのような意味をもつか尋ねたところ，次のような回答が返ってきた。

パトリシア：だって，そんなことが本当に起こるはずはありませんもの。
セラピスト：（仮説を示す）あなたはもしかしたら，仕事について少しでもましなイメージを抱いてしまったら，ご自分が本当に仕事探しをしなければならなくなってしまうことを恐れているのではないですか。
パトリシア：ええ，そうだと思います。
セラピスト：あなたにとって仕事に就くということは，どのような意味をもつのでしょうか。
パトリシア：身動きがとれなくなる，ということです。それって最悪なことではないでしょうか。いったん仕事に就いたら，働き続けるしかありません。私の求める幸せな生活を，すべてあきらめなければならないんです。

次にセラピストは，もし実際に自分の就いた仕事が耐えられないよ

うなものであったら，その状況にパトリシアがどのように対処できるか，ということについて彼女と話し合った。パトリシアは話し合いを通じて，もしそのようなことになったとしても身動きがとれなくなるということはなく，数日間ないしは数週間その仕事をなんとか続けながら，その間に別のもっと良い仕事を探すこともでき，別の仕事が見つかれば最初の仕事をやめることもできるだろう，と考えられるようになった。彼女はまた，自分が仕事に就かないでいれば幸せでいられるわけではない，ということにも気づいた。というのも，彼女は実際，ここ数週間にわたって（もちろん今彼女は仕事をしていない），ますます不安でみじめな気持ちに陥っていたからである。これらの話し合いの結果，彼女は，自分にはどのような仕事や職場が合っているのか，自らイメージするようになった（例：「これならできそうだ」と自分が思える仕事。同僚とうまくやっていけそうな職場。理性的な上司のいる職場）。

次にセラピストとパトリシアは，仕事に就くことによる長期的な悪影響に対するパトリシアの不安について話し合った。彼女は次のようなネガティブな未来を想像していた。自分は仕事に出かけ，散らかった家に帰ってくる。夕食を作って，後片づけし，ベッドに入って寝る。このような生活を何カ月も何年も続けるだけのみじめな未来である。セラピストは，パトリシアが最悪の未来ばかりを想像していることを指摘し，想像しうる限りの最高の未来と現実的な未来についても想像するようパトリシアに求めた。そして，1年後のある日，まあまあ満足のいく一日を過ごせている自分をイメージするようパトリシアを誘導したところ，彼女は次のようなイメージを報告した（例：それなりにやっていける仕事を見つけ，なんとか数カ月働き続けることができている。仕事をする生活のリズムにも慣れてきた。仕事を終えて帰宅すると，まもなく息子も学校から戻ってくる。自分は息子の顔を見てホッとする。自分が仕事を続けることで家計も助かり，そのことで自分の気分も改善されている）。

しかしそこでパトリシアは，「どんな仕事に就いても，自分はその業務をこなすことができないのではないか」と考え，恐怖にかられるということをセラピストに訴えた。その頃，彼女は悪夢をよく見るようにな

った。夢に出てくるのは，それまでセラピストに話したことのなかった，子ども時代のつらい体験だった。小学校6年生のとき，パトリシアは外国語の授業を受けていた。彼女は外国語がとても苦手で，一度，みんなの前で声に出して教科書を読まなければならなくなったとき，ひどく取り乱してしまったことがあった。しかも，恥かしさのあまり，そのとき彼女は教師に助けを求めることもできなかったのだという。セラピストは，仕事に就くということが，当時のつらい感情，すなわち，ひどく取り乱し，絶望し，自分にはどうすることもできないという無力感を再活性化し，それが新規の"トラウマ"のような形で彼女を苦しめているのではないかと概念化した。そこでセラピストは，それらの感情や信念は昔のことであり，未来の経験に対してあえてそれらを適用する必要はないことをパトリシアが理解できるよう，手助けした。パトリシアは話し合いを通じて，自分の能力をはるかに超えた仕事を探す必要はないこと，仕事中に何か問題が生じればその時点で解決を試みればよいこと，またどうしても仕事ができなければその仕事をやめることだってできることに気づいていった。セラピストはまた，パトリシアが今後の治療を通じて仕事とうまくつきあうための術を身につければ，彼女の不安感や苦痛，そして自己批判的な思いはさらに軽減されるだろうという希望的観測を彼女に伝えた。

　パトリシアは他にも非機能的な思考を抱いており，それも仕事探しの妨げとなっていた。それは，夫に対する怒りに関連する思考である。というのも，夫は結婚するときパトリシアに対し，彼女は外で働く必要はなく，家にいて子どもの世話だけすればよい，と言ってくれていた。しかし現実にはそうはならなかった。パトリシアは夫が自分を失望させたことに腹を立て，彼に罰を与えなければならないという思いに駆られていたのである。その後，彼女はセラピストとの話し合いを通じて，夫の失業は彼自身の意志によるものではないこと，夫は新たな仕事を見つけるためにできる限りのことをしており，家族が借金をせずに何とか暮らしていくために雑用ばかりのパートタイムの仕事を引き受けているということを，受け入れられるようになっていった。その結果，夫に対して

怒りを向けるのではなく，今の困難を夫と共有することに気持ちを切りかえることが，ある程度はできるようになった。

　そしてこの時点でやっと明らかになったのが，彼女が幼少期から用いてきた，「救世主によって自分が助け出されることを空想する」という対処戦略である。彼女は苦境に陥ると，「誰か私を助けて」と強く願い，その誰かに救い出される状況をイメージすることで，苦境をしのいできたのである。それには彼女の生育歴も関係しているかもしれない。というのも，母親はパトリシアが幼い頃から重症のうつ病をわずらっていた。父親はといえば，毎日長時間働き，家に帰るやいなや酒を飲んで酔っ払うような有り様で，とても精神的な支えとなるような存在ではなかった。そこでパトリシアは，「誰か救世主が現れて自分を救ってくれる」という空想を抱くようになった。空想の中での救世主は，たとえば母親だったり父親だったり，あるいは親戚の誰かだったり見知らぬ人だったりした。空想上の救世主は，またたく間に自分を救い出し，愛情と関心を自分にたっぷりと注ぎ込んでくれ，自分が必要としたり望んだりすることはすべて叶えてくれる存在であった。そしてパトリシアは，それから30年以上たった今でもなお，自分を苦境から救い出してくれるような存在（例：夫，セラピスト，見知らぬ誰か）を夢見ていたのである。

　パトリシアは，セラピストが彼女の救世主ではなかったことを知ってがっかりしたことを認め，その失望感を受け入れた。しかし彼女は依然として，他の誰かが自分の世話をしてくれ，自分自身は苦痛のない解放された生活を送れたらどんなによいか，それを強く願っていた。しかし彼女は同時に，そんな夢のようなことが起こるはずがないということも認めざるをえなかった。セラピストはパトリシアの喪失感に共感を示した。そのような過程を経て初めて，パトリシア自身，自分を救えるのは自分しかいないのだということを認識できるようになった。彼女はこのことを忘れないように，治療の記録に書き留めた。

●誰かに助けてもらうことを空想しそうなとき
○こんなことを空想しているだけでは何にもならない。こんな空想は自分をだ

> めにするし，結局は自分が苦しむ羽目に陥るのだ。私に必要なのは，私自身
> が自分を救うために何らかの取り組みを続けることだ。そうすることで，私
> は自分の生活を改善することができるだろう。ときにはそれが不可能のよう
> に思えることもあるかもしれない。でもそういうときは，こんなふうに考え
> てみることにしよう。「うつ病はまるで黒眼鏡のようなものだ。私はそのせ
> いで落ち込み，自分の未来が過剰に暗くみえてしまうのだ」。

　ここまできてようやく，パトリシアは回復のための新たなステップを踏み出すことができた。というのも，この頃には一家の貯金がほとんど底をついてしまっていたため，仕事をする以外パトリシアには選択の余地がなかったのである。彼女はコンピュータを使った文書作成の仕事を始めたが，就職して4週間が経つ頃には，彼女の抑うつ症状は急速に回復していた。パトリシアは依然として仕事をするのが好きではなかったが，この仕事によって賃金という大事な対価（それを彼女は喉から手が出るほど欲していた）を得られることを彼女は十分に実感した。仕事をすることによる効果はそれだけではなかった。毎日職場に行かなければならないということは，「ああしようか，それをもやめておこうか」と毎日葛藤しなくてもよいということを意味していた。彼女は必要に迫られた結果，葛藤する余地もなく，毎朝ベッドから起き出し，身支度をし，出勤がてら息子を学校まで送り，指示された業務をこなし，帰宅して家族のために夕食の支度をすることができるようになった。毎日の生活を秩序立てること，仕事で何らかの達成感を得ること，同僚たちとのつきあいを楽しむこと，上司から認められること，家族の幸せに自分自身が貢献していること，これらすべてがパトリシアの抑うつ症状を軽減させる大きな要因となった。彼女は就職した当初，週末になるとまたかつての自分に戻ってしまい，日中もだらだらとベッドで過ごし，家事をこなすこともできなかった。しかし週末の過ごし方も変えていこうとパトリシアは自ら決心した。自分に必要なのは生活を構造化することであると，彼女自身納得できるようになったからである。

　このように，パトリシアの抑うつ状態は正常レベルにまで回復してい

った。その後，セラピストと彼女は，無能感や不公平感に関わる彼女の非機能的な信念に取り組み，再発予防の話し合いを進めていった。そしてようやく治療は終結となった。

Ⅳ 患者に進歩がみられない場合

　セラピストは，患者の変化のプロセスが実に多様であるということを認識しなければならない。新たな適応的思考が患者に根付くには時間がかかる場合がある。患者の中には，自分にとって変化が必要であることを認識したり，変化に対する恐れをセラピストに打ち明けたり，そのような恐れに自ら対応したり，変化がもたらす利益を明確化したり，変化がもたらす不利益に対処したりするには，かなりの時間が必要な人もいる。また患者によっては，治療が開始された時点では，変化のための準備が整っていない人もいるだろう。治療を始めてそれなりの時間が経ったにもかかわらず，もし患者にほとんど，あるいは全く変化がみられない場合には，治療をいったん中止してみることも一つの手である。

　しかしながら，治療を中止することの利益と不利益を検討する前に，セラピストは以下の点について確認しておく必要がある。それは，セラピストがこれまで実施してきた治療は最良なものであったか，そして，セラピスト自身がクライアントに対して何らかのネガティブな反応を起こしていないか（第6章を参照），ということである。たとえばセラピストは次のような考えを抱いているかもしれない。「患者の抱える問題は確かに解決不可能だ。このような問題を抱えていれば，誰だってうつ状態になるにちがいない。しかも患者は治療に抵抗しており，私に治療の機会を与えてくれようとしない。だから私は患者を十分に援助することができないのだ」。もしセラピストにこのような考えが生じているのであれば，セラピストはまず，自分の考えを検討する必要がある。さらに，その患者に対してもっと適切な対応ができるかどうかを判断するために，他のセラピストにコンサルテーションを依頼するとよいだろう。

Ⅴ 問題解決をあえて強調しないほうがよい場合

　問題解決は認知療法に不可欠であるが，場合によってはそれが適切でない場合もある（例：患者が喪失によって悲嘆に暮れている場合。問題解決を強調することで治療関係にネガティブな影響を与えてしまう可能性が高い場合。患者の訴える問題が，ほとんど，あるいは全くコントロール不可能である場合）。

　患者が何らかの対象を喪失し，悲嘆に暮れている場合（喪失対象が具体的なものであれ，象徴的なことであれ），セラピストにとって必要なのは，患者を支え，その苦しみが正当であることを認めることである。つまりセラピストは患者の喪失体験を受け入れ，悲嘆の過程に寄り添うのである。しかしその際，患者が過度に自責的になっていたり，何らかの対処をすぐに行う必要がある場合は，セラピストは問題解決のために介入するべきである。

　またセラピストが，それまでに患者から得たデータをもとに，今問題解決を強調することが治療同盟を損なう可能性が高いと判断した場合も，問題解決を先延ばしするのが得策であるかもしれない。第4章，第5章で述べたとおり，認知療法の問題解決アプローチそのものに患者が抵抗を示す場合，セラピストはあえて一歩退き，問題を概念化するとよいだろう。そしてまずはしっかりとした治療同盟を築くことを優先するのである。

　もう一つセラピストにとって重要なのは，すべての問題を自分の思うとおりに解決することが難しい場合もあることを，患者自身が認識できるようにすることである。たとえば，アルコール依存症の妻のことで苦しんでいる患者は，妻の飲酒を夫である自分がコントロールできるようになるべきだと信じているかもしれない。またささいなことで動揺しやすい子どもを抱える患者は，すべてのストレスからわが子を守り，子どもが動揺するのを何としてでも防ぐべきだと考えているかもしれない。機能不全家庭に育った患者は，みんながうまくやっていけるよう自分が力を尽くさなければならないと思っているかもしれない。このような場

合，セラピストは患者の考えの根拠を十分に検討したうえで，患者の望むような方向で問題を解決することが不可能であると判断したら，問題を解決するのではなく，むしろ問題の存在を受け入れられるよう，患者を手助けする必要がある。そしてもし患者が，たとえば「この問題を解決できないのであれば，それは私がだめな人間だということだ」といった思い込みを抱いているようであれば，その思い込みに患者自身が対応できるよう援助するとよいだろう。

Ⅵ 要　　約

　認知療法の重要な目標は，患者が今よりも少しでも良い気分に，そして今よりも少しでも機能できるよう援助することである。セラピストにとって必要なのは，患者と一緒に問題解決に取り組むこと，そしてホームワークの課題をやり遂げようと思えるよう患者を動機づけることである。しかし治療に不可欠なこれらの作業に取り組むことが困難な患者の場合，セラピストはまず問題を明確化し，次に，セラピスト自身が認知療法の標準的な戦略をきちんと遂行できているかどうか，そして患者における何らかの非機能的な信念が治療の妨げとなっているかどうか，を査定する必要がある。その際セラピストは必要に応じて，標準的なアプローチをそのまま用いるのではなく，それらに変化を加えたほうがよい場合もあるかもしれない。

第10章
認知を同定するにあたっての困難

　認知療法を始める患者は，治療開始当初，認知モデルを理解していないことが多い。たとえば多くの患者は，ある状況に対する自分自身の思考（解釈）が，自分の感情的反応，行動的反応，生理的反応に影響を及ぼしているとは考えていない。それどころか，思考とは観念にすぎないこと，すなわち思考内容は必ずしも真実ではなくそれが誤っている可能性もあること，そして自分の思考を評価し対処することによって気分や行動をより機能的なものに改善しうることについても，これまで考えてみたこともない，という人が多い。多くの患者は，困難な状況や他者が，直接的に感情や行動や生理に影響を及ぼすものであると信じている。あるいは，自分がなぜ混乱しているのかを説明できないことも多い。そのような患者にとって必要なのは，思考が他の反応に影響を与えるということを認識することである。これが理解できて初めて，患者は自分の認知を同定し，それに対応するという手続きに着手することができるのである。

　また，患者がたとえ認知モデルを理解していても，思考，イメージ，思い込み，そして中核信念をなかなか同定できない場合もある。患者が何かに苦しんでいるとき，非機能的な行動を示すとき，あるいは身体的な症状を訴えているとき，セラピストは「今，あなたの頭に浮かんだのは，どんなことですか」と尋ねるが，患者は，「わかりません」「何も浮かびません」と答えるのである。もしくは，話題を変えたり，知的な話におきかえたり，あるいは質問に回答することを拒んだりする場合もある。セラピストが，患者の背景にある信念を同定するために思考の意味を探ろうとすると，むしろ何らかの行動を示す患者もいる。このように

患者が自分の認知を同定することが難しい場合，他の治療上の困難と同様に，セラピストはこの問題を概念化し，適切な戦略を立てる必要がある。

　患者の非機能的な認知を引き出す際にこのような困難が生じる要因としては，セラピストが標準的な技法を効果的に使えていない，または不適切な使い方をしている，ということがあげられる。場合によっては，標準的なアプローチを応用して使う必要があることもあるだろう。本章では，困難な問題を抱える患者との治療において，どのように患者の自動思考，イメージ，思い込み，信念を引き出していったらよいか，ということについて解説する。次章以降の三つの章では，これらの認知を修正するやり方について紹介する。

Ⅰ　自動思考を同定する

　セラピストは以下の点について認識しておく必要がある。すなわち，自動思考が生じる状況はさまざまであること，患者が自動思考を報告できないのは，患者の症状がさほど重篤でないことと関係しているかもしれないこと，もしくは患者が自動思考を報告できないのは，患者自身が自動思考の同定を回避しているかもしれないこと，患者の話の中に自動思考が埋め込まれている場合もあること，患者が自動思考を「感情」とラベルづけしている場合があること，である。

1　自動思考が生じる状況を厳密に同定する

　第2章でも述べたとおり，自動思考が生じる状況にはさまざまなものがある。たとえばアンドレアという患者は，セラピストが10分遅れて面接室に登場したとき（状況1），「先生は私のことを，気にも留めていないんだ」と考え，感情的に傷ついた。次にアンドレアは自分が傷ついたことに気づき（状況2），「よくも私をこんな気持ちにさせたわね！」と考え，腹を立て，セラピストに対して怒りを示した。さらに，セラピ

ストがそれに対して答える前に，アンドレアは自分が過剰な反応をセラピストに対して示したことに気づき（状況3），「こんなふうに怒るべきじゃなかった。先生はもう私を治療したくないと思ってしまうかもしれない」と考えた。

　つまり患者はさまざまな事象に対して，自動思考を抱くのである（例：ある状況に対して。自分自身の思考（言語的な思考もあれば，白昼夢や記憶の想起や空想といったイメージ形式の思考もある）に対して。自分の感情的反応・行動的反応・生理的反応に対して）。また，心身の変化に対して自動思考が生じることもある。それはたとえば考えが空回りしているのに自分で気づいたときや，身体のどこかに痛みを感じたときなどである。あるいは，自分に生じた感覚的な刺激に対して自動思考が生じるときもあるだろう。例：視覚（幻覚など）。聴覚（幻聴など）。嗅覚（外傷体験を想起させるような臭いなど）。触覚（誰かに触れられたことによる不快感など）。

2　ネガティブな思考がほとんど生じていないことを確かめる

　患者の症状が比較的軽いと，ネガティブな自動思考を引き出すのが難しい場合がある。たとえば，Ⅰ軸障害が完全寛解もしくは部分寛解している患者には，非機能的な思考がさほど生じないかもしれない。この場合，今後どのような非機能的思考が生じる可能性があるか，それについてある程度検討すればそれでよいのかもしれない（再発予防のための技法については，文献14)を参照）。

3　行動的な回避を確かめる

　患者の中には，生活において回避ばかりしているため，実際にネガティブな自動思考がほとんど生じないという人もいる。たとえばジョエルは，他人から何らかの評価を受けそうな場面をひたすら回避していた。彼は自宅で仕事をし，極力外出しないようにしていた。たとえ外出するとしても，たとえば買い物に出かけるときは他の客が少ない時間帯を狙うなど，なるべく他者と接しないように注意していた。このような回避

的な生活を送っていたので，最初ジョエルは，思いどおりに生活できないことによる絶望感に関わる自動思考を報告したが，それもほんのわずかであった（ただし実際にはジョエルのセラピストは，彼の自動思考を引き出すのにそれほど苦労はしなかった。というのも，行動活性化についてセラピストがジョエルにもちかけたところ，彼はネガティブな結果を予測するような自動思考を山のように報告したからである）。

4　認知的な回避を確かめる

　行動的な回避をさほど示さない患者が自動思考をほとんど報告できない場合，その患者は認知的な回避を習慣的に行っている可能性が高い。このような患者は，気分の動揺を招くおそれのある思考を頭の中から締め出そうとする。つまり何らかの苦痛を感じたら即座に自分の気をそらし，不快な思考に注目してますます不快な気分に陥ることを防ごうとするのである。そのためによく使われる手としては，たとえば，ネットサーフィンをする，雑誌をぱらぱらとめくる，おしゃべりをして気を紛らわせる，歩き回る，何かを食べる，アルコールや他の薬物を利用する，といったことがあげられる[10]。

5　患者の話の中に埋め込まれている自動思考を確かめる

　患者が自分の体験について話をしている最中に自動思考が報告されているのだが，セラピストも患者もそれに気づかない場合がある。次に示すやりとりは，患者が自分に自動思考が生じていたことを否定したが，セラピストが注意深くそれらを引き出すことができた例である。

　　セラピスト：お母さんと電話としていたとき，どんなことを考えていましたか。
　　患者：何も考えていません。私はただ，すごく腹が立っていたんです。母はいつも私に対してこうなんです。退学のことが話題になると私がどんなにひどく動揺するか，母はわかっているはずなんです。母はわざとその話をするんだと思います。彼女は私にいやがらせをしたいので

しょう。
セラピスト：（要約する）つまり，お母さんと電話で話をしていた，という状況があったのですね。そしてあなたはこう思った。「母はいつも私に対してこうだ。退学のことが話題になると私がどんなにひどく動揺するか，母はわかっているはずなのに。彼女はわざとその話をして，私にいやがらせをしたいんだ」。そう考えて，すごく腹が立ったのですね。どうでしょう，これで合っていますか。

6　自動思考が感情としてラベルづけされていることを確かめる

自動思考に「感情」とラベルづけしている患者もいる。したがって患者が「感情」という言葉を使う場合，セラピストは，それがまさに感情を示しているのか，それとも思考を表しているのか，概念化する必要がある。

セラピスト：彼女があなたに対していつもこのようなことをする，ということですが，あなたにとってそれはどのような意味をもつのでしょうか。
患者：わかりません。自分をすごく無力に感じます。私は決して彼女に勝てないだろうと感じてしまうんです。
セラピスト：では，「自分はすごく無力だ。私は決して彼女に勝てないだろう」と思うと，どのような気分になりますか。
患者：イライラします。

頭に浮かんだことを「思考」とし，それによって生じた気分を「感情」であると説明すると，患者がそれらを区別しやすくなるかもしれない。

II　標準的な戦略もしくはその応用によって自動思考を引き出す

セラピストは患者が自動思考を同定するのを手助けするために，さまざまな方法を用いる。それはたとえば，さまざまな角度から質問する，

感情と身体感覚に焦点を向ける，イメージを活用する，ロールプレイを行う，などである。

1　さまざまな角度から質問する

　患者の自動思考を引き出すためにセラピストがよく用いる質問は，次のようなものである。

> ▶「どんなことが頭に浮かびましたか」
> ▶「そのとき何を考えていましたか」

　しかしながら，患者の中には，この種の質問には全く反応しない人もいる。治療開始当初は特にそうである。この場合セラピストは，優しくも粘り強い態度を保ちながら，患者が自らの自動思考を同定できるよう手助けする必要がある。その際，患者がイライラしたり「やっぱり自分はだめだ」と思ったりしないよう，十分に配慮しなければならない。セラピストは次のように尋ねることができる。

> ▶「あなたはそのとき，どんなことをイメージ／予測／思い出していましたか」
> ▶「その状況は，あなたにとってどんなことを意味しているのでしょうか」
> ▶「その状況の最悪な部分とは，いったいどんなことですか」

　最初にまず，感情的な反応や身体的な反応を尋ねてみるほうが，自動思考を明確にできる場合もある。

> ▶「あなたはそのとき，どんなふうに感じていたのですか」
> ▶「あなたはその思いを，身体のどこに感じていたのでしょうか」

　セラピストは自分が概念化したことに基づき，複数の選択肢を患者に

提示してみせてもよい。

> ▶「あなたは,『　　　』,もしくは『　　　』と考えていたのでしょうか」

報告された感情に対して,さらなる説明を患者に求めることもできる。

> ▶「あなたはそれを悲しいと感じたとのことですが,どのように考えた結果,あなたは悲しく感じたのでしょうか」

患者が実際に抱いたであろう思考と正反対の思考をあえて提示してみてもよい。

セラピスト：……ということは,あなたはこの件について,「なんてすばらしいんだろう！」と考えていたわけではなかったのですね。
患者：もちろんです！　そんなはずはありません！
セラピスト：では,あなたはどんなことを考えていたのでしょうか。
患者：「人生はなんてひどいんだろう。こんな仕事なんか大嫌いだ！」ということです。

セラピストは,もし自分が患者と同じ立場にいたら自分はこんなふうに思うかもしれない,ということを示してみせることもできる。

> ▶「もし私があなたと同じ立場に置かれたら,『　　　』と思ってしまうかもしれません。あなたにもそんなことがあるでしょうか」

もしくは,他の人であればこう考えるかもしれない,といった例をあげてみるのも一つの手である。

> ▶「あなたと似たような状況におかれた人が言うには，こんなとき，『　　　』と考えるのだそうです。あなたにもそのような考えが浮かんでいる可能性はありますか」

　次の対話は，あくまで優しい態度を保ちながらも，さまざまな質問を粘り強く使って思考を探ることの重要性を示している。セラピストは最初，患者が苦痛を感じた状況について十分な情報をもち合わせていなかった。そのことに気づいて初めて，セラピストは，複数の選択肢を含む質問を患者にすることができ，その結果，この患者は自分の思考を同定し，報告することができた。

> セラピスト：（要約しながら）あなたはお姉さんに電子メールを送ろうとしていたとき，とてもいやな気分になったのですね。そのときどんなことが，頭に浮かびましたか。
> 患者：何も浮かびません。全く何も。（しばらく黙る）ただいやな気分になっただけです。本当に最悪な気分でした。
> セラピスト：「いやな」って，それは何を意味しているのでしょうか。
> 患者：動揺したってことです。
> セラピスト：（感情を具体化しようとする）具体的に，それは，悲しみですか。怒りですか。不安ですか。それとも混乱したということでしょうか。
> 患者：わかりません。とにかくひどい気分だったんです。
> セラピスト：（イメージを探ろうとする）そのとき，何か視覚的イメージのようなものが浮かんでいましたか。
> 患者：いいえ，何も。
> セラピスト：（あえて正反対の思考を提示する）少なくともあなたは，「これはすばらしい。僕はお姉さんにメールを送るのがうれしくてたまらない」とは，思っていませんでしたよね？
> 患者：ええ，もちろんです。

セラピスト：（記憶を探ろうとする）そのとき何かを思い出していたということはあるでしょうか。

患者：わかりません。

セラピスト：そうですね，私たちはなかなか難しい話をしてしまっているのかもしれません。……（情報がさらに必要であることに気づく）ちょっと話を元に戻してもいいですか。あなたはなぜお姉さんにメールを送ろうとしていたのでしょうか。

患者：母のことで，姉と話し合わなければならなかったからです。僕はわかっていたんです。（自動思考を報告する）姉がひどく動揺するだろうなって。だから僕は電話じゃなく，メールを送ることにしたんです。

セラピスト：ということは，あなたはパソコンの前に座ってメールを書いていたとき，そのメールを送ったらお姉さんがどんなふうに反応するか，その姿が頭に浮かんでいたのでしょうか。

患者：さあ，そうでしょうか。わかりません。とにかくいやな気分だったんです。

セラピスト：（共感的に）そうなんでしょうね。メールを書くこと自体が動揺してしまうようなことだったのですね。（一呼吸おく）その状況で何が最悪なことだったと思いますか。

患者：（絶望的な調子で）わかりません。

セラピスト：（複数の選択肢を提示する）お母さんのことでしょうか。それともあなた自身のことでしょうか。あるいはお姉さんに気を使わなければならないということでしょうか。

患者：（がっくりとした様子で）すべてです。僕はもうすべてに圧倒されてしまっているんです。

セラピスト：（共感的な調子で）これらのことについて，もう少し話をしていってもいいですか。

患者：（うなずく）

セラピスト：まずお母さんのことがありましたね。もう少し詳しく教えていただけますか。

患者：（自動思考）もう僕はどうしたらいいのかわからないのです。母は日

増しに衰弱しています。医者はちゃんと母を診てくれているんでしょうか。

セラピスト：では次に，お姉さんのことについても教えてください。

患者：（自動思考）姉はすごく扱いづらい人なんですよ。母のことについても，自分がすべて決めないと気がすまないんです。でも姉は，ここにいないんですよ！ 姉は現状をよく知らないんです。それなのに僕に「ああしろ，こうしろ」と指示ばかりして，挙句の果てに，僕を批判するんです。現状がどうなのか，本当はよくわかっていないくせに。

セラピスト：ではあなた自身についてはどうでしょう。これらのことが，あなたにどのような影響を及ぼしているのでしょうか。

患者：僕はただ圧倒されてしまっているんです。（自動思考）僕は娘の面倒だってみなければなりません。一方，仕事を失いたくなければ，シフトを倍に増やさなければならないのです。それに母の医療費もかさんでいます。母自身の貯金はもうすぐ底をつきそうです。この先どうなるのか，僕には全く見当がつかないんです！

セラピスト：他にはどうでしょう。

患者：（自動思考）僕自身の健康問題もあります。最近，あまり体調が良くないんです。自分のことが後回しになっているものですから。

セラピスト：（共感的な調子を保ちながら，認知モデルを強調する）なるほど。そのような状況であれば，お姉さんにメールを送ろうとしたとき，いやな気分になるのは当然かもしれませんね。そしてあなたには，お母さん，お姉さん，そして自分自身に対する，今まで話してくださったようなさまざまな思考が生じて，それであなたは混乱してしまったのですね。

2　感情と身体感覚に焦点を向ける

　患者が思考を同定するのが難しいとき，セラピストは，感情やそれに関連する身体感覚に意識を向けるよう患者に求めるとうまくいくことがある。そうすることで，身体感覚や感情が強まり，その結果，患者は自分の思考にアクセスしやすくなるのである。

スタンという49歳の強迫性障害患者は，初回セッションで，強迫行為についてセラピストに尋ねられたとき，無意識に胃のあたりを押さえ，不安そうな表情をみせた。

 セラピスト：今，どんなことが頭に浮かびましたか。
 スタン：わかりません。
 セラピスト：今，どんな感情が生じていますか。
 スタン：（しばらく考えて）不安です。
 セラピスト：胃のあたりを手で押さえているようですが，何か不快感があるのですか。
 スタン：（しばらく考えて）ええ，そうです。
 セラピスト：具体的にはどんな感じなのですか。
 スタン：何となく落ち着かないような，ちょっと痛いような感じです。
 セラピスト：他にも，身体のどこかに何か感じますか。
 スタン：はい，胸が締めつけられるような感じがします。
 セラピスト：不安感と，胃や胸の感覚に意識を向けていただけますか。
 スタン：ええ，やってみます。
 セラピスト：ではもう一度お尋ねします。「細菌に感染してたと感じたら，あなたはどうしますか」と私が尋ねたとき，どんなことがあなたの頭に浮かんだのでしょうか。
 スタン：そのことを先生にお話ししたら，先生は私に「手を洗うのをやめなさい」と言うだろう，ということです。でも私は，そんなことには耐えられないんです。

自動思考が身体反応を直接的に引き起こす場合があるが，そのような患者に限って，身体の変化には敏感な一方，思考や感情をなかなか自覚できなかったり，それらを否認したりする場合がある。この場合有効なのは，何らかの身体感覚を自覚した直後の思考を同定するよう患者に求めることである（例：「ああ困った！　また痛みが始まった！」「この痛みはどんどんひどくなるにちがいない」「こんな症状にはもう耐えら

れない」）。そうすることによって，患者は自分の考えがさらに自分の苦痛を強めてしまうことに気づくことができる。その結果，患者は症状をモニターすると同時に，それに伴う自分の反応パターンを探ることができるようになる。たとえばカールは，新たな職に就いてから，起床後および仕事から帰ったあと腹部に不調を感じるようになった，と訴えた。セラピストは彼の思考について仮説を立て，しかもそれと正反対の思考をあえて彼に提示してみせた（「カール，起床後そして仕事から帰ったとき，あなたは『もうこれで安心だ！』と思ったのでしょうか」）。その結果カールは，自分が不安を感じていることに気づき，そのような不安を引き起こす思考を同定できるようになった。

3　イメージを活用する

　患者がなかなか自動思考を同定できないときに有効なもう一つの方法は，イメージを活用するというものである。たとえばあるセラピストは，シンシアという患者に対して，イメージ以外のさまざまな方法を使って，彼女が自らの自動思考を同定できるよう手助けしようとしたが，いずれもうまくいかなかった。セラピストは，シンシアがその週の前半に経験したある苦痛な体験において，どのような自動思考が生じていたか，それを同定できないでいた。そこでセラピストは，イメージを活用してみることにした。

> **セラピスト**：そのときのことを，イメージしてみてくれませんか。あたかも今，あなたがそれを体験しているかのように，です。そのときのことをありありと思い浮かべていただきたいのです。（要約する）それは火曜日の深夜のことでしたね。あなたはベッドで横になっていたのでしたよね。
>
> **シンシア**：そうです。
>
> **セラピスト**：そのときの状況を，具体的に教えてください。あなたはどこにいて，何をして，そしてどのような気分でいたのでしょうか。
>
> **シンシア**：私は服を着たまま，うつ伏せになっていました。たしか，肘をつ

いていました。雑誌を読もうとしていたんだと思います。
セラピスト：その状況を，ありありと思い描いてください。あなたは服を着たまま，ベッドで肘をついてうつ伏せになって，雑誌を読もうとしています。どんな気分でしょうか。
シンシア：ものすごく落ち込んでいます。
セラピスト：あなたの意識は，雑誌を読むことに集中しているのですか。
シンシア：いいえ，自分が何を読んでいるのかさえ，よくわかっていません。実際，途中で雑誌を放り出してしまいました。
セラピスト：雑誌を放り出す自分の姿をイメージすることができますか。
シンシア：ええ。
セラピスト：そして，あなたが思うのは？
シンシア：もう，やってられないわ！ こんな大したことのない記事にも集中することができないんだから。
セラピスト：その考えが意味するのは？
シンシア：私はどこかおかしいのだ，ということです。（しばらく黙る）もうボロボロの気分だったんだと思います。

4 ロールプレイを行う

　自分がどのような対人関係において動揺したのかをセッション中に再現することによって，患者は自分の思考にアクセスしやすくなる。たとえばキャロルは最初，息子と言い争ったときの状況を端的に報告した。しかしそのときキャロルは，セラピストからさまざまな質問を投げかけられたにもかかわらず，自動思考を同定することができなかった。

セラピスト：（要約する）そこで息子さんがあなたに対して，どなったのですね。息子さんは実際には何とおっしゃったのですか。
キャロル：私のことが大嫌いなんだそうです。というのも，友だちと一緒にショッピングセンターに行ってはいけないと私が言ったからなんです。息子が言うには，私は彼にやりたいことを何にもやらせてあげていないし，彼のことをしめつけてばかりいるって。

セラピスト：それに対し，あなたは何とおっしゃったのですか。
キャロル：母親に向かってそういう口をきくんじゃない，と言いました。でも息子は言うことをきかず，ああだこうだとうるさく言い続けたんです。
セラピスト：なるほど。ここで少しロールプレイをしてみませんか。そのときの状況を再現してみるんです。
キャロル：いいですよ。
セラピスト：私が息子さんの役をやります。あなたはあなた自身の役をやってください。やりとりをしながら，ご自分の中にどんな考えが生じるか，観察してみてください。
キャロル：わかりました。
セラピスト：では，まず私からですね。「ママ，友だちと一緒にショッピングセンターに行きたいんだけど」
キャロル：「だめよ。そんなことはママが許しません」
セラピスト：（怒ったように）「ママ，頼むよ。僕は友だちと一緒に出かけたいんだよ」
キャロル：「さっきだめって言ったでしょう。宿題だってやっていないじゃない。しかも今日は夜間授業の日でしょう」
セラピスト：「宿題は帰ってきてからやるよ」
キャロル：「だめです。出かけるのは許さないわ」
セラピスト：「ママは僕のことをしめつけてばかりだ。僕がやりたいことを何にもやらせてくれないじゃないか。ママなんか大嫌いだ！　本当に大嫌いだ！」
キャロル：（ロールプレイを離れて）たしか私はここで，顔をそむけて泣き出したんだと思います。
セラピスト：そのとき，どんなことが頭に浮かんだのでしょうか。
キャロル：こんなチャーリーは信じられない！　彼の口の利き方には耐えられない。この子はもう私の言うことをいっさい聞こうとしない。こんなことが続いたら，私はこの子をうまく扱えなくなってしまうだろう。でもそもそも，こんなことになったのは，私のせいだ。私が彼を甘や

かして育てたからなんだ。

III 自動思考を同定するにあたっての問題

患者が自動思考を同定できるよう手助けする際，さまざまな問題が生じる場合がある（例：知的なレベルでの反応しか返ってこない。あまりにも完璧に同定しようとする。表層的な答えに終始する。ネガティブな感情に圧倒されたり，自分の欠点が表面化したりするのを恐れて，もしくはセラピストに傷つけられるのを恐れて，自動思考そのものを回避する）。同様の問題が，イメージ，思い込み，中核信念を同定するにあたっても生じうることに留意しておくとよい。

1 患者が知的なレベルでの反応しか返してこない場合

患者の中には，頭に浮かんだリアルな自動思考をなかなか同定できず，知的なレベルでの反応に終始する人がいる。この場合，患者が苦痛を感じた状況について，さらに詳細に説明するよう求めると，そのとき生じたリアルな自動思考をつかむ手がかりが得られるかもしれない。たとえばレンは，自分の自動思考をなかなかつかめずにいた。そこでセラピストは状況についてさらに情報を集め，そのうえで「とりあえずの仮説」を立て，それを彼に提示した。

> セラピスト：ということは，あなたが最も苦痛を感じたのは，夕食の前だったのですね。
> レン：そうです。
> セラピスト：そのときどんな考えが，頭に浮かんでいましたか。
> レン：ええと，親密さについての疑問です。親密になることに対する恐れとも言えます。
> セラピスト：何が起きそうだと思っていたのですか。
> レン：別に何も。ただ，相手と親密になることについて考えただけです。そ

れで苦痛だったんです。

セラピスト：あなたが最も苦痛を感じたとき，近くにいたのは誰でしたか。

レン：（しばらく考える）子どもたちではありませんね。たぶん，妻の妹がそばにいたときでしょう。

セラピスト：そしてあなたは考えた。「もしかして彼女は……？」

レン：……「僕に話しかけるかもしれない」

セラピスト：何について話しかけるんですか。

レン：たぶん，そんなに大したことではないんです。でも彼女はいつも私にこう尋ねてくるんです。「あなたは最近何をしているの？」って。

セラピスト：それであなたは困ってしまうのですか。

レン：そうです。だってろくな答えしかできませんから。（皮肉っぽい口調で）彼女を満足させられるようなことは何も言えないんです。

セラピスト：だとしたら，彼女はそれについてどう思ったり，あなたに対して何と言ったりするのでしょうか。

レン：わかりません。実際に僕たちは話をしませんでしたから。彼女は台所の手伝いで忙しくしていました。僕も彼女にひと言も話しかけなかったですし。

セラピスト：でも，もし仮にあなたが彼女に話しかけたとしたら，あなたの気分はさらに悪くなった可能性があるのですね。

レン：そうです。

セラピスト：なるほど。わかりました。これから私が申し上げることが合っているかどうか，教えてください。夕食前に家族のみんながリビングルームに集まっていた，という状況がありました。そしてあなたは奥さんの妹さん，つまり義理の妹さんと話をすることについて考えていた。そして次のような考えが頭に浮かんだ。「彼女はまた，『あなたは最近何をしているの？』と僕に尋ねてくるだろう。そうしたら僕はますますいやな気分になってしまう」。どうでしょうか。

レン：そのとおりです。

2　患者があまりにも完璧を求める場合

　患者の中には，自分に生じた自動思考のすべてをセラピストが完全に把握する必要があると考える人がいる。このような患者は，自分がセラピストに対して「正しい回答」をしているかどうかを極度に心配し，回答する前に一人で考え込んでしまうことが多い。そこで，患者が自分に生じた自動思考を完璧に報告しようとするあまりに，そのことで患者自身もセラピストも圧倒されてしまったり，セラピストが患者の思考をまとめようとするときに，患者がひっきりなしにそれを訂正しようとしてしまったり，という事態が生じるのである。ただしこのような事態に対しては，患者が「自分は完璧に理解されなければならない」という思い込みを抱いていない限り，セラピストが適切な心理教育を行うことで切り抜けることができるだろう。

　　セラピスト：仮にあなたの自動思考について私たちがちょっと推測をしてみる，というふうに考えてみたら，いったいどのようなことが起こるでしょうか（あるいは，「もしあなたがすべての自動思考を私に報告できなければ，いったいどのようなことが起こるのでしょうか」「もし私があなたの自動思考を完全に把握できなかったとして，いったいどのようなことが起こるのでしょうか」）。
　　患者：（しばらく考えてから）さあ，よくわかりません。
　　セラピスト：その場合，私があなたのことを十分に理解できていないのではないか，と考えて，心配になりますか。
　　患者：ああ，そうかもしれません。たぶんそうです。
　　セラピスト：でしたらご心配に及びません。現時点で私が把握したいのは，あなたがどのような問題を抱えており，あなたにどのような思考が生じやすいのか，その全般的な傾向なんです。今，何もかもすべてを詳しく知る必要はないのです。全般的な傾向をつかめれば，それで十分なのです。（一呼吸おく）このように私が申し上げたことに対して，どれぐらい信用することができそうですか。
　　患者：さあ，どうなんでしょう。ただ，全般的な理解という程度で，本当に

治療をうまく進めていくことが可能なんでしょうか。
　セラピスト：私は，あなたが経験したことをそっくりそのまま理解することはできないのです。ですから，まずは全体像を共有するに留めて，話し合いを進めてみることにしませんか。そしてセッションの最後に，果たしてこのようなやり方でよかったのかどうか，改めて一緒に検討することにしたらいかがでしょう。

3　患者が表層的な反応に終始する場合

　いわゆる「対処的な」思考だけしか報告しようとしない患者もいる。このような患者は，自分を動揺させるような思考の存在を感じた直後に，すぐさまそれに対処するような思考を使って元の自動思考を合理化したり，それによる気分の悪化を防いだりするのである。ロンはこの種の思考をしばしば報告した。たとえば彼は，友人からバスケットボールの試合に誘われなかったときの自動思考をセラピストから問われたとき，「どっちみち，僕は本当はその試合に行きたくなかったんです」と答えた。セラピストがさらに質問を重ねることによって，「彼はもう僕のことが好きじゃないんだ」という本来の自動思考が明らかになった。また別のとき，ロンは，妻が仕事から帰宅するのが遅いことに対してひどく不安になった，という体験を報告した。ロンが言うには，そのときの自動思考は「彼女は大丈夫だ。うん，彼女は大丈夫にちがいない」というものであった。実際には，このような「対処的な」思考は（このような思考は，慰め程度の効果しかもたない），「妻は何かの事故に巻き込まれたのではないか」という自動思考と，それに伴うイメージが最初に生じたあとに出てきたものであったことが，セラピストとのやりとりの中で明らかにされた。

　他にも，本当はもっと重要な認知が生じているにもかかわらず，表層的な自動思考だけしか報告しない患者もいる。次の例でセラピストは，患者の苦痛に関連する，より重要な自動思考を引き出そうとしている。

　セラピスト：今日はこのセッションのあと，お仕事に戻るのですか。

第10章　認知を同定するにあたっての困難　367

患者：（ゆっくりと答える）いいえ……そういうふうには考えていません。
セラピスト：なぜなら？
患者：私は本当に仕事に行きたくないんです。（表層的思考）
セラピスト：仮に仕事に行ったとしたら，どんな悪いことが起きそうだと思いますか。
患者：さあ，別に何も。
セラピスト：仕事に行くことを思うと，あなたはどのような気分になるのですか。
患者：いい気分はしません。フラストレーション……そうですね，フラストレーションが溜まりそうです。先生もご存知のとおり，私は今の職場をやめるつもりなのですから。私は正当に評価されていないんです。
セラピスト：ところで明日は出勤なさるのですか。
患者：ええ，そのつもりです。
セラピスト：でも，やはり明日だって，出勤すればフラストレーションが溜まるのではないですか。
患者：それはそうです。でも今日は，やってしまわなければならない家の用事もあるんです。
セラピスト：仮に今日は仕事に戻ることにして，家の用事をすますことができないとしたら，何があなたを困らせることになると思いますか。
患者：（ため息をつく）
セラピスト：（すでに一度同定したことのある患者のパターンに基づいて，仮説を立てる）あなたの心のどこかに，「今日は無理をせず，大事をとって過ごすべきだ」という考えがあるのではないですか。つまり，「本当は仕事に行っても大丈夫だし，何か重大なことがそうそう起きるはずはない」と頭ではわかっているのに，少しでもがんばることがあたかも危険なことのように思えてしまい，どうしても安全策をとろうとしてしまうのではないでしょうか。
患者：うーん，そうなんでしょうか。（しばらく考える）確かに私は，今から家に帰って横になったほうがよいと思っているのかもしれません。
セラピスト：もしそれほどの安全策をとらず，つまり家に戻って寝ることも

せず，代わりに仕事に行ったとしたら，自分がどうなってしまいそうだと思いますか。

患者：何か良くないことが起きそうな気がします。

セラピスト：良くないことが起きるとしたら，その最悪なことって何なのでしょうか。

患者：さあ，どうなんでしょうか。（しばらく考える）またもや上司からいやな目に遭わされるかもしれません。

セラピスト：もしそんなことが起きたとしたら，どうなるのでしょうか。

患者：ひどく動揺してしまうでしょう。私はもう，そんなふうになりたくないんです。

セラピスト：もし動揺してしまったら，あなたはどうなるのでしょうか。

患者：もう坂道を転げ落ちるように，ますます気持ちが動揺してしまうと思います。

このような対話を通じて，ようやく患者の自動思考が明らかになった。それは，「もし今日これから仕事に戻ったら，上司からいやな目に遭わされるだろう。そしてもしそんなことになったら，私の気持ちは坂道を転げ落ちるように，ますます動揺してしまうだろう」というものである。

4　患者が認知的および感情的な回避のパターンを示す場合

患者の中には，ネガティブな感情を再体験するのを恐れるあまりに，苦痛を伴う自動思考を報告するのを回避する人がいる。なかには自分自身でそのような自動思考を認識することさえ回避する人もいる。このような患者は，「もしこのことについて考えたら，私の気分はもっと悪くなってしまうだろう」「もしこのことについて考えたら，私はそれに圧倒されてしまうだろう」「もしこのことについて考えたら，私は感情をコントロールできなくなってしまうだろう」「もしこのことについて考えたら，私はボロボロになってしまうだろう」「もしこのことについて考えたら，私は気が狂ってしまうだろう」といった信念を抱いていることが多い。また患者は，このような思考とともに，たとえば，ネガティ

ブな感情にうちのめされている自分の姿など，何らかのイメージを抱いている場合もある。したがってセラピストは，患者がこれらの非機能的な思い込みを抱いているかどうか確認したり評価したりする必要がある。そうでないと，このような患者は，苦痛を伴う自動思考を自ら同定できるようになれないからである。たとえばロレインは，セッションの数日前，前の恋人に偶然バーで再会したが，その彼に露骨に無視されるという体験をした。彼女はこの出来事を何度も反すうし，その日以来，ずっとつらい気分で過ごしていた。セラピストがこの出来事について彼女に尋ねたとき，ロレインは自分がそのことを話しながら，声を上げて泣き崩れてしまう場面をイメージした。

セラピスト：では，あなたがバーでトラビスとばったり再会したとき，いったい何が起きたのか，それについて話し合っていきましょう。
ロレイン：（うつむく）今はそのことについて，話さないほうがいいと思います。
セラピスト：そうですか，わかりました。ところで一つ教えていただきたいのですが，今もしあなたがこの件について話をしたら，どんなことになりそうですか。
ロレイン：よくわかりません。たぶんひどく動揺してしまうでしょう。
セラピスト：ひどく動揺すると，どんなことになるのでしょう。あなたの中に，何かイメージのようなものが浮かんでいますか。
ロレイン：（考える）ええ。泣いて泣いて，泣き崩れている自分が浮かんでいます。
セラピスト：もしそうなったら，どんなことになるのでしょう。
ロレイン：よくわかりません。
セラピスト：そのことについて，あなたは何を最も恐れているのですか。
ロレイン：一度泣き出したら，もう涙が止まらなくなってしまうでしょう。そうなったら，それこそひどい神経衰弱にかかってしまいそうです。

セラピストは次に，以前にもセッション中に同じようなことがあった

かどうか，ロレインに尋ねたが，彼女はそのようなことはなかったと答えた。そこでセラピストは，自分の思考に注意を向けたせいで気分が動揺してしまった経験について，思い出して話すようロレインに求めた。彼女は，ここ数カ月内に経験した二つの出来事について端的に述べた。それらはロレインが夜，アパートに一人でいたときに起こり，その結果，彼女は1時間以上もの間，泣いたり泣きやんだりを繰り返していたとのことであった。セラピストは，そのような場合でも結局は自分が泣きやむことができたということ，そしてその結果「ひどい神経衰弱」にもかからずにすんでいることをロレイン自身が理解できるよう手助けした。しかもセッション中であれば，ロレインは一人きりではなく，セラピストと一緒にいる。二人で話すことによってむしろ苦痛が軽減される可能性があるということについて，セラピストとロレインは話し合った。そして，これまでにもつらい出来事についてセッション中に話し合ったことがあるが，それによってロレインの気分は悪化するどころか改善していたことを，ロレイン自身が思い出すことができた。このような話し合いを経て，ロレインは前の恋人との出来事について，自ら話してみようという気になった。セッションが終わる頃には，ロレインは，この問題について話し合った結果，自分の気分が改善したことを認識できるようになっていた。

　自動思考の同定作業になかなか乗り出せない患者にとっては，段階的曝露といったアプローチも有効である。セラピストは，苦痛を伴う出来事のほんの一部を話してみて，実際に何が起きるか確かめてみるよう患者に求める。あるいは，ほんの数十秒もしくは数分間，苦痛を伴う思考に注意を向け，その後，思考に注意を向ける時間を少しずつ増やしていくよう求めることもできる。それらの手続きを経て，患者は自分のネガティブな思考に耐えられるようになっていく。ネガティブな感情を再体験することについての恐怖に対する別の技法は，第12章で紹介する。

5　患者の思考に特別な意味が込められている場合

　患者の思考に何らかの意味が付与されているがゆえに，患者が自動思

考の報告をためらう場合がある。たとえばドルーという患者は最初，外出することに対する恐怖をなかなか認めようとしなかった。というのも，それを認めることは，彼にとって「自分は弱い人間だ」と認めることに等しかったからである。タイラーは，強迫観念が生じるのは自分が狂っているからだと心配していた。ジェレミーは，販売の仕事における自分の将来性についてネガティブな思考を抱いたときは常に，「こんなふうに考えてしまうのは，自分が負け犬だからだ」といった，さらに自分をおとしめるような考えを付与してしまっていた。セラピストは患者が自動思考の報告をためらっているのに気づいたら，次のように尋ねてみるとよいだろう。

> ▶「その自動思考によって，さらに何かネガティブなことがあなたの中に起きているのでしょうか」

セラピストはその上で，患者が自分の思考に込めている意味を別の意味に変えられるよう，手助けするとよいだろう。

6　患者がセラピストの反応を恐れている場合

自動思考の同定がうまくいかないことが，治療同盟上の問題に絡んでいる場合もある（第4章，第5章を参照）。たとえばセラピストとの間で自分をひどく脆弱に感じている患者は，頭に浮かんだ自動思考を開示することを避けるときがある。

> ●「もし自分の頭に浮かんだ自動思考をそのままセラピストに話してしまったら，セラピストは……」
> ・「私のことを，気が狂っている／哀れだ／不快だ／救いようがない，と思うだろう」
> ・「私を批判するだろう／見下すだろう／拒絶するだろう」
> ・「私のことを警察に通報するだろう／強制的に入院させようとするだろう／私と会おうとしなくなるだろう」

> ・「私をコントロールしようとするだろう／その自動思考を何らかの形で利用して，私に敵対しようとするだろう」

　治療同盟上の問題が疑われたら，セラピストは自分の仮説を患者に直接尋ねてみるとよい。

> ▶「ご自分の自動思考を私に話してしまったら，何か良くないことが起きそうだと思っているのですか」
> ▶「私が何らかのやり方であなたに対してネガティブな評価を下すことを心配しているのですか」

　しかしそれでもなお，セラピストに対して自分の懸念を表明したがらない患者もいる。そのような場合でもセラピストは患者とそのことについて話し合い，うまく折り合いをつける必要がある。

7　事　例

　ドンという52歳の慢性うつ病の男性患者は，初回セッションにおいて，自動思考を同定することを嫌がった。というのも彼は，もし自動思考を明らかにしてしまったら，セラピストは彼のことを愚かだと思うのではないか，もしくは弱い人間だと見なすのではないか，と恐れていたからである。仕事中に起きたあるトラブルに対して生じた自動思考についてセラピストに尋ねられたとき，ドンはそれに答えるかわりに，セラピストを非難した。ドンがセラピストと協力して自動思考を同定できるようになるためには，その前に，セラピストは彼のコントロール感を強めるような働きかけをする必要があった。

　　ドン：自動思考に焦点を当てるなんて，ちっとも役に立ちません。あまりにも表面的すぎます。
　　セラピスト：そうですか。（一呼吸おく）それでは，どんなことがあなたの役に立ちそうだと思われますか。

ドン：（セラピストの質問には直接答えない）私が抱えている問題は，すごく根が深いんです。私はこれまでずっと抑うつ感情に悩まされてきているんです。そしてこれまで私を助けてくれた人は一人もいませんでした。私のうつは，両親が私の面倒をちっともみなかったこと，つまり両親からの虐待が原因なんです。私は必要な世話をしてもらえなかったんです。そして，このことは今でも私に影響しているんです。だから自動思考なんかについて話し合ったって，……こんなこと……要はくだらないことですよ。

セラピスト：あなたのお気持ちはわかります。（共感を示す）だから私があのように言ったことに対して，あなたはイライラしてしまったのでしょうか。

ドン：そのとおりです。先生には，もっと深いレベルで私の治療に取り組んでもらいたいんですよ。

セラピスト：それはあなたのおっしゃるとおりです。私たちは，もっと深いレベルの話し合いをしていく必要があります。ただしタイミングが重要です。最初から深いレベルでの話し合いをすることによって回復する患者さんは，ほとんどいないのです。初心者がいきなりマラソンを走るようなものです。マラソンを完走したいのであれば，最初は数ブロックのウォーキングから始めて，徐々に筋肉を強くしていくほうが，身体を痛めずにすみます。

ドン：それでもやっぱり私には，仕事中私に浮かんだ思考について先生と話し合うことが，生産的であるとは思えないんです。

セラピスト：うーん，あなたのおっしゃるとおりかもしれませんし，そうでないのかもしれません……。では，こうしませんか。セッションの時間を分けるのです。半分は，仕事のトラブルといった今現在の問題について話し合い，あとの半分は，ご両親からどのような扱いを受けたかといった深いレベルの問題について話し合うのです。（一呼吸おく）いかがでしょうか。

ドン：（しばらく考えたあと，気が進まないように）まあ，いいんじゃないですか。

セラピスト：では，あなたの子ども時代のお話からおうかがいしましょうか。

このようにしてセラピストはセッションの時間を分割し，前半はドンの子ども時代の話を聞いた。そして後半は仕事上のトラブルを話題にして，彼に認知モデルを教えていった。

Ⅳ 自動思考の同定作業をあえて先延ばしにする

自動思考を同定することによって，自分自身やセラピストに対する，そして治療そのものに対する患者のネガティブな思考が引き起こされてしまうような場合，セラピストは自動思考の同定作業にこだわらないほうが賢明かもしれない。この場合セラピストは，特定の状況に対する自動思考を同定することの重要性を控えめに指摘するに留めるとよいだろう。

> ▶「ご自分の思考を確かめること自体が，とてもつらい作業になるときがあります。この件については，また今度話し合うことにしましょうか」「（自動思考ではなく）その問題について，もう少し詳しく話していただけますか」「私たちはもうしばらく，（自動思考ではなく）問題それ自体について話し合ったほうがよいように思われます。あなたはどう思いますか」

しかし，自動思考の同定作業における困難に何らかの一定のパターンがあるようであれば，セラピストは，それが現実的な問題に基づくのか，あるいは患者の非機能的な信念に絡んでいるのか，詳しく調べる必要がある。これらについては，本章で後述する。

V　イメージを同定する

　すでに他の文献でも述べられているとおり[8,14]，自分に生じたネガティブな視覚的イメージについて自発的に報告する患者はきわめて少ない。このようなイメージはきわめて大きな苦痛をもたらすため，患者はそれらを即座に意識の外に追いやってしまいがちである。問題解決のために，セラピストはこのようなイメージの存在について患者に問い，探っていく必要があるのだが，セラピスト自身がこの作業の重要性を失念してしまうことが多い。しかし視覚的イメージを体験しやすい患者に対しては，イメージに焦点を当てた対話を行わなければ，患者の問題は真に解消されることはないであろう。

　イメージは，予測，記憶，あるいは比喩的表現といった形式を通じて表現されることが多い。

1　予測的なイメージ

　患者の思考には，以下に例を示すとおり，予測的なイメージが伴うことがある。ダニエルという女子高生は，自分と同じ学校の女子生徒たちが通りの向こう側にいるのを見かけた。その生徒たちはみんなで大笑いしており，それを見たダニエルは，「あの子たちは，私のことを噂しているにちがいない」と思い込んでしまった。ダニエルと女子生徒たちの距離はかなり離れていたため，ダニエルには実際，女子生徒たちの姿がはっきりと見えたり，彼女たちの話し声が聞こえたりするはずはなかった。しかしダニエルには，女子生徒たちが自分をさげすむように笑いながら，そして軽蔑した表情を見せながら，「ダニエルって，まるで負け犬よね！」と口々に言っているイメージが浮かんだのである。ランディという別の患者は，職場でかなり神経質になってしまっていた。というのも，同僚に「もうそろそろ年次評価の時期だよね」と言われたことにより，「どうせ自分はろくに評価されないだろう」と考えてしまったからである。ランディの頭に浮かんだイメージはこうである。自分は上司の部屋に呼び出され，「君の働きは十分とは言えないね」と非難される。

そしてその場で自分は解雇されてしまうのである。ブライアンは，自分の母親が再入院することになったことを妻から電話で知らされたとき，「母さんの病気がこれ以上悪化したらどうしよう」と考え，母親が病院のベッドで息をひきとる姿がイメージされた。アルは，気が動転するといつも，「こんな気持ちには耐えられない」と考えてしまうのだが，それと同時に，自分が通りの向こうに駆け出して，大声を上げ，完全にコントロールを失っている姿がイメージされていた。アルにはさらに，白衣を着た男たちに自分が無理やり救急車に乗せられるイメージも生じていた。

患者が何らかの予測的な発言をした場合，セラピストは，それと同時に何らかのイメージが浮かんでいるかどうか，患者に直接尋ねてみるとよいだろう。

> ▶「『いつか自分はホームレスになってしまうにちがいない』と思うとき，あなたの頭には，そのようなイメージが実際に浮かぶのですか」

セラピストは間接的な質問をすることもできる。たとえばマージョリーはあるセッションにおいて，「どうせ私は回復することなんかないんですよ」と言った。そこでセラピストは次のように彼女に問いかけた。

> ▶「たとえば数年後，おっしゃるとおりあなたの気分が改善していないときのことを考えてみましょう。あなたはどこにいますか。そして何をしていますか」

セラピストは，患者が何らかのイメージを抱いているものと仮定し，それがどのようなイメージであるか，患者に詳細に尋ねてみてもよい。

> ▶「ということは，あなたは『みんなの前で立ち上がって発言しようとしても，結局何も言うことはできないだろう』と考えたの

> ですね。そこにはどのような人がいるのですか。あなたは何を感じていますか。あなたはどのような様子なのでしょう。人びとはあなたを見て，どんなことを考えているのでしょう」

2　記憶としてのイメージ

　苦痛を伴う記憶には，特定のイメージが含まれていることが多い。たとえばジェニーには，気持ちが混乱すると，それに伴って次のような記憶が蘇ってくることがあった。それは小学校1年生のとき，教室で圧倒され恥かしい気持ちでいっぱいになって座っている自分の姿である。彼女はそのとき教師から配布されたワークシートに取り組まなければならなかったが，ワークシートに記載されている問題自体を全く理解できなかったのである。

　テレサはセッション中，「夫が亡くなったら，私は生きていけない」という考えの根拠を話すよう，セラピストに求められた。テレサは，数年前のある記憶が視覚的に浮かんでくるのだとセラピストに伝えた。それは彼女が初めて一人暮らしをするために実家から引越しをしたときのことだった。新しいアパートでの初めての夜，彼女は悲しみやさみしさを感じ，途方に暮れてしまったのである。

3　比喩的なイメージ

　患者の中には，比喩的なイメージを思い浮かべる人もいる。たとえばミッチェルは，「何かに挑戦しようとすると，自分でもよくわからないのですが，壁に向かって突進しているような気持ちになるんです」と言った。実際，彼の頭には，レンガでできた高くて危険な障壁に向かって突進し，その壁に無残にも跳ね返されている自分の姿が浮かんでいた。カーラは，その週に経験したひどい苦痛についてセラピストに話しているとき，「まるで自分が溺れているような気分でした」と語った。セラピストが質問を重ねると，自分が深い湖の水面下に溺れていくイメージを彼女が実際に思い浮かべていたことが明らかになった。

Ⅵ 思い込みを同定する

　第2章で述べたように，思い込みというのは，状況に特有なものもあれば（例：「子どもたちに身のまわりのことをきちんとするように言っても，どうせあの子たちは私の言うことなんかききやしないだろう」），より全般的で深いレベルのものもある（例：「私が誰かに影響を与えようとしても，どうせうまくいかないだろう」）。この二つの例のように，思い込みには予測的なものがある。一方，より直接的に中核信念と結びついている思い込みもある。たとえば，「もし私が人びとに話を聞いてもらえなかったら，それは私が弱い人間だということである」といったものである。

　本書でもこれまで何度か述べたとおり，困難な問題を抱える患者は，変化を起こすことについて（全般的な変化と治療における変化の両方に対して），そして治療やセラピストについて，非機能的な思い込みを抱いていることがしばしばある。以下に例をあげる。

- 「私が何か変化を起こそうとしても，どうせ失敗するだろう」
- 「もし私の病気が回復したら，私の人生はむしろ悪いほうに変わるだろう」
- 「自分が動揺していることについて話してしまったら，私はさらに圧倒されてしまうだろう」
- 「セラピストとうまくやっていこうとすれば，それは私が弱い人間だということを意味する」

Ⅶ 思い込みを同定するために，標準的な方法を活用したり，それを応用したりする

　思い込みの多くは，容易に同定することができる。というのも，多くの場合，患者は思い込みを自発的に開示してくれるからである（例：

「私がしつこくけしかけないと，彼は何もやろうとしないんです」）。患者が自発的に思い込みを話さない場合，セラピストは次にあげる方法を使って，患者が思い込みを同定できるよう手助けすることができる。

1 思い込みの一部を提示する

セラピスト：（要約する）ということは，あなたは，ご自分がその避難所でみんなの役に立てないと考えて，気分が暗くなってしまったのですね。

患者：ええ，そうです。

セラピスト：そうだとしたら，それは何を意味するのですか。「避難所でみんなの役に立てないとしたら，それは私が……」？

患者：「それは，私がみんなをがっかりさせてしまったということだ」

セラピストは，中核信念が明らかになるまで，患者の思い込みの意味を尋ね続けることもできる（例：「では仮にあなたがみんなをがっかりさせてしまったとしたら，それはどんなことを意味するのでしょう」）。

思い込みを同定するための，その他の方法を以下に示す。

2 文章の枠組みを提示する

すでに患者の非機能的な行動が同定されている場合，セラピストは，そのような行動を含んだ思い込みを示す文章の一部を提示し，患者にその文章を完成させてもらうとよいだろう。

- 「もし私がその対処戦略を実行すれば，『　　』といった良いことが起きるだろう（もしくは，それには『　　』といった利点がある）」
- 「もし私がその対処戦略を実行すれば，『　　』といった良くないことが起きるだろう（もしくは，それには『　　』といった難点がある）」

たとえばセラピストはまず，パトリシアという患者が自分の小さな予

測的な思い込みを同定できるよう導いた。その後セラピストは，彼女の中核信念に関わる，より全般的な思い込みを同定しようとした。

セラピスト：パトリシア，次の文章を完成させてください。「もし私が，洗濯や皿洗い，風呂掃除といった日常的な雑用をしなければならないとしたら，『　　　』といった良くないことが起きるだろう」。

パトリシア：私は疲れ果て，さらに憂うつになるでしょう。そしてこんな生活が果てしなく続くように思えるでしょう。

セラピスト：このような雑用をしなければならないということは，あなたにとってどんなことを意味するのですか。

パトリシア：私は取るに足らないちっぽけな存在だということです。それに束縛されている感じがすごくします。

セラピスト：（以上の思い込みが特定の状況に関するものなのか，あるいは，より深く全般的な思い込みにつながるものなのかを判断するために，情報を集める）あなたは家のことについては何でも，このように感じるのですか。

パトリシア：ほとんどそうです。（しばらく考える）でも，パンを焼くのと料理をするのは別ですね。この二つは好きなんです。

セラピスト：ということは，好きではないことをしなければならないとき，あなたは束縛されているように感じるのでしょうか。

パトリシア：そうです。

セラピスト：家のこと以外についてはどうでしょうか。やはり同じように感じますか。

パトリシア：ええ，同じです。私はこれまでずっとこんなふうだったんです。

セラピスト：つまり，好きではないことをしなければならないとしたら，それはあなたが取るに足らないちっぽけな存在であることを意味し，あなたは自分が束縛されているように感じてしまう。これで合っていますか。

パトリシア：合っています。そのとおりです。

3　構えとルールを思い込みに変換する

　第2章で述べたとおり，中間的で媒介的なレベルの信念は，構えやルールといった形式より，思い込みの形式で示されているほうが，その後の概念化や検証がやりやすくなる。また思い込みは，中核信念と対処戦略との関連性を明確にする際にも，しばしば役に立つ。たとえばリズは，「他人の気持ちを混乱させるのは，ひどいことである」という構えと，「他人の気持ちを混乱させてはならない」というルールをもっていた。そこでセラピストはリズに対し，他人の気持ちを混乱させることが彼女にとってどのような意味をもっているのかを尋ねた。するとリズはこのように答えた。「もし私が他人の気持ちを混乱させたりしたら，相手は必ず私を傷つけようとするでしょう」。

Ⅷ　中核信念を同定する

　以下に示すとおり，中核信念はさまざまなやり方で同定することができる。ここで重要なのは，中核信念を同定することが患者にとって多大な苦痛を伴うことがあることを，セラピストが認識しておくことである。セラピストは，治療の初期において，患者を概念化するために患者の中核信念を引き出そうとするのであれば，それを慎重に行わなければならない。そしてそのことによって，患者が脅かされたり圧倒されていると感じたりしないよう，十分に配慮するべきである。

Ⅸ　中核信念を同定するために，標準的な方法を活用したり，それを応用したりする

　セラピストは患者の中核信念を同定するために，さまざまなやり方を用いることができる（例：思考の意味を探っていく。思い込みを検討する。中核信念が自動思考として表現されたときにそれに気づく。中核信

念のリストを提示する）（第2章を参照）。

1　思考の意味を患者に尋ねる

　セラピストは，患者のさまざまな自動思考において，特定の時間や空間を超えたテーマが埋め込まれていることに気づいたら，自動思考の意味を患者に尋ねてみるとよいだろう。

> ▶「もしこの自動思考が正しいとしたら……」
> ・「それはどんなことを意味しますか」
> ・「その状況における最悪なことは何ですか」
> ・「そのことの何があなたにとって問題なのでしょうか」
> ・「そのことは，あなたがどのような人間だということを示しているのですか」
> ・「そのことは，他者や世界についてどんなことを意味しますか」

　以上の質問に患者がなかなか答えられない場合，セラピストは，それまでに同定された患者の自動思考に基づき，セラピストなりに患者の中核信念を推測し，試しにそれを患者に提示してみせることができる。

　　セラピスト：お兄さんは，あなたがご両親の面倒をみていないと言って，あなたを非難するのですね。もしそれが本当だとしたら，それはどんなことを意味するのでしょうか。
　　患者：（しばらく黙る）さあ，どうなんでしょうか。
　　セラピスト：この件について，最悪なことは何ですか。
　　患者：（しばらく黙る）よくわかりません。
　　セラピスト：お兄さんのおっしゃることが合っている可能性もあるのでしょうか。あなたは自分が非難されても当然だと思ったりもするのですか。
　　患者：そうです。そう思っています。
　　セラピスト：自分は非難されても当然だとしたら，それは何を意味するのでしょう。

患者：（うつむいてしまう）
セラピスト：「自分はだめな人間だ」ということを意味しますか。
患者：（ささやくように）ええ。

2　思い込みを検討する

　患者の示す思い込みの中には，状況特異的で，中核信念とはさほど関連のないものがある。このような思い込みの修正は，比較的容易である。一方，患者の示す不適応的な思い込みが，より全般的な中核信念に根ざしている場合もある。このような思い込みには問題が多く含まれ，修正するのが困難である。次に示す二つの対話例を比較してみよう。二人の患者はともに，ある友人とのつきあいに制限を設けようとしていた。そして「もしそんなことをしたら，彼はもう自分のことを好いてはくれなくなってしまうだろう」といった思い込みを抱いていた。

セラピスト：ではロバート，仮に彼があなたのことを好きではなくなってしまったら，それはあなたにとってどんなことを意味するのですか。

ロバート：彼は私と一緒にいたくないと思うでしょうね。そうしたら，私は彼という一人の友人を失ってしまうことになります。

セラピスト：では，もしあなたが彼という友人を失ってしまったとしたら，それはどんなことを意味するのでしょうか。

ロバート：もう彼と一緒に出歩くこともなくなってしまいます。そうなるととても寂しいでしょうね。彼は一緒にいると，実に楽しい人なんですよ。

セラピスト：一緒にいると楽しい彼と出歩くことがなくなってしまうということは，それはあなたにとってどんなことを意味するのでしょうか。

ロバート：そうなったら，たぶん，他の友人たちと一緒に出かける機会が増えるでしょう。

セラピスト：彼という一人の友人を失うことは，何かあなた自身について良くないことを意味する，というわけではなさそうですね。

ロバート：（落ち着いて）ええ，そう思います。

ロバートは,「彼はもう自分のことを好いてはくれなくなるだろう」といった思い込みを抱いていたが,それに関連する中核信念は特に見つからなかった。一方,次に示すマーシーという患者の場合は,思い込みに関連する中核信念が同定された。

 セラピスト：ではマーシー,仮に彼があなたのことを好きではなくなってしまったら,それはあなたにとってどんなことを意味するのですか。
 マーシー：彼という一人の友人を失ってしまうことになります。
 セラピスト：ではもしあなたが彼という友人を失ってしまったとしたら,それはどんなことを意味するのでしょうか。
 マーシー：（小さな声で）私には,もう誰もいなくなってしまいます。
 セラピスト：それはあなたにとって,どんなことを意味するのですか。
 マーシー：私は……人から好かれないということです。
 セラピスト：「自分は人から好かれない」という考えは,しょっちゅう生じるのですか。それともブルースと一緒のときだけですか。
 マーシー：しょっちゅうです。
 セラピスト：たとえば？
 マーシー：家族と一緒にいてもそう思います。（しばらく考える）職場や教会やサークルにいても,やはりそう思ってしまいます。
 セラピスト：「自分は人から好かれない」と思わないときは,どんなときですか。
 マーシー：わかりません。そんなときはなかったように思います。（しばらく考える）ああ,姪と一緒にいるときだけは,そういうふうには思わないかもしれません。

　ロバートとは異なり,マーシーは「自分は人から好かれない」という中核信念を抱いていた。この信念は,たとえば自分が友人に対して強く主張しすぎたと考えたときなど,時間と空間を超えた多くの状況において活性化されていた。

3　中核信念が自動思考として表現されたときにそれに気づく

　患者の中には，治療の初期段階で，中核信念を容易に同定できるようになる人がいる。うつ病の患者には特にそのような人が多いが，その場合，中核信念が自動思考として表現されることが多い（例：「私は負け犬だ」「私はだめな人間だ」「自分には価値がない」）。セラピストにとって必要なのは，そのような自動思考が表明されたとき，それが全般的なものなのか，それとも状況特異的なものなのかを見極めることである。その見極めについては前述したとおりである（「2　思い込みを検討する」を参照）。

4　漠然とした中核信念を明確化する

　自己に関する中核信念を漠然とした形でしか表明しない患者がいる（例：「私はどこかおかしい」「私はちゃんとしていない」「私には何かが足りない」）。その場合，セラピストはさらに質問を重ねて，患者の中核信念を，「自分は無力だ」「自分は愛されない」「自分は価値がない」のどれに分類できるか判断する必要がある。その際，自分の中核信念がどのカテゴリーにあてはまるか，患者に直接尋ねてみることもできる。

　　セラピスト：パーティでみんながあなたに声をかけてくれないとしたら，それはどんなことを意味するのでしょうか。
　　患者：彼らが私を無視しているということです。みんな，私みたいな人間に話しかけたいとも思っていないのでしょう。
　　セラピスト：では仮に，みんながあなたに話しかけたいと思っていないとしたら，それはあなたについて何を意味するのですか。
　　患者：私はどこかおかしいのだ，ということでしょうか。
　　セラピスト：では仮に，あなたがどこかおかしいのだとしたら，それが意味する最悪なこととは何ですか。たとえばあなたが他の人より劣っているということでしょうか（「自分は無力だ」というカテゴリー）。それとも，あなたが他の人たちから愛されず，他者と親密な関係をもてないということでしょうか（「自分は愛されない」というカテゴリー）。

あるいは,「自分はだめな人間だ」とか「自分には価値がない」といったことでしょうか(「自分は価値がない」というカテゴリー)。
患者:私がみんなより劣っているということです。彼らはみな,とてもおもしろい人たちです。仕事でもすばらしい実績を上げています。しかもほとんどの人が結婚しており,なかには子どもがいる人だっているんです。
セラピスト:そしてあなたは?
患者:私には何もありません。彼らのようにおもしろい人間でもないし,仕事もパッとしていないし,結婚だってしていません。
セラピスト:それは,あなたについてどんなことを意味しているのでしょうか。
患者:私は劣った存在だということです。

X 中核信念を同定する際の困難

　これまでに紹介した数々の戦略がうまくいかない場合,患者の中核信念の同定はかなり難しいものとなる。特に,患者がネガティブな感情を体験することを恐れているとき,あるいは自分がセラピストから傷つけられるのではないかと恐れているときは,さらに中核信念の同定は難しくなる。このようなとき患者は,思考の意味を尋ねられても,表面的な自動思考レベルの回答に終始したり,途方に暮れた様子をみせて「わかりません」といった回答を繰り返したりすることが多い。このような患者は中核信念がないのではない。むしろ自分の中核信念について患者自身何らかの仮説をもっているのであるが,自分をあまりにも傷つきやすいと感じ,しかもあまりにも苦痛が大きいため,中核信念についてのさらなる話し合いを回避するのである。このような場合,セラピストは無理をせず,穏やかに,そして少しずつ,患者の中核信念を探索していくべきであろう。

XI 要　約

　患者はさまざまな理由から，認知（自動思考，イメージ，思い込み，中核信念）の同定に困難を示す場合がある。他の困難な問題と同様，セラピストは，個々の問題が生じたのはセラピストが標準的な戦略をきちんと実践できていないためなのか，あるいは標準的な戦略を応用する必要があるのにそれができていないためなのか，評価する必要がある。そして後者の場合，セラピストは，患者が自分自身のネガティブな認知に対して抱いている非機能的な信念や，自分のネガティブな認知を表出することに対して抱いている非機能的な信念を明らかにしたうえで，標準的な戦略をどのように応用するべきか，検討する必要がある。

第11章
自動思考とそれに伴うイメージを修正するにあたっての困難

　認知療法において重要なのは，患者の認知の修正を通じて，感情的変化，行動的変化，そして生理的変化を引き起こすことである。認知療法家はその際，自動思考レベルの認知にまず焦点を当てることが多い。というのも，自動思考とは，その背景にある思い込みや中核信念に比べて，より表層的な認知であり修正しやすいからである。しかしセラピストは同時に，自動思考の背景にある信念にも早めに焦点を当てようとする。なぜなら，一度でも患者が，自分自身，自分を取り巻く世界，そして他者について，自分の歪曲した思い込みを修正することができると，その後，歪曲された思考が患者の中に生じにくくなり，その結果，感情や行動が大幅に改善されるからである。しかしながら，困難な問題を抱える患者に対する治療の初期段階においては，患者が自らの信念を検討できるようセラピストが手助けしても，なかなかうまくいかない場合がある。

　たとえばロビンという患者は，「自分は欠陥のある，だめ人間だ」「他者は自分を批判し，拒絶する存在である」といった中核信念を抱いていた。もしセラピストが初回セッションでこのような信念をロビン自身が変えられるよう手助けできれば，そしてその結果，ロビンが「自分には価値がある」「自分は全く正常な人間だ」「自分は大丈夫である」「他者は親切で，自分を快く受け入れてくれる」とすぐに信じられるようになれば，自分自身に対する彼女のネガティブな思考や，他者が自分をどう評価し，どう扱うかということに対する恐怖は，かなり軽減されるであろう。そして彼女の気分はずいぶんと緩和され，行動もより機能的なものに変化するだろう。しかし実際にはロビンの中核信念は非常に強固であり，彼女は自分の信念を「まさにそのとおりである」と信じて疑って

いなかった。もしセラピストがこの時点で，彼女の自分自身に対するネガティブな信念を検討するよう求めたら，ロビンはかえって混乱し，不安を感じてしまっただろう。あるいは，「このセラピストは私のことをちっとも理解してくれない」「このセラピストは何か企んでいるのではないか」「このセラピストはあまりにも単純で無能だ」と思い込んでしまったかもしれない。

　困難な問題を抱える患者の自動思考やイメージの中には，比較的容易に修正できるものもある。一方，背景にある信念とより結びつきの強い自動思考やイメージほど，修正は困難となる。本章の前半では，セッション中に，患者が自動思考を自ら修正できるように手助けするための標準的な戦略とその応用について紹介する。加えて，思考を修正する際に妨げとなる典型的な信念についても紹介する。本章の後半では，セッションとセッションの間，つまり日常生活における自動思考の修正について解説する。

I　自動思考を修正するための標準的な戦略とその応用

　行動的および認知的な回避をしていなければ，困難な問題を抱える患者には，1週間のうちに何十もしくは何百にもおよぶ自動思考が生じているであろう。したがってセラピストは，限られたセッションの時間内でどの問題に焦点を当てるべきか，そしてどの自動思考に焦点を当てその修正を試みるべきか，それらを患者と協力して判断できるよう概念化を行う必要がある（第2章を参照）。

1　自動思考の検討を始める前の準備

　自動思考を検討する前にまずセラピストがするべきことは，焦点を当てるべき鍵となる自動思考を同定することと，患者がその自動思考を依然として強く信じていることを確認することである。その際同時に，その自動思考と関連する感情が自動思考の確信度と同様に強いものである

ことを確認しておく必要がある。

(1) 鍵となる自動思考を選択する

　検討の対象とする自動思考（またはイメージ）を選択するために，セラピストは，それまでの1週間に患者に生じた数多くの自動思考の中のうち，どれを特に修正する必要があるか，明らかにする必要がある。もしくは，これからの1週間に患者に生じうる自動思考の中から，鍵となる自動思考を選んでもよい。その際の判断基準を次にあげる。

> - セッションで焦点を当てている問題に関連性の高い思考
> - その患者に頻繁に生じる典型的な思考
> - きわめて歪曲されている思考，もしくはきわめて非機能的な思考
> - 背景となる重要な信念と関連性の高い思考
> - 何らかの形で，きわめてネガティブな影響を及ぼしうる思考[14]

(2) 自動思考の確信度を評定する

　ある自動思考を検討する前に，セラピストは次のような質問をして，その自動思考の確信度を患者に評定してもらう必要がある。

> ▶「あなたは今，この自動思考をどれぐらい信じていますか」
> ▶「あなたは，この自動思考を頭ではどれぐらい信じていますか。感情的にはどれぐらいでしょうか」

　知的レベル，そして感情的レベルの双方において自動思考に対する患者の確信度が低い場合，次のような質問をするだけで事足りる場合もある。

> ▶「あなたはその自動思考に対し，何らかの反論をすることができましたか」

> ▶「今現在，あなたはこの件についてどう思っていますか」

　もしこの時点で，患者の思考がすでに変化していれば，認知をさらに再構成する必要はないかもしれない。たとえばマーリーンという患者は，翌週息子の子どもたちの世話をする約束をしていたのだが，自分自身が病院を受診することになったため，その約束を断らなければならないことに気づいたとき，精神的にひどく動揺してしまった。前のセッションでこの件について話し合った際，マーリーンは，「私は息子のために，彼の子どもたちの面倒をみるべきだ。息子は私を当てにしてくれているのだから。だからもしこのこと（約束を断らなければならないこと）を息子に告げたら，彼は私に失望してしまうだろう」という自動思考を報告した。しかしその次のセッションでセラピストが確認したところ，マーリーンはこの自動思考をもはやさほど強く信じておらず，セラピストが特に手助けしなくとも，彼女がこの思考に対応できていることが明らかになった。

　　セラピスト：「私は自分のために病院を受診するのではなく，息子のために子どもたちの面倒をみるべきだ。そうでないと，息子は私に失望してしまうだろう」という自動思考を，今現在，どれぐらい信じていますか。
　　マーリーン：今はそうでもない気がします。
　　セラピスト：今，この件については，どのようにお考えですか。
　　マーリーン：私の選択は，それほど悪いことではなかったと思います。私は普段，さんざん息子の子どもたちのお守りをしてあげているのですから。それに，何も映画を観にいくために息子との約束をキャンセルしたわけではないのですから。
　　セラピスト：すばらしいです。あなたは自分で自分の見方を変えることができたのですね。

　このやりとりによってセラピストは，今現在，より大きな苦痛をマー

リーンにもたらしている自動思考や問題に取り組むほうが，セッションの時間を有効に使えるだろうと判断した。

(3) ネガティブな感情の強度を評定する

次の場合，患者の感情はさほど強くないかもしれない。

> ● 患者がすでに自分の思考に適切に対応できている場合（上のマーリーンの例）
> ● 患者が認知的な回避を行っている場合
> ● 患者に感情的な苦痛が生じるのは，実際にそのような感情を喚起する場面にいるときに限られる場合

上の三つのうち，2番目と3番目に該当する患者の場合，セラピストは苦痛をもたらす場面があたかも今目の前で起きているかのようにイメージするよう患者に求めることで，感情を引き出すことができる。

一方，患者の感情があまりにも強烈であるがゆえに，患者が自分の思考を検討できない場合もある。このような場合，患者の中核信念そのものがセッション中に活性化されてしまっていることが多い。セラピストは，対象とする思考の主題を変えるか，リラクセーション法やゆったりとした呼吸法，あるいは注意そらし法などを用いるかして，患者の苦痛を緩和し，コントロール感を高める必要がある。そして，その後可能であれば，当初の自動思考に戻る。

2　標準的な質問を用いて自動思考を検討する

患者が自分の思考を修正できるよう援助するために，セラピストが通常用いる技法は，ソクラテス式質問法である。セラピストは，以下にあげる基本的な質問を用いたり，それらを応用したりすることによって，患者が自分の思考を検討できるよう手助けする。

> ▶「この思考が正しいとしたら，その根拠は何ですか。あるいはこ

の思考がもし正しくないとしたら，あるいは少なくともその一部が正しくないとしたら，その根拠は何ですか」
- ▶「この思考の代わりに，何か別の見方をすることはできますか。あるいは，この状況に対して，何か別のとらえ方をすることができますか」
- ▶「この状況において起こりうる最悪なこととは何でしょうか（仮にそのようなことが起きたら，あなたはどのように対処できるでしょうか）。この状況において起こりうる最も良いこととは何でしょうか。最も現実的な結果とは，どのようなものでしょうか」
- ▶「この自動思考を信じることに，どのような利益がありますか。もしこの思考を修正できたら，どのようなことが起こるでしょうか」
- ▶「もし他の誰か（友人や家族）がこれと同じ状況でこれと同じ思考を抱いているとしたら，あなたはその人に対して，何と言ってあげられますか」
- ▶「あなたは今この状況に対し，どんなことができるでしょうか」

　以上の質問については，別書（『認知療法実践ガイド・基礎から応用まで』[14]）で詳しく解説しているのでそちらを参照されたい。また「非機能的思考記録表」[17]の下部にも記載されている。ただしこれらの質問のすべてをある自動思考に対して適用できるわけではない，ということを覚えておいていただきたい。たとえばクリスティという患者は，「私は起き上がりたくもないし，新たな一日を始めたくもない」という思考を抱いていた。この思考は彼女にとっては間違いなく「正しい」ものであったので，セラピストは上述の質問のうち最初の三つについてはあえてクリスティに尋ねなかった。

3　さらなる質問やテクニックを用いる

　セラピストは，患者がより機能的な視点をもてるよう手助けするために，上記の質問以外にも，さまざまな質問やテクニックを用いたほうが

よい場合もある。たとえばルーシーという患者は，自分の属する教会での「独身者の集い」という催し物に出かけていくことに対し，多大な不安を感じていた。そのとき彼女が抱いていた自動思考は，「もし知っている人が誰もいなかったらどうしよう」「自分が何を話したらよいか，わからなくなってしまったらどうしよう」「話しているときに，自分が赤面したりどもったりしてしまったらどうしよう」「私の話が『ばかばかしい』と思われてしまったらどうしよう」といったものであった。セラピストはまず，標準的なソクラテス式質問を用いて，ルーシーがこれらの自動思考に対応できるよう手助けした。その結果ルーシーは，これらの自動思考が極端であるがゆえに自分が過度に不安を抱いていることを理解し，また，何を話したらよいのかということについても実は自分ではわかっており，自分がただ緊張しているだけだということも認識できるようになった。そしてこれらについての彼女の不安も和らいだ。しかし彼女には次に，「私が自分のことを話したら，相手は私をうぬぼれていると思うだろう」という自動思考が生じてしまった。そのような自動思考に対し，セラピストはたとえば以下にあげるような標準的な質問を使い，ルーシーが新たな自動思考を検討し，それに対応できるよう手助けすることもできるだろう。

> ▶「他の人たちがあなたをうぬぼれていると思ったとして，あなたはそれをどのようにして知ることができるのですか。あなたは過去に，そのような経験を何度もしているのでしょうか。これまであなたは，人びとが集まる場にいるときは，うぬぼれるどころか，ほとんどしゃべらずに過ごしていたのではないですか」
> ▶「他の人たちはあなたのことを，うぬぼれていると思うのではなく，むしろ魅力的で楽しい人だと思う可能性はありませんか」
> ▶「あなたは，『運命の先読み』という歪曲された認知を抱いているのではないですか」
> ▶「仮にみんながあなたのことをうぬぼれていると思ったとしたら，その状況において起こりうる最悪のこととは何でしょうか。逆に，何かとても良いことが起こるとしたら，それはどういうこ

> ▶ とでしょうか。現実的にはどのようなことになりそうですか」
> ▶ 「みんなが自分をうぬぼれていると思うだろうと信じることに，どのような利益がありますか。またそのように信じることの不利益は何でしょうか」
> ▶ 「お友だちのダフネが同じ状況にいて，『自分はうぬぼれていると思われるだろう』と考えているとしたら，あなたは彼女に何と言ってあげられますか」
> ▶ 「実際あなたはその状況に対し，どんなことができるでしょうか」

セラピストは他にもさまざまなやり方を使って，ルーシーの自動思考を検討することができる。たとえば，より説得的な口調で質問を重ねていくというやり方がある。

セラピスト：その催し物に参加するのは，すべて独身の人なんですよね。みんな，新たな出会いを求めて，それに参加するのですね。

ルーシー：ええ，そうです。

セラピスト：ということは，参加者は，誰かに意地悪をしたり，誰かを見下したり，あるいは誰かを不快にさせるためにそこにいるのではないのですね。

ルーシー：（しばらく考える）ええ，そういうわけではないと思います。

セラピスト：それともあなたの教会には，そういう意地悪な人がたくさんいるのですか。

ルーシー：いいえ，そんなことはありません。教会とは基本的に人びとを受け入れようとする場所ですから。

セラピスト：その催し物には，あなたのような恥かしがり屋さんが他にも参加すると思いますか。

ルーシー：たぶん。

セラピスト：では，もしあなたがその恥かしがり屋さんに近づき，会話を始めるとしたら，どうなんでしょう。その人はあなたをうっとうしいと思うのでしょうか。それともあなたに興味をもってもらえたことを喜

ぶでしょうか。
ルーシー：そうですね，喜ぶかもしれません。

　セラピストは，ルーシーの自動思考に代わる別の見方を提示することもできる。

　　「あなたは『自分のことを話したら，相手は私をうぬぼれていると思うだろう』と予測しているのですね。（一呼吸おく）でもルーシー，それとは正反対のことが起きる可能性だってあるのではないですか。あなたはそこで一人の男性と出会ったとします。あなたは彼にいくつか質問し，彼に興味をもっていることを示します。相手の男性はあまり会話が得意ではなく，あなたの質問に答えるのが精一杯だとしましょう。あなたは彼との会話を進めるために，今度はあなた自身のことを話します。たとえば，その教会に入ってどれぐらい経つかとか，その教会のどこを気に入っているかとか，自分がどこで働いているかとか，そういったことをです。（一呼吸おく）相手はそんなあなたをうぬぼれていると思うでしょうか。むしろあなたが会話を続けてくれたことに感謝するのではないですか。その男性が恥かしがり屋だったら，なおさらそうでしょうね。（一呼吸おく）ルーシー，あなたはどう思いますか」

　あるいはセラピストは，あえて極端なやり方を用いて患者の思考の歪曲を指摘することもできる。

　　「ということは，あなたは自分がいかにすばらしいかという会話をして，そのことで相手を圧倒したり支配したりしたくない，ということですね。でも，ルーシー，そのようなことが本当に起きると思いますか。率直に言って，あなたに別の人格を移植するとかそういうことでもしなければ，あなたの話を聞いて自己愛的であるとか自慢をしているとか，そういった印象を受けることはないと思いますよ。（一呼吸おく）あなたはどう思いますか」

セラピストは自己開示をしてもよいだろう。

「確かに私自身，誰かと話をするとき，自分ばかりが話さなくてはならないとしたら，あまりいい気持ちはしませんね。たとえ相手が私に興味を抱き，いろいろ質問をしてくれたとしても，です。それではやはりバランスが悪いような気がします。相手にも自発的に話をしてもらいたいし，私が何かを尋ねたら，それなりに答えてほしいと思うでしょう。かといって，相手が会話をすべて独占するのも好みませんが。（一呼吸おく）あなたはどう思いますか」

セラピストは図を描いて，ルーシーの自動思考を検討することもできる。

自分のことについて全く話さない	（その中間）	会話を完全に独占する

セラピスト：相手がこの図の両端のどちらかにいる場合，誰でもあまりいい気持ちはしないのでしょう。ということは，この図の中間部分を目指すのがよいということになりますね。

セラピストは体験的な手法を用いて患者の思考に取り組むこともできる。たとえばロールプレイをすることにして，相手の男性役をルーシーに演じてもらい，セラピストがルーシー役を演じる。そしてロールプレイを通じてルーシーに，自分の反応を，つまり相手の男性の反応を確かめてもらうのである。1回目のロールプレイでは，ルーシー役のセラピストは口数が少なく，自発的に自分のことを話したりしない。小さな声で相手に2, 3質問するだけで，相手と目を合わせようともしない。2回目のロールプレイでは，セラピストはもう少し社交的にふるまう。これらのロールプレイを終えたあと，2回目のロールプレイのほうが双方ともにいかに快適であったかを確認するのである。

セラピストはイメージワークを実施することもできる（イメージワークについては本章で後述する）。教会の催し物でどんなことが起きそうか，それをルーシーにイメージしてもらい，その後，それをより現実的なイメージにおきかえるのである。
　あるいはセラピストは，より直接的に，すなわち自分の考えをよりポジティブかつ支持的に表明することもできる。

　　　「ルーシー，これは私の考えですけれども，教会に来て，あなたに話しかけてもらえる男性は，実にラッキーな人なのではないでしょうか。なぜならあなたは本当に魅力的な人なのですから」

　セラピストとルーシーは，ホームワークとして行動実験を設定することもできる。その場合，ほぼうまくいくであろうと思われる課題にするとよいだろう。たとえば，教会での催し物が始まる前に，ルーシーは治療の記録を読む（記録には，セッションで導き出された新たな考えと，それに基づく行動的なプランが記載されている）。催し物が始まったら，ルーシーは，「うぬぼれていると思われるのではないか」という考えを検証するために，二人の男性に話しかけてみる。催し物が終わったら，ルーシーは，セッション中にセラピストと一緒に作成した指針に沿って（例：相手の声の調子，表情，ボディランゲージを基準に，相手の反応がポジティブだったのか，ネガティブだったのか，それともその中間だったのかを判断する），自分の自動思考がどれぐらい正しいかどうかを検討する。ルーシーは行動実験がうまくいかなかった場合に備えて，その場合は他者に話しかける練習をセッション中にさらにすればよいということを，あらかじめ治療の記録に書いておく。また，ルーシーが行動実験を通じて何らかのネガティブな結論を導き出してしまったら，セラピストは次のセッションでその結論を評価し，行動実験の際に中核信念が活性化されていたかどうかを確認する。

Ⅱ 自動思考を修正するにあたっての困難

自動思考を修正できるよう患者を手助けしていく際に,次の二つの問題がよく生じる。一つは,患者が自身の思考の歪曲を認めない,もう一つは,自動思考を検討し別の反応を生み出してもなおネガティブな感情が軽減されない,という問題である。これらについて,以下に解説する。

1 患者が思考の歪曲を認めない場合

患者が自分の思考の歪曲を認めない場合,セラピストにとって重要なのは,患者の思考は歪曲されておらず,完全に正確である可能性があることを検討することである。そして,認知療法の目的は思考の妥当性と有用性を患者自身が検討できるようになることである,ということを再認識することである。認知的歪曲のリストを具体例も交えて提示することが役に立つ場合もある[14]。その場合,自分の思考がリストの中のどれに該当するか,患者に尋ねてみるとよい。セラピストはまた,過去に生じた自動思考が実は正確ではなかったというエピソードを患者に想起してもらうこともできる(例:心配事がそのとおりにならなかったという体験は,誰にでもあるだろう)。

はっきりとした反証があるのにもかかわらず患者が自動思考の妥当性を信じて疑わない場合,その自動思考は中核信念であるかもしれない。たとえばヒューという患者は,朝,ベッドの中で,「自分は負け犬だ」という自動思考を抱くことがたびたびあった。この思考は状況特異的なものではなかった(状況特異的な自動思考は,たとえば「私は今失業中だ。だから自分は負け犬だ」といった形で生じる)。ヒューの「自分は負け犬だ」という自動思考は,あらゆる場面で生じていたのである。したがってこの自動思考は,単なる自動思考ではなく,より強固で一般化された認知,すなわち中核信念であると言える。自動思考がそのまま中核信念でもある場合,より強力な介入を行ってその修正を図る必要がある。ヒューのこの自動思考が中核信念でもあると同定したセラピストは,信念を修正するよりも,彼がこの信念に対してうまく対処できるよう手

助けした。

> セラピスト：「自分は負け犬だ」というあなたの思考は，相当強力なようですね。おそらくこの思考は単なる自動思考ではなく，もっと根強い信念なのでしょう。そしてこのような信念のせいで，あなたは自分をとてもみじめに感じているのではないでしょうか。（一呼吸おく）次にこのような考えが浮かんだら，こんなふうに自分に言ってみたらどうでしょうか。「確かに私は自分を負け犬のように感じている。でも私は今，うつ病なのだ。だからこんなふうに感じてしまうのであって，実際は負け犬でないかもしれない可能性だってある。いずれにせよ治療を続ければ，今よりも生活しやすくなっていくだろう」。（一呼吸おく）ヒュー，あなたはどう思いますか。
>
> ヒュー：それだったらできそうです。
>
> セラピスト：では今私が申し上げたことを，あなた自身にぴったりくる言葉を使って，カードに書き留めておきましょう。

2 自動思考を検討し別の反応を生み出してもなお，ネガティブな感情が軽減されない場合

　自動思考を検討し別の反応を生み出してもなお，患者のネガティブな感情が軽減されない場合，そもそも扱っている自動思考が苦痛をもたらす重要な思考でない可能性がある。苦痛をもたらす重要な自動思考を同定できていなければ，すなわち的外れな自動思考を同定し検討しても，患者のネガティブな感情はさほど軽減されないだろう。たとえばアンという患者は，保育所の助手の仕事に応募したのだが，採用面接に行くのが不安でたまらないとセラピストに訴えた。セラピストとアンが最初に扱った自動思考は，「面接官は私の落ち込みや不安を見抜いて，私を採用してくれないだろう」というものであった。二人はこの自動思考の根拠や反証を検討し，さらにロールプレイを行って面接の練習をした。しかしアンの苦痛はほとんど軽減されなかった。そこで再度アンの自動思考を検討したところ，これとは別の自動思考が彼女の苦痛により強く結

びついていることが明らかになった。それは，「たとえ私がこの仕事に採用されたとしても，私は仕事をちゃんとこなすことができないだろう。きっと私は職場で混乱し，何か間違ったことをしでかすにちがいない。万が一，子どもたちにけがでもさせてしまったらどうしよう」というものであった。アンはまた，自分が世話をしている子どもがブランコから落ち，頭から血を流している場面をイメージしていた。つまりアンにおいては，採用面接に対する不安よりも，採用されたあとで起こりうる場面に対する不安のほうが強かったのである。

患者が知的レベルでは自動思考を修正できても，感情レベルではそれを実感できない場合，患者の気分は改善されにくい。セラピストは自動思考に対する確信度を患者に尋ねる際，知的レベルと感情レベルの両方を検討するとよいだろう。知的レベルと感情レベルにおける確信度が異なる患者の場合，「はい……，でも……」といった形式の回答をすることがある（例：「はい，仕事に戻っても大丈夫だということは，私も頭ではわかっているんです。でも，心からそうは思えないんです」「ええ，私もそれほどひどい母親ではないということですね。それはわかっているのですが，どこかでやっぱりそう感じてしまうんです」）。このような場合，知的側面と感情的側面との間で対話をしてみるよう患者に求めることが役に立つかもしれない。

セラピスト：では，あなたは今も自分が悪い母親であると思ってしまうのですね。具体的にはどんなふうに感じてしまうのでしょうか。
患者：私はもっと子どもたちと一緒に過ごすべきなんです。
セラピスト：頭ではどう考えていらっしゃるのですか。
患者：私はできる限りのことをしています。私はシングルマザーですし，支払わなければならない請求書の山もあります。ストレスがいっぱいある生活を何とか送っているんです。
セラピスト：心ではどう感じてしまうのでしょうか。
患者：何かもっとできることがあるんじゃないか，と思ってしまうんです。
セラピスト：それについて，頭ではどう考えますか。

患者：よくわかりません。
セラピスト：あなたは以前，こうおっしゃっていました。「母親としてするべきことはやっている。確かに完璧ではないかもしれないけれど，完璧な母親なんてどこにもいないんだ。私の姉だって母親としてやっていることは私と同じだ」って。もう一度このように考えてみる必要があるのではないですか。（一呼吸おく）今，あなたの心はどのように感じていますか。
患者：（しばらく考える）さあ，どうなんでしょうか。でも，そう思ってもいいような気がしてきました。

Ⅲ 自動思考を修正することに対する非機能的な信念

これまで述べてきたように，困難な問題を抱える患者は，目標を設定すること，問題に焦点を当てること，そして自分の認知を同定することに対して非機能的な認知を抱くことがあるが，それと同様の非機能的な思い込みを，自動思考を修正することに対しても抱くことがしばしばある。たとえば患者の中には，問題解決を試みたり自分が回復したりすることに対して何らかの思い込みを抱き，その結果不安を感じる人がいるだろう（例：「思考を修正すれば気分は良くなるかもしれないが，その結果，何か別の問題が生じるのではないだろうか」）。また，自分の思考が実は正しかったのだということを明確化されることについて不安を感じる患者もいるかもしれない。あるいは，自分の思考が全く正しくないことを，少なくとも完全には正しくないことを明確化されることに対して，何らかの意味づけをしている患者もいるだろう（例：「私の思考が誤っているとしたら，それは私がだめな人間である，もしくは欠陥のある人間であるということを意味する」）。

認知の修正を図る際，認知と感情が同時に活性化されている必要がある。したがって患者が認知的回避を行っている場合，自動思考への対処法を習得してもらうことは難しいだろう。この場合セラピストは，これ

までの章で述べてきたように,患者の感情を喚起して,認知的な回避を起こさせないようにする必要がある。

他に,治療同盟における何らかの問題が要因となって,患者が自動思考を検討することを拒否する場合もある(例:「セラピストの手助けを通じて,私の自動思考が誤っていることが明らかになってしまったら,それはセラピストが優れていて,私は劣っているということを意味する」「セラピストは人間としての私の価値をおとしめたいから,私の自動思考に対してあれこれ質問してくるのだろう」)。

たとえばセラピストはゴードンという患者に対し,ネガティブな思考を彼自身が検討できるようソクラテス式質問を行ったところ,ゴードンがイライラし始めたのに気づいた。このとき焦点を当てていたのは,「下宿の同居人たちは,僕を見下しているにちがいない」というネガティブな自動思考であった。

> セラピスト:ゴードン,この自動思考に焦点を当てることは,どうやらあなたの役に立っていないようですね。
> ゴードン:ええ,全然役に立っていません。
> セラピスト:この話し合いのどの点が良くないか,教えていただけますか。
> ゴードン:(しばらく考える)だって先生は僕の考えが間違っていると考えているのでしょう。
> セラピスト:そういう印象を与えてしまったのであれば謝ります。申し訳ありません。そういうことでしたら,あなたが同居人たちに対してどのようにふるまえばいいのか,そしてあなたが彼らの反応など気にも留めていないことをどのように示せばいいのか,まずはこれらのことについて検討するほうがよいのでしょうか。
> ゴードン:ええ,そう思います。

そこでセラピストとゴードンはまず,それらの問題に対する解決策について話し合った。そしてその後セラピストは,ゴードンの認知を再構成することについて再び話し合おうとした。

第11章　自動思考とそれに伴うイメージを修正するにあたっての困難　405

セラピスト：ゴードン，ちょっと尋ねてもいいですか。あなたの自動思考の中には，100パーセンそのとおりだ，というものもあるということは，以前一緒に確認しましたね。しかしあなたの抑うつ症状はいまだに続いています。ということは，あなたの自動思考の中には，もしかしたらそのとおりではないものも含まれているのではないでしょうか。それは全面的に間違っているとかそういうことではなく，自動思考の一部が誤っているという程度かもしれません。（一呼吸おく）たとえば，「自分は自宅できちんと過ごせていない」という自動思考は，完全にはそのとおりでないということを，私たちはすでに確認しましたね。というのもあなたは実際，抑うつ症状があるにもかかわらず，郵便物を開封し，食事の支度をし，食器を洗うということができています。そうですよね。

ゴードン：（警戒するように）はい，確かに。

セラピスト：思っているより自分がちゃんとできているということに気づくと，そのぶん気分は良くなりますか。

ゴードン：はい。

セラピスト：でも一方，自分の考えが完全にはそのとおりではないということに気づくのは，あなたにとって不快なことでもあるのですね。

ゴードン：（考える）はい。（しばらく黙ってから）父はとてもひねくれた人で，僕のことをけなしてばかりいました。僕はしょっちゅう「おまえは間違っている」と父に言われていました。僕が何か言うと，父はいつもその反対のことを言うんです。たとえば僕が「今日は出かけるにはちょうどいい天気だね」と言うと，父は「いや，おまえは間違っている。今日は出かけるには暑すぎる」と言うんです。僕がフットボールの試合について，「イーグルスが勝つんじゃないかな」と言うと，父は「いや，イーグルスなんてつまらないチームさ」と言うんです。一事が万事，そんな感じでした。

セラピスト：結局お父さんの言うことが正しいということになってしまう？

ゴードン：ええ，そうでした。

セラピスト：なるほど，そうだったんですね。大事なことを話してくださり，ありがとうございます。となると，問題はこういうことになりますね。私があなたのおっしゃることすべてに対し全面的に同意してしまうと，私はあなたの手助けができなくなってしまうでしょう。なぜならあなたは，「自分は失敗者だ」「自分の何もかもちゃんとできない」と考えて抑うつ状態に陥っているのですから。それを私が，「そのとおり，あなたは失敗者です」と同意してしまったら，あなたはいつまでも回復できないことになってしまいます。

ゴードン：（うなずく）

セラピスト：そうかといって，あなたのネガティブな思考が本当にそのとおりかどうか検討するよう，私が手助けしようとしても，あなたは不快に感じてしまうわけです。そのような話し合いをすると，「あなたは間違っている」と私に言われているように受け止めてしまうのでしょう。実際，ある意味では，私はあなたの思考の誤りを指摘しようとしているのですから。

ゴードン：そういうことになりますね。

セラピスト：いいでしょう。私には，この問題に対してできることが二つあるように思われます。そのことをお話ししてもいいですか。そして私の提案が使えそうかどうか，あなたのお考えを話していただきたいのです。もちろん別の案があったら，それも教えてください。

ゴードン：わかりました，いいですよ。

セラピスト：一つ目の案は，自動思考を検討するための質問リストをあなたにお渡しし，何か自動思考が生じたときにあなた自身が自分に質問するのです。つまり私ではなくあなた自身が自らの思考を検討する主役となれば，今ほど不快に感じなくてすむのではないでしょうか。

ゴードン：（ゆっくりと答える）なるほど。

セラピスト：二つ目の案は，自分にネガティブな思考が生じたことに気づいたとき，あなたは自分にこう言ってみるのです。「この思考は完全にはそのとおりでないかもしれない。なぜならこの思考は，自分の記憶に残っている父親の声でもあるからだ。この声が，僕を不快にさせるの

だ」と。（一呼吸おく）たとえばあなたは「この下宿の人たちはみな，僕といっさい関わりたくないと思っているだろう」と考えていますが，この思考だって，お父さんがあなたをけなす声の一環である可能性があるのではありませんか。とすると，この思考も完全にはそのとおりでない，という可能性もあるのではないでしょうか。

ゴードン：（しばらく考える）僕は……僕にはよくわかりません。

セラピスト：以前あなたは，たとえばこんなエピソードを教えてくれましたね。あなたが領収書を溜め込んでいるのを見つけたとき，お父さんはあなたに対して「おまえはなんてだめな人間なんだ！」と言ったのでしたね。またあなたが乗っていた車のタイヤが運悪くパンクしたとき，お父さんはこっぴどくあなたを非難したのでしたよね。

ゴードン：確かにそうです。そんなことがよくありました。

セラピスト：では，ここまでの話をちょっとまとめてみましょう。あなたのネガティブな自動思考の中には，確かにそのとおりであるものもあるかもしれません。その場合，私たちは何らかの問題解決を試みることができます。一方，実際にはそのとおりではない自動思考が見つかる場合もあるかもしれません。そのときあなたに思い出していただきたいのは，そのような思考は，お父さんがあなたをけなしているのと同じようなものだということです。その場合，その自動思考が正しくないことが明らかになったほうが，あなたにとっても良いことなのではないでしょうか。

ゴードン：確かにそうですね。ええ，そう思います。

　セッションにおいて患者が歪曲した思考を自己修正できるようになったとしても，それだけでは十分ではない。セラピストは，患者がセッション後もずっと，新たに獲得した視点をもち続けることができるよう，手助けする必要がある。そのためには，覚えておく必要があることや，実施する必要があることをカードや治療の記録に書き留めてもらったり，テープに録音してもらったりし，それらをセッション後におさらいするよう患者に求めることが重要である。

Ⅳ セッションとセッションの間，すなわち日常生活において自動思考を修正するにあたっての困難

セッションとセッションの間，すなわち日常生活において自動思考を修正するにあたって困難が生じるのは，その作業をするにあたって何らかの現実的な問題がある場合，あるいは認知を修正することに対して患者が何らかの非機能的な認知を抱いている場合であろう。

1 何らかの現実的な問題がある場合
(1) 患者のネガティブな感情が強すぎる場合

これまでにも述べてきたとおり，患者のネガティブな感情があまりにも強い場合，思考を検討したりそれに対応したりすることができなくなってしまうかもしれない。このような場合，注意を転換したり，リラクセーション法を実施したり，何か生産的な行動を起こしたり，誰かと話をしたりすることによって，ある程度感情が落ち着いてから，再度，思考に焦点を当てることにするほうがよいだろう。

患者のネガティブな感情があまりにも強いときは，「非機能的思考記録表」[17]といったツールを使って思考の妥当性を検討することも難しいかもしれない。治療の初期段階で，患者の精神的な苦痛が非常に強い場合は特にそうであろう。このようなときは，そのようなツールを使うよりも，頻繁に生じる自動思考に対してどのように反応したらよいかをセッション中にカードに書いておき，それを読んでもらうことにするほうが，ずっとやりやすい。

(2) 標準的なツールが適用できない場合

患者の中には「非機能的思考記録表」といった標準的なワークシートがあまりにも複雑すぎて使いこなせない人もいる。このような患者には，標準的な質問のリストだけを提示するか，その患者に有効であろうとセラピストが判断した質問を一つか二つだけ問いかけてみるとよいかもしれない。たとえばキャンディスという全般性不安障害と強迫性障害を有

する患者は，悲惨な結果を予測しては脅えてばかりいた。キャンディスにとっては，「この状況において起こりうる最も良いこととは何だろうか。最も現実的な結果とは，どのようなものだろうか」という質問が合っており，彼女はこれを自問することで不安を和らげることができるようになった。ハワードにとって最も役に立ったのは，「この思考が完全には正しくないという可能性があるのではないだろうか」という質問であった。ジェイムズは，「もし自分の弟が同じ状況でこのような思考を抱いているとしたら，自分は彼に何と言ってあげられるか」と自問することによって，ネガティブな自動思考に対して適応的に反応することができるようになった。ドローリスは，「この自動思考に対して，セラピストだったらどんなふうに考えるだろうか」という自問すると，気分が改善されることが多かった。

　患者の思考が強迫的な傾向を示す場合も，標準的なツールの適用が問題になるときがある。この場合，「非機能的思考記録表」といったツールを用いて思考の修正を試みる代わりに，自らの思考を「強迫的である」とみなし，目の前のやるべきことを実行するほうがよいだろう。たとえばデナは，日常的でさほど重要でないこと，たとえば何を着るか，何を食べるか，誰と会うか，何を買うかといったことを決めるときにはいつも，「この決断が間違いだったらどうしよう」という強迫的な思考に悩まされていた。デナの場合，このような思考に対する適応的な対応を検討するよりは，この手の思考が生じた場合，常に次のように自分に言い聞かせるほうが役に立った。「これは単なる強迫的な思考だ。このことにこだわる必要はない。このような考えが浮かぶと，私はつい，『生きるか死ぬか』の大決断をするような気になってしまうが，実際はそうでないのだ。もっと現実的な視点から判断しよう。『どうすれば自分にとって一番やりやすいか』といった視点から決めればよいのだ」。

(3) 患者があまりにも高い期待を抱いている場合
　患者の中には，「ネガティブな感情を完全に解消したい」というあまりにも高い期待を抱き，その結果，日常生活において自動思考に対して

それなりに良好に反応できているにもかかわらず，そのことを認識できない人がいる。実際はたとえ10パーセントであれ苦痛を軽減することができたら，自動思考に対して上手に対応できたとみなし，その対応を価値あるものととらえるほうがよい（もちろん実際には，ネガティブな感情の強度は10パーセントどころかそれよりもっと大きく軽減されることは多々ある）。ただし，信念との関連性が高い自動思考を修正するには，それなりに時間をかけて取り組む必要があり，セラピストはこの点を患者に理解してもらう必要がある。

> セラピスト：ジョー，私はいまだにあなたが「私はちゃんとやれていない」と思い続けていることについては，あまり心配していません。というのも，あなたはこれまでずっとこのように自分に言い続けてきたのですから。たとえばこの1年間，毎日何回ぐらい，あなたにはこのような自動思考が浮かんだのでしょうか。
> ジョー：それはもう何回もです。
> セラピスト：おそらく一日につき数十回は浮かんだのではないでしょうか。ということは，この考えを修正するにはもうしばらく時間をかける必要がありそうですね。「実際には私はまあまあよくやれている」と心から思えるようになるには，もう少し練習が必要なのです。

2　自動思考の修正を妨げる思考

　患者がセッションとセッションの間，すなわち日常生活において自動思考を修正したりそれに対応したりしようとする際，非機能的な思考に妨害される場合がある。これらの非機能的な思考については，第9章でホームワークについて述べた際，詳述した。次に示すやりとりでは，セラピストは自動思考の修正を妨げる患者の思考を引き出し，患者自身がそれに対応できるよう手助けしている。

> セラピスト：では，今週あなたに生じたネガティブな思考について振り返ってみましょう。そのような自動思考が頭に浮かんだとき，あなたはそ

第11章 自動思考とそれに伴うイメージを修正するにあたっての困難　411

れらの考えに対応してみようとしましたか。

患者：ええ，でも実際にはとても大変そうな気がしてしまって，あまり気が進みませんでした。そのときはとにかく寝てしまいたかったんです。ひと晩寝て，朝起きたときに気分が良くなっていればいいと思いました。

セラピスト：実際にそのようにうまくいきましたか。すぐに眠りに落ち，朝起きたときに気分は良くなっていたのでしょうか。

患者：いいえ，いやな気分は続いていました。

セラピスト：その晩のことを振り返ってみましょう。もしそのとき治療の記録をおさらいして，ここで一緒に書き留めたメモを読み返していたら，そのときあなたの気分が改善された可能性はあるでしょうか。もしくは気分がさらに悪化してしまった可能性はあるでしょうか。

患者：さあ，どうなんでしょう。

セラピスト：治療の記録を今おもちですか。（もし患者が記録を持参していなければ，セラピストはコピーをとって，それを患者に手渡す）ではここに書いてあることを読み上げていただけますか。

患者がそれを読み上げたあと，セラピストは次のように尋ねた。

セラピスト：さて，もう一度考えてみてください。あの晩，この治療の記録を読み返すことができたら，そしてここに書いてあることをそのとおりだと思えたら，あなたの気分は改善されたでしょうか。それとも悪化したでしょうか。あるいは気分は全く変わらなかったでしょうか。

患者：たぶん改善されたか，変わらなかったかのどちらかでしょう。少なくとも悪くはならなかったと思います。

セラピスト：では次のセッションが来るまでの間に同じようなことがあったとき，あなたがこの記録を読み返すためにどうしたらよいか，そのことについて話し合ってもいいですか。

患者：ええ，いいですよ。

セラピスト：ではちょっと想像してみてください。今日の夜です。あなたは

夕食をすませました。そのときあなたは治療の記録を読み返すことになっています。どんなことが頭に浮かびますか。

　以下に示すのは，患者が日常生活において自動思考に対応しようとする際に，その妨げとなる思考の例である。セラピストは，患者がこれらの思考を検討し，適応的な思考を考え出し（もちろん個々の患者によってどのような思考が適応的かは異なる），それを治療の記録に書き留めるよう手助けする。

●妨げとなる思考：こんなことを一生懸命にやる必要などない。
○適応的思考：確かにこんなことをやらずにすめば，それに越したことはない。でも，今これをしないでいると，結局は身動きがとれないままになってしまう。たぶん私はこれらの課題（治療の記録を読み返す，もしくは「非機能的思考記録表」に記入する）があまりにも大変であると，大げさに考えすぎているのだろう。とりあえず，数分間であれば，我慢してやってみることができるのではないだろうか。

●妨げとなる思考：セラピストが私を治すべきだ。
○適応的思考：私を治すのはセラピストではなく私自身であることは，私だって本当はわかっている。自分自身がこれに取り組んでいかない限り，私は回復することはできないのだ。

●妨げとなる思考：私はあまりに無力で無能だから，自分の気分に影響を与えることなんてできるはずがない。
○適応的思考：私だってこれまで，自分の気分に影響を与えることができたときもある。いずれにせよ気分に影響を与えることが私にできるかどうかは，試してみなければわからないのだ。試してみることで起こりうる最悪のことは，気分が全く変わらないということだろう。このぐらいの危険なら，冒してみてもよいのではないだろうか。

V　自動的に生じるイメージを修正するための標準的な戦略とその応用

　前章で述べたとおり，患者に生じるイメージは，次の三つのタイプに分けられる。それは，自動思考と同レベルのイメージ，比喩的なイメージ，記憶の形をとったイメージである。セラピストは，文献14)で紹介されたさまざまなイメージ技法を用いて，患者がイメージやイメージのもつ意味を修正できるよう手助けすることができる。そのいくつかについて以下に紹介する。

1　自動思考と同レベルのイメージ

　自動思考と同レベルのイメージは，標準的なソクラテス式質問法を用いて，その妥当性を検証することができる。その際患者はイメージを変化させることもできるし，安全な結末に至るまでイメージし続けることもできる。あるいは，たとえ何らかの不幸が降りかかっても，自分がそれに対処できることをイメージすることで，安堵感を得ることもできる。

(1) イメージを変化させる

　前に紹介したランディという患者は，自分が解雇されるのではないかという思考やイメージを抱き，強い不安を抱いていた。セラピストがそのような思考の妥当性を検証できるようランディを手助けした結果，彼は，仕事の締め切りに間に合わなかったことがこれまでに何度かあったものの，概してまあまあの実績を自分が上げてきたことを認められるようになり，彼の苦痛はいくぶん緩和された。さらにセラピストがランディのイメージ変化を試みたところ，彼の不安は大幅に軽減された。ランディははじめ，自分が上司の部屋に呼び出され，「君の働きは十分とは言えないね。さあ，ここから出て行きたまえ。二度と戻ってくるな」と宣告される場面をイメージしていた。しかしランディはセラピストの手助けにより，より現実的な場面，すなわち上司がランディと一緒に彼の業績を評価し，ポジティブな側面を評価するとともに改善点を指摘して

いる場面をイメージできるようになった。

(2) 安全な結末に至るまでイメージし続ける

　ジャスティンは，自分が混み合った通りを歩いているときにパニック発作を起こし失神してしまうという場面を自然とイメージしてしまい，強い不安を感じていた。セラピストは，自分が安全な場所にたどり着くまでの場面をイメージし続けるよう，ジャスティンに対して質問を重ねていった。

　　セラピスト：ではまず，ご自分が道端に倒れてしまったという場面をイメージしていただけますか。（一呼吸おく）次に何が起きるのでしょう。
　　ジャスティン：さあ，よくわかりません。
　　セラピスト：誰か，あなたを助けてくれる人がいると思いますか。
　　ジャスティン：（うなずく）
　　セラピスト：それは男性ですか，それとも女性ですか。
　　ジャスティン：たぶん女性でしょう。
　　セラピスト：では，通りすがりのある女性があなたを助けてくれるとします。あなたのそばにしゃがみこんでいる彼女の姿を想像できますか。彼女は何と言うでしょうか。
　　ジャスティン：そうですね，「大丈夫ですか。何か私にできることはありますか」。
　　セラピスト：そして，あなたは何と言うのでしょうか。
　　ジャスティン：さあ，わかりません。
　　セラピスト：たとえば，こんなふうにイメージできますか。あなたは起き上がり，彼女に向かってこう言うのです。「たぶん大丈夫だと思います。でももしできれば，どこか座って休める場所を探していただけないでしょうか」。
　　ジャスティン：なるほど，それならよさそうです。
　　セラピスト：ではあなたはそのとき，どのような場所を探してもらいたいのでしょうか。

第11章　自動思考とそれに伴うイメージを修正するにあたっての困難　415

　　ジャスティン：人が多すぎない場所です。（しばらく考える）オフィスビルのロビーとか。
　　セラピスト：ではイメージしてください。その女性はあなたが起き上がるのを手助けしてくれます。そしてあなたの手を引いて，とあるオフィスビルのロビーまで連れて行ってくれます。次にどうなるでしょうか。

　セラピストはこのようにして，ジャスティンが落ち着いた気持ちに至るまで彼にイメージをし続けてもらう（例：ジャスティンはこのあと，オフィスビルに入り，ロビーの椅子に腰かける自分をイメージする。彼を助けてくれた女性はとても気が利いており，コップ1杯の水をもってきてくれる。その後，ジャスティンは車で自宅に戻り，リビングルームに入る。そしてテレビでニュース番組を観る。彼は，その頃までには，自分の不安がほぼ完全に解消されていることをイメージする）。

(3) 起きてしまったことに対処している場面をイメージする

　ブライアンは，彼の母親が危篤状態に陥ったとき，母親が亡くなりそのベッドのかたわらで一人ぼっちでたたずんでいる自分の姿をイメージして，ひどく落ち込んでしまった。セラピストは，より現実的な場面をイメージするよう彼を手助けした。ブライアンはまず，家族が病室に入ってきて口々に自分を慰めてくれる場面をイメージした。また，次に何をしたらよいか，自分が看護師に尋ねている場面をイメージした。さらに，最近父親を亡くしたばかりの親友に電話をし，葬儀について相談したり，他に何をしたらよいのかを尋ねている場面をイメージした。次にセラピストは，一気に時間を早回しして，葬儀の場面をイメージするようブライアンに求めた。葬儀の間，何が起こり，自分が何を考え，何を感じるか，詳細に語るよう彼に教示したのである。ブライアンは，葬儀で自分が大変つらい思いをするであろうことを実感し，しかし同時に，自分がそれをやり通すことができるであろうということも理解した。セラピストはさらに時間を早回しして，それから半年後の自分を思い浮かべるようブライアンに求めた。彼は，いつもどおりの生活を送っている

自分をイメージした。依然として悲しみはあるものの，以前ほど強烈なものではなくなっていた。このように，母親の死というかなりの痛みを伴う体験に対処している自分の姿をイメージすることで，彼は当初の崩れ落ちそうな気持ちから抜け出すことができた。

2　比喩的なイメージ

　セラピストは，患者が比喩的な表現を用いたとき，同時に何かイメージが生じているかどうかを尋ね，生じている場合は，そのイメージを修正するよう手助けするとよい。たとえばミッチェルは，絶望感を抱くと，それと同時に，レンガでできた高くて危険な障壁に向かって突進し，跳ね返されている自分の姿をイメージしていた。セラピストは，この障壁にどう取り組めばよいかを彼に尋ねた（例：よじ登って乗り越える。穴を掘って下からくぐり抜ける。障壁を避けて回り道をする。障壁をぶち破り穴を開けてそこを通り抜ける）。ミッチェルは，障壁をぶち破るには大きなハンマーが必要だろうと答えた。そこでセラピストは，彼の言う「大きなハンマー」が何を意味しているのかをミッチェルと話し合った。セラピストとの対話を通じて，ミッチェルは，「大きなハンマー」とは，治療を通じて自分が身につけていくさまざまなスキルのことであると考えるようになった。この時点で彼は，まだほんの数回のセッションしか終えていなかった。したがってこのとき彼がもっているハンマーは，まだ子ども用の木製のものであり，今後，セッションを重ねてさまざまなスキルを身につけるたびに彼のもつハンマーは立派になっていくこと，そしていつかは大きなハンマーを手に入れて，目の前の障壁をぶち破ることができるようになることを彼自身理解した。そして自分が実際に障壁をぶち破って穴を開け，障壁を通り抜けている場面をイメージすることができたのである。その結果，絶望感は軽減し，安堵感が生じた。

　セラピストはまた，ネガティブな比喩的象徴をポジティブな方向へと広げていくためにイメージを用いることもできる。たとえばカーラはひどい苦痛を感じたとき，「まるで自分は溺れているみたいだ」と考える

ことが多かった。実際彼女はこう考えるとき，自分が深い湖の水面下に溺れていくイメージを抱いていた。そこでセラピストは，彼女をサポートしてくれる人びとがぎっしりと乗り込んだ救命ボートをイメージするようカーラに求めた。それらの人びとはどうやって泳げばよいかを彼女に教え，彼女を湖から救い出してくれるのである。比喩を使って信念を修正することについては，第13章でさらに詳しく解説する。

3　記憶を拡張する

　思い返すとストレスになるような記憶はしばしば，ある出来事の断片だけを含んでいるにすぎない場合がある。患者が自発的に想起できるのは，最も苦痛を感じた時点での出来事や自分の気持ちだけだったりする。つまり患者は，その出来事の直後に何が起きたか，そしてその出来事を何とかしのいだあと，自分の苦痛がいかに緩和されたかといったことについては，自発的に想起することが少ないのである。

　ケイという患者は，8歳の頃に学校で体験したある出来事の記憶に苦しめられていた。ある日の休み時間，ケイが校庭にいたとき，女の子たちのグループがケイの服装や話し方を嘲笑したのである。そのときケイはとてつもなく自分を恥かしく感じてしまった。ケイはその後，この出来事を何度も視覚的に思い出すことになるのだが，そのとき想起されるのは，まさに校庭で起きた断片的な出来事だけであった。つまりこの出来事のあと，実際に自分がどのようにこの経験を乗り越えたか，といったことは，自発的に想起されることがなかったのである。実際にはこの出来事のあと，ケイは教室に戻っていつもどおりに授業に集中し，学校が終わったあとには，やはりいつもどおりに家に帰ってテレビを観た。確かに後日，ケイを嘲笑した女の子たちは，ケイを無視するなどのいやがらせをした。しかし中学校に入り，ケイはそのグループにいた女の子の一人と一緒に学校新聞を作るという経験をし，そのことを通じて彼女と非常に親しくなったのである。それなのにケイの中では，8歳の頃の校庭での出来事だけがクローズアップされて記憶され，セラピストの問いかけによって思い出すまでは，その出来事の直後，もしくはそのずっ

とのちに生じたポジティブな出来事を自ら想起することができなかったのである。

テレサという患者は，セッション中，「夫が亡くなったら，私は生きていけない」という思いとそれに伴う不安について話していたとき，同時に，数年前のある記憶についてセラピストに報告した。それは彼女が初めて一人暮らしをした最初の晩で，彼女は，新しいアパートにたった一人で夜を過ごすことが，悲しく，そしてさみしくてたまらなかった。結局その晩，彼女は真夜中過ぎに実家に逃げ帰ってしまった。セラピストは，その晩のことだけでなく，当時の記憶を拡張して想起するようテレサを手助けした。その後テレサは友人のアパートに引越し，しばらく友人と同居していた。その友人はある時期，週末はアパートを留守にして別の場所で過ごすようになった。つまりテレサは一人アパートに取り残されたのである。彼女はそのことを快適に感じたわけではないが，しかし実際には何回もの週末の夜を，彼女はたった一人で過ごすことができていた。

Ⅵ 要　　約

患者はさまざまな理由により，セッション中に自動思考を修正するのが難しい場合がある。通常セラピストは，標準的なソクラテス式質問法を使って患者が自動思考を検討するよう手助けするが，それだけでは不十分な場合，多様な質問や技法を用いて自動思考の検討をうながす必要がある。また，検討の妨げとなるような信念を，患者が抱いているかどうかを確かめる必要がある。セラピストはさらに，患者がホームワークを通じて自動思考を修正する際に何か困難が生じているかどうかについても確認し，何らかの問題がある場合は，他の問題と同様に，問題を明確化し，改善を試みる必要がある。苦痛を伴うイメージが患者に生じている場合は，イメージ技法を用いて，患者がそのイメージに上手に対応できるよう手助けするとよいだろう。

第12章
思い込みを修正するにあたっての困難

　困難な問題を抱える患者の思い込みの中には，容易に修正できるものもある。特に状況特異的な思い込みは，修正が比較的容易である。このような思い込みは実際には自動思考レベルのものであり，その内容が予測的であることが多い。一方，媒介信念レベルの思い込みは，それに比べて修正が困難である。本章では後者，すなわち媒介信念レベルの思い込みに焦点を当てる。これらの思い込みは，自動思考レベルの思い込みに比べて，より全般的で根の深いものが多い。そして患者の対処戦略と密接に関連していたり，患者の中核信念の表れであったりすることが多い。本章ではまず，自動思考レベルの思い込みと媒介信念レベルの思い込みとの違いについて解説する。次に，媒介信念レベルの思い込みを修正するための標準的な戦略とその応用について解説し，さらに思い込みを修正するにあたって妨げとなる非機能的な信念について解説する。最後に，治療の妨げとなりやすい三つの非機能的な思い込みについて紹介し，それらに対する介入の仕方を，詳細な事例報告を通じて解説する。

I　自動思考レベルの思い込みと媒介信念レベルの思い込みとを区別する

　思い込みの中には，ある特定の状況においてのみ患者に生じる自動思考レベルのものがある。このような思い込みの内容は予測的なものが多い。セラピストはまず，このような自動思考レベルの予測的な思い込みに焦点を当て，その後，個々の思い込みに共通してみられる，より広範な思い込みに焦点を当てるとよいだろう。たとえばオードリーという回

避性パーソナリティ障害の患者は，次のような自動思考レベルの思い込みを報告した。

- ｢もし私がルームメイトに音楽のボリュームを下げるように頼んだら，彼女は私に腹を立てるだろう｣
- ｢もし私が洋品店で店員に手助けを求めたら，その店員は私をうっとうしく思うだろう｣
- ｢もし私が同僚に対し，私の代わりに電話に出てくれるように頼んだら，彼女はそれを拒否するだろう｣

セラピストはまず，第11章で紹介したような標準的な戦略を通じて，オードリーがこれらの予測的な思い込みを自ら検討できるよう手助けした。そしてセラピストは次に，これらの思い込みを直接検証するための行動実験をいくつか提案した。結果的に行動実験はうまくいったのであるが，その結果，より全般的なオードリーの思い込みが同定された。それはまさに次のような媒介信念レベルの思い込みであった。

- ｢もし私が自分自身の欲求や願望を示したら，相手は私に利用されると感じ，私の欲求や願望を拒絶するだろう｣

オードリーは，このような思い込みをこれまで言葉にして表現したことは一度もなかった。この思い込みは，ある特定の状況において自動思考として浮かんでくるようなレベルのものではなく，より全般的な彼女の見方を示していた。このような深いレベルの思い込みは，通常，自動思考レベルの思い込みに比べて，より全般的で強固である。このような思い込みは媒介信念レベルにあり，その内容は予測的である場合もあれば，何らかの意味を示している場合もある。

たとえばハイディという患者は，次のような媒介信念レベルの予測的な思い込みを抱いていた。

○「もし私が"スーパーマン"のような母親でなければ，子どもたちはより良い人生を送ることができないだろう」

ハイディは同時に，次のような思い込みを抱いていた。それらは，ハイディが抱いている信念の意味を反映するものであった。

○「もし私の子どもたちがあまり幸せでないとしたら，それは私が母親として何か過ちを犯してしまったということだ」
○「もし私が物事を完璧にこなすことができないとしたら，それは私がだめな母親だということだ」

Ⅱ 思い込みを修正するために，標準的な戦略を用いたり，それらを応用したりする

セラピストは患者の思い込みの修正するために，自動思考の修正と同様の手段を用いることができる。以下にその例をあげる。

- 思い込みについて心理教育を行う。
- ソクラテス式質問法を用いる。
- 思い込みを信じることの利益と不利益を検討する。
- 行動実験を設定する。
- 「かのように」ふるまう。
- 認知的連続法を作り出す。
- より機能的な思い込みを作り出す。
- 「理性対感情」のロールプレイを行う。
- 比喩を活用する。
- 他者の抱く思い込みに対して疑問を投げかける。
- 思い込みの源となった幼少期の体験を検証する。

以上の方法やその応用の仕方については，次に示す詳細な事例において紹介する。この事例では，主に次の三つの思い込みに焦点を当てている。

> 1.「ネガティブな気分を少しでも感じたら，私はひどく取り乱してしまうだろう（圧倒されてしまうだろう／それに耐えられないだろう／身動きがとれなくなってしまうだろう／永遠にみじめなままになってしまうだろう／気が狂ってしまうだろう）」
> 2.「たとえ私が問題を解決しようとしても，どうせ失敗するだろう」
> 3.「もし私が（治療を通じて）回復してしまったら，私の人生や生活はむしろ悪化するだろう」

このような思い込みがあまりにも強すぎる場合，治療で他のことに取り組む前に，まずはこれらの思い込みを修正する必要がある。これから示すヘレンという患者に対する事例では，セラピストは治療の初期段階でこれらの思い込みを同定し，患者が思い込みを修正できるよう手助けした。他の多くの患者と異なり，彼女の思い込みを修正するためには，さまざまな治療戦略をかなりの時間をかけて用いていく必要があった。ヘレンの場合，上記の三つの思い込みのうち，特に1番目の思い込みが強固であり，したがって修正にもそのぶん手間がかかった。しかしゆっくりとしたペースではあったが，ヘレンの思い込みは徐々に修正され，彼女は治療にしっかりと取り組めるようになっていった。それでもなおセラピストとヘレンは，治療の全過程を通じて，彼女の思い込みに焦点を当て続ける必要があった。

Ⅲ 詳細な事例提示

ヘレンという30歳の女性患者は，20代前半よりずっと，慢性的な抑

うつ症状と不安症状に悩まされてきた。途切れ途切れではあったものの，彼女はいくつかの小売店で販売員として働いてきている。ヘレンの父親はアルコール依存症であり，彼女は子ども時代，父親から身体的な虐待を受けていた。一方，母親はといえば，彼女自身がうつ状態で，一人で過ごすことを好み，子どもたち，すなわちヘレンやヘレンの妹に対して冷ややかな態度をとりがちで，ヘレンたちは放っておかれることが多かった。治療開始時，ヘレンの機能レベルは低かった。彼女は失業しており，日中はたいてい寝て過ごしており，夜もテレビばかり観ていた。ときには外出することもあったが，ちょっとした用事や，友人の家に行ったり，妹の手伝いに行く程度であった。アパートは散らかっており，請求書の支払いが溜まりに溜まっていた。着替えさえしない日もあった。とはいえヘレンの不安は，認知療法を開始するまではさほど強いものではなかった。というのも，彼女は生活の広範囲にわたって回避し続けていたからである。ヘレンはこれまでに何人ものメンタルヘルスの専門家に助けを求めてきたという経歴ももっていた。

　前節であげた三つの思い込みが，ヘレンが治療に取り組むにあたっての妨げとなっていた。彼女はたびたびセッションに遅刻し，目標を設定したり自動思考に対応したりすること，そしてホームワークの課題を遂行することに対して抵抗を示した。通常は思い込みが複数ある場合，それぞれの思い込みに対し個別に取り組むことが多いのだが，ヘレンのセラピストは，あえて二つ以上の思い込みに同時に焦点を当てて話し合いを行うことにした。具体的には，アジェンダを設定するときに，そしてホームワークを設定したり振り返ったりするときに，さらに問題解決について話し合いをするときにも，セラピストはこれらの思い込みについて言及した。たとえばセラピストは，ヘレンがホームワークを回避しようとするたびに，非機能的な思い込みを修正し，より機能的な新たな思い込みを形成できるよう，多種多様な技法を少しずつ適用した。その結果，ゆっくりとしたペースではあったが，ヘレンは少しずつ変化し，治療を開始した1年後には，無事終結を迎えることができた。

1　思い込み　その1：「ネガティブな気分を少しでも感じたら，私はひどく取り乱してしまうだろう（不快な気分さえ感じないようにしておけば，私は何とかやり過ごせるだろう）」

　この思い込みのせいで，ヘレンの生活にはさまざまな問題が生じていた。彼女は，つらい考えを避け，不安や落ち込みを感じそうな行動を避けていた。実際，このような思い込みを裏づける根拠がないわけではなかった。ヘレンにとっては10代後半が「最高に幸せ」な時代であった。しかしその頃つきあっていた「最高のボーイフレンド」に別れを告げられたことをきっかけに，彼女は「最悪な不幸」の時代に突入してしまったのである。彼にふられたあと，ヘレンは数カ月間にわたり，ひどいうつ状態に苦しみ，自殺企図を起こし，入院生活を送った。その後うつ状態は幾分緩和されたものの，完全に解消されることはなかった。この頃からヘレンは自分がネガティブな気分に耐えられないと思うようになり，ネガティブな気分が生じると，アルコールで紛らわすようになった。そして今度はアルコール依存症に陥ってしまったが，何回かの治療とリハビリテーションを通じて，認知療法を開始する数年前に完全寛解に至った。しかしヘレンはその後，ネガティブな気分を避けるために，いたるところで認知的および行動的な回避をするようになってしまった。彼女は少しでも気分が動揺すると，テレビを観るなり何か食べるなりして，気を紛らわすようになったのである。

　2回目のセッションの冒頭で，ホームワークに全く手をつけられなかったとヘレンから報告を受けたセラピストは，まず，この第一の思い込みを裏づける根拠を集めてみることにした。そこで，ホームワークの課題について考えたとき，どのような自動思考が生じたかヘレンに尋ねたところ，彼女は，（ホームワークの課題の一つである）うつ病のパンフレットを読むなどということをしたら，気分は改善するどころかかえって悪化してしまうだろう，と心配していたことが判明した。また「もっと外出を増やす」という別の課題についても，課題を行うことによって不安が増すのではないか，と心配していたことがわかった。セラピストはそこでホームワークの課題を少し簡単なものにしてみたが，結局第3セ

ッションの冒頭でも，全く同じ理由からヘレンがホームワークをいっさいやってこなかったことが判明した。セラピストは，ヘレンの条件付き思い込みを同定することにした。以下にそのやりとりを示す。

> セラピスト：「もしいやな気分になりそうなことをしたら，私は『　　　』だろう」。この文章の後半に何が入りますか。あなたは何をそんなに心配しているのでしょうか。
> ヘレン：そうですね（しばらく黙ってから），私はひどく取り乱してしまうのではないでしょうか。
> セラピスト：「自分はひどく取り乱してしまうだろう」という考えを，あなたはどれぐらい強く信じていますか。
> ヘレン：さあ，どうでしょう。……かなり強く信じているのかもしれません。そういうときって自分が崖っぷちにいるような気がするんです。実際，そういうふうに感じることって結構あります。
> セラピスト：なるほど。だからあなたはホームワークの課題を実行しようと思えないのですね。

（1）思い込みに関する情報を集める

　この第3セッションの残りの時間とその後の数回のセッションを使って，セラピストはヘレンの第一の思い込みについて，さらに多くの情報を集めていった。

> ▶思い込みに対する確信度を評価する
> ・「今，あなたは，『いやな気分を少しでも感じたら，私はひどく取り乱してしまうだろう』という考えを，どれぐらい強く信じていますか」
> ・「この考えを，頭ではどれぐらい強く信じていますか。感情的にはどうでしょうか」
>
> ▶言葉を定義する
> ・「あなたの言う『取り乱す』というのは，具体的にはどのような

ことを意味しているのですか。あなたが実際に取り乱したら、かたわらから見て、それはどんな様子なのでしょうか」

▶何が最悪かを明らかにする
・「『ひどく取り乱す』ということよりも、あなたにとってさらに最悪のことが何かありますか。それとも『ひどく取り乱す』ということ自体が、あなたにとって最悪のことなのでしょうか」

▶結末を予測する
・「実際にあなたがひどく取り乱してしまったとします。その状態はどれぐらい長く続くと思いますか」
・「次に何が起きると思いますか」
・「(イメージを探る) それはどのような場面にみえますか」

▶対処戦略を探る
・「仮にあなたが取り乱したとして、その後落ち着きを取り戻すために、あなたには何ができるでしょうか」

▶思い込みが生じる範囲を明らかにする
・「どのような状況で、このような思い込みが生じるのですか」
・「どのような状況であれば、このような思い込みが生じないのですか」

▶不適応的な対処戦略が行われる範囲を明らかにする
・「いやな気分が生じないようにするために、あなたはどのような状況を避けているのでしょうか」

▶安全行動を明らかにする
・「仮にそのような状況を避けることができなかったり、いやな気分になりそうなことをせざるをえなかったりするとします。そんなとき、自分が取り乱すことを防ぐために、どんなことをするのでしょうか」

(2) より現実的な信念を形成する

　セラピストは、このようにして集めた情報をヘレンとあらためて共有

し，より適応的で妥当な視点から新たな信念を作り出せるよう，ヘレンを手助けした。そして前回のセッションからの橋渡しをするときや，ホームワークについて話し合うときや，セッション中に各アジェンダについて話し合うときに，ヘレンが新たな信念をどれぐらい強く信じることができているか，頻繁にチェックした。

> ▶新たな信念を提示する
> ・「これまでに私たちが話し合ってきたことをまとめると，次のように考えてみるほうが，正確なのではないでしょうか。『いやな気分を感じることは確かに不快である。でもいやな気分が生じたからといって，私自身が取り乱してしまうことはないだろう』」
>
> ▶新たな信念に対する確信度を評価する
> ・「この新たな考えを，頭ではどれぐらい強く信じていますか。感情的にはどうでしょうか」

(3) 思い込みに関するデータを継続的に検討する

セラピストはヘレンに対し，「自分がしたくないことをすると取り乱してしまうのではないか」という思い込みをどれぐらい強く信じているか，そして，「自分はあたかも『取り乱してしまいそうだ』と感じているだけで，実際にはたとえ不安になったとしても本当に取り乱すことはない」という新たな信念をどれぐらい強く信じることができるか，知的レベルおよび感情レベルの両方で評価するよう求め続けた。セラピストとヘレンはまた，苦痛は感じたものの実際には取り乱すことはなかったという，これまでの彼女の経験をリスト化することを通じて，彼女の非機能的な思い込みに反論しうる，そして新たな信念を支持するような根拠を集めていった。加えて，非機能的な思い込みを一見支持しているようにみえる証拠を集め，それらの意味を再構成していった。

セラピストは，なぜヘレンが非機能的な思い込みを信じ続けるのか，その根拠を何度も彼女に尋ね，それらの理由を彼女が違った角度から検討できるよう手助けした。たとえばヘレンはある日，2種類の処方薬を

受け取りに薬局に出向いた。彼女はひどく不安に感じてはいたものの，薬剤師からの質問にきちんと答えることができ，薬を受け取って帰宅した。ところが自宅に戻ってから，薬剤師が2種類のうち，1種類しか自分に渡してくれていなかったことに気がついた。そこでヘレンは薬局に引き返し，もう1種類の薬を受け取ることができたのだが，その際，その二つ目の薬について知りたかったことを薬剤師に尋ねることができないまま薬局をあとにしてしまった。セラピストはこのエピソードについて，次のように彼女に話した。すなわち，薬局に行けたこと自体は彼女にとって大きな成功体験であること，そして2度目に行ったときに薬剤師に質問することができなかったことが意味するのは，ヘレンが強い不安に駆られると本当に取り乱してしまうということではなく，強い不安に駆られると自分が取り乱してしまいそうだとヘレンが強く思い込んでいるということである。これら二つの違いについて，セラピストは次のように指摘した。

(4) 治療仮説を設定する

ヘレンは最初，自分が取り乱さずにすんだのは状況を回避したからだ，もしくは安全行動をとったからだと主張した。それに対してセラピストは次のような仮説を提示した。

> ▶「仮にあなたがその状況を回避しなかったら，あるいは安全行動をとらなかったら，どうなっていたでしょうか。可能性は二つあるでしょう。一つは，不安がますます強くなり，結果的にあなたが取り乱してしまう，というものです。もう一つは，確かに今にも取り乱してしまいそうな気にはなるのだけれど，実際にはあなたはそうはならない，というものです。どうでしょうか。実際のところ，不安になることと，取り乱してしまうことは別のことなのではないですか」

(5) 治療プランを提示する

　セラピストは，不安への対処法をヘレンに教え始めた際，ネガティブな感情に対処することと，そのような感情に耐えることの違いについて，注意深く彼女に説明した。

> ▶「ヘレン，治療の初期段階ではまず，不安を回避するのではなく，不安に対処するためのやり方を，あなたに覚えてもらうことになります。しかし，次に，不安に対処するのではなく，ただ単に不安に耐えるためのやり方を，あなたに覚えてもらうことになるでしょう。あなたはそのやり方を何度も練習し，最終的には，自分が確かに不安に耐えられるのだと自信をもてるようになるでしょう。つまり時期が来たら，一度は身につけてもらった対処法を今度は使わないようにするのです。こうしてあなたは，不安になることへの恐怖を断ち切っていくことができるのです」

(6) セッション中に行動実験を行う

　ヘレンは当初，「その話をしたら自分がひどく不安になるだろう」と予測した話題について，セッション中に話し合うことを避けようとした。それはたとえば，仕事を探す，何らかのイベントに参加する，といったことである。しかし彼女は，セッション中に行動実験をすることに同意し，それらの話題についてセラピストと話し合ってみた。すると実際，多少は不安に感じるものの，ひどく不安になることはないことに彼女自身が気づくことができた。そこでセラピストは，不安を誘発しそうな他の話題についてもセッション中にヘレンと話し合うことによって，行動実験を積み重ねていった（しかもそれはいつも，彼女の思い込みの反証となるものであった）。

(7) 非機能的な思い込みの利益と不利益を検討する

　ヘレンとセラピストは，彼女の第一の思い込みについて，その利益と

不利益について話し合い，次のような表を作成した。特にそれぞれの利益については，ただそれをあげるだけでなく，別の視点から新たな意味を加えてみるようにした（下表の右欄を参照）。

「取り乱してしまうだろう」と信じることの不利益	「取り乱してしまうだろう」と信じることの利益と新たな意味
・ろくな人生を送ることができない。 ・うつが治らない。 ・いつまでも仕事が見つからない。 ・貧乏なままである。 ・ボーイフレンドもできない。 ・何かをしなくてはならないときはいつも，ひどく不安になってしまう。 ・自分をだめだと感じてしまう。	・ものごとを回避し続けることができる。しかし，何かを避けて安心できるのはほんの一瞬だけで，長い目で見ると，結局はいつもいやな気分にさいなまされてしまう。 ・危険を冒さずにすむ。しかし，私が回避していることの多くは，実際にはさほど危険ではないことばかりである。それに，もしある程度の危険を伴うことに私がチャレンジすることになったら，セラピストがきっと私を手助けしてくれるだろう。 ・少なくとも現状を維持することができる。しかし，このままでは私のうつはちっとも治らないままになってしまう。

(8) 心理教育を実施する

　セラピストはここで，ヘレンの回避がなぜここまで広範にわたっているのかをもっとよく理解できるよう，図12.1のようなチャートを描いてみせた。自分に起きている典型的な回避のシナリオをこのような形で目の当たりにすることで，ヘレンは，自分の回避のパターンがいかに強固なものであるかを実感した。チャートが示しているのは，回避が不安を一時的に軽減し，その結果，つかの間の安心感を得られるということである。ヘレンはそのことを視覚的に理解することができた。しかしヘレ

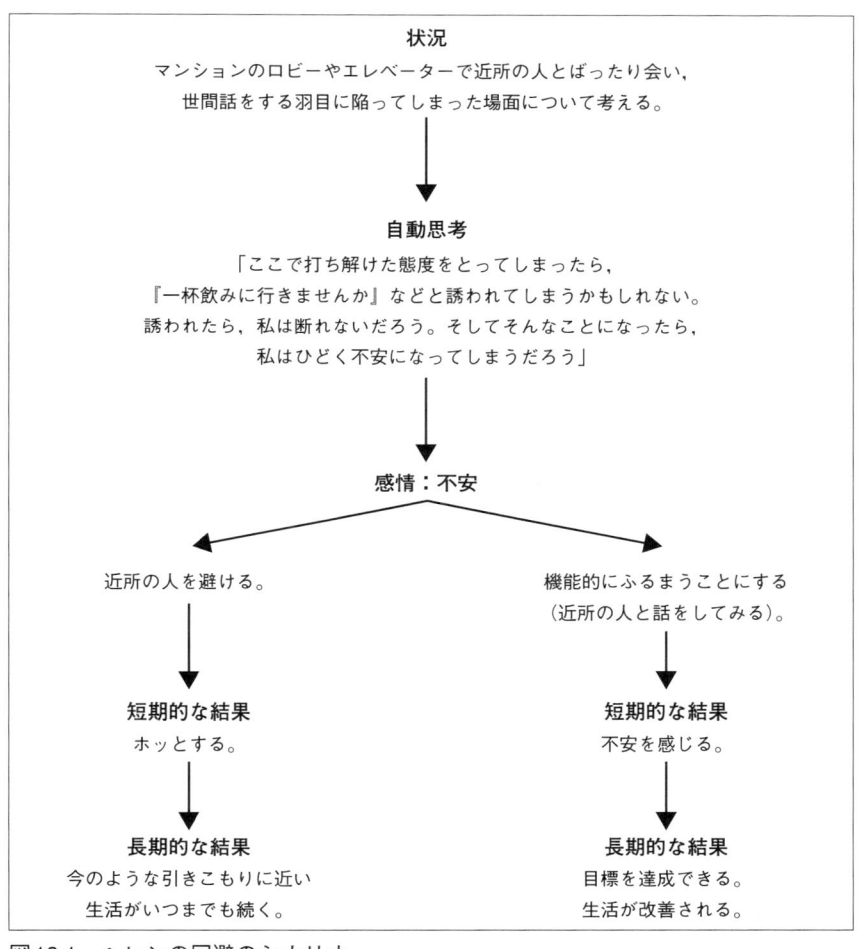

第12章　思い込みを修正するにあたっての困難　431

```
                        状況
        マンションのロビーやエレベーターで近所の人とばったり会い，
          世間話をする羽目に陥ってしまった場面について考える。
                          ↓
                        自動思考
            「ここで打ち解けた態度をとってしまったら，
          『一杯飲みに行きませんか』などと誘われてしまうかもしれない。
          誘われたら，私は断れないだろう。そしてそんなことになったら，
              私はひどく不安になってしまうだろう」
                          ↓
                      感情：不安
                    ↙              ↘
         近所の人を避ける。          機能的にふるまうことにする
                                    (近所の人と話をしてみる)。
              ↓                            ↓
         短期的な結果                  短期的な結果
           ホッとする。                  不安を感じる。
              ↓                            ↓
         長期的な結果                  長期的な結果
       今のような引きこもりに近い         目標を達成できる。
       生活がいつまでも続く。            生活が改善される。
```

図12.1　ヘレンの回避のシナリオ

ンが理解したのはそれだけではなかった。彼女はこのチャートを通じて，回避によってもたらされる長期的で望ましくない結果がどのようなものか，そして，回避をしないことによってもたらされる，すなわち不安に耐えることによってもたらされる長期的で望ましい結果がどのようなものか，落ち着いて考えられるようになった。

　セラピストはまた，ヘレンの回避が彼女を不安から解放するどころか，

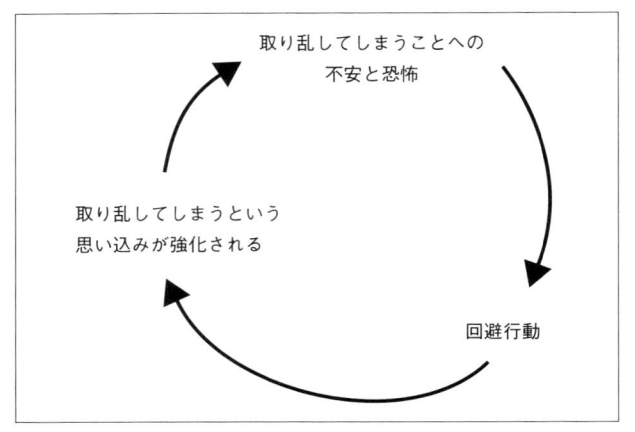

図12.2　思い込みと回避の循環

（図中：取り乱してしまうことへの不安と恐怖 → 回避行動 → 取り乱してしまうという思い込みが強化される → ループ）

実際には不安を維持させてしまっていることを彼女が理解できるよう，図12.2のような図を描いてみせた。

　実はヘレンが「取り乱してしまうだろう」という思い込みを抱くのは，必ずしも不安なときだけではなかった。絶望感や抑うつ気分を抱いたときにも，同様の思い込みが生じていた。セラピストはそのことを繰り返し指摘し，ヘレンの理解を促した。

(9) 回避行動に対する別の見方を考え出す

　セラピストとヘレンはまた，彼女の回避行動について，さらに別の理由があるのではないかということについて話し合った。その結果明らかになったのは，ヘレンは不快な気分を恐れて回避行動をとるだけでなく，単に気が進まないから回避する場合もあれば，うまくやり遂げる自信がないからその行動を回避する場合もあり，さらにたとえうまくやれそうであっても，それをやってしまったら将来さらに困難な行動にチャレンジせざるをえなくなることを恐れて結局は回避してしまう，という場合もある，ということであった（これらの問題への対処法については本章でのちに紹介する）。

（10）イメージを活用する

セラピストはイメージ技法，具体的には対処イメージを使った技法もヘレンに対して適用した。それは，苦手なことをして不安になっている自分をまずイメージしてもらい，次に，治療で学んだ不安への対処法を実践することを通じて，結果的に不安が改善されたという状況をイメージしてもらうというものである。

（11）認知的歪曲を同定し，修正する

患者の非機能的な思考をいったん同定できれば，そのような思考に対して患者自身が効果的に対応できるようになることを手助けするために，セラピストは，患者の思考がどのような認知的歪曲に基づいているのかを分類することができる。たとえばヘレンに頻繁に生じる思考は「二分割思考」とも呼ばれるような思考であった。それに気づいたセラピストはヘレンに対し，たとえば「感情は完全にコントロールできるか，あるいは全くコントロールできずに自分が取り乱してしまうかのどちらかだ」と思うことは，「二分割思考」「"全か無か"思考」と呼ばれている認知的歪曲に分類できることを指摘し，そのことについて彼女と話し合った。

（12）ホームワークを工夫する

ヘレンは，初回セッションと第2セッションのホームワークをいっさいしてこなかった。ヘレンとセラピストは第3セッションでこの件について話し合い，課題の負荷を大幅に軽減することにした。そしてこの第3セッションでは，行動修正を目的とした課題をいったんとりやめにして，行動を修正することについて考えたとき，どのような自動思考が生じるかということを単にモニターするということを，ホームワークの課題にすることが合意された。ヘレンはこの課題を行うことができ，その結果，ネガティブな感情を抱くことに対するヘレンの非機能的な思い込みが明らかになった。そこで次の第4セッションでは，ネガティブな感情が生じたにもかかわらず取り乱すことはなかった，というエピソード

を次のセッションで報告するということが，ホームワークの課題として設定された（この課題はその後数カ月間，毎回設定され続けた）。それから2週間後の第5セッションにおいて，ヘレンはやっと，行動修正を目的とした比較的容易な課題を実施することに同意したのである。

　治療の記録を読み返すことも，ホームワークの重要な課題となることが多い。ヘレンの場合，治療の初期段階では，セッション中に書き出したカードを読むのが精一杯だった。たとえばセラピストとヘレンが最初に作ったのは，苦痛を感じることに対するネガティブな思い込みに対応するためのコーピングカードである。

> ●私には「いやな気分が生じたら，自分は取り乱してしまうだろう」という思い込みがある。しかし，私はこの数年間，いやな気分を何千回も感じたことがあるが，実際に取り乱したことはない。私は過去に一度だけ，あまりにも混乱したため，入院する羽目に陥ったことがある。でもそのときは，「いやな気分が生じる」とかそういったこととは全く違う状況だったのだ。

　ヘレンは最初，このようなコーピングカードを週に2，3回ほど読み返すだけだった。しかしほどなくして彼女はコーピングカードや治療の記録を毎日きちんと読み返すことができるようになった。

(13) 行動実験を行う

　ヘレンはホームワークを通じて，文字どおり何十もの行動実験を行った。最初は，かなり容易な実験課題が設定された（例：10分間，郵便物に目を通す。欲しい情報について図書館に問い合せる）。その際，コーピングカードが動機づけとして役立った。

> ●この課題のせいで多少いやな気分になるかもしれない。でも私はそれに耐えることができるし，取り乱してしまうこともないだろう。この数カ月間，私は苦痛を感じながらもさまざまなことをしてきた。しかし取り乱すことは一度もなかったのだ。

> ●私は不安に耐えられるし，それによって取り乱すこともない。
> ●「取り乱すだろう」という私の予測は，たぶん間違っている。
> ●本当は，私にはいろんなことができるはずだ。もっと自分を信用しよう。

　思い込みを検証したあとに，再度コーピングカードを読み返すことも重要である。

　行動実験の課題を容易なものにすることで，ヘレンは最後までそれをやり抜くことができるようになった。治療初期に行われたもう一つの重要な介入は，ヘレンが不安に対する対処戦略を活用できるよう手助けすることであった。セラピストとヘレンはそのためのカードをセッション中に作成し，不安を感じたときに自分に何ができるか，カードを読んでそれを思い出せるようにした。

> ○いや気分になったとき：することリスト
> ●治療の記録を読み返す。
> ●ジェニファーやアネットに電話する。
> ●散歩に行く。
> ●パンを焼く。
> ●おもしろいウエブサイトを探す。
> ●リラクセーションのためのエクササイズを行う。
> ●DTR（非機能的思考記録表）を頭の中でやってみる。
> ●もしくはいやな気分のままじっと座ってみる。そして自分が取り乱したりはしないことを確認し，そのような気分がどれぐらい続くか観察してみる。

　しかしながらセラピストは，ヘレンにとって最終的に重要となるのは，いやな気分に対処することではなく，そのような気分に耐え，それをしっかりと感じきることである，と伝えた。そうすることで，「取り乱してしまうだろう」との思い込みを完全に検証することができるし，同時にネガティブな感情にも耐えられるようになるからである。次のコーピングカードが，彼女がこのことを思い出すのに役立った。

> ●これらの不安対処戦略は確かに役に立つ。でも，本当はそんなことをする必要はない。なぜなら，たとえいやな気分になったとしても，私はそのせいで取り乱してしまうようなことはないからだ。

　治療の記録は，ヘレンが行動実験をやり抜くうえで役に立った。一方，特定の個々のコーピングカードは，「あまりにも強い苦痛を感じてしまうのでは」と考えてこれまで回避してきた数々の行動を階層化し，その一つ一つに取り組んでいく際，非常に役に立った。たとえばヘレンにはアレルギーがあり，本当はすぐにでもクリニックを受診する必要があったのだが，彼女はそれをぐずぐずと先延ばしにしていた。というのも，「クリニックに行って医師，看護師，事務職員，他の患者たちにじろじろ見られたら，自分はどんなにいやな気分になるだろう」と考えていたからである。セラピストとヘレンは，このような状況において生じるであろう自動思考について徹底的に話し合った。そして次のような結論を導き出し，コーピングカードを作成した。このカードは，のちに彼女が他の数々の行動実験をしていくうえで，モデルとして大いに役立った。

> ○クリニックを受診するのを避けたい気持ちになったら
> ●私は認知療法を受ける前も，認知療法のセッションでいやな気分になって取り乱してしまうのではないか，と予測して不安を感じていた。でも結局は大丈夫だった。このことをよく覚えておこう。しかも私は以前に比べて多くの対処法を身につけた。だからたとえ多少はいやな気分になったとしても，取り乱してしまうことはまずないだろう。私はそれにきっと耐えられる。たぶん，予約の電話をする直前や，診察が始まったばかりの数分間が，最もいやな気分になるときだろう。でもそれさえ耐えれば，その後，気分は改善されるだろう。私は，自分に生じているいやな気分に注目することによって，自分をもっといやな気分にさせることができる。逆に，まわりを見渡して何が起きているのかを落ち着いて観察することで，自分の気分を改善することもできる。実際，クリニックのスタッフたちは，みなそれぞれの仕事に集中しており，私のことを人間としてどうのこうのと評価するはずもない。他の患者たちは，私が待合室に入ったとき，顔を上げて私のことをちらりと見るかもしれない。でもそれはほんの一瞬のことなのだ。

セラピストは毎回のセッションが始まるたびに、ヘレンがホームワークを実行してきたことを賞賛し、さらに新たに学んでいけるよう励ました。また、「取り乱してしまうだろう」というヘレンの思い込みが正しくないことを、彼女自身が認識できるよう手助けした。セラピストは、「またもやあなたはいやな気分に対処できたのですね。自分のそのような能力について、あなた自身どう思いますか」といった質問を、頻繁に繰り返したのである。

(14) 安全行動を減らしていく

「取り乱してしまうだろう」という思い込みに対する確信度は徐々に軽減されていったが、ヘレンは依然としていくつかの安全行動を取り続けていた。セラピストは彼女自身がそれを同定できるよう手助けした。ヘレンの回避にはわかりやすいものが多かったが、なかにはより巧妙で、わかりにくいものもあった。たとえばヘレンは散歩をする際、うつむいていることが多かった。これは、近所の人たちと顔を合わせないようにするための回避行動である。また買い物をするとき、店員と目を合わせないようにもしていた。これも微妙な回避である。セラピストは、このような微妙な安全行動をやめるよう、ヘレンを励まし続けた。

(15) 生活歴に基づく介入

これまでに紹介した技法は主に、今現在の生活において思い込みが活性化されたとき、それを検証することに焦点を当てるものであった。その一方で、ヘレンは自分のこれまでの生活歴を振り返り、自分がいつどのようにしてこのような思い込みを抱くようになったのかを検討したり、思い込みとは正反対の情報を生活歴から見出したり、思い込みに関連する過去の出来事の意味を変換したりするために役立てた。その際、セラピストは以下のような質問をした。

> ▶「あなたはどれぐらいの期間、このような思い込みを抱き続けているのでしょうか。いつからあなたは、このような思い込みを

抱くようになったのでしょうか」
- ▶「実際，どのような状況であなたは取り乱してしまったのですか。あなたが取り乱していたのは，どれぐらいの時間だったのでしょうか」
- ▶「あなたはどのようにして，そのような体験を克服したのですか」

　セラピストはさらに，これまでの人生全体を振り返り，多少動揺はしたけれども完全に取り乱すことはなかったときのことを想起するようヘレンに求めた。ヘレンはそれらをリスト化したが，最終的にそれは3ページにもわたるものとなった。

a　非機能的な思い込みの源が幼少期の体験にあることを認識する

　いやな気分を感じることへの恐怖が，ある程度幼少期の体験に根ざしていることを理解することが，ヘレンにとっては役に立った。両親が大声で言い争っていたとき，自分や妹が父親に虐待されるのではないかと怯えていたとき，酒に酔った父親から実際に暴力をふるわれたとき，ヘレンは確かに悲しみと不安に圧倒されていた。彼女は当時，そのような感情に対処するためのスキルを身につけていなかった。しかし一方で，そのような体験においてもなお彼女は取り乱すことはなかった。セラピストはこれらのことをヘレンが認識できるよう手助けした。

b　イメージを用いて視野を広げる

　ヘレンはときどき自分が入院した日のことを想起し，そのときのつらくみじめな感情を思い出していた。セラピストはこのような記憶は「サウンドバイト」（訳注：テレビニュースで繰り返し放映される，挿入的な短い映像）のようなものであり，本来の時間の流れの中の一瞬にしかすぎないことをヘレンが理解できるよう手助けした。彼女の記憶イメージには，入院に至るまでの時間の流れや，入院後，自分が徐々に回復していった時間の流れが含まれていなかったのである。ヘレンはやっと，入院したときも自分が突如として取り乱したのではないことを想起できるように

なった（突如として取り乱すことが現在の恐怖の対象である）。彼女の精神状態は，何週間もかけて，少しずつ悪化していった。そして抑うつ症状は完全には解消されなかったものの，入院当初のひどい苦痛は，時間が経つにつれてかなり和らいだのである。

　セラピストはヘレンに対し，入院中，自分が徐々に回復していったときのことをイメージするよう求め，さらに退院して自宅に戻った日のことをイメージしてもらった。その日抱いた安堵感を，ヘレンはついに再体験することができた。セラピストはまた，退院から6カ月後のある日のことを想起するようヘレンに求めた。退院から半年も経つと，彼女は仕事に復帰し，家族とも普通にやりとりができるようになっていた。想起する時間の流れを広げることで，ヘレンはそのような日があったことも思い出せるようになったのである。

2　思い込み2：「たとえ問題を解決しようとしても，私はどうせ失敗するだろう（問題を無視したり避けたりしていれば，とりあえずは大丈夫だ）」

　ヘレンの第二の思い込みは，治療の初期段階ですでに明らかとなっていた。というのも，ヘレンは治療目標を設定することを拒否し，さまざまな問題を抱えているにもかかわらず，それらをセッションのアジェンダとして設定することすらいやがったからである。ヘレンにとってこの思い込みには，それなりに妥当といえるような根拠もあった。いずれにせよ，彼女は問題解決を避けたり，解決を試みたとしても早々にあきらめてしまったり，他者に解決を委ねたりするようになってしまった。とりわけヘレンに欠けていたのは，対人関係上の問題を解決するためのスキルであった。たとえば他者といさかいになりそうになると，彼女は自らさっさと身を引いてしまっていた（例：仕事をやめる。治療を一方的に中断する。友人との接触を絶つ。父親と会うのを拒む）。

　セラピストは，この第二の思い込みを同定したあと，この思い込みのもつ意味を再構成するために，次にあげるようなさまざまな技法を活用した。

- 思い込みの起源，範囲，頻度，確信度を評価するために，現在およびこれまでのデータを収集する。
- 「問題解決の失敗」がヘレンにとって何を意味するのか話し合う（「それは私がいかに無能な人間であるか，ということを意味する」）。「問題解決の失敗」に対する別の解釈を考える。「問題解決の失敗」を，全般的な欠陥ではなく，特定の技能の不足に帰属させてとらえるようにする。
- この思い込みを抱き続ける利益と不利益について検討し，さらに利益については別の視点から新たな意味を加えてみる。
- 幼少期の体験を振り返り，そのような思い込みが形成されたのはある意味当然のことであるとノーマライズする。そして仮にこのような思い込みが形成されることがなかったら，どのように違った行動をとっていただろうか，ということを推測してみる（「もしあなたの中に『たとえ問題を解決しようとしても，私はどうせ失敗するだろう』という思い込みが形成されていなかったとしたら，あなたはそのとき（例：学校でお友だちとうまくいかなかったときに）どうしていたでしょうか」）。
- より機能的な信念を形成する。
- 理性と感情のロールプレイを行う。最初はセラピストと一緒に実施し，次にヘレン一人で行う。その際，ヘレンがいまだにこの思い込みを抱き続けている根拠に対して，彼女自身がうまく対応できるようになることを目指す。
- 問題解決に関する現在，および過去のポジティブな体験を振り返り，それに基づき新たな結論を引き出す（「このようなポジティブな体験から，あなたの問題解決力についてどんなことがわかりますか。この体験は，あなたにとってどんなことを意味しているのでしょうか」）。ヘレンは新たに引き出した結論を，次のようにカードに書きつけた。

- 私は、「たとえ問題を解決しようとしても、私はどうせ失敗するだろう」と思い込んでしまっている。でも、これは「真実」ではなく、私の中の「考え」にすぎない。このように思い込み続けたら、私はずっと行き詰まったままだ。問題を解決してみようとさえできなくなってしまう。逆にもし「自分にも問題解決ができるかもしれない」と思ってみたら、どういうことになるだろうか。もしかしたら何かいいアイディアが浮かぶかもしれない。たとえば職業訓練の受講料を申請するとか、もっと快適なアパートに引っ越すとか。

- 問題を解決しようとして、仮にうまくいかなかったとしても、それが何だというのだ。何かがうまくいかなかったからといって、それは私が無能な人間だということを意味するわけではない。自分ではどうにもならない問題だってあるのだ（例：父親が母親をどう扱うか）。どんなに悪くても、私がある特定のことについて満足のいくようにはできなかった、というだけのことである（例：アパートの壁の塗りかえを大家さんに頼んだが、思っていたのとは違う色で塗られてしまった）。それに何か問題が生じたら、私はセラピストに相談することもできるのだ。

- 「問題を解決することができない」と考えてしまったとき、もしかしたら私は、本当にそれができないのではなく、本当はそれをやりたくないと思っているのかもしれない。「できない」のか「やりたくない」のか、自分自身に尋ねてみよう。

- 私が「自分には問題を解決することができない」と思い始めたのは、かなり幼い頃からだった。でも、子どもの頃の私だって、すべての問題を解決できなかったわけではない。確かに私は父親の言動をどうにかすることはできなかった。それは事実である。でも、他の問題に対しては、その頃の私だって結構うまくやっていた。妹の面倒をちゃんとみることができていたし、学校にだってちゃんと行けていた。しかも幼い頃、私のまわりには、問題解決のモデルとなるような人がいなかった。両親は二人とも問題解決を避け続けていた。私がこのような思い込みを子どもの頃から抱いていたとしても、それはしかたのないことだったのだ。

> ● 「たとえ問題を解決しようとしても，私はどうせ失敗するだろう」と考えてしまったときには，それが単なる考えにすぎないことを思い出すようにしよう。これは子どもの頃から私の中に形成されてしまった思い込みなのだ。今私が直面している問題にこの考えがあてはまるかどうかは，結局のところ誰にもわからないことなのだ。

3　思い込み 3：「もし私が回復してしまったら，私の人生や生活はむしろ悪化するだろう（これ以上回復しなければ，むしろ現状を維持することができる）」

　この第三の思い込みは，第一，第二の思い込みとも関係していた。もし自分が回復してしまったら，今よりもっと大きな困難に直面する羽目になり，結局自分はそのような困難を克服することはできないし（第二の思い込み），そうなると自分はひどく取り乱してしまうだろう（第一の思い込み）とヘレンは思っていた。彼女にとって「回復」とは，危険を冒すこと，自分の弱さに向き合うこと，自分の無能さが露呈すること，そしてその結果今よりもっとひどい気分に陥ってしまうこと，を意味していた。さらにヘレンが恐れていたのは，回復することにより，自分がもうセラピストや妹，友人のジーンに頼れなくなってしまうことであった。彼女には次のような二分割思考がみられた。

> ○「精神的に病んでいて，仕事を見つけたりちゃんと行動したりできない人は，他人に頼ることができる。そうでない人はみんな，精神的に健康で，完璧に行動できるはずである。そして，たとえ苦手なことであっても，他人に頼らず，何もかも一人で全部やらなければならない」

　セラピストはこの思い込みに対しても，さまざまな介入を行った（例：思い込みに関連する現在および過去の情報を集める。思い込みに対する確信度をモニターし続ける。思い込みの反証となるような根拠を集める。思い込みを支持する根拠の意味を転換する。新たな信念を形成

する。思い込みが形成された状況や理由を明らかにする）。この思い込みを修正する際に非常に役立ったその他の介入としては，次のようなものがある。

(1) イメージを活用する

セラピストはヘレンに対し，治療を通じて症状が改善し，仮にそのせいで生活が悪化したとしたら，いったいどんな恐ろしい羽目になりそうか，具体的に話すよう求めた。ヘレンは，自分の恐怖を象徴的に表しているかのような二つのイメージを抱いており，それらをセラピストに打ち明けた。一つは，店で在庫を調べているうちにそのことに圧倒されてしまう自分自身の姿である。上司にどなられ，同僚たちはニヤニヤ笑うだけで助けてもくれない。このようなイメージが浮かぶと，ヘレンはひどく不安になり，困惑し，自分を恥じ，「自分は完全な失敗者で，他者からさげすまれる存在だ」と思ってしまうのであった。もう一つ彼女がイメージしていたのは，何らかの社交の場にいる自分の姿であった。会場の片隅に一人ぽつんと立ったまま，誰とも会話することができないでいるのである。このようなイメージが浮かぶと，ヘレンは不安でいっぱいになり，「自分は欠陥人間だ」と思ってしまうのであった。これらのイメージは根拠が全くないわけではなかった。彼女がこれまで実際に経験したことが，これらのイメージにも部分的に含まれていた。

セラピストは，ヘレンがこれらのイメージを修正できるよう手助けした。ヘレンはまず，自分が小さな店で働いている場面を詳細にイメージした。上司は理性的でとても親切な人である。治療がもっと進んでからは，不合理なことを押しつけてくる上司に対し，きっぱりと自己主張している自分の姿をイメージしたり，あまりにひどい職場であれば無理に我慢せず，自ら退職する場面をイメージしたりもできるようになった。セラピストはまた，社交的な場面に入っていこうとする自分の姿をイメージするようヘレンに求めた。最初はとても緊張しているのだが，一人でぽつんと立っている別の参加者を見つけ，ヘレンは勇気をふるってその人に話しかけ，自己紹介する。そして世間話をする。ヘレンは最初，

そのような場面をイメージするだけで不安を感じてしまったが，そのうち心地よくそのような場面をイメージできるようになった。

(2) 破局視から脱する
　セラピストは，回復したからといってすぐに大きな問題に挑戦する必要はない，ということをヘレンが理解できるよう彼女を手助けした。実際，どのような問題に挑戦するかは，彼女自身が選択できることである。

(3) リソースを増やす
　セラピストとヘレンは，仮に大きな問題に挑戦することになったとして，その際にあてにできるリソースにはどのようなものがあるか，話し合った。まずヘレンは治療を通じて，さまざまな新たなスキルをすでに身につけていた。これらは強力なリソースとして，自分をくじけさせようとする思考に対抗したり，苦痛を軽減したり，これまで避けていた課題に取り組んだりするときに役立つだろう。そして今よりもっと充実した生活を送る際のリソースにもなるだろう。それにいざとなったら「逃げ道」もある。本当にいやになったら仕事をやめることもできる。また，友人のジーン，妹，セラピストといった頼れる存在もいる。

(4) 少しずつ挑戦する（段階的曝露を行う）
　セラピストはヘレンに対し，回復してもいきなり大きな挑戦をする必要はなく，小さくて容易な課題に少しずつ挑戦していけばよいということを，階段の絵（図12.3）を描きながら説明した。そして仕事に就くというのが階段を上まで昇りきるということであれば，その間にどのようなステップがあるか具体的に考えられるよう，ヘレンに質問していった。ヘレンは職探しについて考えると，決まって，階段の一番下から一番上まで一気にジャンプするようなイメージを抱いてしまっていた。セラピストは彼女がそのようなイメージを抱きがちであることを指摘し，実際には一段一段，少しずつ昇っていけばそれでよいということを強調した。そのようなやりとりを通じて，ヘレンはやっと楽に考えられるようにな

第12章　思い込みを修正するにあたっての困難　445

もっと条件の良い仕事に就く

とりあえず仕事を始める

セラピストと一緒に、採用面接の練習をする

週のうち2、3日、ボランティア活動をする

週のうち2、3時間、ボランティア活動をする

家の中を片づける

毎月の支払いをきちんとする

「することリスト」のやりやすいものから手をつける

「することリスト」を作る

このように一段、一段、少しずつ昇っていこう

このような大ジャンプをする必要はない

図12.3　少しずつ挑戦する

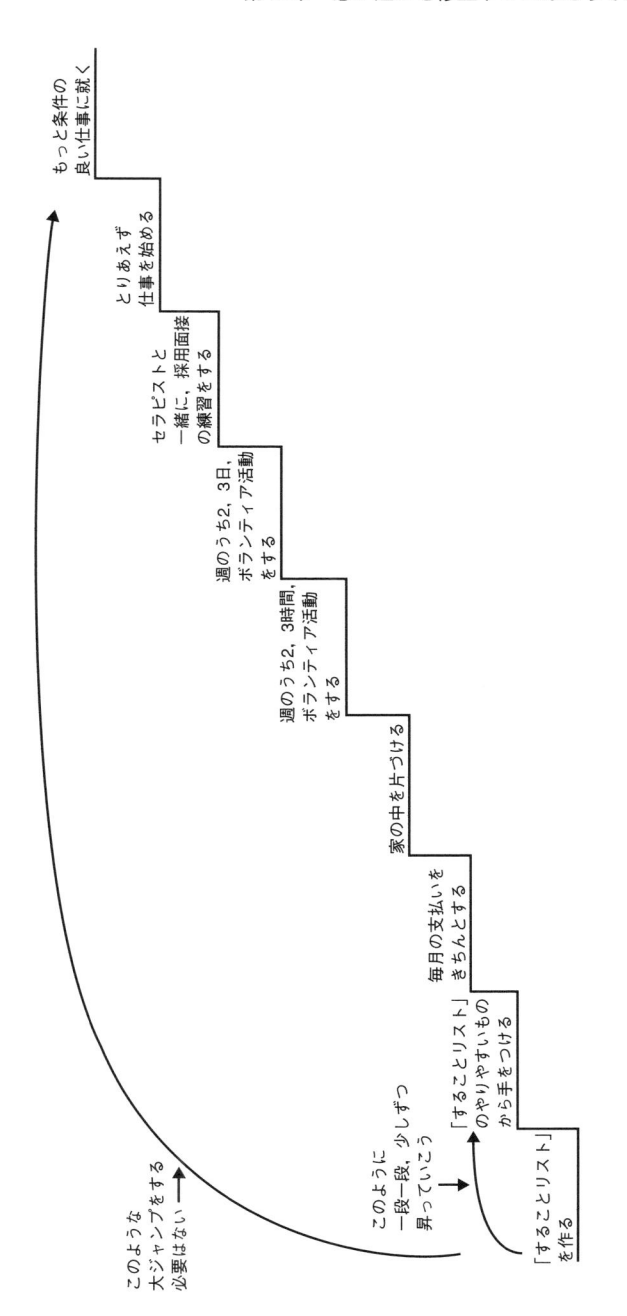

った。セラピストはさらに，一つ一つのステップがそれでもなお高すぎるのであれば，その段差を半分にしたり4分の1にするなど，もっと細分化してもよいということをヘレンに伝えた。

Ⅳ 要　約

　媒介的なレベルにある思い込みを修正することは，個々の状況で個別に生じる自動思考を修正するよりも困難である。セラピストは，自動思考を修正するために用いるのと同じ技法を，思い込みという媒介信念の修正の際にも用いることができる。したがって思い込みの修正を試みる際にセラピストが直面する問題とその対処法も，自動思考の場合と同様である。ただし思い込みを修正するためには，それらの対処法をより多く，より継続的に活用する必要があるだろう。患者は新たなストレス場面に遭遇すると，過去の思い込みが活性化されやすくなる。したがってそのような場面にも着実に対応できるようにするため，治療の中で学んだことが患者にしっかりと習得されるよう，セラピストはフォローアップとメンテナンスを心がけるべきである。

第13章
中核信念を修正するにあたっての困難

　困難な問題を抱える患者における中核信念を修正していくためには，中核信念に焦点を当てた一貫した取り組みを何カ月にもわたって粘り強く継続することが必要となる。その際に重要なのは，患者が自身の中核信念をどれぐらい修正することが可能かどうか，現実的な見通しをもつことである。通常，患者の中核信念が完全に修正されることはない。実際のところ，「私は無力だ」「私は愛されない」といった信念を抱いている人は多く，そのような信念はこれらの人において，どうしても活性化されてしまう場合がある。したがって，中核信念についての治療目標は，次のことについて患者を手助けすることであるといえる。

> - 中核信念に対する確信度を低め，中核信念が活性化される頻度を減らす。
> - たとえ中核信念が活性化されたとしても，そのときの苦痛を弱め，適応的に考え，行動できるようになる。
> - より現実的で機能的な信念を新たに形成し，そちらを強固にしていく。

　セラピストは，患者の中核信念に焦点を当てる時期を慎重に見極める必要がある。もし初回セッションから中核信念に焦点を当て，その修正を図ることができれば，治療全体のスピードは大幅に速まるであろう。しかし多くの患者は自らの中核信念を非常に強固に信じている。したがって治療の初期段階においてセラピストは，まず自動思考に焦点を当て，その中で患者のもつ中核信念について仮説を立てていくとよい（第9章参

照)。そして患者が中核信念をどれぐらい強く信じているか，その程度を確かめる。場合によっては修正を試みることができる場合もあるかもしれない。

　しかしながら，困難な問題を抱える患者の場合，そのような試みがうまくいかないことが多いだろう。むしろ治療が中盤にさしかかってから，すなわち患者が自らの自動思考を検討したり修正したりできるようになるというポジティブな変化を体験したあとのほうが，中核信念を修正しやすくなるであろう。患者は，自らの自動思考が妥当でない場合があることを知り，自動思考を修正することで苦痛を軽減できることが実感できるようになると，それと同じように，中核信念が妥当でない場合があるかもしれないと考えられるようになり，自ら進んで，中核信念を検討したり修正したりすることに取り組めるようになる。

　治療が中盤に入る頃には，治療同盟もそれなりに強固になっているだろう。セラピストは常に，自己感覚に合致している中核信念について問われること自体が，患者を脅かし，無力にする場合があることを，念頭においておくべきである。たとえば前章で紹介したヘレンという患者は，「自分は欠陥人間だ」と信じていた。この信念は彼女にとって多大な苦痛をもたらすものであった。しかしそれにもかかわらず，セラピストがこの信念を彼女自身が検討できるよう手助けし始めると，ヘレンは即座に恐怖を示し，「もし私が欠陥人間じゃないとしたら，私はいったい何者だというのですか」と言った。

　しかしある意味でセラピストは，治療の開始段階から間接的に中核信念に取り組んでいるとも言える。たとえば，「私は無力だ」という中核信念を抱いている患者がいるとする。治療目標を設定し，この中核信念に関連する自動思考に焦点を当て，それらを修正できるようになれば，「私は無力だ」という中核信念の強度も結果的に弱まるかもしれない。自ら自動思考を修正できるようになるというのは，ある種の成功経験である。自分がこのように物事を達成できたという経験をもつことにより，患者は前より自分自身を信じられるようになるだろう。「私は愛されない」という中核信念についても，セラピストが温かく，共感的に，思い

やりをもって患者に接することで，人との関わりにおいて報われるような経験ができれば，患者の中核信念もそれに伴って変化することもあるだろう。

　患者が，①セラピストを信頼できる，②治療は助けになる，③信念を修正すれば自分はより生きやすくなるだろう，と思うことができれば，中核信念の修正がうまくいく可能性は高まる。しかしそうでない場合，セラピストが患者に中核信念を検討するよう求めると，患者はネガティブな反応を示すことがある。たとえば自己愛的な患者であれば，セラピストにそのように求められることで，自分がおとしめられたような気になるかもしれない。境界性パーソナリティ障害の患者であれば，それだけでひどく傷ついてしまうかもしれない。演技性パーソナリティ障害の患者であれば，自分が特別でない存在であると指摘されたような気持ちになってしまうかもしれない。その結果，これらの患者は，たとえばセラピストに腹を立てたり，話題をすりかえたり，表面的な話しかしなかったり，予約をすっぽかしたりするなど，いつもの対処戦略を用いる羽目に陥ってしまう。場合によっては治療そのものを中断してしまう患者もいるだろう。

　本章の前半では，患者が自己についての中核信念を自ら修正していけるよう手助けするために，セラピストが用いることのできる標準的なやり方とその応用の仕方について紹介する（第2章も参照）。後半では，他者に関する中核信念の修正について焦点を当てる。前章で紹介したヘレンの事例を，本章を通じて紹介していく。

Ⅰ　中核信念を修正するために，標準的な戦略を用いたり，それらを応用したりする

　セラピストは，困難な問題を抱える患者に対し，患者が自らの中核信念を変えていくことができるよう，さまざまな戦略を粘り強く用いていく必要がある。その際たとえば，ソクラテス式質問法，比較のあり方を

修正する，認知的連続法，「かのように」ふるまう，ロールモデルの探索，理性と感情のロールプレイ，環境を整える，家族面接，グループ療法，夢と比喩の活用，イメージ技法を通じて子ども時代の外傷体験を再構成する，といった戦略が役に立つかもしれない。これらの技法については，のちに詳しく紹介する。

1 中核信念と対処戦略について心理教育を行う

　セラピストは，以下にあげるような中核信念とそれに関わる重要な概念について，患者に対して心理教育を行う必要がある。

- 中核信念は，自動思考や思い込みと同様，あくまでも「考え」であり「真実」ではない。
- 患者が自らの中核信念をそのまま信じきっている場合，その中核信念は「思考」ではなくあたかも「感情」であるかのように表明されることがある（例：「私はとことん無能であると感じるんです」「私は自分が劣っていると感じてしまうんです」「私は誰からも愛されないと感じています」）。
- 患者は中核信念に対処するため，特定の行動をとるようになる。そして状況によっては，そのような行動は非機能的なふるまいにつながってしまうことがある。
- 患者が幼少期に受けた外傷体験を考慮すると，なぜそこまで極端で非機能的な中核信念や対処戦略が形成されたか，たいていは理解できるものである。患者の中核信念は，子ども時代においてはむしろ妥当なものであったのかもしれない。しかしたとえそうであったとしても，今現在，その妥当性のほとんどは失われていると考えられる。
- 患者に必要なのは，自らの中核信念を検討することである。中核信念が歪曲されていることにいったん気づくことができれば，次にそれを，より現実的なものに修正していけるようになる。
- 中核信念を修正する試みは，短期的には患者の不安を喚起する

ことになるかもしれない。しかし長期的に考えれば，中核信念が修正された結果，患者は自らを心地よく感じ，本来の目標に向かって進んでいくことができるようになる。

2　中核信念と対処戦略を関連づける

セラピストは，患者が中核信念を検討したり修正したりするのを手助けするために，あらかじめ図13.1のような図を描いて，中核信念と対処戦略がいかに互いに影響し合っているかについて説明するとよいだろう。

```
          「私は欠陥人間だ」
        ↑              ↓
        うまくいかなそうな
        活動を回避する
```

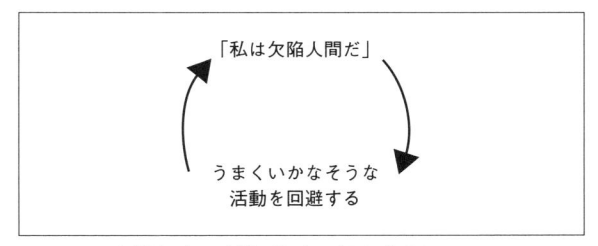

図13.1　中核信念と対処戦略の相互作用

「（図を描きながら）ヘレン，このような図はどうでしょうか。あなたは『私は欠陥人間だ』という信念を抱いており，しかもそれを真実であるとみなしています。『私は欠陥人間だ』という信念について疑問を投げかけたりすることもありません。その結果，あなたは『これはうまくいかないんじゃないか』と思われる活動をすべて避けてしまっています。しかし物事を回避し続けることで，あなたはますます『私は欠陥人間だ』と強く信じてしまうのです。そしてそのように強く信じれば信じるほど，あなたはうまくいかなそうな活動を回避するようになってしまいます。（一呼吸おく）どうでしょう，この説明はあなたにぴったりきますか」

患者が図のようなパターンが自分にあると認めたら，セラピストは，このようなパターンが患者の日常生活における患者の考え方や行動の仕方の基盤にあることを具体的に伝える。セラピストはこのようにして徐々に準備を整えていき，時機が来たら認知的概念図（第2章を参照）を

取り出して患者の前におき，患者と一緒に空欄を埋めていくことができる。もしくは図13.2のように，さきほどの図13.1をさらに詳細化して，認知モデルを示してもよい。

- ● 背景・基盤
  中核信念：私は欠陥人間だ。
  ↓
  行動パターン：うまくいかなそうな活動を回避する。
- ● 現状
  状況：職探しについて考える。
  ↓
  自動思考：私のことを雇いたいと思ってくれる人は誰もいないだろう。
  ↓
  感情：悲しい
  ↓
  行動：気を紛らわせる，テレビを観る

図13.2 認知モデル

3 治療仮説を提示する

セラピストは次に，患者の中核信念についてあえて対照的な二つの治療仮説を提示してみせるとよい。

> 「さて私たちは，あなたが実際に『欠陥人間』であると信じ，あなたの『欠陥』を治すために，治療に取り組む必要があるのでしょうか。それとも，問題はむしろ，『私は欠陥人間だ』という信念をあなたが強くもっていることであると言えるでしょうか。どちらの仮説がより妥当であるか，私たちで一緒に検討していきましょう」

4 情報処理モデルを提示する

以下のやりとりに提示するように，本当は正しくない，あるいは一部分しか正しくない中核信念を，なぜ患者がこれほどまで強く信じてしま

うのかということを説明する際，情報処理モデルが非常に役立つ場合が多い。図13.3のような，長方形の出入り口をもつ大きな円は，患者のスキーマを示している。スキーマとは情報を組織化するための心的構造のことである。スキーマの中身が中核信念に該当する。

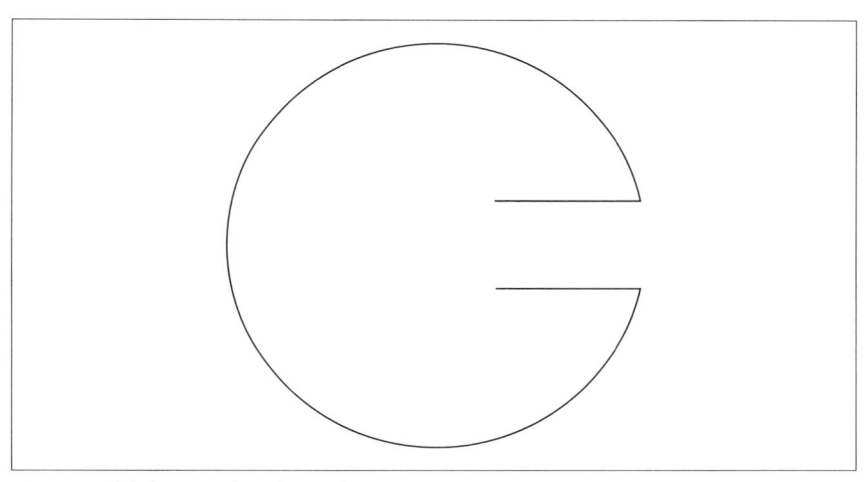

図13.3　情報処理モデル（その1）

  セラピスト：あなたの「自分は欠陥人間だ」という考えについて，もう少し話を進めていってもいいですか。
  ヘレン：ええ，いいですよ。
  セラピスト：私たちはこれまで，このような考えが，いかに頻繁にあなたの頭に浮かぶか，ということについて話し合ってきましたね。
  ヘレン：ええ。
  セラピスト：しかもいかに長い期間，あなたがこの考えを信じ続けてきたか，ということについても話し合ってきました。
  ヘレン：そうでしたね。
  セラピスト：あなたがこの考えをなぜこれほどまでにも強く確信しているのか，それについて，私にはある仮説があります。（一呼吸おく）この仮説が果たして妥当なのか，あるいはそうでないのか，あなたにぜひ教えていただきたいのですが，いかがでしょうか。

ヘレン：いいですよ。

セラピスト：（図13.4を描きながら）では始めましょう。ヘレン，あなたの心の中に，こんな感じの大きな円があるとします。この円はこのように，長方形の形をした出入り口をもっています。そしてこの大きな円には，「私は欠陥人間だ」というあなたの信念が含まれます（円の中に「私は欠陥人間だ」という文言を書き足す）。

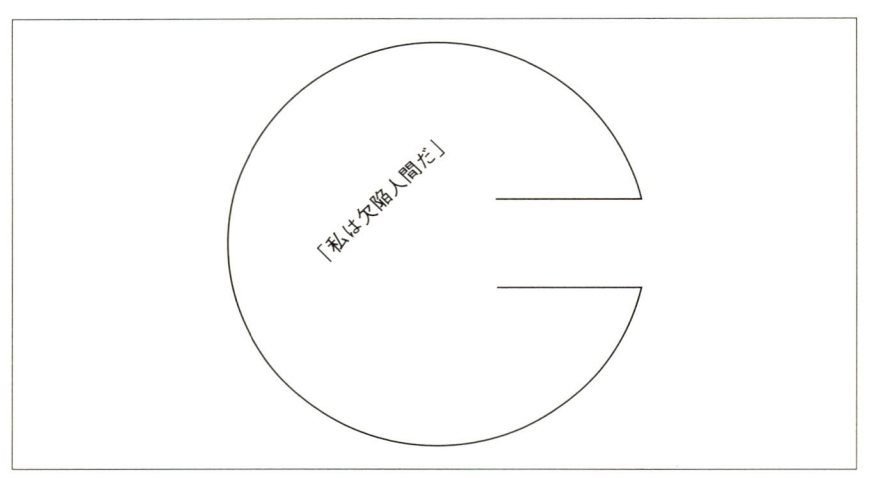

図13.4　情報処理モデル（その2）

セラピスト：さてここで，何かが起きたとしましょう。そうですね，たとえばあなたは以前，教会に行ったとき誰とも話をしなかった，と報告したことがありましたね。ご自分が誰とも話をしていないことに気づいたとき，どんな自動思考が生じましたか。それはたとえば「いったいこれってどういうこと？　私はやっぱり欠陥人間なんだろうか」というものでしたか。それとも「それとこれとは関係のないことだ。私は欠陥人間なんかじゃない」というものでしたか。

ヘレン：前者です。自分はやはりどこかおかしいのだと思いました。

セラピスト：あなたはそのとき，そう思う必要があったのですか。

ヘレン：必要があったとか，なかったとか，そういうことではなく，即座に

第13章　中核信念を修正するにあたっての困難　455

　　　そう感じてしまったんです。
セラピスト：（図13.5を描きながら）ということは，教会で誰とも話さなかったという出来事を，こっちの長方形に書き込んでみましょう。あなたにとってネガティブな出来事だったでしょうから，マイナス記号をつけておきましょう。

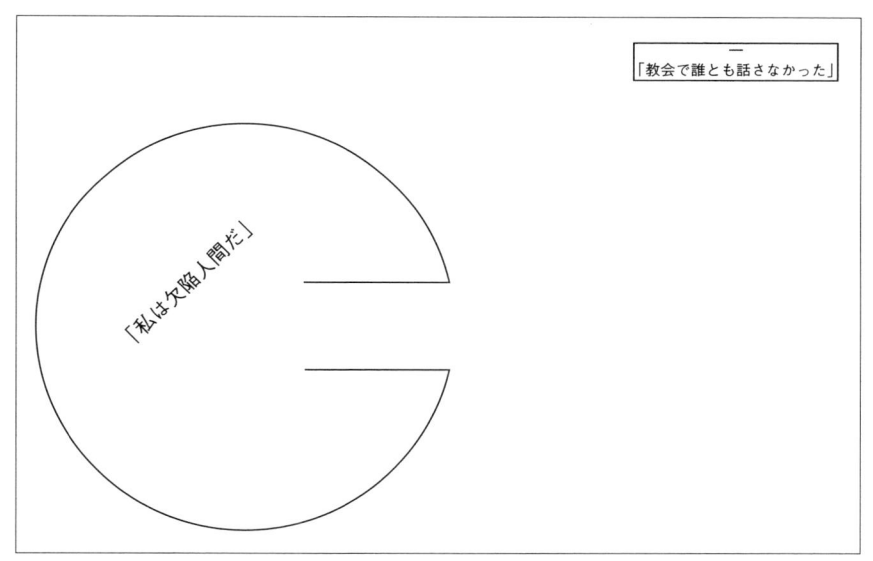

図13.5　情報処理モデル（その3）

セラピスト：（矢印を引きながら）さて，教会での出来事がこのように長方形で，この大きな円の出入り口はもっと大きな長方形だから，教会での出来事はこんなふうに円の出入り口に吸い込まれてしまうんですね（図13.6）。
　　　（円の中の「私は欠陥人間だ」という文言にアンダーラインを引きながら）一つの長方形がこうやって円の中に飲み込まれるたびに，「私は欠陥人間だ」という考えは強化されます（図13.7）。
ヘレン：なるほど。
セラピスト：では別の状況を考えてみましょう。……たとえば，あなたは先週，小切手の精算をしなかったために銀行の口座が残高不足になって

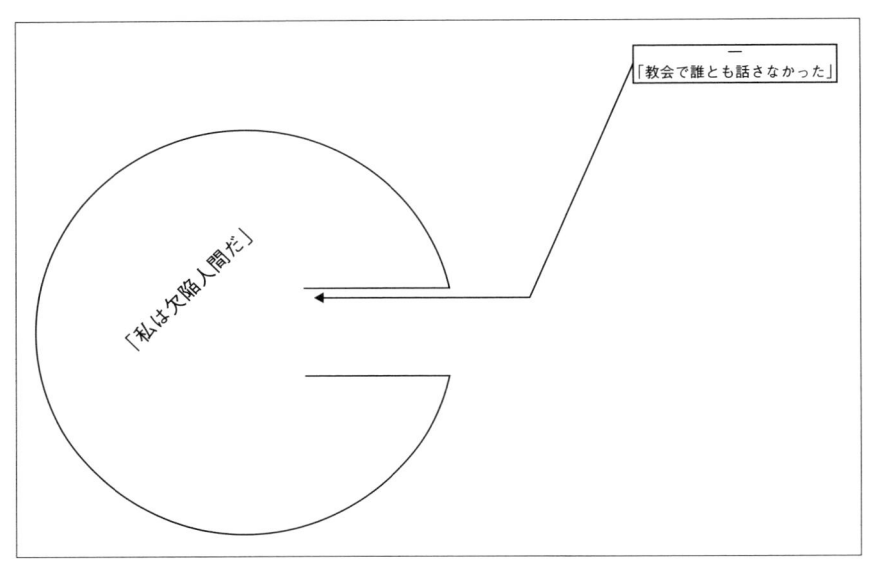

図13.6　情報処理モデル（その4）

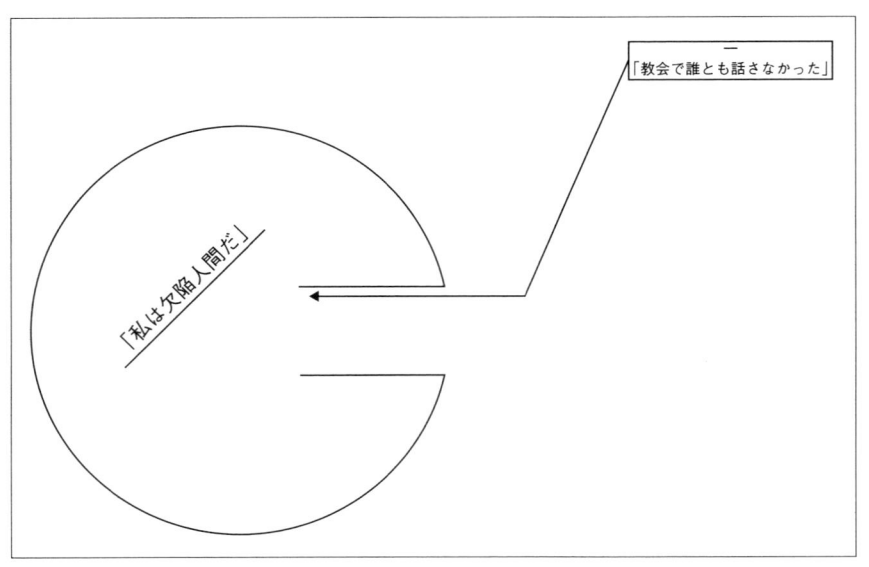

図13.7　情報処理モデル（その5）

しまったとおっしゃっていましたね。このような事態になったとき，どんな自動思考が浮かびましたか。「いったいこれってどういうこと？私はやっぱり欠陥人間なんだろうか」というものでしたか。それとも「それとこれとは関係のないことだ。私は欠陥人間なんかじゃない」というものでしたか。

ヘレン：私は即座に「自分はなんてばかで，救いがたい人間だろう」と思ってしまいました。

セラピスト：（この件を図13.7に付けたし，さらにアンダーラインを引きながら）ということは，口座が残高不足になるという状況もやはりこのように長方形で囲まれるようなネガティブな出来事で，さっきと同じように大きな円に吸い込まれてしまうわけですね。そして吸い込まれた瞬間，「私は欠陥人間だ」という信念がさらに強化されてしまうのです（図13.8）。

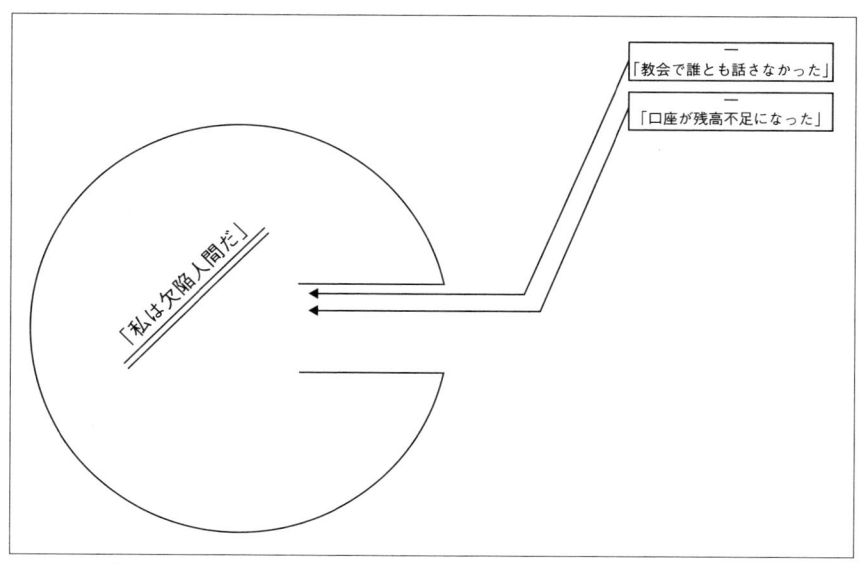

図13.8　情報処理モデル（その6）

セラピスト：では，さらに別の状況を検討してみましょうか。最近あなたはどのようなときに，「私は欠陥人間だ」と思ってしまいましたか。

ヘレン：（しばらく考える）日曜日の夜です。この間の日曜日，あんなに天気が良かったのに，私は一日中家でだらだらしていたんです。

セラピスト：そのことに気づいたとき，どう思ったのでしょう。

ヘレン：「やっぱり私はどこかおかしいんだ」ということです。

セラピスト：ということはまたしても，「私は欠陥人間だ」という信念が活性化されてしまったということになりますね。

ヘレン：そうです。

セラピスト：（この件を図13.8に付け足し，さらにアンダーラインを引きながら）ということは，同じパターンですね。この長方形もやはり大きな円に飲み込まれてしまうのです（図13.9）。

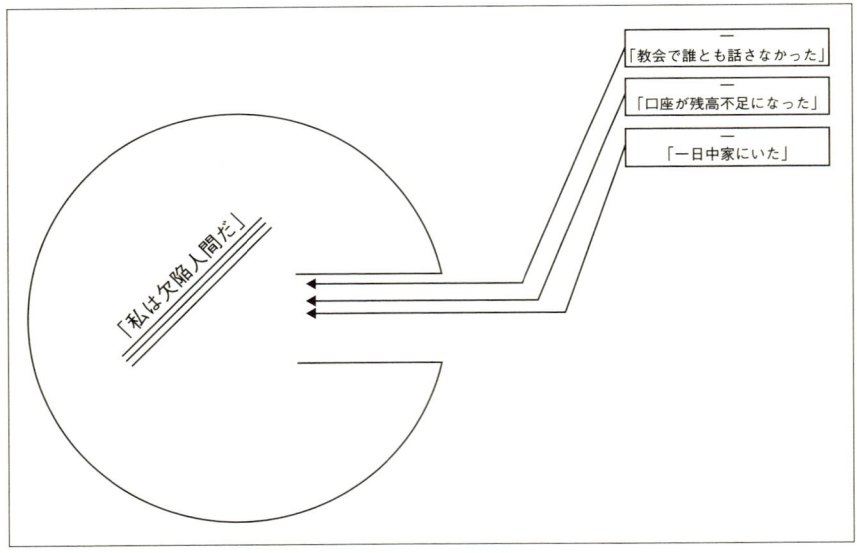

図13.9　情報処理モデル（その7）

セラピスト：さて，これが私の仮説です。「私は欠陥人間だ」ということを示唆するような出来事が起きるたびに，それが一つの情報として，ただちにこの円，すなわちあなたの心の中にスーッと飲み込まれてしま

うのです。（図13.9を指しながら）あなたがそのことについてじっくり考える前に、こうやって飲み込まれてしまうのです。（一呼吸おく）この仮説についてどう思いますか。

ヘレン：たぶん、そんな気がします。

セラピスト：なんとなくそんな気がするという感じですか。

ヘレン：いいえ、違います。確かにそのとおりだと思います。

セラピスト：わかりました。では、もう一つ、私の仮説をお話しさせてください。もし「私はちゃんとした人間だ」ということを意味するような出来事があった場合、その情報はどうなるでしょうか。私が思うに、そのような情報は、これまでの長方形の情報とは異なり、あなたの心の中に、すなわちこの大きな円の中にスーッと入っていくことはないのではないでしょうか。（一呼吸おく）たとえば少し前にあなたが話してくれたことがありましたね。お友だちのジーンが家族のためにプレゼントを選びたいと言って、あなたに相談してきたという話でした。ジーンは、あなたのセンスが良いから相談するのだとおっしゃっていたということでした。（一呼吸おく）ジーンがプレゼント選びについてあなたに相談してきたとき、あなたにはどんな自動思考が浮かびましたか。たとえば「なんてすばらしいんだろう。私に相談してくるということは、ジーンは私のことをちゃんとした人間だと思っているにちがいない」とか？

ヘレン：いいえ、そんなふうには考えませんでした。

セラピスト：では、どのように思ったのですか。

ヘレン：「ジーンはお金に困っているから、買い物につきあってほしいと私に言ってきたんだ」ということです。

セラピスト：（図を描きながら）ということは、たとえ望ましいと言えるかもしれない出来事があなたに起きても、それはこのような三角形に囲まれた情報になってしまうようですね（図13.10）。

　大きな円の出入り口は長方形です。しかしこのポジティブな情報は三角形です。これを円の中に取り込むためには、変形しなければなりません。そこであなたはこの情報を、「ジーンはお金に困っているから、

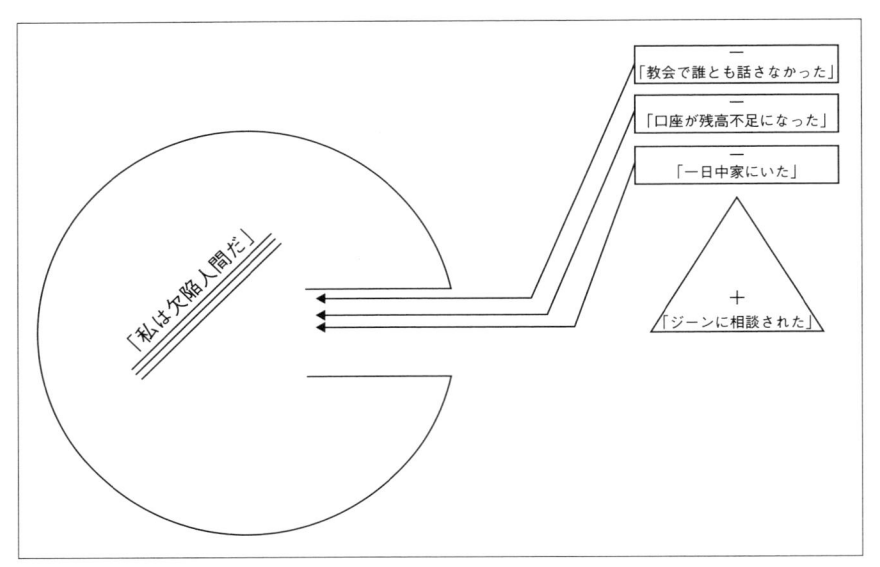

図13.10　情報処理モデル（その8）

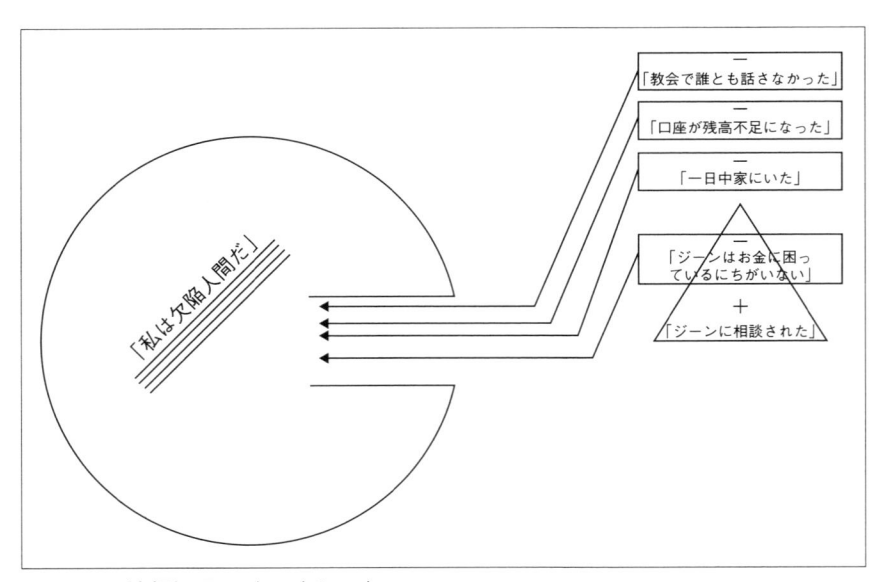

図13.11　情報処理モデル（その9）

買い物につきあってほしいと私に言ってきたんだ」というふうに書きかえたのではないでしょうか。（図13.11を描きながら）このような長方形であれば，これまで見てきた他の長方形と同じく，円はみごとにこれを飲み込むことができますね。……あなたはどう思いますか。

ヘレン：確かにそうですね。

セラピスト：（「私は欠陥人間だ」という文にさらにもう1本アンダーラインを引く）そして，「私は欠陥人間だ」という信念はまたしても強化されてしまうのです。

ヘレン：なるほど。

セラピスト：他の例も考えてみましょう。あなたが欠陥人間ではなくちゃんとした人間であることを示すような，最近のエピソードを教えてください。

ヘレン：（しばらく考える）ジーンのコンピュータを借りて，ワープロソフトの練習を始めたことでしょうか。

セラピスト：それはすばらしいですね。これについては，どのような自動思考が浮かんだのですか。「これは本当にすごいことだ。私もとうとうコンピュータでこんなことができるようになったんだ！」とか？

ヘレン：まさか。そんなふうには全然思いませんでした。

セラピスト：では，どのような自動思考が？

ヘレン：「こんなこと，全然大したことじゃない。いまだにワープロソフトの使い方を知らない人間なんて，この私ぐらいだろう」という考えが浮かびました。

セラピスト：（図13.12を描きながら）ということは，またしても同じことが起きているようですね。ポジティブなことがあったにもかかわらず，それはやはり三角形で囲まれてしまい，しかもネガティブな長方形に変形されてしまったのです。長方形じゃないと，大きな円がそれを飲み込めないですからね。……どうでしょう，これで合っていますか。

ヘレン：合っていると思います。

セラピスト：さらに考えてみましょう。（一呼吸おく）そうですね，あなたは最近ご自分のアパートに関する雑用を，いろいろと片づけたとおっ

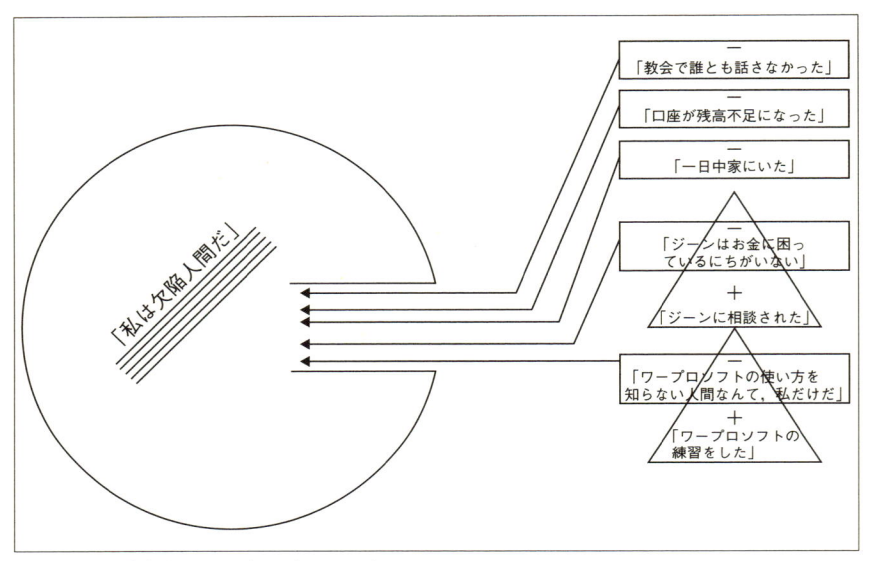

図13.12　情報処理モデル（その10）

　　　しゃっていましたね。たとえば壁にペンキを塗ったり，古い洋服や雑貨を処分したり，台所のテーブルを修理したりしたのでしたよね。
ヘレン：ええ。
セラピスト：そのとき，どんなことが頭に浮かびましたか。「こういうことができるということは，私が欠陥人間なんかではなく，ちゃんとした人間だからだ」とか？
ヘレン：（考える）いいえ，そんなふうには思わなかったです。
セラピスト：もしあなたがそれらの雑用をしなかったら，あなたはそれをしなかった自分を「欠陥人間だ」と思って，責めたのではないですか。
ヘレン：たぶん，そうでしょうね。
セラピスト：（図13.13を描きながら）ということは，さらにここにポジティブな三角形がいくつか描けますね。でもそれらは円に跳ね返されてしまったようです。あなたは，これらのことがまさにポジティブなことであるということに，気づいていなかったのではないでしょうか。
　　　さて，これが私の仮説です。あなたが何かポジティブなことをしたり，

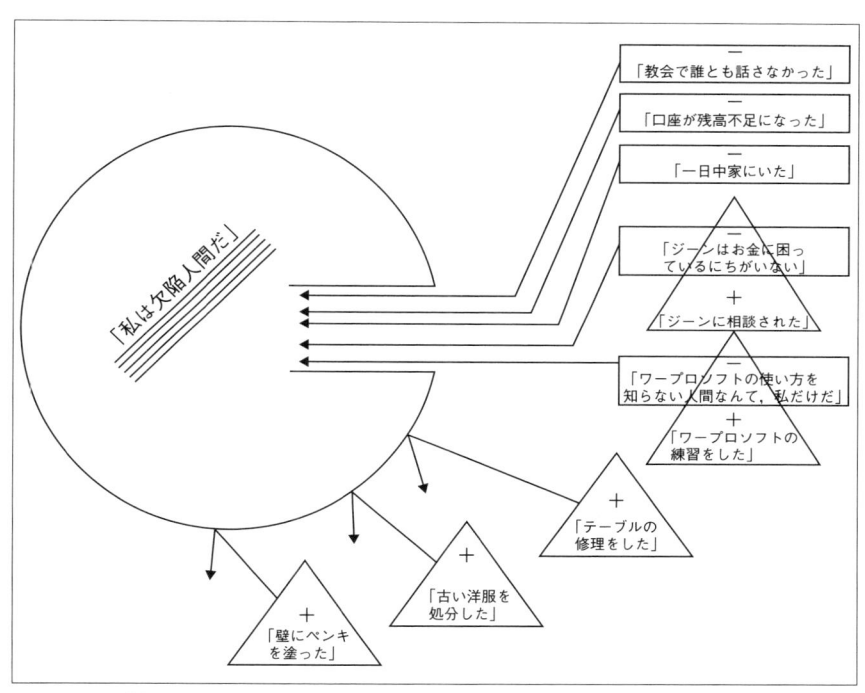

第13章　中核信念を修正するにあたっての困難　463

図13.13　情報処理モデル（その11）

　　　あなたに何かポジティブな出来事が起きても，それはネガティブなこととして変形されてこの大きな円に飲み込まれてしまうか，もしくは円に跳ね返されてしまいます。しかもあなた自身は，これらの三角形のことに気づいていません。このような仮説について，あなた自身はどう思いますか。

ヘレン：（考え込む）うーん……なるほどね……確かにそうだと思います。

セラピスト：このようなことが繰り返されると，いったいどうなってしまうのでしょうか。物事をすべてネガティブにとらえ続けると，どういうことになるのでしょうか。ポジティブなことがあっても，それらをネガティブに変形したりそれらに気づかなかったりし続けたら，何が起きるでしょうか。おそらく「私は欠陥人間だ」という信念は，それが真実ではないかもしれないのに，強化され続けることになるでしょう。

　　　　　……どう思いますか。
ヘレン：（考え込む）……難しいですね……，でも，おっしゃることは理解できます。
セラピスト：しばらくこのことについて一緒に考えていきませんか。（一呼吸おく）次のようなホームワークはどうでしょうか。何か出来事が起きたり，あなた自身が何かをしたりしたら，それがポジティブなことなのかネガティブなことなのか確認してみるのです。そしてあなたがそれらをどのように受け止めたか，自分の心の中の反応を観察してみてください。よろしいですか。

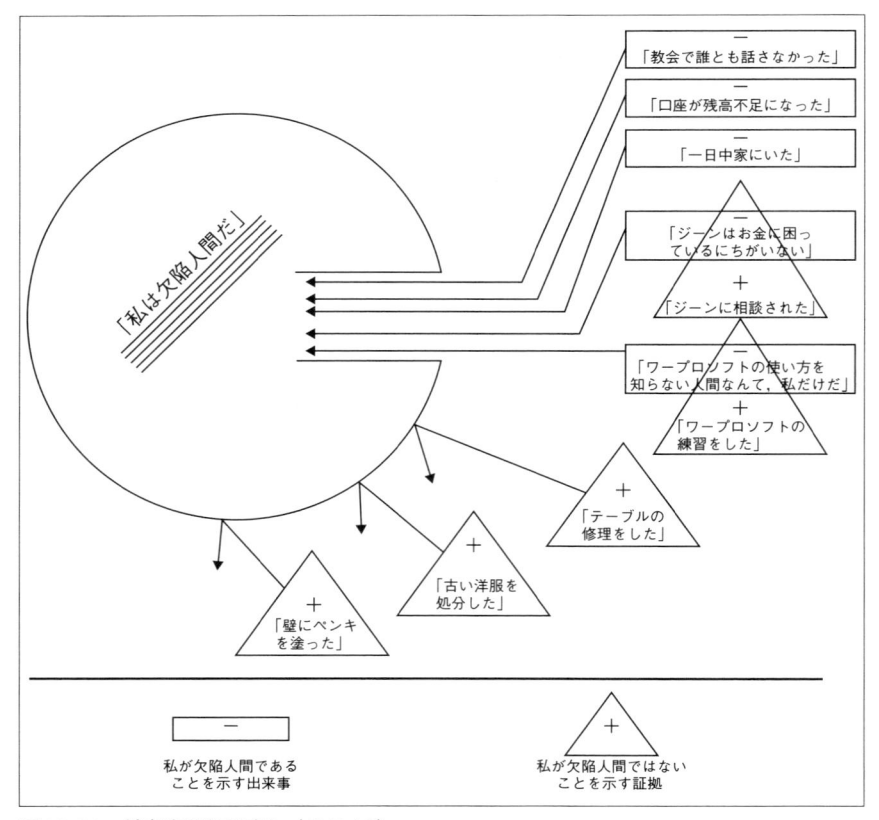

図13.14　情報処理モデル（その12）

第13章　中核信念を修正するにあたっての困難　465

ヘレン：ええ，わかりました。

セラピスト：（図13.14を描きながら）観察したことは，すべてこの図に書き込んでいきましょう。ネガティブなことはすべて，この左側の長方形の下にメモしてください。ポジティブなことはすべて，この右側の三角形の下にメモしてください。

　次のセッションでは，どうしたらこのようなパターンを断ち切ることができるか，そのことについて話し合いたいと思いますが，いかがですか。

セラピストはセッションの終わりに，この日学んだことを要約してカードに書き留めるようヘレンに求めた。

> 　私は，自分が毎日体験するさまざまな状況を，それが「私は愚かだ」「私は異常だ」「私はどこかおかしい」ということを意味しているようにとらえてしまう癖がある。だからこそ，「私は欠陥人間だ」という信念が日々，強化されてしまうのだ。そして対照的に，ポジティブな意味をもつ出来事の価値を差し引いて考えたり，無視したりすることが癖になってしまっている。だから結局，「私は欠陥人間だ」という考えが，ますます強化されてしまうのだ。私はこのような悪循環から逃れたい。これからの治療を通じて，その逃れ方について学んでいくとしよう。

ヘレンとは異なり，ある程度ポジティブなデータをすでに自分の中に取り入れている患者もいる。その場合，上で紹介した大きな円，すなわち患者のネガティブなスキーマを表す図に加えて，それとは相反するポジティブなスキーマを描き足すことができる。この場合セラピストは，ネガティブな中核信念を表す円の下にそれよりも小さな円を描き，それをポジティブなスキーマとして示すことができるだろう。そのポジティブな円の出入り口は，小さな三角形にするとよい。そしてその小さな円には，適応的な信念を表すようなタイトルをつけるとよいだろう（図13.15）。

また，患者がポジティブな情報も取り入れてはいるものの，それが患

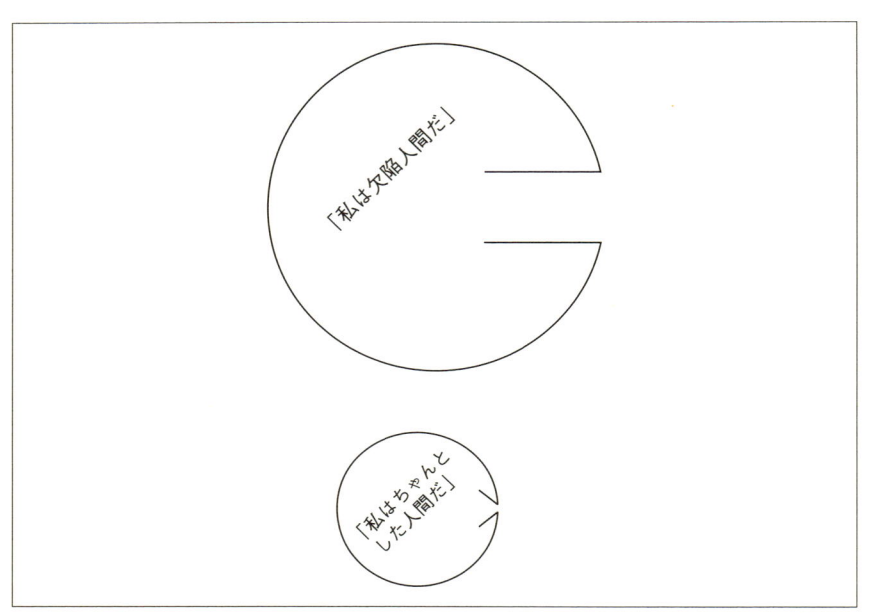

図13.15　ネガティブなスキーマとポジティブなスキーマ

者の中にしっかりと定着していないように思われる場合，セラピストは，底が落とし穴になっているポジティブな円を描いてもよいかもしれない（図13.16）。

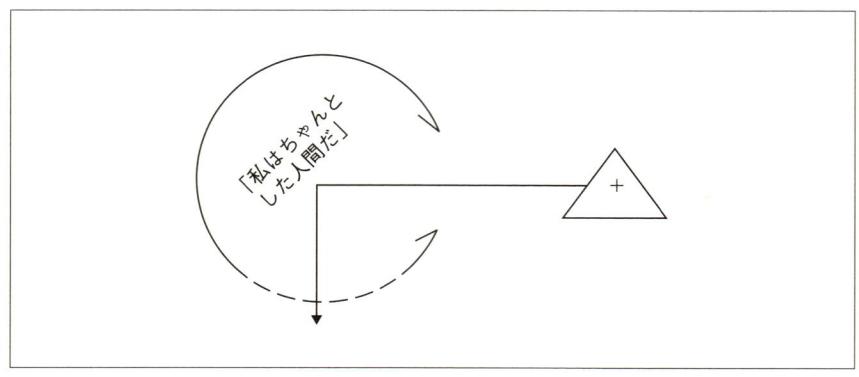

図13.16　定着しきっていないポジティブなスキーマ

5　類推を活用する

　中核信念は確かに強力ではあるが，それはあくまでも患者の「考え」にすぎない。このことを患者が理解できるよう手助けする際，類推を使うとうまくいく場合がある。たとえばセラピストはヘレンに対し，コロンブスより前の時代の人びとについて話をしたことがある。当時の人びとは，自分たちの住む世界が「地球」という球体ではなく平面であると強く信じていたため，そもそもその信念を検証しようということもせず，その平面から落っこちてしまわないよう，遠くに船出することを避けていた。またセラピストはヘレンに対し，誰か偏見の強い人が周囲にいるかどうか尋ねてみた。するとヘレンは，極端に保守的な考え方をする隣人の存在を思い出した。その隣人は，自分の偏見に合う情報だけを選択的に取り入れ，それとは合わない情報は無視したり割り引いて受け止めたりしていた。そしてこの隣人の存在を思い出すことで，「自分は欠陥人間だ」という信念が自分自身に対する強い偏見であるということを，ヘレンは理解することができた[49]。

6　より現実的な中核信念を形成する

　セラピストは患者が新たな中核信念を自分の中に形成できるよう手助けするが，その際，新たな中核信念の内容が，元のネガティブな中核信念の内容とあまりにも正反対なものとならないよう，つまり現実に即した信念を形成するよう注意する必要がある。治療初期には特にそうである。ヘレンの場合，治療が終盤に入って初めて，「自分はちゃんとした人間である」と安定して信じられるようになった。またハルという患者は，「みんな，長所もあれば短所もある。自分もみんなと同じく，長所も短所も併せもつ普通の人間である」という新たな信念を形成した。

7　中核信念を修正するよう患者を動機づける

　セラピストは，中核信念を修正しようとする患者の動機づけを高める必要がある。その際，中核信念を修正する利益と不利益を患者自身が同定し，書き出すよう手助けするとよい。その際同時に，現在の中核信念

表13.1 中核信念を修正したり維持したりすることの利益と不利益

●中核信念を修正することの利益	●中核信念を修正することの不利益（およびその新たな意味）
・今より自分を好きになれる。 ・人生が良い方向に向く。 ・ボーイフレンドができる。 ・仕事に就ける。 ・定期収入が得られる。 ・欲しいものが買える（例：コンピュータ，テレビ，CD，服など）。 ・外食の機会が増える。 ・家族と一緒にいるとき，劣等感を感じないですむ。 ・言い訳をしないですむようになる。 ・他人と一緒にいるときに過度に不安にならずにすむ。 ・テレビを観ること以外にも，やりたいことが増える。 ・物事をもっと楽しめるようになる。	・不安になるだろう。しかし，その不安は一時的なものである。 ・自分が何者かということが，わからなくなってしまうかもしれない。しかし，何も自分のすべてを変えようというわけではない。私がやろうとしているのは，望ましい信念まで変えることではなく，単に「私は欠陥人間だ」という信念を修正することである。 ・中核信念を修正するというのは，危険を冒すということだ。しかし，それに見合うだけの報いをきっと得られるだろう。 ・中核信念の修正は，つらい作業になるだろう。しかし，セラピストが私を手助けしてくれる。
●中核信念を維持することの利益（およびその新たな意味）	●中核信念を維持することの不利益
・不安を避け続けることができる。しかし，避けても避けても不安はやってくるものである。それに物事を避け続けることで，私は落ち込むし，絶望感に駆られてしまう。 ・困難な問題に挑戦しないですむし，挑戦しなければ失敗もしないですむ。しかし，それでは今のこの，うんざりするような生活を続けざるをえなくなる。いずれにせよ，治療を通じて，困難な問題にどう取り組めばよいか，セラピストに手助けしてもらえばいいのだ。 ・自宅にこもってテレビを観てばかりいる生活を送っていることに対して，言い訳し続けることができる。しかし，テレビなんて結局，一時的な気晴らしにしかならない。テレビを観て一日を過ごすと，「何もしないで一日が終わってしまった」と，今度はそのことで落ち込む羽目になる。 ・がんばって治療に取り組む必要がなくなる。しかし，がんばって取り組み続ければ，何かとても大きな成果を得られるかもしれない。	・うつ状態から回復できない。 ・周囲から孤立したままである。 ・何かをして満足する，という体験ができないままである。 ・何かをして楽しむ，という体験ができないままである。 ・罪悪感を抱き続ける。 ・「自分は失敗者だ」と思い続ける。 ・いつまでも目標が達成できない。 ・いつまでも定期収入が得られない。 ・時間と人生をむだに過ごし続けることになる。

を維持することの利益と不利益も同定してみると，さらに重要な情報が手に入るかもしれない。たとえばヘレンは，セッションとホームワークでの作業を通じて，表13.1のようなリストを作り上げていった。セラピストは，ヘレンが非機能的な信念の意味づけを変えられるよう手助けし，それらもリストに加えていった。

　今から10年後の生活を詳細に思い描くというやり方が，患者の動機づけを高める場合もある。この場合，まず中核信念を修正しなかった場合の10年後を思い浮かべる。心身ともに今よりもっと調子が悪く，今よりもっと疲弊し，苦痛に満ちた生活を送っている自分の姿を想像するのである。次にセラピストは，中核信念を修正した場合の10年後を思い浮かべるよう患者を誘導する。今よりは自分を好きになり，機能的に行動し，人間関係も改善され，仕事やさまざまな活動をして充実した生活を送っている自分の姿をありありと思い描くのである。

Ⅱ　事例および中核信念を修正するための技法

　中核信念を修正するためのさまざまな技法が，本書の第11章，12章，および『認知療法実践ガイド・基礎から応用まで：ジュディス・ベックの認知療法テキスト』[14]に紹介されている。ここでは引き続きヘレンの事例を用いて，中核信念を修正するための主要技法について解説する。すでに紹介したとおり，ヘレンという患者は，慢性うつ病で，アルコール依存症の既往がある無職の女性である。

1　中核信念が活性化されたことに気づく

　はじめに重要なのは，中核信念が活性化されたとき，ヘレンがそれに気づけるようになることであった。そのためにセラピストは，前節で紹介したとおり，中核信念に基づいて状況をネガティブに認知した場合，その認知を「ネガティブな長方形」とみなすようヘレンに求めた。そして何かネガティブなことが起きたときも，「ネガティブな長方形」を自

分の中に探してみるようヘレンに求めた。セラピストとヘレンはまた，セッション中に次のようなコーピングカードを作成し，日常生活上で何らかの苦痛を感じたとき，あるいは苦痛を感じそうなことを回避しようとしたとき，このカードを読んでみることにした。

> ●私は今，「自分は欠陥人間だ」と思っているんだろうか。
> そうだとしたら，私はまた，ネガティブな長方形を使ってしまったのだろう。この状況に対して，「自分は欠陥人間だ」以外の何か別な説明ができないだろうか。別の見方をするとしたら，どんなことがあるだろうか。

セラピストは，セッションの開始時には必ず，「私は欠陥人間だ」という信念の強度をヘレンに報告してもらった。また，日常生活で「ネガティブな長方形」が生じたらそれを同定し，セッションで報告するようヘレンに求めた。セラピストはさらに，橋渡しの時間にはあえて積極的な対話を行い，日常生活で生じた「ポジティブな三角形」についてもヘレンが報告できるよう手助けした。というのも，当初ヘレンは，ポジティブな三角形に該当するような出来事を自発的に報告するようなことがなかったからである。

　　「ヘレン，この1週間はどんな様子でしたか。具体的に教えてください。ポジティブな出来事には，どんなことがありましたか。この1週間，たとえばあなたは何をしましたか。楽しいことが何かありましたか。少しでも気分の良かったときはありましたか。ジーンや妹さんと一緒に過ごした時間がありましたか」

セッション中にヘレンの苦痛や非機能的な行動について話し合うときはいつも，それらが彼女の中核信念に根ざしているかどうか，セラピストは常に確かめようとした。

　　「（要約しながら）つまり，妹さんの知り合いが，あなたにできそうな仕事

があるという情報をくれたのにもかかわらず，あなたはその人に連絡をとらなかったのですね。これは，『私は欠陥人間だ』という中核信念が，あなたを邪魔したということになるのでしょうか」

2　ネガティブな情報の処理の仕方を修正する

　前節で紹介したような情報処理モデルが自分にもあてはまることをヘレンは認めた。そこでセラピストは次に，個々のネガティブな情報にどのように対応したらよいか，そのやり方をヘレンに教えていくことにした。具体的にはまず，個々の「ネガティブな長方形」を書き出し，その横に大きく「しかし（BUT）」と書く。そしてセラピストからのソクラテス式質問法を通じて，個々の状況に対する代わりの説明や別の見方を探していくのである。次にその例をあげる。

・AA（訳注：アルコール依存症の匿名自助グループ）のミーティングで誰とも話さなかった。	**しかし**このことは「私は欠陥人間だ」ということを示しているわけではない。私は単にそのときあまりにも不安だったのだ。
・小切手帳の収支が合わず，口座が残高不足になってしまった。	**しかし**これは私が面倒なことを避けた結果，生じた出来事である。今私は，面倒なことにどうやって取り組むか，治療を通じて学んでいる最中である。つまりこのことは「私は欠陥人間だ」ということを示しているわけではない。
・日曜日に一日中家にいた。	**しかし**それは私がすごく落ち込んでいたからである。したがって，このことは「私は欠陥人間である」ということを示しているわけではない。

　ヘレンの「ネガティブな長方形」は，認知モデルにおける「状況」に該当する。セラピストはそのことをヘレンに伝え，さらに，代わりの説明や新たな見方を探すためにセラピストが投げかけた質問が，実は非機能的思考記録表の第二の質問とほぼ同じものであるということも説明した。セラピストは引き続き「ネガティブな長方形」についてヘレンに報告してもらい，それが中核信念に関連しているようであれば，その長方形に対して代わりの説明や新たな見方をしてみるよう，ヘレンを励まし

続けた。
　セラピストはまた，代わりの説明がなかなか見つからない場合に使える，別のやり方についても，ヘレンに教示した。それは日常生活上で「ネガティブな長方形」が生じたとき，次のように自問してみるというものである。

　　○「こんなとき，ジーン（妹／セラピスト）なら，どのように考えるだろうか」

　セラピストはさらに，ヘレンがさまざまなネガティブな場面を「自分は欠陥人間だ」という信念に関連づけてしまうのは，ヘレンの内なる父親像にその発端があるということを，ヘレンが理解できるよう手助けした。ヘレンは実際，ネガティブな状況において，「パパなら何て言うかしら」と想像し，父親が自分を批判する場面を思い浮かべていたのである。ネガティブな自動思考にこのような起源があるということを理解することで，個々のネガティブな自動思考の妥当性はそのぶん軽減された。
　ヘレンが「ネガティブな長方形」に適切に対応できるよう，セラピストは他にも心理教育を行った。当時ヘレンが抱えていた問題の一つに，日常生活をきちんと営めない，ということがあった。具体的には，朝きちんと起床する，アパートをきれいに片づける，請求書の支払いを期限までにすませる，といったことである。たとえ気の進まないことであれ，必要なことを必要に応じて実施する，という「自己規律」がヘレンはとても苦手だったのである。そして彼女はこのことを，「私は怠け者だ」「私は欠陥人間だ」という信念と結びつけて考えていた。
　このことについて，セラピストはヘレンに心理教育を行うことにした。具体的には，子どもが物事をどのように学習するか，そのプロセスについて教えたのである。子どもは最初から自己規律できるよう生まれつくわけではない。親が子どもを適切にしつけることによって，子どもはしだいに自己規律を学び，欲求不満にも耐えられるようになっていく。分別のある親であれば，わが子の行動（例：宿題への取り組み）を絶えず

見守り，子どもがやるべきことをきちんとやっていれば，ほめたり励ましたりし，子どもが自分の責任を果たすことができなければ，それ相応の結果を与える。分別のある親であれば，どのようにすれば限られた時間を計画的に使えるのか，そのやり方を子どもに教える。また家庭生活が滞りなく機能していけるよう，子どもにも課題を与え，家事の手伝いをさせる。このようにして子どもは責任を果たすことを学んでいく。それはつまり，やりたくなくてもやらなくてはならないことがある場合，「やるかやらないか」という選択の余地を自分に与えず，やりたくないという気持ちを乗り越えて実施する，という能力である。そしてこの能力を子どもにしつけるのは，通常，親の役目である。しかしヘレンの家庭では，残念ながらこのようなしつけがほとんど行われていなかった。だからこそヘレンは大人になっても自己規律できずにいたのである。セラピストはこれらのことをヘレンに心理教育し，ヘレンもそれを理解した。その結果，日常生活をきちんと営めないことに対する意味づけが，「私は怠け者で欠陥人間だ」というものから，「私は日常生活を営むスキルを学んでこなかったのだ」というものに変化していった。

3 ポジティブな情報の処理の仕方を修正する

　ヘレンにとってもう一つ重要なことは，自分がポジティブな情報を割り引いて受け止めたり，場合によってはポジティブな情報そのものに気づかない場合があることを自覚することであった。セラピストは，このような割り引き形式の思考をしていることに自分で気づけるようヘレンを手助けした。ヘレンはせっかくの「ポジティブな三角形」を「ネガティブな長方形」にすりかえてしまっていた。次に例をあげる。

　　○「私はジーンが本棚を組み立てるのを手伝った。しかし，こんなことは誰にでもできることだ」

　そこでセラピストは，このような割り引き思考に対し，あえてそれをさらに割り引いて考えるようヘレンに求めた。

○「しかし，誰にでもできるはずのことをジーンはできなかったではないか。これは，私が欠陥人間ではない，ということを示す根拠になるかもしれない」

セラピストは，このような「ポジティブな三角形」のリストを作り続け，その際上記の例のように，何らかの適応的な反応を書き加えることをヘレンに求めた。他の例を示す。

○「私は就職のための採用面接に行くことができた。しかし，私は採用されないだろう」
↓
「しかし，いずれにせよ面接に出向くことができたのだ。それ自体は良いことだ」

○「私は自分のアパートを，ほんの一部ではあるけれども掃除することができた。しかし，アパートはあまりきれいにならなかった」
↓
「しかし，たとえ一部ではあれ，きれいに掃除できた部分もあったのだ」

「そんなことはできて当然だ」とこれまで思っていたことをポジティブにとらえ直すのは，ヘレンにとって難しいことであった。しかし治療が進むにつれて，ヘレンのとる行動はしだいに機能的になり，「私はちゃんとした人間だ」という新たな中核信念の裏づけとなる情報が手に入ることが実際に増えていった。また同時に非機能的な行動が減っていった。セラピストはヘレンに次のような質問をし，「ポジティブな三角形」のリストにさらに追加してもらった。

▶「仮にこの1週間，私があなたのあとをついて回っていたとしましょう。あなたが1週間のうちで行ったことで，私が『ほら，

ヘレン，そのことはあなたが実にちゃんとした人間であることを示していると思いますよ』と言いそうなことには，どんなことがありましたか。教えてください」
▶「この１週間にあなたが行ったことを振り返ってください。もしそれと同じことを，あなたの友人（もしくは家族／ルームメイト／同僚／近所の人）が行ったとしたら，あなたはそれに対して『すごいじゃない。そういうことができるなんて，あなたは実にちゃんとした人だと思うわ』と指摘してあげられるのではないですか。あなたがそのように指摘できそうなどんなことを，この１週間にあなた自身が行いましたか」

4 自分の過去の情報処理のあり方を振り返る

　ネガティブな情報を選択的に取り入れ，ポジティブな情報は無視するかあるいは割り引いてとらえる，といった情報処理のあり方をヘレンが身につけたのは，彼女がうんと幼い頃であった。セラピストはこのことをヘレンが認識できるよう手助けした。セラピストはヘレンが育った時期を，小学校，中学校，高校，そしてそれ以降というふうに分割し，それぞれの時期におけるポジティブな情報とネガティブな情報を想起するようヘレンに求めた。そしてそれぞれ「ネガティブな長方形の歴史」と「ポジティブな三角形の歴史」と名づけたリストにまとめるよう依頼した。

　セッションとホームワークの両方を使って，セラピストとヘレンは，ヘレンの過去におけるネガティブな情報と，割り引いてとらえられてしまっているポジティブな情報の意味づけを修正することを試みた。たとえばセラピストはヘレンに対し，アルバムを開いて過去の写真を見てみるよう求めた。そこにはヘレンが幼い頃によく一緒に過ごしたという，おばさんとおじさんがヘレンとともに写っていた。ヘレンによれば二人はとても優しい人たちで，彼女の面倒をよくみてくれたのだという。そこでセラピストは，この二人を訪ねて自分の幼かった頃の話を聞いてくる，というホームワークの課題をヘレンに提案した。このような課題は，

「ポジティブな三角形」のリストを作るうえで大いに役立った。このようにしてセラピストとヘレンは，各発達段階ごとに収集した情報を一緒に検討し，より適応的な結論を引き出していった。

　このようなプロセスを通じて，ヘレンはしだいに現実的な見方ができるようになっていった。たとえばヘレンは小学校の高学年時に成績がガタ落ちしたことがあったが，それは彼女が欠陥人間だったからではない，といった見方である。ソクラテス式質問法を通じてヘレン自身が導き出した結論は，その当時，父親はアルコール依存症でヘレンにしょっちゅう身体的暴力をふるっており，しかも母親はうつ病でひきこもりがちであったため，ヘレンは家庭内で始終精神的に動揺しており，そのせいで成績が悪化してしまった，というものである。それほどひどい環境的ストレスがあれば，勉強がうまくいかなかったのも当然である，とヘレン自身が理解したのであった。

5　ソクラテス式質問法

　先述したとおり，セラピストは，「ネガティブな長方形」や「ポジティブな三角形」に対する意味づけを変えるための質問をヘレンに投げかけたり，さらに「ポジティブな三角形」を新たに同定できるよう質問を重ねたりしていた。セラピストはそれと同時に，ヘレンの中核信念を，全般的な視点から，またときには特定の具体的な文脈において検討するための質問を，ヘレンに対して投げかけ続けた。治療の全過程を通じてセラピストがヘレンに問いかけた質問は多岐にわたるものであったが，ここではその一部を紹介する。

> ▶全般的な質問
> - 「『欠陥人間』とは，具体的にはどのような人のことをいうのですか」
> - 「私にとっては，「欠陥」とはこのようなことを意味するのだと考えています。……あなたはどう思いますか」
> - 「うつ病にかかったことのある人がここにいるとします。その人

は必然的に『欠陥人間』だということになるのでしょうか。その人は単にうつ病にかかったことがあるということにすぎないのではないでしょうか」
- 「仮にあなたの甥ごさんが，あなたのように苦労の多い環境で育ち，その結果何年もうつ病を患うことになってしまった場合，あなたは彼が自分のことを『自分は欠陥人間だ』ととらえるようになってほしいと思いますか。もしそうでないならば，彼が自分のことをどのように思ってくれればいいと思いますか」
- （ヘレンの生育歴を一緒に検討したあとで）「あなたがそのような環境で育つ中で，『自分は欠陥人間だ』と信じるようになってしまった，ということについてはよくわかりました。このような環境に育った子どもであれば誰でも，そう信じてしまってもおかしくないかもしれません。しかし，たとえ本人が『自分は欠陥人間だ』と強く信じているからといって，それが真実であると言えるのでしょうか。本人が強く信じていたとしても，実際にはそのとおりではない可能性もあるのではありませんか」
- 「誰にだって弱点はありますよね。多くの弱点をもつ人は，必然的に『欠陥人間』だということになってしまうのでしょうか。たとえ弱点を多くもっていたとしても，その人が『欠陥人間』ではない可能性もあるのではないでしょうか」

▶非機能的な対処戦略を用いることに関する質問
- 「その状況において，『私は欠陥人間だ』というあなたの信念が活性化されてしまったのでしょうか」
- 「あなたはそのとき，『私は欠陥人間だ』と思ってしまったのでしょうか。そのような信念が活性化されたせいで，そのような非機能的な行動をとってしまったのでしょうか」
- 「このような非機能的な行動も，あなたの『ネガティブな長方形』に該当すると思いますか」
- 「このような『ネガティブな長方形』に対し，今のあなたならどのように対応することができそうですか」
- 「もしあなたがそのとき『私は欠陥人間だ』と信じていなかったら，何か別の行動をとったのではないでしょうか。もしそうだ

> としたら，たとえばどのような行動が考えられますか」
> - 「本物の『欠陥人間』がもし存在するとしたら，その人はこのような場面においてどんな行動をとるでしょうか」
>
> ▶ より機能的な対処方略を用いることに関する質問
> - 「あなたはこの状況で，これまでの対処戦略とは異なる，より適応的な行動をとることができたのですね。この事実について，あなた自身，どのように思いますか」
> - 「あなたはここで，より適応的な行動をとることができたのですね。ということは，『私は欠陥人間だ』というあなたの信念は，本当にそのとおりなのでしょうか。そのとおりではない，という可能性もあるのではありませんか」

6　カードを活用する

　セラピストはほぼすべてのセッションにおいて，セッションでの話し合いから引き出した有益な結論をインデックスカードに書き記すよう，ヘレンに求めた。セラピストはセッション中，常に次のように自問し続けていた。

> ▶「次のセッションまで，ヘレンに心に留めておいてもらいたいことは何か」

　より機能的な新しい考えを自分のものにしていくために，自宅で毎日このようなカードを読み返すことは，ヘレンにとって非常に役に立った。

7　比較のあり方を修正する

　ヘレンは，他者，たとえば妹，高校時代のクラスメイト，友人のジーン，近所の人びとと自分とを常に比べて，自信を失っていた。セラピストはこのような他者との比較が，気分や動機づけ，そして行動にネガティブな影響をもたらしていることを認識できるよう，ヘレンを手助けした。そして，自分と他者とを比較し始めたことに気づいたらすぐに，そ

の比較のあり方を修正するよう，ヘレンに求めた。つまり他者と比較するのではなく，過去の，今よりもっとうまくいっていなかった時期における自分と，現在の自分自身とを比較するように教示したのである。このように比較のあり方を変えることによって，当時の自分と比べて今の自分がどれだけ成長したか，ヘレンは認識できるようになっていった。

8　認知的連続法

　ある日ヘレンはひどく動揺したままセッションにやって来た。セラピストが事情を聞くと，彼女は自分のアパートではなく両親の住む実家からセッションにやって来たということであった。ヘレンが動揺しているのには理由があった。というのも，実家で父親から，彼女がパートタイムの非熟練仕事にしか就けないでいること，いまだに結婚していないこと，いい年をして子どもがいないことについて，目の前にヘレンの妹と甥がいるというのに，さんざんけなされてしまったのである。セラピストが「今，『自分は欠陥人間だ』ということを，どれぐらい強く信じていますか」と尋ねたところ，彼女は「100パーセントです」と答えた。これをいい機会に，セラピストは欠陥人間についての尺度をヘレンとともに作成してみることにした（表13.2は，セラピストとヘレンが作成した尺度の完成版である）。

> セラピスト：ということは，「私は欠陥人間だ」という信念を，あなたは今100パーセント信じているのですね。ところであなたよりもっと『欠陥人限度』の高い人がいるとしたら，それは誰になるでしょうか。
> ヘレン：（両手で頭を抱える）わかりません。そんなこと，よくわからないわ。
> セラピスト：（しばらく待つ）
> ヘレン：（やっと答える）ああ，一人思いつきました。彼のことは前にも先生にお話ししたことがあります。フレッドという人です。
> セラピスト：（以前ヘレンがフレッドについて話してくれた，彼の好ましくない特徴を強調して）確かフレッドは，自分の奥さんを叩いていると

いうお話でしたね。奥さんだけでなく，自分の子どもまでも。しかも彼は背中を痛めていたときがありましたが，それもすっかり良くなったというのに，いまだに仕事をしていないということでしたね。

ヘレン：そうです。

セラピスト：では仮に，フレッドの「欠陥人間度」を 100 パーセントとしてみましょう。そうすると，あなたの「欠陥人間度」はどれぐらいになりますか。

ヘレン：90 パーセントぐらいでしょうか。

セラピスト：（尺度上の 100 パーセントの箇所に位置づけられていた「ヘレン」という名を二重線で消し，そこに「フレッド」と記入する。90 パーセントの箇所に「ヘレン」と書き直す）ところで，フレッドよりもっと「欠陥人間度」の高い人は誰でしょう。

ヘレン：うーん，殺人者かしら。

セラピスト：（具体名をあげる）たとえば，最近このあたりでニュースになった殺人者といえば，保険金目当てで自分の妻を殺したジョーという男性がいましたね。彼ら夫婦には幼い子どもがいたというのに。

ヘレン：そうでした。確かにジョーは欠陥人間だと思います。

セラピスト：では，ジョーはこの尺度のどこに位置づけられますか。

ヘレン：彼こそ 100 パーセントに位置すると思います。

セラピスト：ということは，フレッドはどこに位置づければよいでしょう。

ヘレン：（しばらく考える）もっと下になりますね。70 パーセントぐらいでしょうか。

セラピスト：となると，あなた自身はどこに位置づけられますか。

ヘレン：50 パーセント，といったところでしょうか。

セラピスト：（ヘレンの修正にしたがって尺度を修正し続ける）では，たとえばサダム・フセインのような人物は，どこに位置することになりますか。

ヘレン：ああ，彼は間違いなく 100 パーセントです。

セラピスト：となると，殺人者のジョーはどこに位置づけたらいいでしょう。

ヘレン：90 パーセントです。

第13章 中核信念を修正するにあたっての困難　481

セラピスト：ジョーとフレッドの間に，誰かを位置づけることはできませんか。
ヘレン：そうですね，女性を強姦する男が間に入るかもしれません。
セラピスト：なるほど。強姦者とフレッドの間に，さらに誰かを入れるとしたら，それは誰になりますか。
ヘレン：うーん，そうですね，子どもに性的な虐待をする人間かしら。
セラピスト：では，強姦者と子どもに対する性的虐待者は，どこに位置づけることにしましょうか。そうなるとフレッドの位置づけはどうなりますか。そして，あなたはどこに位置づけられますか。
ヘレン：（それらの人物の位置づけを答える。この時点でヘレン自身は40パーセントに位置づけられることになった）。
セラピスト：あなたとフレッドの間にも，誰かが入るのではないですか。
ヘレン：（しばらく考えて）うーん，よくわかりません。
セラピスト：フレッドほど「欠陥人間度」は高くないかもしれませんが，でもどう考えてもあまりちゃんとしているとは言えない人が，誰かいるのではないでしょうか。たとえば，うつ病にもかかっていなくて，他にも何の問題もないのに，仕事に就いていない人というのは，どうなんでしょう。あるいは，面倒をみなければならない家族がいるというのに，ただ働きたくないからという理由で仕事もせず，家族が路頭に迷っているといった，そういう自己中心的な人物は，どこに位置づけられますか。
ヘレン：なるほど。確かにそういう人はちゃんとしていませんね。
セラピスト：そういう人はどこに位置づけられますか。
ヘレン：40パーセントぐらいでしょうか。
セラピスト：では，ここでぜひお尋ねしたいのが，あなたのお父さんがどこに位置づけられるか，ということです。
ヘレン：（尺度を眺めながら）父も40パーセントですね。
セラピスト：お父さんは仕事をしているし，結婚もしている。しかも子どももいる。でも40パーセントに位置づけられるのですね。
ヘレン：ええ，そうです。確かに父は結婚をし，子どもがいて，仕事もして

いますが，ちゃんとした人間とは思えません。
セラピスト：となると，あなたはこの尺度のどこに位置づけられることになりますか。
ヘレン：30パーセントぐらいでしょうか。
セラピスト：あなたは自分をそこに位置づけるのかもしれません。では私があなたをこの尺度に位置づけるとしたら，それはどこだと思いますか。
ヘレン：うーん。確か以前先生は私にこう言いました。「私はあなたを欠陥人間とは思っていませんよ」って。
セラピスト：そのとおりです。だから私だったら，0パーセントのところにあなたを位置づけますね。
ヘレン：なるほど。
セラピスト：私自身の位置づけも，この尺度に書き入れておきますね（0パーセントの箇所にヘレンの名を書き足す）。ヘレン，このような作業をしてみて，あなたの気分はどうなりましたか。
ヘレン：さっきよりずっといいです。
セラピスト：今，「私は欠陥人間だ」ということについて，どのように考えますか。
ヘレン：（深々と息を吐いて）父が話すのを聞いていたときは，自分は100パーセント欠陥人間だと思ってしまったんです。でも今は自分が100パーセントそうだとは思っていません。父のほうが私よりずっと欠陥があるんだと思います。（一呼吸おく）それに他にも私より「欠陥人間度」の高い人がいる，というふうに思えてきました。
セラピスト：では，こんなホームワークの課題はどうでしょう。この尺度に位置づけられる人が他にもいるかどうか，考えてみるのです。
ヘレン：（うなずく）
セラピスト：それと同時に，もう一つ考えてきてほしいことがあります。それは，そもそもこの「欠陥人間度」を表す尺度にあなた自身を位置づける必要がないのではないか，ということです。あなたが位置づけられるべきなのは，別の尺度，たとえば「うつ状態でつらい思いをしているけれども，ちゃんとした人間である」といった尺度なのではない

でしょうか。

ヘレン：ええ，考えてみます。

表13.2　認知的連続法による尺度

100％	サダム・フセイン
90	ジョー（殺人者）
80	強姦者
70	子どもに対する性的虐待者
60	妻に暴力をふるう男
50	麻薬常用者
40	フレッド，ヘレンの父親
30	汚職まみれの役人
20	ヘレン（ヘレン自身による位置づけ）
10	偽善的な牧師
0	ヘレン（セラピストによる位置づけ）

9　「かのように」ふるまう

　親戚の結婚式に参列しなければならなくなったことをヘレンが報告したとき，セラピストはこの機会を利用して，「かのように」ふるまう技法を試してみることにした。すなわち，「自分は欠陥人間だ」という従来の中核信念をあたかも信じておらず，より機能的な新しい信念を心から信じているかのようにふるまうとしたら，それは具体的にどのような言動となって表れるのだろうか。セラピストはそれをヘレンにイメージしてもらった。

　「ヘレン，仮にあなたが『自分は欠陥人間なんかじゃない』と思えているとしたら，つまり，『私はちゃんとした人間なんだ』と心から信じているとしたら，今週末，いとこの結婚式で，あなたはどのようにふるまうでしょうか。たとえば，結婚式の受付でどうしますか。時間に間に合うように会場に到着しますか。披露宴の会場に入っていくあなたは，どんなふうにみえるでしょうか。あなたの姿勢は？　顔の表情は？　いとこに会ったら，あなたは何と言いますか。花嫁さんに対してはどうでしょう。花嫁さんの親族にはど

んなふうにあいさつしますか。あなた自身の親戚の方々に対してはどうでしょう。いとこのお友だちたちには，どのように接しますか。あなたの全く知らない人たちもいるでしょう。その人たちには，どのようにふるまいますか」

このようなやりとりのあと，結婚式の前およびその最中に，どのような言葉を自分自身に語りかけるとより機能的な行動がとれそうかということについて，セラピストとヘレンは話し合い，さらにそのリハーサルを行った。

10　ロールモデルとなる人物を探索する

セラピストは，個別の状況における考え方やふるまい方の見本となるような人物は誰か，探してみるようヘレンに求めた。それはたとえば直接の知り合いでもよいし，映画や小説の登場人物，あるいは著名人でもよい。ヘレンはしばらく考えたあと，友人のジーンの名をあげた。たとえばちょっとしたミスを犯してしまったとき，あるいは見知らぬ人たちの集まりに出かけなければならなくなったときのジーンの考え方や行動の仕方は，ヘレンにとって手本にできるものであった。セラピストは次のように考えてみるようヘレンに教示した。「銀行口座の残高がマイナスになってしまったとき，ジーンだったらどんなふうに考えるだろう」「誰も知っている人のいない教会の親睦会に参加することになったとき，ジーンだったらどうするだろうか」。

11　理性と感情のロールプレイ

これまでの中核信念の確信度を軽減し，新たな中核信念を形成するために，セラピストとヘレンはかなりの作業を行い，その結果，ヘレンは「私は欠陥人間ではない」ということを，知的レベルではかなり理解できるようになった。しかし感情レベルでは，いまだに「私は欠陥人間だ」という思いが残ってしまっていた。そこでセラピストは「理性と感情のロールプレイ」を行って，この問題に取り組んでみることにした（ロールプレイについての詳細は，文献14）を参照）。

セラピスト：「私は欠陥人間だ」という信念を，あなたは今，どれぐらい強く信じていますか。
ヘレン：頭では，もうそうでもないんです。でも，心では，今でもどうしてもそのように感じてしまいます。
セラピスト：ではロールプレイをしてみませんか。私があなたの「頭」，つまり「私は欠陥人間ではない」と思っている理性的な面を演じます。あなたには「心」，つまり「私は欠陥人間だ」とどうしても感じてしまう感情的な面を演じてもらいましょう。あなたはできるだけがんばって，私に反論してみてください。あなたがいかに欠陥人間か，私を説得するのです。よろしいでしょうか。
ヘレン：わかりました。
セラピスト：では，あなたから始めましょう。「私は欠陥人間だ。なぜなら……」という言い方をしてみてください。次に，わたしがそれに答えます。
ヘレン：（ため息をつく）私は欠陥人間です。なぜなら，賃金の低い，くだらない仕事に就いているからです。結婚もしていないし，もちろん子どもだっていません。私には何もないんです。
セラピスト：それは真実ではありません。私に何もないなんて，それは本当のことではありません。私だって普通のちゃんとした人間です。確かにすべてが思いどおりにいっているわけではないけれど，それは私がずっとうつ病をわずらってきたからです。私が欠陥人間だから，ということではないんです。
ヘレン：いいえ，うつ病をわずらったのは，私が欠陥人間だからなんです。
セラピスト：そんなことはありません。だったら心臓病などの身体疾患にかかっている人も，欠陥人間だということになるのでしょうか。そんなことありませんよね。確かに私はうつ病のせいで，結婚とか出産とかいった重要な経験を逃してしまったのかもしれません。でもそれは，人間として私に欠陥があるとかないとか，そういったこととは関係ないんです。

ヘレン：（沈黙してしまう）

セラピスト：（ロールプレイからいったん外れて）さあヘレン，反論しましょう。あなたがいかに欠陥人間であるか，私を説得してください。

ヘレン：（ロールプレイに戻る）でもやっぱり私はどこかおかしいにちがいありません。だから私はうつ病にかかり，人生をむだに過ごしてしまったんです。

セラピスト：私がずっと具合が悪かったのは事実です。なにしろうつ病をわずらっていたんですから。でもそれは，「私がおかしい」ということを示しているわけではありません。

ヘレン：でも，うつ病にかかっている人の中には，結婚している人もいるし，家族やちゃんとした仕事をもっている人もいます。私と違ってアルコール依存症にならない人だって大ぜいいるでしょう。

セラピスト：確かにそうかもしれません。私たちはそれぞれ異なった遺伝子をもって生まれ，異なった性格をもち，それぞれ異なった人生を歩んでいるのです。うつ病の人の中には，私よりうまく物事に対処している人もいれば，そうでない人もいるでしょう。でも，だからといって，うまく対処できている人は欠陥のないちゃんとした人間で，そうでない人は欠陥人間である，とは言えないのではないでしょうか。

ヘレン：（沈黙してしまう）

セラピスト：（ロールプレイからいったん外れて）さあ，反論してください。

ヘレン：でも，私には何の生きがいもありません。ちゃんとした普通の人であれば，何らかの生きがいをもっているのではないでしょうか。

セラピスト：確かにそうかもしれません。今のところ，私は人生に満足していません。でも，私はこうやって生きています。人生を良くするための努力も続けています。この数カ月の間に，仕事を手に入れました。引越しもしました。教会の会合に参加するようになりました。家の片づけも続けています。

ヘレン：でもそういったことはすべて，何年も前にしておくべきことだったんです。

セラピスト：確かに何年も前にそうできればよかったとは思います。何年も

前に認知療法を受けることができていれば，おそらくそうできたでしょう。しかし実際に私は今，このように認知療法を受けているのです。もっと前に治療を開始できなかったのは，運が悪かったとしか言いようがありません。

ヘレン：（沈黙してしまう）

セラピスト：もっと反論できませんか。

ヘレン：（しばらく考える）もう何も思いつきません。

セラピスト：わかりました。では役割を交替してみませんか。今度はあなたが「頭」，つまり「私は本当はちゃんとした人間だ」ということを信じている理性的な面を演じるのです。そして私が「心」，つまり「私は欠陥人間だ」と信じている感情的な面を演じます。よろしいでしょうか。

ヘレン：わかりました。

セラピスト：では私から始めますね。（ロールプレイを始める）私は欠陥人間なんです。なぜなら，賃金の低い，くだらない仕事しかしていないからです。結婚もしていないし，もちろん子どもだっていません。私には何もないんです。

　1回目のロールプレイで感情役のヘレンが述べたことをすべて検討し尽くすまで，二人は2回目のロールプレイを続けた。その際セラピストは，あえて誇張した感情を演じてみたり，ヘレンが行き詰まったときには途中でロールプレイを中断して適応的な反応について話し合ったりするなどの工夫を行った。その数セッション後，セラピストはこのロールプレイの応用編をヘレンに実施してもらうことにした。それは，頭（理性）と心（感情）の両方の役を，ヘレン一人に演じてもらうというものである。

セラピスト：（これまでの話を要約する）あなたは給料袋を開けて，中身を数えたのですね。そして「私はやっぱり負け犬だ」と思った。それはあなたが依然として欠陥人間であることを示しているかのように，あなたには感じられたのですね。

ヘレン：そうです。
セラピスト：あなたの頭は、それに対してどのように反論できますか。
ヘレン：「自分だって、結構よくやっているじゃない」って。何といっても、私は今、フルタイムの仕事に就いているのですから。
セラピスト：ではあなたの心は、それに対してどのように反論するのですか。
ヘレン：「でもその給料の額は、本当に最低よ」って。
セラピスト：それに対してあなたの頭は、どのように反論できますか。
ヘレン：この間、先生と話し合ったことが反論に使えそうな気がします。「これは次への足がかりだ。さらに人生を良くしていくためのステップにすぎない。数カ月前のことを思い返してごらんなさい。私はほとんど一日中、ベッドの中で過ごしていたのよ」って。
セラピスト：それに対してあなたの心は、どのように反論しますか。
ヘレン：「どん底から始めなくてはならないなんて、何て情けないんだろう」
セラピスト：それに対して、あなたの頭はどのように反論できまか。
ヘレン：（しばらく考える）……「情けなくなんかないわよ。私はこんなに長い間、うつ病をわずらってきたんですもの。これでも十分すばらしいと思わない？」
セラピスト：それに対してあなたの心は、どのように反論するでしょうか。
ヘレン：（しばらく考える）……もう何も反論することはありません。
セラピスト：おみごとです！

12　環境を整える

　治療が進みうつ状態から回復するにしたがって、ヘレンは今住んでいるアパートに対する不満がつのってきた。今のアパートは日当たりが悪く、手狭で窮屈であった。また周辺の環境もあまり良いものとは言えなかった。そこでヘレンは引越しを検討するようになった。住環境を変えるということはヘレンにとって脅威的なことではあったが、セラピストや友人のジーンといったサポーターの存在が、ヘレンの決心を後押しした。しかしいざ引越しを検討して明らかになったのは、より良い住環境で暮らすためには、主に経済的な事情から、誰かと同居する必要がある、

ということであった。いろいろと探してみた結果，ヘレンはある大学の近くに，条件に合う一軒家を見つけた。その一軒家にはすでに2名の大学院生が住んでおり，彼女たちは同居人をもう一人，探していた。ヘレンにとって引越しはそもそも物理的に大変なことであったし，新たな環境に順応するために最初は結構苦労した。しかし結果的に，この引越しは彼女にとって非常に良い決断であったことがしだいに明らかになった。ヘレンは二人の同居人のうち，一人とはとても仲良くなり，もう一人とはそれほど良い関係にはなれず，イライラさせられることが多かったが，それでもヘレンは彼女たちと同居したことで，毎日規則正しく生活するようになり，社会生活も格段に活性化されることとなった。他人と同居するということはさまざまな規則にしたがわなくてはならないということを意味するが，ヘレンは皿洗いや風呂掃除，共有部分の整理整頓を先延ばしせず，そのつど自発的に行うようになっていった。二人の同居人は，外出したり何らかのイベントに参加したりするときに，ヘレンを誘ってくれるようになった。また彼女たちはときに，ヘレンの夜の話し相手にもなってくれた。このような過程を通じて，ヘレンは自分のことを「ちゃんとした人間である」と実感をもって思えるようになっていった。

13　家族面接

　利益とリスクを慎重に評価したうえで，ヘレンとセラピストは，ヘレンの妹であるジュリーをセッションに招き，彼女の考えを話してもらうよう依頼することにした。その際，セラピストはジュリーに対してうつ病について心理教育的説明を行い，うつ病がヘレンに対してどのような影響をもたらしてきたか，ジュリーに理解してもらうよう努めた。そのうえで，姉のことをどう思うか，ジュリーに対して穏やかに尋ねた。ジュリーは，ヘレンがうつ病によってこれほどまでにつらい思いをしてきたことについて深い同情を示したうえで，この数カ月の間に，ヘレンにポジティブな変化がみられることを指摘した。またジュリーは，ヘレンが子どもの頃に父親からいかにひどい扱いを受けてきたか，そして現在

もひどい扱いを受けていることについて語った。さらにジュリーは，「姉は病気のせいで長い間，苦しみ続けてきたのです。私は彼女が欠陥人間であるとは思いません。私はどのようにすれば，もっと姉の助けになってあげられるのでしょうか」と言った。ヘレンはジュリーのこのような言葉を心から信じることができた。この合同セッションのあと，二人はこれまでよりも頻繁に電話で話をするようになり，月に1，2回は直接会うようにもなった。ジュリーがこのように継続してヘレンを気づかい，手助けしてくれるようになったことは，ヘレンの「ポジティブな三角形」を構築していくうえで大きな助けになった。

14　グループ療法

　ヘレンはグループ療法やサポートグループに参加することはなかったが，患者によっては，これらの活動に参加することが，「ネガティブな長方形」の意味を新たにし，「ポジティブな三角形」を構築するうえで大いに役立つことがある。そのような患者はグループに参加することによって，自分と同じような困難を抱える人が，実は欠陥人間でも悪い人間でもないこと，そして愛されない人間でも無力な人間でもないことに気づくことができる。自分と似たような他者が困難と闘い，困難を克服するのを目の当たりにすることは，当事者を勇気づけ，自分自身に対する新たな見方を形成するうえで非常に有益である。

15　夢と比喩の活用

　ヘレンは治療を始めて6週間ほど経った頃，前夜に見た夢をセラピストに報告した。それは，自分がボロボロの衣服をまとい，流れの速い川の岸辺に立っていたというものである。夢の中で，ヘレンは何としてでも向こう岸に渡りたいと切望しているのだが，溺れてしまうのではないかという恐怖で岸辺に立ちすくんでいた。セラピストはヘレンに対し，この夢から何を連想するか，そしてこの夢が意味することは何か，ということについて尋ねた。ヘレンによれば，この夢の主題は無力感であり，生活を改善したいのだがそれに踏みきることへの恐怖であるということ

であった。そしてボロボロの衣服は,「自分は欠陥人間だ」という彼女の中核信念を象徴しているかもしれないとのことであった。セラピストとヘレンはこの夢について詳しく話し合っていくことにした。セラピストがイメージの中でその川に橋を架けてみてはどうかと提案したところ,ヘレンはその案を気に入った。橋を架けるというのは,彼女にとって目標を達成することを意味していた。

　そこでイメージワークが始まった。まず手始めに,どのような橋を架けるか,思い描いてみることにした。ヘレンは最初,精巧にできた大きくて高い橋をイメージした。しかしその後の話し合いで,もう少し低いシンプルな橋でも十分であるという結論に落ち着いた。実際,低い橋のほうが,建てやすく,渡りやすいからである。

　ヘレンはまた,橋を架けるためにはその土台となる石柱を2本,新たに川底に設置する必要があると考えた。しかしその後の話し合いで,それらの石柱は実はすでに適切な位置に設置されているのではないか,ということになった。石柱がヘレンの能力,長所,リソースを意味するとしたら,彼女には知性や優しさがあり,他者に助けを求める能力も有し,しかも忍耐強さもある（例：断酒を続けている）。しかもジーンとは固い友情で結ばれており,妹との関係も改善されつつある。治療に積極的に取り組み,すでにさまざまな技能も習得している。ヘレンとセラピストは,ヘレンのそのような能力やリソースがすでに石柱となって川底に設置されており,水面からもそれらの姿が見えるという情景をイメージすることにした。

　次に必要なのは,石材を集め,それらを手漕ぎボートに積み込み,第一の土台に向けてボートを漕いでいく,という作業であった。ヘレンは,自分にはそれをする体力がないのではないかと心配した。セラピストは,誰かの助けを求めることをイメージしてもよいのではないかと提案した。ヘレンは自分一人で橋を架ける必要がないことに気づき,安堵した。ところでこれから集める新たな石材は,何を表しているのだろうか。セラピストとヘレンが話し合った結果,それらはヘレンが今後身につける新たな技能の象徴である,ということになった。当時ヘレンが課題とし

ていたのは，毎日を規則正しく過ごすこと，決まった活動を継続することであり（例：朝の9時にはベッドから起き上がる。ちょっとした家事を続ける。運動をする。さまざまな用事をこなす），石材を集めるとは，それらを新たに身につけることを表していた。

　イメージの中の川の流れは速かった。セラピストとヘレンは，この流れの速さにどう対処したらよいか，ということについても話し合った。川の流れは，どうやら次のような自動思考を表しているらしかった。「治療なんか受けたって，私はどうせ回復できないだろう」「治療にいったいどんな効果があるというのだろう。やってみる価値などないのではないか。どっちみち私は回復できないんだから」。このような自動思考にのみ込まれてしまうと，ボートが減速したり転覆してしまったりするおそれがあった。これらの自動思考をヘレンが強く信じてしまうと，ボートは流されてしまい，石柱からどんどん離れてしまう羽目になるだろう。イメージによってそのことを実感したヘレンは，自動思考に対し，適応的に対応する必要性があることを理解した。そのためには第一に，大きな視点から川全体を見渡すことが必要であった。広い視野から川を眺め，目的地に向けてボートを漕いでいくのである。第二に，大きな視点を保ちつつ，ボートの一漕ぎ一漕ぎに，意識を集中させる必要もあった。つまり全体を見渡しつつ，一つ一つの作業に集中するという，二つの視点が必要であることを，ヘレンは理解した。

　ヘレンは石材を集め，橋の基礎工事を終えることができた。しかしその後自分がいったいどうしたらいいか，途方に暮れてしまった。セラピストは彼女に対し，土台を建てる際，今と同じく途方に暮れたとき，自分がどのように対処したのか思い出せるように手助けした。ヘレンは再び，たった一人で橋を建設する必要がないことに思い至った。セラピストはまた，新たなことに挑戦する際に途方に暮れることが自分が欠陥人間であることを示しているわけではない，ということをヘレンが理解できるよう手助けした。川に橋を架けるというのは，ヘレンにとっては初体験である。途方に暮れるのは当然かもしれない。話し合いの結果，橋を架けることについてもっと情報を集める必要があるという結論に至

第13章　中核信念を修正するにあたっての困難　493

り，そのためにインターネットを利用したり，土木会社に電話をかけて質問したり必要な道具を借りたりするという案が出された。ヘレンは，自分が橋の建設に再び着手する姿を思い描いた。ヘレンはジーンとセラピストとの三人で，蒸気シャベルの運転台に座って，シャベルを操作していた。土木会社からも技師が派遣され，技師が彼女にいろいろと指示を与えてくれている場面もイメージすることができた。

　セラピストがヘレンに対し，蒸気シャベルの運転台に座っていて，どんなことを考えたり感じたりしているのかを尋ねたところ，彼女は「橋をすべて造り上げるだけのスタミナが自分にはないのではないかと思って不安になる」と答えた。そこでセラピストは，できるだけ緩やかな傾斜の橋を想像するようヘレンに求め，それでも特に橋は造り始めが一番難しいのだということをヘレンが理解できるよう手助けした。というのも，造り始めは，どうやってこれから橋を造り上げていくか，そのこと自体を学ばなければならないうえに，たとえ緩やかな傾斜であれ，とにかく上方向に石材を積み上げていかなければならないからである。しかしその苦労も半分までで，その後の作業はずっと楽になる。その頃には橋の造り方を習得しているうえに，今度はこれまでとは逆の下方向に建設していけばすむからである。セラピストはまた，一気に橋を造り上げる必要はなく，とにかく毎日少しずつ作業を進めていけばよいのだということをヘレンに伝え，彼女もそれに同意した。ヘレンはそう考えることで，圧倒されすぎることもなく，また疲れすぎることもなく，少しずつ橋を造っていけるようになった。

　あるときセラピストは，ホームワークの課題として，今自分が建設している橋を絵に描いてみて，そのとき自分がどんなことを考えたり感じたりしているか確かめてくるようヘレンに依頼した。次のセッションでセラピストとヘレンは，ヘレンが描いてきた絵に，さらにさまざまな物理的要素を付け加えた。というのも，絵を描いてみた結果，「こんな橋であれば，自分はそこから落ちてしまいそうだ」とヘレンが恐怖を訴えたからである。ヘレンにとって橋からの落下は，新たな挑戦に失敗し，結局は元の抑うつ状態に後戻りしてしまうことを意味していた。ヘレン

とセラピストがあれこれ検討した結果，まず4隻のボートを，ヘレンが描いてきた絵に追加することになった。それらのボートを等間隔に配置し，ロープを使って橋および川岸の土台をボートにつなぐことにしたのである。そうすれば仮にヘレンが橋から落下しても，ロープをつかんで自らボートに這い上がることができる。しかも各ボートには，手漕ぎ用のオール，小型モーター，救命道具，そして携帯電話を備えておくことにした。それらのボートは，ヘレンがもつ外的なリソース，すなわち友人のジーン，妹のジュリー，そしてセラピストを象徴していた。ヘレンとセラピストはさらに，ヘレンが橋から落下するのを防ぐために，橋の両端に手すりを取りつけることにした。手すりは，ヘレンが治療を通じて習得しつつあるさまざまな技能を象徴していた。

セラピストとヘレンは治療の全過程を通じて，この「橋の建設」という比喩的イメージに何度も立ち戻った。そしてたとえば「橋を建てることに集中する」とか「少しでも建設を進める」といった表現を使って，ヘレンが努力を続けたり，これまでに達成したことを振り返ったりすることについて，二人の間で端的に話し合えるようにしたのである。

16 子ども時代の外傷体験を再構成する

イメージ技法を通じて，子ども時代に経験したことの意味を患者が再構成できるようになると，これまでの治療によって得られた知的レベルでの変化を，より感情的なレベルでの変化に結びつけていくことができる。ヘレンの治療の終盤において，すなわち彼女の非機能的な信念と思い込みが少なくとも知的レベルにおいて大きく変化したあとで，このようなイメージ技法が数回にわたって試みられた。治療が終盤にさしかかった頃，ヘレンがひどく動揺しながらセッションにやって来たことがあった。そのような感情的な動揺により，ヘレンの中核信念は適度に活性化されていた。セラピストは今こそ感情レベルにおいて彼女の中核信念に介入できるときであると判断し，イメージ技法を使って彼女の子ども時代に焦点を当てることにした。

その日ヘレンがほとんど泣きながらセッションにやって来たのには理

由があった。当時ヘレンは新たな仕事に就いたばかりであったが，その日彼女はちょっとした業務上のミスを犯し，そのせいである同僚が余分に仕事をする羽目になった。ヘレンはその同僚にこっぴどく批判されてしまったというのである。セラピストは，「私は欠陥人間だ」という中核信念が，今まさにヘレンにおいて活性化されていることを確認したうえで，ヘレンに対して，今日の職場での出来事ではなく，その出来事による心の痛みに目を向けるよう教示した。そして，子ども時代に同じような心の痛みを感じたときがあったかどうか，あったとしたらそれはどのような状況であったか思い出してみるようヘレンに求めた。

　ヘレンは父親との間に起きたある出来事を思い出した（その出来事は，以前，生育歴を見直している際，「ネガティブな長方形」として語られたことがある）。当時彼女は7歳だった。ある秋の土曜日，ヘレンは地元のサッカーチームの試合に出ていた。後半戦の最中，酒に酔った父親が登場した。父親はキックをし損ねたヘレンに罵声を浴びせかけ，周囲の保護者とどなり合いを始めた。試合を終えたヘレンが競技場から出てくると，父親は大声でヘレンの名を叫んで，罵った。そして駐車場まで彼女を引きずっていき，そこで散々彼女をなぐったのである。

　次にセラピストは，7歳の頃の小さな自分に戻って，その日のことをありありと心に浮かべながら，もう一度その出来事を最初から語るようヘレンに求めた。セラピストは7歳の子どもにもわかるようなやさしい言葉を使ってヘレンに語りかけ，7歳に戻ったヘレンが，当時起きたことをありありと再体験し，そのときの心の痛みを感じながら，当時の自分に生じた自動思考，信念，感情を同定できるよう手助けした。「7歳のヘレン，あなたは今どんな気分ですか。今，どんな考えが浮かびますか。今，何が起きていますか」。

　父親がようやくなぐるのをやめ，ヘレンが父親と帰宅し，その後やっと安全な場所（自室のベッド）にこもることができるところまで，セラピストはヘレンに語り続けてもらいながら，同時に7歳のヘレンに生じた重要な認知を引き出すために質問をし続けた。セラピストは尋ねた。「7歳のヘレン，今ここに未来のあなた，つまり大人になったヘレンが訪

ねてきて，あなたに話しかけてもいいですか」。7歳のヘレンがそれに同意したので，今度は大人のヘレンが自分の部屋を訪ねてくるところを想像してみるよう，セラピストは7歳のヘレンに求めた。「大人のヘレンが部屋に来てくれました。7歳のヘレン，あなたは大人のヘレンに部屋のどこにいてほしいですか。ベッドのそばで立っていてほしいですか。それともベッドに座って，あなたの隣にいてほしいですか。あるいは隣に座って，肩を抱いてほしいですか」。次にセラピストは，7歳のヘレンと大人のヘレンとで，しばらく話をしてみるよう誘導した（これは，理性と感情のロールプレイに該当する）。「7歳のヘレン，あなたは大人のヘレンにどんなことを尋ねてみたいかな。何でもいいから言ってごらん」「大人のヘレン，7歳のヘレンに対して，どんなことを語りかけてあげたいですか。7歳のヘレンにわかるような言葉で話してあげてください」。

　大人のヘレンは，セラピストに誘導されながら7歳のヘレンに語りかけた。「7歳のヘレン，あなたはちっとも悪くないのよ。それどころか，あなたはなんてすてきな女の子なんでしょう。悪いのはあなたではなく，お父さんのほうなの。あなたのお父さんはときどきビールを飲みすぎて，あなたにひどいことをしてしまうのね。あなたは，試合会場にいた他の子たちやその保護者たちが，あなたのことをどう思ったか気にしているようだけれど，心配する必要はないわ。確かにみんな，あなたのことを気の毒に感じたでしょう。でもあなたのことを『だめな子』だなんて，ちっとも思っていないはず。みんながだめな人だと思っているのは，あなたのお父さんのことにちがいないわ」。

　大人のヘレンが話してくれたことについて，同意できなかったり納得いかなかったりしたことがあれば，それを話してみるよう，セラピストは7歳のヘレンをうながした。そして次に，7歳のヘレンからの質問に答えるよう大人のヘレンに求めた。その際セラピストは同時に，7歳のヘレンにおけるネガティブな信念に対する確信度やネガティブな感情の強度を確認していった（もちろん7歳のヘレンに理解できるような尋ね方をした）。大人のヘレンと話すうちに，7歳のヘレンの気分はしだいに回復していった。ネガティブな信念に対する確信度も，次第に軽減され

ていった。二人が別れのときを迎える前に，セラピストは7歳のヘレンに対し，あと一つだけ質問する機会を与えた。7歳のヘレンは，「ねえ，大人のヘレン，パパはやっぱりこれからも私のことを叩くのかしら」と尋ねた。

　セラピストは大人のヘレンに対し，7歳のヘレンからの最後の質問に答えるよううながした。大人のヘレンは次のように答えた。「とても気の毒なことだけど，これからも当分，お父さんはあなたのことを叩くことがあるでしょう。でもね，ヘレン，今のあなたは7歳の子どもだけれど，これからどんどん成長して大人になっていくのよ。そうしたらいつの日か，お父さんがあなたを叩くのをやめる日が来るでしょう。そして，あなたと私はどこかで出会って，助けを求めてここに治療を受けに来る日が来るでしょう。……そのことを私，つまり大人のヘレンは知っているの。なぜなら実を言うと，私はあなたで，あなたは私だから。7歳のあなたが成長した姿，それが今あなたの目の前にいる私なのよ」。7歳のヘレンは，「またこうやって，私のところに訪ねてきてくれる？」と大人のヘレンに尋ねた。「ええ，もちろんまた来るわ」と大人のヘレンは約束した。ヘレンは，7歳の自分が大人の自分を見送って，最後には二人が抱き合って別れのあいさつをする場面を想像した。

　これが，このときセラピストとヘレンが行ったイメージ体験である。この後セラピストはヘレンにこの体験についての感想を尋ね，「私は欠陥人間だ」という中核信念が感情レベルにおいてどれぐらい変化したか，評定してもらった。さらに今後1週間，「私は欠陥人間だ」という中核信念が活性化されたときに，この体験から学んだことをどのように活かすことができそうか，そしてそのような信念に対してどのように対応することができそうか，ヘレンに考えてもらった。セラピストとヘレンはその後もこの種のイメージ体験練習を行い，他の外傷的な記憶についても，その意味を再構成していった。ヘレンはこのようなイメージ技法を通じて，感情レベルにおいても中核信念が修正されたことをようやく実感できるようになった。そしてすでに変化が起きていた知的レベルとの統合が実現したのである。

感情レベルにおける中核信念の修正を狙ったイメージ技法については，文献14, 25, 31, 33, 55, 65）なども参照されたい。

17　読書療法

ヘレンはホームワークの課題として読書療法に取り組むことはなかったが，彼女のような患者の場合，Prisoners of Belief[39]，Reinventing Your Life（Young & Klosko, 1993）（訳注：p.511からの文献には記載されていない），Mind Over Mood[30]，Getting Your Life Back[61]といった，中核信念の変容に関する書物を読むことも，おそらく役に立つだろう。

Ⅲ　他者についての中核信念を修正する

これまで述べてきた諸技法，すなわち患者が自己についての中核信念を修正するのを手助けするための技法は，患者が他者についての中核信念を修正するのを手助けする際にも用いることができる。たとえばヘレンは，「他者とは私のことを批判する存在だ」という中核信念を抱いていた。セラピストは，他の中核信念に対するのと同様に，この中核信念の影響力や頻度，そして確信度を評価した。また，この中核信念がヘレンの自己に対する中核信念とどのように関連しているか，ということについて概念化した（例：「もし誰かが私のことを批判したとしたら，きっとそれは正しいのだろう。なぜなら私は欠陥人間だからだ」）。さらにその中核信念がヘレンの行動にどのように影響しているか，ということについても概念化した（例：「もし何かに挑戦することなどしなければ，私は失敗を避けることができる。そうすれば他人から批判されることもないだろう」）。

セラピストは，標準的なソクラテス式質問法を用いて，ヘレンが他者についての中核信念に対する妥当性を検討できるよう手助けした（それはある特定の場面で生じた中核信念に対する場合もあれば，全般的な中核信念に対する場合もあった）（例：「この信念が真実であるとするな

らば，その根拠は何ですか」「仮にこの信念が真実ではない，または少なくとも部分的には真実でないとしたら，それを裏づける根拠にはどのようなものがありますか」）。セラピストはまた，特定の場面においても全般的な状況においても，ヘレンが破局視しないでいられるよう手助けしていった（例：「仮に誰かがあなたを批判したとして，その内容が真実だとしたら，起こりうる最悪のこととはいったい，どんなことなのでしょうか。逆に，最も良い可能性としては，どんなことが考えられるでしょうか。現実的にはどのようなことになりそうだと思いますか」）。さらにセラピストは，そのような中核信念を抱き続けることがヘレンに及ぼす影響を，短期的なものと長期的なものに分けて検討するよう，ヘレンをうながした。このような話し合いを通じて見出された適応的な認知は，すべてカードに書き留められた。

　認知的連続法も，ヘレンが「白か黒か思考」を断ち切るのに役立った。認知的連続法を通じて，これまでの人生において彼女に対してひどく批判的だった人はほんのわずかであり，残りのほとんどの人びとは，ときにやんわりと彼女を批判したことのある人もいれば，彼女を全く批判したことのない人もいたことに，ヘレンは気づくことができた。

　ヘレンとセラピストの治療関係そのものも，他者についての中核信念を修正する手段として役に立った。ヘレンは治療開始当初，「ホームワークの課題をきちんとやってこないと，セラピストにこっぴどく批判されてしまうのではないか」と思い込み，不安を感じていた。しかし実際に課題をちゃんとできなくても，セラピストはヘレンを批判することなく，ただ問題解決的に対応するだけであった。そのような体験を通じて，ヘレンは自分の不安が根拠のないものだったことに気づいていった。そしてセラピストの受容的な態度は，ヘレンの他者についての中核信念が真実でないことを示す根拠として活用されたのである。

　セラピストはこのようにして，ヘレンがより現実的で機能的な中核信念を新たに形成していけるよう手助けした。最終的にヘレンは他者についての新たな信念を作り上げ，それをカードに書き記した。

> すべての人が私に対して批判的なわけではない。父親みたいな人は実際のところ，ほんのわずかしかいないのだ。父のように私をこっぴどく批判してきた人は，これまでほんの数人だった（かつての上司に二人，高校時代の教師にも二人，そんな人がいた）。他のほとんどの人たちは，私を批判するどころか，私のことを本当に理解してくれる人ばかりである（例：ジーン，シャロン，ウェイン，セラピスト）。

Ⅳ 要　約

　困難な問題を抱える患者にとって中核信念について話し合うことは，患者の自己感覚を傷つける可能性がある。中核信念が活性化されることで，患者は苦痛を感じることがあるからである。したがってセラピストはタイミングをうまくはかりながら，中核信念を検討したりそれを修正したりするための話し合いを患者と協力して行えるよう，患者を動機づけていくことが必要である。そのためには，本章であげたさまざまな技法を少しずつ適用していくとよいだろう。中核信念の場合とくに難しいのは，修正された新たな中核信念を患者の中に根付かせることである。セラピストは，新たな信念を患者がしっかりと自分のものとできるよう，患者が知的レベルと感情レベルの両方において中核信念を検討するよううながし，さらに新たな信念を行動レベルでも実践できるよう，絶え間なく工夫する必要がある。

付録 A

認知療法家のためのリソース

This book was designed to help therapists conceptualize difficulties in treating patients and modify treatment so they can help their patients more effectively. Therapists should also seek out additional resources to maximize their effectiveness with patients with challenging problems. Sometimes readings will suffice but often therapists (and their patients) benefit from hands-on training or supervision. This appendix describes two organizations with the mission of promoting therapist growth in cognitive therapy.

BECK INSTITUTE FOR COGNITIVE THERAPY AND RESEARCH

The Beck Institute (www.beckinstitute.org) is a non-profit psychotherapy center dedicated to training, clinical care, and research in cognitive therapy. Aaron T. Beck, MD, and I founded this organization in suburban Philadelphia in 1994. Since that time, hundreds of mental health professionals have been trained in cognitive therapy through the Visitors and Extramural Training Programs. Cognitive therapy training has been brought to thousands more through our outreach programs to universities, national and international professional associations, hospitals and hospital systems, community mental health systems, managed care organizations, and primary care physician and nursing groups, among others.

In addition to information about these training programs, a number of other important features can be found on the website:

- Continually updated *reading/reference lists* for mental health professionals.
- *Educational materials* (videos, DVDs, worksheet packets, books, patient brochures).
- Current and archived copies of *Cognitive Therapy Today*, the Beck Institute

newsletter, containing cutting-edge articles about various aspects of cognitive therapy, including clinical practice, theory, research, and training/supervision.
- A list of cognitive therapy-oriented *journals*.
- Abstracts of *outcome research* in cognitive therapy.
- Information about the adult and youth *Beck Scales*.
- *Links* to other cognitive therapy organizations.

In addition, the website offers several features for consumers:

- *Referral information*.
- A specialized cognitive therapy *reading list*.
- *Articles* from the popular press.
- A downloadable pamphlet, *Questions and Answers about Cognitive Therapy*.

For information contact:

Beck Institute for Cognitive Therapy and Research
One Belmont Avenue, Suite 700
Bala Cynwyd, PA 19096
Phone: 610-664-3020
Fax: 610-664-4437
E-mail: beckinst@gim.net
Website: www.beckinstitute.org

THE ACADEMY OF COGNITIVE THERAPY

The Academy of Cognitive Therapy (www.academyofct.org) is another non-profit organization that serves as a resource for both consumers and professionals. It was founded in 1999 by prominent clinicians, educators, and researchers in cognitive therapy. Aaron T. Beck is its honorary president. The Academy's website provides:

- Listings of *training and supervision programs* for mental health professionals.
- Descriptions of *graduate, postgraduate, and internship programs* in psychology, psychiatry, social work, and psychiatric nursing that emphasize cognitive therapy.
- *Workshops* in cognitive therapy.
- Information and materials for *cognitive therapy training*.
- Essential and recommended *reading lists*.
- *Therapist assessment tools* (such as the Cognitive Therapy Rating Scale and manual and the Cognitive Case Write-Up).
- Abstracts of selected *research articles*.
- Current and archived *newsletters* (*Advances in Cognitive Therapy*).
- *Links* to other cognitive therapy organizations.

This website also contains information pertinent to consumers, including:

- A worldwide *referral list* of certified cognitive therapists.
- *Fact sheets* on various psychiatric disorders.
- *Self-help materials*.
- *Reading lists*.

For information, contact:

Academy of Cognitive Therapy
Phone: 610-664-1273
Fax: 610-664-5137
E-mail: info@academyofct.org
Website: www.academyofct.org

付録B

パーソナリティと信念に関する質問票
(Personality Belief Questionnaire ; BPQ)

※本質問票のスコアリング等,詳細については www.beckinstitute.org を参照のこと。

氏名:＿＿＿＿＿＿＿＿＿＿＿＿＿＿＿＿＿＿ 日付:＿＿＿＿＿＿＿＿＿＿＿＿＿＿＿

下記のそれぞれの文章を読み,それに対するあなたの確信度を評定してください。その際,その時々の一時的な確信度ではなく,あなたが普段,だいたいにおいてどれぐらいそれを確信しているかについて判断し,それに最も近い選択肢を〇で囲んでください。

```
   4              3              2              1              0
全くそのとおり  かなりその    まあまあ       あまりそうは   全くそうは
  だと思う   とおりだと思う そのとおりだと思う  思わない     思わない
```

例 　　世界は危険に満ちている	4	3	2	1	0
1. 職場や社会的場面において,自分は不適格で望まれない存在である。	4	3	2	1	0
2. 他者とは基本的に,他人に対して批判的で,冷淡で,屈辱的で,拒絶的な存在である。	4	3	2	1	0
3. 私は不快な感情に耐えることができない。	4	3	2	1	0
4. もし誰かと親しくなったら,その人は「本当の」私を知って,結局私を拒絶するだろう。	4	3	2	1	0
5. 私が劣った人間であると(もしくは不適格な人間であると)いうことが明確になってしまうこと自体に耐えられない。	4	3	2	1	0

Copyright 1995 by Aaron T. Beck, MD, and Judith S. Beck, PhD. Reprinted in *Cognitive Therapy for Challenging Problems* by Judith S. Beck (Guilford Press, 2005). Permission to photocopy this appendix is granted to purchasers of this book for personal use only (see copyright page for details).

6. どんなことをしてでも，不愉快なことを考えたり感じたりすることは避けなければならない。	4	3	2	1	0
7. もし何か不愉快なことを考えたり感じたりしてしまったら，すぐにそれを取り除くか自分の気を逸らすか，するべきである（例：他のことを考える。お酒を飲む。薬剤を服用する。テレビを観る）。	4	3	2	1	0
8. 他人の注意をひくような状況は極力避けるべきである。	4	3	2	1	0
9. 不快な感情は放っておくとどんどん強まり，コントロールできなくなってしまう。	4	3	2	1	0
10. 誰かが私のことを批判するとしたら，その人の言い分は正しいにちがいない。	4	3	2	1	0
11. 失敗する可能性のあることは，はじめから挑戦しないほうがよい。	4	3	2	1	0
12. 問題について考えずにいられれば，その問題を解決する必要もなくなる。	4	3	2	1	0
13. 人間関係において何か良くない徴候がみられたら，いずれその関係は破綻するということだ。だから私から関係を切ってしまったほうがよい。	4	3	2	1	0
14. 問題そのものを無視してしまえば，私は何とかやっていけるだろう。	4	3	2	1	0
15. 私は愛情に飢えた，弱い人間だ。	4	3	2	1	0
16. 何かをしなければならないとき，あるいは何か困ったことが起きた場合，私は常に誰かに助けてもらう必要がある。	4	3	2	1	0
17. 私のことを世話する人は，献身的かつ支持的で，しかも自信に満ちた人であってほしい。	4	3	2	1	0
18. 一人になると，私は実に無力である。	4	3	2	1	0
19. 自分より強い人にくっついていなければ，私は自分を一人ぼっちのように感じてしまう。	4	3	2	1	0
20. 人生で最悪なのは，誰かに見捨てられるということだ。	4	3	2	1	0
21. 誰かに愛されなければ，私はずっと不幸せなままだ。	4	3	2	1	0
22. 私を支持したり助けてくれたりする人の気分を害してはならない。	4	3	2	1	0
23. 私を支持したり助けてくれたりする人の好意をつなぎとめておくために，私はそれらの人たちに従属しなければならない。	4	3	2	1	0
24. 私は，私を支持したり助けてくれたりする人にいつでも接近できるようにしておかなければならない。	4	3	2	1	0
25. 誰かとつきあう場合は，できる限り親密な関係を築くべきだ。	4	3	2	1	0

26.	私は自分一人で物事を決めることができない。	4	3	2	1	0
27.	私は他の人びとと同じように物事に対処することができない。	4	3	2	1	0
28.	何かを決めるときには誰かの手助けや指示が必要である。	4	3	2	1	0
29.	私は一応自立した一人の人間である。しかし目標を達成するためには他者の助けが必要である。	4	3	2	1	0
30.	自尊心を保つための唯一の方法は，他者に対して間接的に自己主張することである（例：他者から指示されたことをそのとおりに実行しない）。	4	3	2	1	0
31.	私は誰かについて回るのが好きだ。しかしそのせいでその人に支配されることは望まない。	4	3	2	1	0
32.	権威ある人というのは押しつけがましく，何かと相手に要求ばかりする。そして相手を妨害したりコントロールしようとしたりする。	4	3	2	1	0
33.	権威ある人から支配されることには抵抗しなければならない。しかし同時に，その人からの支持や承認を始終得ることも必要である。	4	3	2	1	0
34.	誰かから支配されたりコントロールされたりすることには耐えられない。	4	3	2	1	0
35.	私は自分のやりたいように物事を行わなければならない。	4	3	2	1	0
36.	期日を守ったり要求にしたがったりしたら，もしくは自ら環境に順応しようとしたら，私のプライドや自信は損なわれてしまうだろう。	4	3	2	1	0
37.	他者から与えられるルールにしたがうということは，私の言動の自由が侵害されることを意味する。	4	3	2	1	0
38.	たとえ怒りを感じてもそれを直接表に出さず，相手にしたがわないという間接的なやり方で自分の不快感を表明するのがベストである。	4	3	2	1	0
39.	自分にとって何がベストかということは，自分が一番よく知っており，他人に指図されるいわれはない。	4	3	2	1	0
40.	世の中のルールというものは恣意的で，しかも私を息苦しくさせる。	4	3	2	1	0
41.	他人とはしばしば私に対して過大な要求をしてくる存在である。	4	3	2	1	0
42.	横柄な態度で何かを要求された場合，私にはそれを無視する権利がある。	4	3	2	1	0
43.	私は自分自身に対しても他のすべての人びとに対しても，自分の言動にすべての責任を負わなければならない。	4	3	2	1	0

44. 私がどんな言動をとるか，それはすべて自分一人で決めなければならない。	4	3	2	1	0
45. 私はすべてにおいて完璧でなければならない。	4	3	2	1	0
46. 他人はえてして気まぐれで，無責任で，わがままな存在である。もしくは無能力な存在である。	4	3	2	1	0
47. 物事をきちんとやり遂げるためには，秩序，システム，ルールが必要である。	4	3	2	1	0
48. システムがなければ，すべては崩壊してしまうだろう。	4	3	2	1	0
49. 自分の言動に少しでも間違いがあれば，私は破滅してしまうだろう。	4	3	2	1	0
50. 最高の基準を設定し，いつでもそれを目指さなければならない。さもないとすべてがだめになってしまう。	4	3	2	1	0
51. 私は自分自身を完璧にコントロールしなければならない。	4	3	2	1	0
52. 私が決めたやり方に人びとはしたがうべきだ。	4	3	2	1	0
53. 自分の決めた最高の基準に沿って動かなければ，私は失敗してしまう。	4	3	2	1	0
54. 弱点や欠陥，そして過ちといったことに，私は耐えることができない。	4	3	2	1	0
55. 細かな一つ一つのことが何よりも重要である。	4	3	2	1	0
56. だいたいにおいて，私のやり方こそがベストである。	4	3	2	1	0
57. 私は常に自分自身に対して用心していなければならない。	4	3	2	1	0
58. 力と狡賢さこそ，物事をうまくやるためには重要である。	4	3	2	1	0
59. 我々はジャングルで暮らしているようなものだ。つまり強い人間だけが生き残る。	4	3	2	1	0
60. 自分から先に相手をやっつけなければ，逆に相手にやられてしまうだろう。	4	3	2	1	0
61. 約束を守ったり恩に報いたりすることは，大して重要なことではない。	4	3	2	1	0
62. ばれさえしなければ，嘘をついたり誰かをだましたりしてもかまわない。	4	3	2	1	0
63. 自分はこれまでひどい扱いを受けてきたのだから，今度は自分がその仕返しをする番だ。	4	3	2	1	0
64. 弱い人間は利用されてもしかたがない。	4	3	2	1	0
65. 自分から他人を押し退けていかなければ，逆に自分がやられてしまう。	4	3	2	1	0
66. 自分がうまいことやるためには，どんなことをしてもかまわない。	4	3	2	1	0

67. 他人が私のことをどう思おうと，私の知ったことではない。	4	3	2	1	0
68. 欲しいものが手に入るのなら，そのために何をしてもよいはずだ。	4	3	2	1	0
69. 欲しいものが手に入るのなら，そのためにどんな結果になってもかまわない。	4	3	2	1	0
70. 物事がうまくいかないのであれば，それはその人に原因がある。	4	3	2	1	0
71. 自分という人間は特別な存在である。	4	3	2	1	0
72. 私は他の人より優れているのだから，特別扱いや特権を与えられて当然だ。	4	3	2	1	0
73. 私は特別な存在なのだから，他人がしたがうべきルールに必ずしもしたがう必要はない。	4	3	2	1	0
74. 他者に認められたり賞賛されたりすることは，自分にとって非常に重要なことだ。	4	3	2	1	0
75. この私に敬意を払わない人は，罰せられて当然である。	4	3	2	1	0
76. 私の要求が叶うよう，人びとは最大限に努力すべきだ。	4	3	2	1	0
77. 私がいかに特別な人間であるか，人びとはよく肝に銘ずるべきだ。	4	3	2	1	0
78. 他者は私に敬意を払い，私を特別扱いするべきである。もしそうされなかったとしたら私はそれに耐えられない。	4	3	2	1	0
79. 人びとの中には，過分な賞賛や富を与えられている人がいる。	4	3	2	1	0
80. 私を批判する権利をもつ人は誰もいない。	4	3	2	1	0
81. 私がやりたいことをするのを他の誰かが阻むのは許されないことである。	4	3	2	1	0
82. 私には才能がある。私が自分の輝かしいキャリアを築くのに貢献するために，他者は私に道を譲らなければならない。	4	3	2	1	0
83. 私のことを理解できる人だけが，私と同様にすばらしい人間であるといえる。	4	3	2	1	0
84. 私は何か大きなことを成し遂げることができるにちがいない。あらゆる点からそのように予測することができる。	4	3	2	1	0
85. 私はおもしろく，エキサイティングな存在だ。	4	3	2	1	0
86. 幸せであるためには，常に他者から注目されている必要がある。	4	3	2	1	0
87. 他者を楽しませたり，他者に強い印象を与えなければ，生きている意味がない。	4	3	2	1	0

88. 私に多大な興味関心をもたない人は，私のことを好きでないということだ。	4	3	2	1	0
89. 目標を達成するためには，他者を感嘆させ喜ばせなければならない。	4	3	2	1	0
90. 私を盛大に扱ってくれなければ，その人は大変不快な人物だということになる。	4	3	2	1	0
91. 他者から無視されるということは，大変恐ろしいことだ。	4	3	2	1	0
92. 私は常にみんなの注目の的になっていなければならない。	4	3	2	1	0
93. 物事を深く考える必要はない。ただ感情のおもむくままにふるまえばよい。	4	3	2	1	0
94. 人びとを楽しませてさえいれば，私の弱点はみんなに気づかれずにすむだろう。	4	3	2	1	0
95. 私は退屈であることに耐えられない。	4	3	2	1	0
96. 私は自分の好きなことだけをしていればよい。	4	3	2	1	0
97. 極端なふるまいをしなければ，人びとは私に注目してくれないだろう。	4	3	2	1	0
98. 物事をじっくりと考えたり計画を立てたりするよりも，感情や直感にしたがうことのほうがはるかに重要だ。	4	3	2	1	0
99. 他人が私のことをどう思うかということは，私にとってさほど重要なことではない。	4	3	2	1	0
100. 私にとって重要なのは，他者から自由でいること，自立した存在でいることだ。	4	3	2	1	0
101. 誰かと一緒ではなく自分一人で何かをするほうが，私にとっては楽しいことである。	4	3	2	1	0
102. 多くの状況において，私は一人でいることを好む。	4	3	2	1	0
103. 何かを決めるとき，私は他者からの影響を受けずに自分自身で決定したい。	4	3	2	1	0
104. 誰かと親密な関係を結ぶことは，私とってさほど重要なことではない。	4	3	2	1	0
105. 私が何を自分の規範や目標とするかは，自分自身で決める。	4	3	2	1	0
106. 自分のプライバシーを守ることが，何よりも重要である。	4	3	2	1	0
107. 他人が何を考えているかということは，私にとってさほど重要なことではない。	4	3	2	1	0
108. 私は誰からの助けも借りずに，自分で物事に対処することができる。	4	3	2	1	0
109. 誰かとつながっていると感じるより，一人でいるほうが心地よい。	4	3	2	1	0

110.	他人を信用してはならない。	4	3	2	1	0
111.	親密な関係にならない範囲内で，自分のために他者とつきあうのであればよい。	4	3	2	1	0
112.	人間関係とは，自由を侵害する，実にやっかいなものである。	4	3	2	1	0
113.	私は他者を信頼することができない。	4	3	2	1	0
114.	人びとは本当の動機を隠している。	4	3	2	1	0
115.	他者に利用されたり操作されたりしないよう，私は常に警戒している必要がある。	4	3	2	1	0
116.	常に用心し続けることこそが肝要である。	4	3	2	1	0
117.	他者を信用したり他者に秘密を打ち明けたりするのは，大変危険なことである。	4	3	2	1	0
118.	私に対して親しげにふるまう人は，何か良からぬ動機をもっていて，私を利用しようとしているのだろう。	4	3	2	1	0
119.	もしすきを見せたら，人びとはたちまち私を利用しようとするだろう。	4	3	2	1	0
120.	ほとんどの場合，人びとは他人に対して敵意を抱いているものである。	4	3	2	1	0
121.	人びとの中には，故意に私をおとしめようとする人がいる。	4	3	2	1	0
122.	人びとの中には，故意に私を困らせようとする人がいる。	4	3	2	1	0
123.	私のことを，適当に扱ってもよい人間だと誰かに思われてしまったら，大変なことになるだろう。	4	3	2	1	0
124.	私の本当の気持ちを誰かが知ってしまったら，その人は私をおとしめるためにそれを利用するかもしれない。	4	3	2	1	0
125.	人びとは本音を隠し，建前ばかりを口にする。	4	3	2	1	0
126.	私と近しい関係にある人ほど，実は私に対して不誠実である可能性が高い。	4	3	2	1	0

文　献

1) American Psychiatric Association. (1987). *Diagnostic and statistical manual of mental disorders* (3rd ed. rev.). Washington, DC: Author.
2) American Psychiatric Association. (2000). *Diagnostic and statistical manual of mental disorders* (4th ed. text rev.). Washington, DC: Author.
3) Asaad, G. (1995). *Understanding mental disorders due to medical conditions or substance abuse: What every therapist should know*. New York: Brunner/Mazel.
4) Beck, A. T. (1976). *Cognitive therapy and the emotional disorders*. New York: International Universities Press.
5) Beck, A. T. (2003). Synopsis of the cognitive model of borderline personality disorder. *Cognitive Therapy Today, 8*(2), 1-2.
6) Beck, A. T., & Beck, J. S. (1995). *The Personality Belief Questionnaire*. Bala Cynwyd, PA: Beck Institute for Cognitive Therapy and Research.
7) Beck, A. T., Butler, A. C., Brown, G. K., Dahlsgaard, K. K., Newman, C. F., & Beck, J. S. (2001). Dysfunctional beliefs discriminated personality disorders. *Behaviour Research and Therapy, 39*(10), 1213-1225.
8) Beck, A. T., Emery, G., & Greenberg, R. (1985). *Anxiety disorders and phobias: A cognitive perspective*. New York: Basic Books.
9) Beck, A. T., Epstein, N., Brown, G., & Steer, R. A. (1988). An inventory for measuring clinical anxiety: Psychometric properties. *Journal of Consulting and Clinical Psychology, 56*(6), 893-897.
10) Beck, A. T., Freeman, A., Davis, D. D., & Associates. (2004). *Cognitive therapy of personality disorders* (2nd ed.). New York: Guilford Press.
11) Beck, A. T., Rush, A. J., Shaw, B. F., & Emery, G. (1979). *Cognitive therapy of depression*. New York: Guilford Press.
12) Beck, A. T., Ward, C. H., Mendelson, M., Mock, J., & Erbaugh, J. (1961). An inventory for measuring depression. *Archives of General Psychiatry, 4*, 561-571.
13) Beck, A. T., Weissman, A., Lester, D., & Trexler, L. (1974). The measurement of pessimism: The Hopelessness Scale. *Journal of Consulting and Clinical Psychology, 42*(6), 861-865.

14) Beck, J. S. (1995). *Cognitive therapy: Basics and beyond.* New York: Guilford Press.
15) Beck, J. S. (1997). Personality disorders: Cognitive approaches. In L. J. Dickstein, M. B. Riba, & J. M. Oldham (Eds.), *American Psychiatric Press Review of Psychiatry, 16,* (pp. 73–106). Washington DC: American Psychiatric Press.
16) Beck, J. S. (2001). Reviewing therapy notes. In H. G. Rosenthal (Ed.), *Favorite counseling and therapy homework assignments* (pp. 37–39). Philadelphia, PA: Brunner-Routledge.
17) Beck, J. S. (2005). *Cognitive therapy worksheet packet (revised).* Bala Cynwyd, PA: Beck Institute for Cognitive Therapy and Research.
18) Beck, J. S., Beck, A. T., & Jolly, J. (2001). *Manual for the Beck Youth Inventories of Emotional and Social Impairment.* San Antonio, TX: The Psychological Corporation.
19) Butler, G., Cullington, A., Hibbert, G., Klimes, I., & Gelder, M. (1987). Anxiety management for persistent generalized anxiety. *British Journal of Psychiatry, 151,* 535–542.
20) Clark, D. A. (2004). *Cognitive-behavioral therapy for obsessive–compulsive disorder.* New York: Guilford Press.
21) Clark, D. A., Beck, A. T., & Alford, B. A. (1999). *Scientific foundations of cognitive theory and therapy of depression.* New York: Guilford Press
22) Clark, D. M., & Ehlers, A. (1993). An overview of the cognitive theory and treatment of panic disorder. *Applied and Preventive Psychology, 2*(3), 131–139.
23) Clark, D. M., & Wells, A. (1995). A cognitive model of social phobia. In R. G. Heimberg, M. Liebowitz, D. A. Hope, & F. A. Schneier (Eds.), *Social phobia: Diagnosis, assessment, and treatment* (pp. 69–93). New York: Guilford Press.
24) DeRubeis, R. J., & Feeley, M. (1990). Determinants of change in cognitive therapy for depression. *Cognitive Therapy and Research, 14,* 469–482.
25) Edwards, D. (1990). Cognitive therapy and the restructuring of early memories through guided imagery. *Journal of Cognitive Psychotherapy, 4*(1), 33–50.
26) Ellis, T. A., & Newman, C. F. (1996). *Choosing to live: How to defeat suicide through cognitive therapy.* Oakland, CA: New Harbinger Publications.
27) Franklin, M. E., & Foa, E. B. (2002). Cognitive behavioral treatments for obsessive compulsive disorder. In P. E. Nathan & J. M. Gorman (Eds.), *A guide to treatments that work* (2nd ed., pp. 367–386). London: Oxford University Press.
28) Freeman, A., & Reinecke, M. (1993). *Cognitive therapy of suicidal behavior: A manual for treatment.* New York: Springer.
29) Frost, R. O., & Skeketee, G. (Eds.). (2002). *Cognitive approaches to obsessions and compulsions: Theory, assessment, and treatment.* Elmont, NY: Pergamon Press.
30) Greenberger, D. G., & Padesky, C. A. (1995). *Mind over mood.* New York: Guilford Press.
31) Holmes, E. A., & Hackmann, A. (2004). *Mental imagery and memory in psychopathology.* Oxford, UK: Psychology Press.
32) Hopko, D. R., LeJuez, C. W., Ruggiero, K. J., & Eifert, G. H. (2003). Contemporary behavioral activation treatments for depression: Procedures, principles, and progress. *Clinical Psychology Review, 23*(5), 699–717.
33) Layden, M. A., Newman, C. F., Freeman, A., & Morse, S. B. (1993). *Cognitive therapy of borderline personality disorder.* Boston: Allyn & Bacon.
34) Leahy, R. L. (1996). *Cognitive therapy: Basic principles and applications.* Northvale, NJ: Aronson.

35) Leahy, R. L. (2001). *Overcoming resistance in cognitive therapy*. New York: Guilford Press.
36) Mahoney, M. (1991). *Human change processes*. New York: Basic Books.
37) McCullough, J. (2000). *Treatment for chronic depression: Cognitive behavioral analysis system of psychotherapy*. New York: Guilford Press.
38) McGinn, L. K., & Sanderson, W. C. (1999). *Treatment of obsessive-compulsive disorder*. Northvale, NJ: Jason Aronson.
39) McKay, M., & Fanning, P. (1991). *Prisoners of belief*. Oakland: New Harbinger Publications.
40) Meichenbaum, D., & Turk, D. C. (1987). *Facilitating treatment adherence*. New York: Plenum Press.
41) Millon, T., & Davis, R. D. (1996). *Disorders of personality: DSM-IV and beyond* (2nd ed.). New York: Wiley.
42) Moore, R., & Garland, A. (2003). *Cognitive therapy for chronic and persistent depression*. New York: Wiley.
43) Newman, C. F. (1991). Cognitive therapy and the facilitation of affect: Two case illustrations. *Journal of Cognitive Psychotherapy: An International Quarterly*, 5(4), 305-316.
44) Newman, C. F. (1994). Understanding client resistance: Methods for enhancing motivation to change. *Cognitive and Behavioral Practice*, 1, 47-69.
45) Newman, C. F. (1997). Maintaining professionalism in the face of emotional abuse from clients. *Cognitive and Behavioral Practice*, 4(1), 1-29.
46) Newman, C. F. (1998). The therapeutic relationship and alliance in short-term cognitive therapy. In J. Safran & J. C. Muran (Eds.), *The therapeutic alliance in brief psychotherapy* (pp. 95-122). Washington, DC: American Psychological Association.
47) Newman, C. F., & Ratto, C. (2003). Narcissistic personality disorder. In M. Reinecke & D. A. Clark (Eds.), *Cognitive therapy across the lifespan* (pp. 172-201). Cambridge, UK: Cambridge University Press.
48) Newman, C. F., & Strauss, J. L. (2003). When clients are untruthful: Implications for the therapeutic alliance, case conceptualization, and intervention. *Journal of Cognitive Psychotherapy: An International Quarterly*, 17(3), 241-252.
49) Padesky, C. A. (1993). Schema as self-prejudice. *International Cognitive Therapy Newsletter*, 5/6, 16-17.
50) Persons, J. B., Burns, B. D., & Perloff, J. M. (1988). Predictors of drop-out and outcome in cognitive therapy for depression in a private practice setting. *Cognitive Therapy and Research*, 12, 557-575.
51) Pope, K. S., Sonne, J. L., & Horoyd, J. (1993). *Sexual feelings in psychotherapy: Explorations for therapists and therapists-in-training*. Washington, DC: American Psychological Association.
52) Pretzer, J. L., & Beck, A. T. (1996). A cognitive theory of personality disorders. In J. F. Clarkin & M. F. Lenzenweger (Eds.), *Major theories of personality disorder* (pp. 36-105). New York: Guilford Press.
53) Safran, J. D., & Muran, J. C. (2000). *Negotiating the therapeutic alliance: A relational treatment guide*. New York: Guilford Press.
54) Schmidt, N. B., Joiner, T. E., Jr., Young, J. E., & Telch, M. J. (1995). The Schema Questionnaire: Investigation of psychometric properties and the hierarchical

structure of a measure of maladaptive schemata. *Cognitive Therapy and Research, 19*(3), 295-321.
55) Smucker, M. R., & Dancu, C. V. (1999). *Cognitive-behavioral treatment for adult survivors of childhood trauma.* Northvale, NJ: Aronson.
56) Spring, J. A. (1996). *After the affair: Healing the pain and rebuilding trust when a partner has been unfaithful.* New York: Harper Perennial.
57) Thompson, A. (1990). *Guide to ethical practice in psychotherapy.* Oxford, UK: Wiley.
58) Torgersen, S., Kringlen, E., & Cramer, V. (2001). The prevalence of personality disorders in a community sample. *Archives of General Psychiatry, 58,* 590-596.
59) Wells, A. (1997). *Cognitive therapy of anxiety disorders: A practical manual and conceptual guide.* Chichester, UK: Wiley.
60) Wells, A. (2000). *Emotional disorders and metacognition: Innovative cognitive therapy.* New York: Wiley.
61) Wright, J. H., & Basco, M. R. (2001). *Getting your life back: The complete guide to recovery from depression.* New York: Free Press
62) Yalom, I. D. (1980). *Existential psychotherapy.* New York: Basic Books.
63) Young, J. E. (1999). *Cognitive therapy for personality disorders: A schema-focused approach* (3rd ed.). Sarasota, FL: Professional Resource Exchange.
64) Young, J. E., & Beck, A. T. (1980). *Cognitive therapy scale: Rating manual.* Bala Cynwyd, PA: Beck Institute for Cognitive Therapy.
65) Young, J. E., Klosko, J. S., & Weishaar, M. E. (2003). *Schema therapy: A practitioner's guide.* New York: Guilford Press.

訳者あとがき

　本書は，Judith S. Beckによる『Cognitive Therapy for Challenging Problems』（Guilford Press, 2005）の全訳である。原書の副題が「What to Do When the Basics Don't Work（標準的なやり方だけでは通用しない場合どうすればよいか）」となっていることからもわかるとおり，本書は同じくジュディス・ベックによる認知療法のテキストである『Cognitive Therapy: Basics and Beyond』（Guilford Press, 1995，邦訳『認知療法実践ガイド 基礎から応用まで』星和書店，2004）の続編として位置づけられている。『Cognitive Therapy: Basics and Beyond』は世界各国で翻訳され，現場で認知療法を実践する治療者が必ず読むべきテキストとして高く評価されている。本書はこの1995年のテキストの応用編であり，「構造化」「アジェンダ設定」「ホームワーク」「協同的実証主義」「ソクラテス式質問法」「認知的概念化」「認知再構成法」「非機能的思考記録」「自動思考・思い込み・中核信念」「問題解決法」「イメージ技法」といった認知療法実践における基礎的かつ不可欠な概念については詳しく説明されていない。したがって今ざっとあげた概念について「今ひとつピンとこない」という読者の方々には，本書に先立ち，1995年のテキストの原書もしくは邦訳『認知療法実践ガイド 基礎から応用まで』（伊藤絵美・神村栄一・藤澤大介訳，星和書店，2004年）をお読みいただくことを強くお薦めしたい。

　では1995年から10年の年月を経て，ジュディス・ベックが本書を執筆した背景にはどのようなことがあるのだろうか。それは大きく一つにまとめると「認知療法の適用範囲の拡大」ということになるだろう。本書の序文で，「認知療法の父」であり著者の父上でもあるアーロン・ベックが述べているとおり，彼が認知療法を開発し臨床実践を始めた頃

(1970年代)と異なり，現在認知療法を求めて来談するクライアントの方たちは，実にさまざまな主訴や症状を有しておられる。特にⅡ軸障害，なかでもパーソナリティ障害が並存するなど複雑な事例が増えており，認知療法の標準的な理論と技法だけでは対応が難しくなってきたという背景がある。同時に，認知療法を志向するメンタルヘルスの専門家が急増しているという事実もある。現在メンタルヘルスの専門家は，精神科領域に留まらず，医療においても心療内科，内科，産婦人科，ターミナルケア，小児科などさまざまな領域で仕事をするようになっており，また産業，教育，司法，福祉など医療以外の領域でも活躍するようになっている。このように専門家が認知療法を実践する領域が拡大されればされるほど，それに伴い，標準的な理論と技法を応用する必要に迫られるのは想像にかたくない。つまり「認知療法の適用範囲の拡大」という本書の背景には，認知療法を適用する側（メンタルヘルスの専門家）そして認知療法のユーザー側双方における多層化・多様化という現象がみられるのである。

　そのような傾向は日本でも全く同様である。私（伊藤）が認知療法を志向し，実践し始めた1990年代前半，認知療法は，日本では，少なくとも日本の臨床心理学領域においてはかなりマイナーな存在であった。しかし今現在，認知療法を求めて来談するクライアントも，認知療法の習得を目指すメンタルヘルスの専門家も急増中である。それに伴い，上記のとおり，やはり適用する側とユーザー側における多層化・多様化という現象がみられ，本来の標準的な考え方や方法を，個々の事例に合わせていかに効果的に適用するか，というテーマが切実なものとなっている。たとえば私は現在，認知療法・認知行動療法を専門とする民間機関を運営しているが，当機関に来談するクライアントには，長く複雑な経過を有していたり（例：幼少期から適応が思わしくない。再発を繰り返している。慢性化・難治化している），主訴や問題が複雑であったり（例：Ⅰ軸障害とⅡ軸障害が並存する）するなどして，アセスメントだけでも相応の時間がかかる事例が少なくない。また専門家向けのワーク

ショップを開催すると，臨床心理士や精神科医だけでなく，一般身体科の医師，教員，精神保健福祉士，ソーシャルワーカー，司法機関の専門職，産業カウンセラー，保健師，看護師，作業療法士，理学療法士，企業におけるメンタルヘルス業務担当者など，実にさまざまな職種の方々が参加してくれる。そこで発せられる現場からの切実な問いも，実にさまざまである。つまり認知療法をクライアントと一緒に実施する際も専門家の方々に教える際も，「標準的な認知療法の考え方や技法を，いかに柔軟かつ創造的に応用することができるか」という問いに，日々私たちは直面しているのである。そして，このような問いに対し，非常に有益な示唆をふんだんに与えてくれるのが本書である。そういう意味では本書は，単に「困難事例」を対象とする認知療法のテキストというよりは，認知療法を幅広く効果的に適用するための実に創造的かつ実践的なテキストであるとみなすことができる。

以下に本書のポイント（のごく一部）を，いくつか紹介してみたい。

- 治療上の困難を「セラピストとクライアントの問題」としてとらえること

私は認知療法・認知行動療法を，「セラピストとクライアントによる協同的問題解決過程」として定式化しているが，本書を読むと，ジュディス・ベックの実践する認知療法がまさにそれを具現化していることがよくわかる。ベックは「治療上の困難」を決して「クライアント自身に内在化されている問題」とはとらえず，セラピストとクライアントの協同作業において発生する「双方の問題」として概念化しようとする。したがって治療上何らかの困難が生じた場合，セラピストがまずしなければならないのは，セラピスト自身のあり方を徹底的に検討することである。本書では何度もこのことが強調されている。困難な問題が生じると，「これは難しいケースだから」「このクライアントは大変な問題を抱えているから」というふうに，問題の原因をついつい事例そのものに帰属させてしまいそうになる私にとって，著者のこのような徹底した姿勢には，

学ぶべきところがたくさんある。

● 治療上の困難をまずは「概念化」する重要性を強調していること
　治療上の困難が生じると、その困難から脱すべく、早くその困難の原因を特定し、解決策を講じたくなるものであるが、本書で繰り返し述べられているのは、困難を解決しようとする前に、まずは「概念化」することの重要性についてである。問題が困難であればあるほど、あせらずにじっくりと、目の前の困難を概念化（アセスメント）し、その上で落ち着いて対処法を考え、実践しようというのである。セラピストがこのような姿勢を保ち続けるのは、大変重要なことだと私は思う。というのも困難な事例であればあるほど、クライアント自身も「早く楽になりたい」「早く対処法を知りたい」「早く何とかしてほしい」と私たちに強く訴えることが多いのだが、困難な事例こそ、その「困難」がどういう要素によって構成されているのか、その「困難」はどのようにして形成されたのかといったことを精緻に見極めなければ、対処のしようがないからである。そこであせってやみくもに応急処置的な対処法を講じてみても、それは行き当たりばったりのものになりやすく、あまり良い結果は得られないということは、私自身がこれまでいやというほど体験している。困難な事例においてこそ、まずセラピスト自身が落ち着いて問題の概念化を図ることが重要なのである。そして、そのようなセラピストのあり方そのものが、クライアントにとってモデルとして機能するということも同時に重要なポイントだと思われる。

● 困難事例においても「構造化」が不可欠であるのと同時に、困難事例においては「構造化」そのものを創造的に実践することの重要性
　認知療法の最大の特徴は、「認知再構成法」といった技法ではなく、ケースマネジメントの流れと1回ごとのセッションの流れを「構造化」することであると私は考えている。認知再構成法を適用しない認知療法はいくらでもありうるが、構造化を実践しない認知療法はありえない（構造化そのものについては、冒頭でも述べたとおり、1995年（邦訳は2004年）の

テキストをお読みいただきたい)。それは比較的シンプルな事例であっても，困難な事例であっても同様である。というより，むしろ困難な事例こそセラピストは構造化をしっかりと意識して，実践する必要があるだろう。というのも，困難な事例だからこそ，セッションにさまざまな問題がもち込まれ，そのぶん構造が揺らぎやすいからである。ただし認知療法における構造化とは，何も決まった段どりをすべての事例に対して機械的に適用することを意味するのではない。各々の事例に合った「構造」をクライアントと相談しながら見つけていくことも，セラピストの重要な仕事である。そして構造化についてそのような協同作業を行うこと自体が，クライアントとの治療関係を強固にしていくために有効なのだと思う。本書の第8章，第9章をお読みいただければ，困難な事例こそ構造化が不可欠であること，そして困難な事例だからこそ事例にフィットする構造を見つけていく作業自体が重要であることがおわかりいただけるだろう。

- **困難な事例におけるセラピストのネガティブな認知や感情をノーマライズしていること**

言うまでもないが，たとえ専門的なトレーニングを受けているとしても，セラピストも普通の一人の人間であり，個々の事例に対してさまざまな思いを抱くのは当然である。特に困難な事例に対しては，事例やクライアントに対してネガティブな認知や感情が自然に生じることはままあることである。重要なのは，そのような認知や感情が生じるのをあらかじめ回避するのではなく（それでは本書で何度も強調されているとおり，非機能的な対処戦略になってしまう），むしろそれらに気づき，明確化し，機能的に対応することである。つまり認知療法においてクライアントに推奨している標準的な手法を，自らに適用すればよいのである。さらにセラピストは普段からセルフケアに努め，また標準的な手法だけでは自らのネガティブな反応を扱いきれない場合，コンサルテーションやスーパービジョンを進んで受ける必要がある。本書ではこのようなセラピスト側のネガティブな反応について，丸々1章分を割いて，詳しく

解説がなされている（第6章）。困難な事例では，セラピストにも相応の負担がかかることを，著者がよくわかっていることがよくわかる章であり，あたかもジュディス・ベックによって普段の現場での苦労がノーマライズされた気がして，私自身，訳していて非常に救われる思いがした。第6章を読むだけでも，著者があくまでも「現場のセラピスト」であり「現場のスーパーバイザー」であることが伝わってくる。現場の苦労を知る先達に苦労をノーマライズしてもらえ，スーパービジョンをしてもらえる場が，普段の臨床現場に日常的にあるのが理想的なのだが，なかなかそうはいかない場合，この第6章は大いにセラピストの支えになると思われる。

● 新たな思い込み，中核信念を形成し，それを根付かせるための援助

　認知療法の大きな目的の一つは，クライアントの非機能的な認知を機能的なものに自ら変換できるようクライアントを手助けすることである。その際，対象とする認知が，最も表層的な「自動思考」で事足りるのか，それともそれより広範で根の深い「思い込み」や「中核信念」にまで手を広げる必要があるのか，それはケースバイケースとしか言いようがない（自動思考，思い込み，中核信念に関する詳しい解説は，1995年のテキストを参照のこと）。ただし本書のテーマである困難な事例の場合，自動思考だけでなく思い込みや中核信念にも焦点を当て，その変容を目指す必要性が高まるのは言うまでもないだろう（自動思考レベルだけでなく信念レベルにおける非機能性によって事例が困難化している，というロジックである）。ジュディス・ベックは本書全体を通じて，困難な事例の場合，セラピストが常に思い込みや中核信念を念頭において治療を進めていく必要性を繰り返し指摘している。そして特に第12章，第13章において非機能的な思い込みや中核信念を同定し，それらを機能的なものに変容していく治療的過程を詳しく述べている。それらをお読みいただければおわかりになるとおり，著者は，決して非機能的な信念を「修正する」ことを目指しているのではない。むしろそれらの信念を認め，受け入れた上で，新たな機能的な信念を「形成する」こと，そして新た

に形成された信念をクライアントの認知構造に徐々に「根付かせる」ことに主眼をおいている。つまり元の信念に無理に手を入れるより，それはそれとして認めたまま（困難な事例におけるクライアントの生育歴をうかがうと，そのような信念もかつては「機能的であった」と認めざるをえないことが多々ある），今後のクライアントの人生をより機能的なものにするために役立ちそうな信念を新たに見つけ出し，まとめ上げていくほうが，よほど現実的であるし，クライアントにとっても受け入れやすいからである。ただし第12章，13章をお読みいただければおわかりいただけるとおり，思い込みや中核信念に対するアプローチに，何か特別なものがあるわけではなく，自動思考に対するそれと本質的には何ら変わりはない。自動思考に対するアプローチをより柔軟に，創造的に，そして粘り強く適用し続けることが，信念レベルの認知を対象とする場合不可欠であることが，特に第13章によってよく理解されることであろう。

　以上，本書のエッセンスのごく一部について紹介してみた。本書のエッセンスを過不足なくまとめるということは，私の力量ではとうてい不可能なので，とにかく皆さんには本書を隅から隅までじっくりとお読みいただくことをお薦めする。上にも述べたように，ジュディス・ベックは徹頭徹尾「現場の人」である。どの章にも，現場から練り上げられたヒントや臨床上のコツに満ちている（もちろんそれらは認知療法の理論との整合性も保たれている）。私は訳出しながら，「そっかあ，そうだよね」「やっぱりそうなのか」「なるほど，こういう手もあったか」という自動思考がしょっちゅう自分の中に生じるのに気づき，うれしく楽しい気分になることが多々あった。そしてできるだけ早く，日本の読者の皆さんに本書をお届けしたいと願い日々作業を続けてきたが，私自身「現場の人」であり，普段の臨床活動や教育活動の合間に少しでも時間を見つけては訳出作業を行う，という仕事の仕方であったため，作業が大幅に遅れてしまった。関係各位に深くお詫び申し上げたい。
　最後に，本書の存在をいち早く私に教えてくださり，訳出を勧めてく

だ さった星和書店の石澤雄司氏，および作業が滞りがちな私に絶妙なタイミングで進捗を尋ねてくださり，モチベーションの維持に貢献してくださった星和書店の近藤達哉氏には，心から感謝の念を表したい。ありがとうございました。

 2007年7月吉日

伊藤 絵美

索 引

【あ】

アジェンダ ･････････････････254, 265
安全行動 ････････････････････････437
依存性パーソナリティ障害 ･･･････77
一般的なカウンセリングの技能 ･･････99
イメージ ･･･････････360, 375, 413, 443
イメージ技法 ･････････････212, 494
演技性パーソナリティ障害 ･･･････67
円グラフ法 ････････････････････211
思い込み ･･････43, 44, 378, 381, 419, 421

【か】

外傷体験 ･･････････････････････494
回避 ･･･････････････････351, 352, 368
回避性パーソナリティ障害 ･･･････79
家族面接 ････････････････････489
過度に発達した戦略 ･････････････65
「かのように」ふるまう ･･･････････483
構え ･･･････････････････43, 44, 381
環境への介入 ･･････････････････14
環境を整える ････････････････488
患者側の病理的問題 ････････････6
患者の非機能的信念 ･･･････････16
気分をチェックする ･････････261
技法 ･･････････････････････････24
境界性パーソナリティ障害 ･･･････74

共感 ･･･････････････････････99, 190
協同作業 ･･････････････････････98
強迫性パーソナリティ障害 ･･･････69
グループ療法 ･････････････････490
ケアのレベル ･･････････････････10
構造化 ･･････････････････････253
構造化セッション ･･････････････255
行動実験 ････････････････････434
行動戦略 ･･････････････････････41
コーピングカード ････････････434

【さ】

時間配分 ････････････････････257
自己愛性パーソナリティ障害 ･････90
自己開示 ････････････････････121
シゾイドパーソナリティ障害 ･････88
失調型パーソナリティ障害 ･･･････86
自動思考 ････29, 51, 350, 352, 353, 389, 400
受動─攻撃性パーソナリティ障害 ･･･72
紹介 ････････････････････････196
条件つきの思い込み ･････････････43
情報処理モデル ･･･････････････452
事例定式化 ････････････････････20
診断 ･･････････････････････････20
心理教育 ････････････････････297
スキーマ ････････････････････453
正の強化 ････････････････････120

生物学的介入	12	認知的概念図	30, 31, 46
セッションの構造化	253	認知的連続法	479
セッションの頻度	10	認知モデル	28, 50, 349
セラピスト側の治療上の過ち	6	認知療法の主要原則	19
セラピストの過ち	15	認知療法評価尺度	16
セラピストの思い	126		
セラピストの反応	182		

【は】

パーソナリティ障害	61, 62
媒介信念	419
背景にある信念	389
配慮	99
橋渡し	275
話をさえぎる	257
反社会性パーソナリティ障害	84
比喩	490
フィードバック	103, 288
フィードバック用紙	104
服薬アドヒアランス	279
ホームワーク	279, 302
補助的な治療	10

セラピストの非機能的な信念	197
セルフケア	195
ソーシャライズ	271
ソーシャライゼーション	271
ソクラテス式質問法	393, 476

【た】

対処戦略	450
段階的曝露	444
中核信念	32, 381, 389, 400, 447, 450, 498
治療外の要因	10
治療関係	22, 128
治療関係のバランス	122
治療上の困難	6
治療同盟	95, 97, 119, 128
治療同盟上の問題	128
治療に外在する要因	6
治療に内在する要因	6
治療の記録	286
治療の形式	10
治療目標	23

【ま】

まとめの作業	284
まとめの時間	257
妄想性パーソナリティ障害	82
目標設定	209
問題解決	291, 347

【や】

夢	490

【な】

Ⅱ軸障害	61
認知的概念化	22, 27

【ら】

理性と感情のロールプレイ ………484
類推 ……………………………467
ルール………………………43, 44, 381
ロールプレイ ………………………361
ロールモデル ………………………484

【わ】

「私には価値がない」………………35
「私は愛されない」…………………35
「私は無力だ」………………………34

□訳者紹介

伊藤 絵美 (いとう えみ)

慶應義塾大学大学院社会学研究科博士課程修了
社会学博士，臨床心理士，精神保健福祉士
現在　洗足ストレスコーピング・サポートオフィス所長

主な著書
『認知療法ケースブック』(分担執筆，星和書店，2003)
『認知療法実践ガイド・基礎から応用まで―ジュディス・ベックの認知療法テキスト』(ジュディス・S・ベック著，共訳，星和書店，2004)
『認知療法・認知行動療法 カウンセリング初級ワークブック』(星和書店，2005)
『抑うつの臨床心理学』(分担執筆，東大出版，2005)
『認知療法・認知行動療法 面接の実際』(星和書店，2006)
『強迫性障害治療ハンドブック』(分担執筆，金剛出版，2006)
『認知療法全技法ガイド』(ロバート・L・リーヒイ著，共訳，星和書店，2006)
『認知行動療法，べてる式。』(共著，医学書院，2007)

佐藤 美奈子 (さとう みなこ)

1992年 名古屋大学文学部文学科卒業
翻訳家。英語の学習参考書，問題集を多数執筆

主な訳書
『わかれからの再出発』『(増補改訂第2版) いやな気分よ，さようなら』『私は病気ではない』『みんなで学ぶアスペルガー症候群と高機能自閉症』『虹の架け橋』『食も心もマインドフルに』『家族のための摂食障害ガイドブック』『境界性パーソナリティ障害最新ガイド』『認知療法全技法ガイド』(共訳，星和書店)

❏ 著者紹介

ジュディス・S・ベック（Judith S. Beck, Ph.D）

　ベック博士はフィラデルフィア郊外にあるベック認知療法研究所（Beck Institute for Cognitive Therapy and Research）という非営利組織の所長であり，ペンシルバニア大学の精神科部門における臨床心理学助教授でもある。ベック認知療法研究所における主要三部門，すなわち教育研修，臨床実践，研究活動を監督している。また，国立精神保健研究所（National Institute of Mental Health：MIMH）の調査研究部門におけるコンサルタントや，国内外での認知療法に関するさまざまなワークショップの講師を務めている。

　『認知療法実践ガイド・基礎から応用まで』という彼女の著書は，教科書として幅広く使われており，12カ国語で翻訳されている。また『パーソナリティ障害に対する認知療法 第2版』の共著者であり，『オックスフォード大心理臨床テキスト（Oxford Textbook of Psychotherapy）』の共編者でもある。さらに，認知療法に関するさまざまな書籍で多くの記事や章を執筆している。

　また，認知療法アカデミー（Academy of Cognitive Therapy）の現会長でもある。

認知療法実践ガイド：困難事例編
続ジュディス・ベックの認知療法テキスト

2007年10月19日　初版第1刷発行

著　者　　ジュディス・S・ベック
訳　者　　伊藤絵美　佐藤美奈子
発行者　　石澤雄司
発行所　　㈱星和書店

東京都杉並区上高井戸1－2－5　〒168-0074
電話　03（3329）0031（営業）／03（3329）0033（編集）
FAX　03（5374）7186
http://www.seiwa-pb.co.jp

ⓒ2007　星和書店　　Printed in Japan　　ISBN978-4-7911-0644-8

認知療法実践ガイド・基礎から応用まで
ジュディス・ベックの認知療法テキスト

ジュディス・S・ベック 著
伊藤絵美、神村栄一、
藤澤大介 訳

A5判
464p
3,900円

認知療法・西から東へ

井上和臣 編・著

A5判
400p
3,800円

認知療法全技法ガイド
対話とツールによる臨床実践のために

ロバート・L・リーヒイ 著
伊藤絵美、
佐藤美奈子 訳

A5判
616p
4,400円

侵入思考
雑念はどのように病理へと発展するのか

D.A.クラーク 著
丹野義彦 訳・監訳
杉浦、小堀、
山崎、高瀬 訳

四六判
396p
2,800円

認知行動療法の科学と実践
EBM時代の新しい精神療法

Clark, Fairburn 編
伊豫雅臣 監訳

A5判
296p
3,300円

発行：星和書店　http://www.seiwa-pb.co.jp　価格は本体（税別）です

認知療法入門
フリーマン氏による治療者向けの臨床的入門書

A.フリーマン 著
遊佐安一郎 監訳

A5判
296p
3,000円

統合失調症の早期発見と認知療法
発症リスクの高い状態への治療的アプローチ

P.French、A.P.Morrison 著
松本和紀、宮腰哲生 訳

A5判
196p
2,600円

認知療法2006
第5回 日本認知療法学会から

貝谷久宣 編

A5判
128p
2,600円

認知療法ハンドブック 上
応用編

大野裕、小谷津孝明 編

A5判
272p
3,680円

認知療法ハンドブック 下
実践編

大野裕、小谷津孝明 編

A5判
320p
3,800円

発行：星和書店　http://www.seiwa-pb.co.jp　価格は本体（税別）です

認知療法・認知行動療法 カウンセリング 初級ワークショップ	伊藤絵美 著	A5判 212p 2,400円
〈DVD〉 認知療法・認知行動療法 カウンセリング 初級ワークショップ	伊藤絵美	DVD2枚組 5時間37分 12,000円
CD-ROMで学ぶ認知療法 Windows95・98&Macintosh対応	井上和臣 構成・監修	3,700円
認知療法・認知行動療法 面接の実際〈DVD版〉	伊藤絵美	DVD4枚組 6時間40分 ［テキスト付］ B5判 112p 18,000円
認知療法ケースブック こころの臨床 a・la・carte 第22巻増刊号 [2]	井上和臣 編	B5判 196p 3,800円

発行：星和書店　http://www.seiwa-pb.co.jp　価格は本体(税別)です